Veröffentlichungen des Heinrich-Heine-Instituts, Düsseldorf

Herausgegeben von Joseph A. Kruse

Friedrich Spee von Langenfeld (1591-1635)

Ein Dichter und Aufklärer vom Niederrhein

Herausgegeben von
Karl-Jürgen Miesen

Droste Verlag Düsseldorf 1991

CIP-Titelaufnahme der Deutschen Bibliothek
Friedrich Spee von Langenfeld: (1591 - 1635); ein Dichter und
Aufklärer vom Niederhein / Karl-Jürgen Miesen (Hrsg.) –
Düsseldorf: Droste, 1991

(Veröffentlichungen des Heinrich-Heine-Instituts, Düsseldorf)
ISBN 3-7700-0943-6

NE: Miesen, Karl-Jürgen [Hrsg.]

Fotos:
Sabine Herder, Köln, und Archiv des Herausgebers

Gesamtherstellung:
Druckerei Heinrich Winterscheidt GmbH, Düsseldorf

© 1991 Heinrich-Heine-Institut, Düsseldorf, und die Autoren

ISBN 3.7700-0943-6

Dank

Für Zuvorkommenheit und freundliche Unterstützung danken wir den
Leihgebern

Friedrich-Spee-Haus, Aachen
Museum Burgturm, Davensberg
Stadtmuseum Düsseldorf
Universitätsbibliothek Düsseldorf
Pfarrei Sankt Andreas, Düsseldorf
Pfarrei Sankt Lambertus, Düsseldorf
Städtische Maxschule, Düsseldorf
Antiquariat Hans Marcus, Düsseldorf
Frau Ursula Klügel, Erkelenz
Kölnisches Stadtmuseum
Stadtarchiv Köln
Gymnasial- und Stiftungsfonds, Köln
Erzbischöfliche Diözesan- und Dombibliothek Köln
Erzbischöfliches Diözesan-Museum Köln
Herrn Hajo Edelhausen, Meerbusch
Rheinische Privatbibliothek

Für finanzielle Hilfe bei Ausstellung und Katalog-Druck und -Ausstattung
danken wir

dem Kultusministerium des Landes Nordrhein-Westfalen
der Stadt Düsseldorf
der Stadt-Sparkasse Düsseldorf
dem Erzbistum Köln
und dem Prälaten Dr. Carl Klinkhammer, Düsseldorf

Für Katalog und Ausstellung hat sich besonders eingesetzt
Herr Dr. Bernd Kortländer, Düsseldorf

Bei der Korrektur-Lektüre half dem Herausgeber fleißig und treu
sein Kollege Herr Sebastian Feldmann, Düsseldorf

An der Gestaltung der Ausstellung maßgeblich beteiligt waren
Frau Gisela Römer und Herr Eckhardt Dziersk, Stadt-Sparkasse Düsseldorf

Besonderen Dank schuldet die Ausstellung dem frohen Einsatz und der
freundlichen Ausdauer von Frau Andrea Bänker-Wegener

Der Herausgeber

Inhaltsverzeichnis

Vorwort

Friedrich Spee von Langenfeld, am 25. Februar 1591 in Kaiserswerth am Rhein geboren und am 7. August 1635 in Trier gestorben, hat in seinen 44 Lebensjahren die Höhen und Tiefen seiner Epoche durchmessen und ihr in aller Beharrlichkeit seinen Stempel einer ›frohen‹, nämlich einerseits poetischen und andererseits rationalen Botschaft aufgedrückt. Er vermochte so manche, nicht ohne weiteres miteinander zu harmonisierende Bereiche durch die Intensität seiner Persönlichkeit zu vereinigen: Religiosität, Theologie und Jesuitenorden mit lyrischer Begabung, pädagogisch-sozialem Einsatz und juristisch fundiertem Widerstand gegen die Hexenverfolgungen. Er hat dadurch Leistungen vollbracht, die nicht nur im Gedächtnis der Literaturgeschichte fortleben, sondern vor allem auch in dem des Sieges der Vernunft über den Wahn.

Spees niederrheinische Heimat hat allen Grund, auf diesen Dichter und Anwalt unschuldiger Menschen stolz zu sein. Die verschiedensten Facetten seiner Zeit und seiner Umwelt bedürfen einer eingehenderen Betrachtung, um vor diesem Hintergrund die Eigenart Spees würdigen zu können. Die Düsseldorfer und Kölner Geschichte am Vorabend des Dreißigjährigen Krieges, die Spiritualität der Gesellschaft Jesu, die literarische Situation des Barockzeitalters, Volksfrömmigkeit sowie Volksglauben und -aberglauben bilden ein eigentümliches Spektrum, vor dem sich Spees Individualität hervorhebt durch seine Originalität und vor allem auch durch seinen Mut.

Das Heinrich-Heine-Institut hat seit 1970 als Nachfolgereinrichtung der Neueren Handschriftenabteilung der ehemaligen Landes- und Stadtbibliothek Düsseldorf (gegründet 1770) sich immer auch des Spee-Andenkens angenommen. Immerhin wird hier die maßgebliche Handschrift des ›Güldenen Tugend-Buches‹ aufbewahrt. Auch hat die Geschäftsstelle der Spee-Gesellschaft im Heine-Institut ihren Sitz. Als 1985 die Stadtbibliothek Trier zum 350. Todestag von Friedrich Spee ihre vorzügliche Spee-Ausstellung am Sterbeort zeigte, ergaben kollegiale Gespräche mit dem Direktor der Bibliothek, Dr. Gunther Franz, den Plan, diese Ausstellung zum 400. Geburtstag dann in Düsseldorf zu präsentieren. Dieser ursprüngliche Plan kann dank der wiederholten Gastfreundschaft der Stadt-Sparkasse Düsseldorf bei besonderen Unternehmungen des Heine-Instituts auch realisiert werden. Durch Dr. Karl-Jürgen Miesen, der sich als Verfasser eines Spee-Buches und Redakteur der ›Spee-Post‹ seit langem als intimer Kenner Spees und seiner Zeit erwiesen hat, wurde zusätzlich ein niederrheinischer Ausstellungsschwerpunkt angeregt und von ihm unter Mitwirkung von Andrea Bänker-Wegener in mühevoller, langwieriger Arbeit erfolgreich geschaffen. Durch seine Umsicht wurden auch die Beiträger dieses Kataloges gewonnen. Für die organisatorische Durchführung hat sich mein Mitarbeiter Dr. Bernd Kortländer unermüdlich eingesetzt, der als Geschäftsführer der Spee-Gesellschaft mit allen Aktivitäten des Gedenkjahres bestens vertraut war. Allen Beteiligten ist darum von Herzen zu danken. Spees Sinnen und Trachten war gemäß der Losung seines Ordens, alle Anstrengungen und Erfolge der höheren Ehre Gottes zu widmen. Der Einsatz so vieler Spee-Freunde für Personen, Werk und Wirkung dieses großen Jesuiten und Dichters aus Kaiserswerth ist gewissermaßen ein Spiegel dieses Weltverständnisses, das heute keineswegs mehr selbstverständlich ist.

Ricarda Huch, die große Erzählerin, hat in ihrem Roman über den Dreißigjährigen Krieg, der vor dem 1. Weltkrieg erschienen ist, Friedrich Spee eine besonders liebenswürdig-menschliche Rolle zugewiesen. Mit ihrer Schilderung seiner Sterbestunde soll an dieser Stelle auch seines Geburtstages auf eindringliche Weise gedacht werden: ›Wenn er nur einmal noch, dachte er, vor der Stadt auf einer Wiese liegen könnte, von Himmel und Erde umschlossen, ein zitternder Staub in der Hand Gottes! Immer hatte er sich draußen in der Weite der göttlichen Liebe am nächsten gefühlt und unfehlbar gewußt, daß Gott mit ihm war, wenn er, so gut er es verstand und vermochte, denen half, die litten, und denen wehrte, die quälten. Sehnsüchtig heftete er die trockenen Augen auf das Stückchen Himmel, das er funkeln sah wie das lockende Ufer der Ewigkeit. Würde dort wieder Kampf und Leiden oder würde dort der Friede sein? Was immer, er gab sich willig hin.‹

Joseph A. Kruse

9

Offen für die Heimat – offen für Gott

Hans Waldenfels

Das Spee-Jubiläum des Jahres 1991 trifft sich mit einer Reihe von anderen Gedenktagen, die der Jesuitenorden, dem Friedrich Spee bis zu seinem Tode angehörte, in diesen Monaten begeht. Das Ignatianische Jahr zieht gleichsam einen roten Faden vom 27. September 1540, dem Tag der offiziellen Anerkennung des Ordens durch Papst Paul III. vor 450 Jahren, zum Geburtstag des Ordensgründers Ignatius von Loyola 50 Jahre zuvor, in das Jahr 1491. Genau 100 Jahre später wird Friedrich Spee von Langenfeld am 25. Februar 1591 in Kaiserswerth geboren, noch ein Jahr später, am 1. Mai 1592 der zweite bekannte Jesuit des Rheinlands, Johann Adam Schall von Bell in Köln.

Beide Jesuiten, die sich zwar in ihrer Gymnasialzeit, nicht aber im Orden begegnet sein dürften, lassen auf je eigene Weise die Faszination erkennen, die der Orden in jenen Tagen ausgestrahlt haben muß. War es Friedrich Spee nicht vergönnt, den Namen ›Jesus‹ in die fernen Länder außerhalb Europas zu tragen, so war genau das Schall von Bells Berufung: In der zweiten Generation berühmter Chinamissionare aus dem Jesuitenorden nach Matteo Ricci († 1610) war er als Mathematiker, Astronom und Physiker am Hof in Peking einer der bedeutendsten. Friedrich Spee blieb an seine Heimat gebunden, obwohl auch er sich wie fast alle Jesuiten zunächst nach einem Einsatz in Indien, jedenfalls in den außereuropäischen Missionen gesehnt hatte. Sein Leben spielte sich ab zwischen Kaiserswerth im Norden, Peine und Hildesheim im Osten, Würzburg und Speyer im Süden und Trier im Westen. Dazwischen liegen dann als weitere Lebensstationen Fulda, Worms und Mainz, Paderborn und Corvey, aber vor allem Köln, die Stadt seiner Jugendzeit, seiner Entscheidung für den Jesuitenorden, die Stadt auch, wo er mehrfach lehren muß und von wo aus ihm das Verständnis wie das Unverständnis des Ordens zur Erfahrung wird.

In Spees Leben findet die Gesellschaft Jesu Gestalt. Die ›Beigesellung‹ Jesu aber – wir sprechen heute eher von der Nachfolge Jesu; die niederrheinische Frömmigkeit des Thomas von Kempen († 1471) nennt sie die ›Imitatio Christi‹ – zerstört keinen Menschen. Der in der Beigesellung Jesu lebende Mensch bleibt Mensch seiner Heimat und seiner Zeit. Gerade das wird am Leben Friedrich Spees überaus deutlich. Es macht auch seine bleibende Aktualität aus.

Jesusleidenschaft

Wer Jesuit sagt, sagt damit Jesusleidenschaft. Jesuiten sind keine Ignatianer, sondern ›socii Jesu‹, ›Genossen Jesu‹, ›Jesus Beigesellte‹, Menschen in seiner ›societas‹ oder ›Gesellschaft‹. Jesusleidenschaft will aber dann besagen: Der Jesuit

Christoph Rösel: Friedrich Spee, Kupferstich, Köln 18. Jahrhundert (Kat.-Nr. 183)

lebt nicht primär aus Abgeleitetem, nicht aus Argumenten, wenngleich diese nicht fehlen und fehlen dürfen, letzten Endes auch nicht aus der Wegweisung durch geistliche Menschen. Der Jesuit lebt aus der Ursprungsgestalt des Christentums, aus Jesus von Nazaret, aus seinem Wort und seinem Leben − jedenfalls soll er das; es ist seine Berufung. Jesus von Nazaret ist und bleibt der einzige wahre Mittler zum Vater. Wie es in den ›Geistlichen Übungen‹ Nr. 15 des heiligen Ignatius heißt, soll in der Übung der Meister ›unmittelbar den Schöpfer mit seinem Geschöpf und das Geschöpf mit seinem Schöpfer und Herrn wirken lassen‹, weil nur so der Mensch in das Gottesverhältnis Jesu einbezogen wird. Dann aber kommt es zur einzig entscheidenden Gestaltwerdung Jesu im jeweiligen Hier und Heute.

›Wird Christus tausendmal zu Bethlehem geboren, / Und nicht in dir, du bleibst doch ewiglich verloren.‹ Dieser Satz aus dem 1. Buch des ›Cherubinischen Wandersmann‹ des Angelus Silesius († 1677) könnte auch von Friedrich Spee stammen. Am bekanntesten ist Spee heutigen Christen durch seine geistliche Lyrik, in der er an seiner persönlichen Jesus- und Gottesbegegnung Anteil nehmen und zugleich andere Mitchristen im wörtlichen Sinne der ›Exercitia spiritualia‹ die Gestaltwerdung Jesu geistlich üben läßt. In der Kölner Ausgabe des heutigen katholischen Gesangbuches der deutschsprachigen Diözesen ›Gotteslob‹ sind nicht weniger als 13 Lieder Friedrich Spees zu finden; sein Lehrer Kaspar Ulenberg ist gleichfalls mit den Melodien von 14 Liedern vertreten. Auf evangelischer Seite hat höchstens Paul Gerhardt (1607−1676) eine ähnliche Bedeutung erlangt.

Hier geht es freilich nicht um den Rang des Lyrikers. Es geht vielmehr darum, daß Spee − nicht weit von heutiger Meditationspraxis und -anweisung entfernt − eine ganzmenschliche, leib-seelische Einübung in die Jesusnachfolge vornimmt. Seine Einübung verläuft eindeutig über die sinnenhafte ›Einverleibung‹. Vielen Menschen bleibt der Weg meditativer Einübungsmethodik nach wie vor fremd. Zu lange ist die meditative Einübung gerade im Blick auf die ignatianischen Exerzitien als geistiger Drill, als intellektuelle Akrobatik, jedenfalls als Kopfarbeit mißverstanden worden.

Dieser Eindruck läßt sich auch dort nicht leicht korrigieren, wo das Wort Gottes betont und dieses auf ein leicht hingesprochenes Wort − und sei es das Wort der Predigt − reduziert wird. Dabei geht es in der Begegnung mit dem Wort Gottes, das in seiner vollen Gestalt niemand anders als Jesus von Nazaret ist, nach dem heiligen Paulus darum, daß wir den alten Menschen ablegen und Jesus anziehen, − anders gesagt: daß er in uns Gestalt gewinnt. Der neue Mensch in uns ist − christlich gesprochen − Jesus.

Es mag verwunderlich erscheinen, daß ein Mann, der zu einem Orden gehört, dem vor allem der Einsatz in der Gegenreformation gutgeschrieben wird, mit solchem Nachdruck einen Weg weist, der ihn weniger zu einer gegenreformatorischen Gestalt als zu einer ökumenischen Persönlichkeit reifen läßt. Denn − wenn wir es aus deutscher Sicht betrachten − Friedrich Spee übt wie die Nachfahren der großen Reformatoren mit seinen Liedern in eine Jesushaltung ein, die die Christen der großen christlichen Traditionen heute viel entschiedener miteinander verbinden sollte. Denn die Pastoral wird zur Strategie, wenn nicht gerade der ›Pastor‹ (›Hirte‹) und der ›Pater‹ (›Vater‹) aus jesusähnlicher Gottesnähe zu den Menschen kommt.

Wahre Jesusleidenschaft ist aber dann in ihrer Alltäglichkeit von einer starken Nüchternheit bestimmt. Karl Rahner hat in einem kleinen Spee-Beitrag aus dem Jahre 1983 die Frage angesprochen, warum Spee nicht heiliggesprochen worden ist. Ich würde dazu sagen: Wenn man weiß, wie oft eine Heiligsprechung den betreffenden Menschen gleichsam in unerreichbare Fernen und Höhen entrückt, ist es gut, daß Spee nicht heiliggesprochen worden ist. Wir wissen, daß nicht die Erklärung der Kirche es ist, die einen Menschen zu einem Heiligen macht, sondern die Kraft des heiligen Gottes, die in einem Menschen ein Leben lang wirksam ist. Das Leben aber ist — wie das Leben Jesu selbst — vorrangig ein Leben in Alltäglichkeit zwischen Geburt und Tod, mit vielen Selbstverständlichkeiten, über die die Nachwelt genauso wenig weiß wie über die ersten dreißig Lebensjahre Jesu selbst. Was sich einprägt, sind in der Regel Entscheidungen und Krisenzeiten, Knoten- und Wendepunkte eines Lebens. Im Leben Spees sind es der Einsatz für die unschuldig verfolgten, gefolterten und verbrannten Frauen, das Wandern auf der Grenzlinie zwischen Gewissen und Gehorsam, das auffallende Wissen um eine ganzheitliche Gestalt der Meditation, sein früher Tod im selbstlosen Einsatz an Kranken und Verwundeten, als Folge eines pestartigen Fiebers — ähnlich dem Tod seines jungen Mitbruders Aloysius von Gonzaga in Rom 1591, im Geburtsjahr Friedrich Spees.

Heimat

Wenn Düsseldorf 1991 Friedrich Spees gedenkt, steht freilich wohl nicht der Jesuit im Vordergrund, sondern der Mann, der am Eingang zum Niederrhein, eben in Kaiserswerth, geboren ist. Kaiserswerth ist zu betonen, nicht Düsseldorf. Denn noch gibt es in Kaiserswerth einige Leute, die sich erinnern, daß es eine Zeit gab, in der der Kalkumer und Wittlaerer, wenn er in die ›Stadt‹ ging, nicht Düsseldorf, sondern Kaiserswerth meinte.

Kaiserswerth hat Geschichte: Suitbert gründete hier ein Benediktinerkloster und wurde 713 in ihm begraben. Friedrich Barbarossa ließ 1184 eine Pfalz errichten. Mit Kaspar Ulenberg kam, auch wenn er katholischer Pfarrer in Kaiserswerth war, ein Hauch der Reformation in das rheinische Städtchen; denn er war Konvertit. Über die teilweise grobschlächtige Sprache der Zeit wird man heute hinweghören dürfen, — wichtiger ist, daß der Psalter Ulenbergs, der zu den wichtigsten Quellen des nachreformatorischen katholischen Liedguts gehört, ohne die Konkurrenz der reformatorischen Spiritualität und Theologie nicht denkbar gewesen wäre.

Wenn es denn stimmt, daß die Gnade die Natur voraussetzt, dann ist Friedrich Spees späteres Leben nicht zu denken, ohne daß man auf die Heimat achtet, der er entstammt. Spätere Zeiten werden von den Katholiken in Deutschland als den ›Ultramontanen‹ sprechen, jenen, die ihre wahre Bindung ›jenseits der Berge‹, der Alpen, in Rom haben. Die Papstbindung wird dann im Extrem sogar dazu führen, daß Katholiken wie die Jesuiten als heimatlose Gesellen angesehen werden. Bis in unsere Tage zeigt sich, wenn wir an die Situation der Volksrepublik China denken, das Mißtrauen nichtkatholischer Regierungen und Bevölkerungen gegenüber Katholiken, wenn sie in einseitiger Weise auf der Rombindung gegen die Bindung an ihr Volk und ihre Heimat bestehen.

Von Friedrich Spee ist nicht bekannt, daß er im späteren Leben nach Kaiserswerth zurückgekehrt ist. Doch wer nicht vergißt, wo er geboren ist, wird auch anderswo wieder Heimat finden und sich zu Hause fühlen. Bei Friedrich Spee muß das so gewesen sein. Denn er lebt mit einer erstaunlichen Offenheit für all das, was ihn umgibt. Entsprechend formen ihn auch Köln und andere Städte deutscher Lande. Die Sprache und die Bilder Friedrich Spees erweisen ihn als einen Jesuiten, der in Deutschland aufgewachsen ist und gelebt hat. Die Art, wie er die Natur beobachtet und beschreibt, die Hinweise, die er auf probate Heilmittel und Heilkräuter gibt, die dem Menschen Gesundheit an Leib und Seele versprechen – all das läßt sich auch heute noch in unseren Landschaften nachvollziehen. Spees Sehen mit den äußeren und inneren Augen und sein Verkosten der Dinge tragen den Geschmack der Heimat an sich.

Die Zugänge zum Geheimnis Gottes erfordern offene Sinne, nicht die weltflüchtige Haltung verschlossener Augen und Ohren. In diesem Zusammenhang muß unbedingt dem Stichwort ›Sinnlichkeit‹ wieder ein positiver Beigeschmack gegeben werden. Man kann nicht von den inneren Sinnen der geistlichen Wahrnehmung sprechen, wenn die äußeren Sinne abgestumpft sind und das Sinnliche entsprechend abgewertet wird. Wahre christliche Frömmigkeit ist weder zeitlos noch raum- und heimatlos.

Wenn Spees Lieder heute noch gesungen werden können, hat das zwei Gründe: Einmal gibt es wohl doch einen unvertauschbaren und unverlierbaren Reiz deutscher, vielleicht gar rheinischer Sinnlichkeit und Sinnenhaftigkeit. Sodann liegt in der Unvertauschbarkeit ein Anflug des Bleibenden. Christsein müßte dann gleichfalls beides zum Inhalt haben: Einmal erhält es in seiner je neuen Verleiblichung den Charakter des Unvertauschbar-Einmaligen. In dieser seiner Einmaligkeit ist es zugleich vergänglich und nicht kopierbar, dann aber auch Anstoß, es selbst von neuem zu versuchen und im eigenen Leben zu verwirklichen.

Jesusnachfolge, wie sie Friedrich Spee im Orden gelernt hat, bedeutet einerseits ein Gottfinden in allen Dingen der Welt, andererseits aber dann das prosaische Leben in den Aufgaben, die der Tag und die Zeit und die Kirche und der Orden in vielen Einzelheiten und in allgemeinen Anweisungen stellen. Der

Wechsel im Erleben der Heimat zwischen Natur und Städten macht aber auch darauf aufmerksam, daß die Heimat niemals mehr die unverletzte Gottesschöpfung ist. Heimat begegnet immer als Kreuzung von Natur und Kultur, gewachsener Natur und vom Menschen geformter oder auch deformierter Natur. In diesem Sinne macht das Gottfinden in allen Dingen der Welt häufig der Suche eines verborgenen, wenn nicht gar eines abwesenden Gottes Platz. Das Bestehen des Alltags ist nicht selten eher das Erleben eines Kreuzweges, auf dem dann niemand zu sehen ist als Jesus allein, der leidende, unter der Last des Kreuzes immer wieder zusammenbrechende Mann von Nazaret, der schließlich mit einem lauten Schrei am Kreuze stirbt.

Zeit

Heimat ist mehr als die Landschaft, in der man geboren wird, aufwächst, lebt und stirbt. Heimat sind immer auch die Menschen, mit denen gemeinsam man seinen Weg geht, bei denen man den Sinn dieses Weges lernt oder verliert. Heimat ist auch die Zeit, in der man lebt; das gilt selbst dann, wenn die Zeit zum Anlaß wird, daß man die Heimat verliert und in der Heimatlosigkeit endet.

Die Zeit, in der Friedrich Spee lebt, ist keine Zeit der Idylle. Spee lebt in einer Zeit kriegerischer Auseinandersetzungen. Der Dreißigjährige Krieg (1618–1648) gehört zur Begleitmusik des Speeschen Lebens. Hinzu kommen immer wieder die Erfahrungen mit den Pestepidemien. Zwar gibt es auch in unseren Tagen noch immer die Erfahrung von Kriegen und von Krankheiten, die wie AIDS als eine Gottesgeißel angesehen werden. Doch überlebt hat aus der Zeit Spees eine Erfahrung, die heute nicht mehr für möglich gehalten wird, wenngleich der in der Subkultur nicht verschwundene Okkultismus wie auch der Satanismus zur Vorsicht raten: die Hexenjagd. Selbst ›Hexenjagden‹ gibt es auch heute noch, wenn man den Begriff in einem weiteren Sinne gebraucht.

Im Blick auf die Zeit Spees brauchen wir uns hier nur auf seinen Standpunkt zu stellen, ohne die Frage genauer zu prüfen, ob sich hinter der Rede von Hexerei ein wirklicher Sinn verbirgt oder nicht. Für Spee stand es fest, ›daß das ganze System der Hexengeständnisse und Hexenprozesse faktisch nur auf der Folter und den auf der Folter erpreßten Aussagen beruht‹ (K. Schatz). Er selbst ist keiner ›Hexe‹ begegnet, von der er nicht nach Berücksichtigung aller Umstände versichern konnte, daß sie unschuldigerweise für eine ›Hexe‹ gehalten wurde.

Ohne Frage hat Spee sich in seiner Haltung gegen den Zeitgeist gestellt. Sein kritischer Geist war schon deshalb von ungeahnter Wirksamkeit, weil für ihn – gegen den Trend – in Rechtsfragen die Regel galt: ›In dubio pro reo‹, ›Im Zweifelsfall ist für den Angeklagten zu entscheiden.‹ Die Schuld der ›Hexen‹ war jedoch – wie gesagt – in keiner seiner Begegnungen erwiesen; sie wurde vielmehr, wo sie eingestanden wurde, durch Folter und Gewalttätigkeit erpreßt. Bis heute kann die Hexenjagd als ein Paradebeispiel dafür gelten, wieviel Unrecht durch eine massenpsychotisch verbreitete öffentliche Meinung angerichtet wird. Einen Skandal stellt aber dann die Haltung der Kirche dar. Einerseits folgte sie selbst der öffentlichen Meinung, andererseits muß sie sich die Frage gefallen lassen, wieweit sie ihrerseits diese öffentliche Meinung miterzeugt hat. Auf jeden Fall war die Kirche in die Prozesse schon durch die Verflechtung von Inquisition und staatlicher Gewalt verwickelt. Skandalös war es — zumindest aus heutiger Sicht der Dinge — auch, daß Vorgesetzte in der Gesellschaft Jesu offensichtlich mehr dafür eintraten, daß Jesuiten sich aus der Angelegenheit der Hexenverfolgung heraushielten, als daß sie es für selbstverständlich erachteten, für ungerecht Beschuldigte und Verurteilte Partei zu ergreifen.

Dieses Thema bleibt auch heute aktuell, weil es zwar immer wieder geschieht, daß lange nach dem Tode einem Mann oder auch einer Frau der Kirche gegen die zu Lebzeiten vorherrschende Meinung Recht gegeben wird. Solche nachträglichen Rechtfertigungen ergeben aber nur dann einen Sinn, wenn sie zu Merkposten für die Gegenwart werden. Widerständler aber haben es in Kirche und Gesellschaft zu ihren Lebzeiten zumeist schwer. Wenn Spees Leben in diesem Sinne gelegentlich mit dem Schicksal von Propheten verglichen wird, dann erhält das seine Begründung darin, daß Propheten in der Regel gegen den Trend der Zeit reden, oft mißverstanden werden und dabei selbst zu Menschen werden, die an ihrer Zeit leiden. Im Falle der Hexenverfolgungen wurde Spee zu einem Priester und Christen, der mit den zu Unrecht verfolgten Frauen litt.

Wie furchtbar die Situation gewesen sein muß, wird deutlich, wenn man sich das Ausmaß der Verfolgung noch einmal vor Augen ruft: So sollen zwischen 1480 und 1700 fast hunderttausend Männer und Frauen, aber vor allem Frauen verbrannt worden sein und davon rund 90 Prozent in deutschen Landen. Wie groß die Hysterie gewesen sein muß, erhellt aus der Tatsache, daß solche, die öffentlich gegen die Hexenprozesse Stellung bezogen, damit rechnen mußten, selbst als Hexenmeister verurteilt und verbrannt zu werden. Dieses Schicksal bleibt Friedrich Spee erspart, weil er trotz der Gratwanderung an der Entlassung aus der Gesellschaft Jesu vorbei sich im Orden halten kann. Die innere Not, in die Spee dennoch gekommen sein muß, wird ein Außenstehender kaum zureichend nachempfinden können. Es fällt denn auch auf, daß in vielen Äußerungen zur Sache mehr um Verständnis für die damaligen Kirchenobern geworben wird, als daß gegen diese für den vermeintlichen Außenseiter Friedrich Spee Partei ergriffen wird.

Ausstrahlung

Die Echtheit Speeschen Lebens wird nicht zuletzt daran erkennbar, daß es von Licht und Schatten geformt ist. Auch in Spees Leben gibt es das Zeitbedingte, das Überholte, das, was heute zumeist übergangen wird. Vielleicht wird es heute dennoch weniger verschwiegen als zu früheren Zeiten. Zu lange ist die Ge-

schichte jedenfalls – weltlich wie religiös-kirchlich –, wenn sie von ihren sogenannten Vorbildern her erzählt wird, zur Heldengeschichte hochstilisiert worden. Die Männer und Frauen, deren Geschichte auf diese Weise erzählt wird,
verlieren aber dann nicht selten darum ihren Vorbildcharakter, weil sie der Nor-
malität des Alltagslebens entrückt werden. Gar manches Heiligenleben ist entsprechend nachträglich zurechtgeschminkt worden. Das inzwischen klassische
Beispiel ist die Biographie der kleinen Therese von Lisieux, deren wahres Bild
von Hans Urs von Balthasar und Ida Friederike Görres entlarvt wurde. Bei Friedrich Spee war nichts abzuschminken. Er stand, wo es um seine Biographie ging,
wohl immer in seiner wahren Gestalt vor uns. Wenn es Dinge zu bereinigen gibt,
dann geht es um seine Umwelt. Nachträglich sieht es fast so aus, als ob die Haltung der offiziellen Kirche wie auch einiger Mitglieder der Ordensleitung in
Sachen Spee ihm und seinem Protest erst richtig den bleibenden Platz in der Geschichte gesichert hätten. Jedenfalls ist Friedrich Spee heute ein Mann, ein Christ
und ein Priester, ein Lehrer und ein Dichter, der sowohl in den Innenraum der
Kirche wie in die Welt hinein eine ungeheure Ausstrahlung hat und bis heute pro-
phetisch seine Stimme erhebt.

Wo es um Fragen des Gewissens geht, hat der Christ ihm zu folgen. Das heißt
freilich nicht, daß das Gewissen Sache reiner Subjektivität ist. Das Gewissen un-
terliegt der Bildung in der Zeit. Hier aber gibt es auch eine Verbildung des Gewissens. Wer aber ist dann der wahre Lehrer? Die Situation ist komplizierter, als sie
auf den ersten Blick erscheint. Gewiß erhebt die Kirche zu Recht den Anspruch,
daß auf ihre Lehre zu hören sei. Dennoch darf gefragt werden, wieweit die Lehrer
der Kirche nicht selbst Kinder ihrer Zeit bleiben. Jedenfalls stehen auch sie immer wieder vor der Frage, ob sie wirklich dem Worte Gottes dienen oder ob sie
sich nicht selbst des Wortes bemächtigen. Die dunklen und die hellen Stellen der
Geschichte der Kirche, auch der Geschichte des Umgangs mit dem Evangelium
und mit Lehre und Weisung in der Kirche, werden vor allem an Biographien wie
denen eines Friedrich Spee aufgeschlagen. Sie bleiben Wunden, die auch an der
Kirche immer wieder aufbrechen und nicht leicht heilen, weil Menschen an ihnen
leiden.

So sehr Friedrich Spees Lebensschicksal eine Mahnung an seine Kirche
bleibt, so sehr strahlt er jedoch weit über seine Kirche hinaus. Er darf daher auch
nicht nur als Kirchenmann betrachtet werden. Zwar wird es heute kaum noch jemandem einfallen, Frauen im strengen Sinne des Wortes als ›Hexen‹ zu verdäch-
tigen. Das kann aber nicht darüber hinwegtäuschen, daß die Frau sich in der heutigen Gesellschaft immer noch nicht hinreichend in ihrer Würde und ihrem
menschlichen Rang gewertet sieht. Die vielfältigen Weisen des Widerstandes
von Frauen gegen eine Männergesellschaft und das Ringen um Gleichberechti-
gung in Kirche und Staat, formuliert und praktiziert in den verschiedenen Formen eines Feminismus, weisen auf eine Problematik hin, die weder das Christentum als Religion unserer abendländischen Kultur noch das aufgeklärte Denken

der europäischen Neuzeit überzeugend geklärt haben. Daß das Hexenunwesen ein Phänomen der Neuzeit war, sollte nicht zuletzt die ›Verächter der christlichen Religion‹ unter den Gebildeten unserer Zeit vor einem vorschnellen Urteil über das Christentum im allgemeinen warnen. Es kommt ja hinzu, daß der Ausbruch aus dem Christentum in andere Religionen und Weltanschauungen und Kulturen das Schicksal der Frau keineswegs verbessert und schon daher die erneute Besinnung auf die Frage in Ruhe erneut an der im Abendland verkündeten Schöpfungsordnung ansetzen kann.

Friedrich Spee war im übrigen kraft seiner persönlichen Gottverankerung ein Mann menschlicher Nähe und Verbundenheit. Der Einsatz für die Würde des Menschen gegen jede Form der Unmenschlichkeit findet aber Gestalt, wo er sich dem Ärmsten und Verlassensten zuwendet. Das waren neben den unschuldigen Frauen überhaupt Menschen im Gefängnis, aber dann auch arme Menschen, denen er mit Speisen und Kleidung half, sodann Kranke und im Krieg Verwundete, vor allem aber solche, die von ansteckenden epidemischen Krankheiten betroffen waren. Wir wissen um den Tod, den er infolge von Ansteckung bei diesem Dienst in Trier erlitten hat. Wahre Menschlichkeit besteht nicht darin, daß wir uns vorrangig an der Seite derer wissen, die ihr irdisches Leben bereits als erfülltes Leben erfahren, sondern daß wir uns gerade dort einfinden, wo die Menschlichkeit verletzt ist und verletzt wird.

Zu den großen Verletzungen heutigen Menschseins gehört aber nicht zuletzt, daß trotz des Freiheitspathos der Neuzeit der Spielraum wahrer menschlicher Freiheit eher eingeschränkt als vertieft wird. Die vielfältigen Weisen der Abhängigkeit des Menschen von gesellschaftlichen, vielfach anonymen, antlitzlosen Mächten und Gewalten sind unübersehbar. Die Gefährdung durch eine Vielzahl von Irrlichtern, die Orientierung verheißen und Desorientierung bieten, führt zu immer stärkeren psychischen Belastungen, die um so stärker werden, als das Grundverhältnis zwischen dem wahren Ich des Menschen und dem umfassenden Du, das sich im Geheimnis des Menschen verbirgt und im christlichen Glauben ›Gott‹ heißt, weithin verschüttet ist.

In Stunden der Ausweglosigkeit helfen aber weniger Worte, die dem Menschen einfallen; es ist vielmehr das Leben von Menschen, die in Leben und Tod überzeugen und damit gleichsam einen Antwortbrief auf die menschlichen Rückfragen geschrieben haben. Auch die Biographie Friedrich Spees ist eine solche bis in unsere Tage ›lebendige Schrift‹, die bezeugt, daß wir als Menschen zwischen den Widrigkeiten der Zeit bestehen können, wenn wir mit offenen Sinnen dem Sinn nachgehen, der uns auf unserem eigenen Lebensweg begegnet.

Kaiserswerth — die Geburtsstadt

Stefan Sommer

Die Kinder- und Knabenjahre hat Friedrich Spee in der Stadt Kaiserswerth am Rhein verbracht. Das war eine Zeit, die ihn so geformt haben muß, wie jedes Kind von der Heimat, von den ersten Lebensumständen geformt wird. Auf die geschichtlichen Umstände dieser Jahre soll hier ein Licht geworfen werden. Am Anfang wird ein Abriß der Geschichte des Städtchens im ausgehenden 16. und beginnenden 17. Jahrhundert stehen. Dem folgt ein Versuch, das Kaiserswerth dieser Zeit zu schildern. Und schließlich wird der Blick auf die Herkunft und die Lebensumstände des jungen Spee gerichtet sein.

I. Geschichte Kaiserswerths im 16. und 17. Jahrhundert

Bei Suitbertus und Friedrich Barbarossa, den Gründern und Befestigern von Kaiserswerth, kann mit der Darstellung der Geschichte der Stadt nördlich von Düsseldorf selbstverständlich nicht angefangen werden. Der Heilige und der Kaiser haben, jeder zu seiner Zeit, entscheidend zur Entwicklung des Ortes beigetragen. Aber ein wenig vor der Spee-Zeit muß schon begonnen werden, genau gesagt im Jahre 1424. In diesem Jahr gelangte die Stadt — seit wann überhaupt sie eine solche war, ist letztlich nicht geklärt, gewiß aber war sie Stadt noch vor Düsseldorf 1288 — wieder einmal in den Besitz Kurkölns, also des Erzbischofs, diesmal für rund 350 Jahre.

Hunderttausend Gulden hat der Erzbischof für Stadt, Burg, Zoll und Vogtei an Gerhard von Cleve bezahlt. Fortan war Kaiserswerth die ›wichtigste kurkölnische Festung‹, auch ›eine Bastion gegen Düsseldorf und das Herzogtum Berg‹ (Spohr), eine Art Brückenkopf des Erzbischofs also. Aber sicher hat der Verkauf der Stadt auch eine ›gewisse Isolierung‹ (Wisplinghoff) eingebracht: Gut hundert Jahre später jedenfalls stand Kaiserswerth noch nach Zons mit einem Steueranschlag von 150 Gulden an der letzten Stelle der kurkölnischen Städte.

Dennoch ist der kleine Ort — wie so manche Stadt im Zeitalter der Glaubenskämpfe — seit der zweiten Hälfte des 16. Jahrhunderts zu einer Festung ausgebaut worden. Dieser Ausbau fiel in die Amtszeit des Salentin von Isenburg auf dem Stuhl des Kölner Erzbischofs (der übrigens 1576 auch den Konvertiten Caspar Ulenberg zum Pfarrer von Kaiserswerth und Kanoniker von Sankt Suitbertus einsetzte). Fünf Bastionen wurden errichtet, Zeughaus, Pulverturm und einiges mehr.

Das moderne Bastionssystem hat die Stadt in den bewegten folgenden Jahrzehnten des öfteren vor einem schlimmen Schicksal behütet. Für eine erste ernsthafte Bedrohung sorgte ausgerechnet der Kampf um die Nachfoge des erwähnten Salentin von Isenburg. Der hatte 1576 dem Kölner Stuhl entsagt, um zu heiraten. Als Nachfolger hatte er Ernst von Bayern auserkoren, der dem Papst genehm, aber vielen (dem Kaiser, den Kölnern und auch den Kaiserswerthern) aus mancherlei Gründen als Erzbischof ein Dorn im Auge war. An des Bayern Stelle (und damit immerhin auch gegen den Willen des Papstes) wurde Gebhard Truchseß von Waldburg gewählt. Gebhard hatte das Amt nur sechs Jahre inne; der nach ihm benannte Truchseßsche (oder auch Kölnische) Krieg stellte die Kaiserswerther vor große Belastungsproben.

Gebhards Versuch, sein Kurfürstentum evangelisch zu machen, ist eine der bekanntesten rheinischen Episoden der frühen Neuzeit, weniger wegen der Brisanz dieses Schritts für das Gleichgewicht der Religionen im Heiligen Römischen Reich Deutscher Nation als wegen der romantischen Liebschaft des Erzbischofs zum ›Stiftsfräulein von Gerresheim‹, wie der Düsseldorfer Schriftsteller Heinrich Biesenbach Agnes Gräfin von Mansfeld so einprägsam genannt hat.

Mit dieser Dame jedenfalls hatte sich der Bischof in Kaiserswerth einquartiert, sehr zum Unwillen des Festungskommandanten Peter Spee (des Vaters Friedrichs) und selbstverständlich auch des Pfarrers Kaspar Ulenberg. Beide geben diesem Unwillen Gebhard gegenüber sehr wohl deutlichen Ausdruck. Es kommt zu der (auch damals schon) berühmt gewordenen Szene, in deren Verlauf der Festungskommandant seinem Fürsten nach einem Gelage unzweideutig klar macht, daß er keineswegs auf seiner Seite steht. Das prunkvolle Leben, das Gebhard und Agnes in Kaiserswerth führten, wird die Bevölkerung des Städtchens materiell belastet haben, von der moralischen Erschütterung ganz zu schweigen.

Allzu lange ging das so indes nicht weiter, denn selbstverständlich reagierte die katholische Partei. Sie wählte 1583 (nun doch) den Wittelsbacher Ernst von Freising zum Erzbischof. Gebhard versuchte allerdings noch einige Jahre, seine Ansprüche geltend zu machen. Die erhoffte Unterstützung der Protestanten blieb aber aus. Der mächtige Kurfürst von Sachsen hielt sich zurück, und die Niederlande waren im eigenen Lande beschäftigt. Eben von dort kam in Gestalt spanischer Truppen sogar Hilfe für den neuen Erzbischof, die sich gegen Gebhard verhältnismäßig rasch durchsetzten.

Dennoch haben die Nachwehen der Affäre des Abfalls des geistlichen Kurfürsten Kaiserswerth noch einmal belastet und die Festung auf eine Probe gestellt, die sie aber offenbar bestanden hat. 1586 stand nämlich ein Gesinnungsgenosse Gebhards, Martin Schenck von Niedeggen, vor den Toren der Stadt, und zwar mit ›umb die zwei tausendt zu Roß und zu Fuß‹. Die Kaiserswerther, so berichten die Quellen von diesem 24. Juni 1586, ›haben sich aber mit so großer sterke darwidder gesetzt, das er mit schanden und großen schaden von dannen hat weichen müssen‹. Auch wenn die Zahl der 2000 Angreifer vielleicht zu hoch angesetzt ist, war es eine beachtliche Leistung der Kaiserswerther Garnison, die man gewiß nicht mit mehr als 50 Mann veranschlagen sollte.

Ruhe sollte dieser Erfolg der kleinen Stadt am Rhein indes nicht bescheren,

Matthäus Merian: Kaiserswerther Rheinfront, Kupferstich, Frankfurt 1646

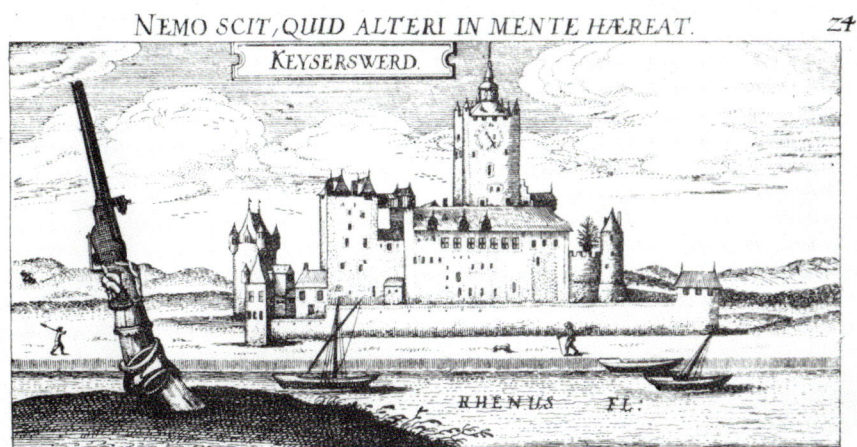

Meisner/Kieser: Die Kaiserswerther Pfalz, Kupferstich, Frankfurt 1625/31
(Kat.-Nr. 13)

zu bewegt waren die Zeiten. Der Kampf der Niederlande mit Spanien dehnte sich immer weiter auf das Gebiet des linken Niederrheins und schließlich bis zum Strom selber aus: Am 25. Juli 1586 eroberte Herzog Alexander von Parma die Stadt Neuss; und die Städte des Erzbistums Köln mußten fortan die spanischen Truppen (das ›burgundische Kriegsvolk‹) in ihren Mauern dulden. Einige Jahre lang beherbergte auch Kaiserswerth Soldaten, gewiß alles andere als gern, denn die Spanier müssen sich — zumindest in der näheren Umgebung — aufgeführt haben wie die Berserker. Einige Orte am linken Niederrhein ließen sich vom Erzbischof sogar Schutzbriefe gegen Übergriffe ausstellen. Das läßt darauf schließen, daß auch die Kaiserswerther Bevölkerung einiges zu erdulden hatte, gelegentliche Angriffe niederländischer Truppen eingeschlossen. Wie froh das Städtchen war, als im Juli 1592 die verhaßten Spanier endlich aus den Mauern wichen (freilich erst, nachdem sich die Städte am Niederrhein gemeinsam gegen die Besatzungstruppen gewandt hatten), wird in der Beschreibung des Emmanuel van Meteren deutlich, die dieser ein halbes Jahrhundert später über den Niederländischen Krieg verfaßt hat: ›Die von Werth‹ (Kaiserswerth), schreibt er nämlich, hätten ›mit Gewalt und nicht ohne Blutvergiessen ihre Besatzung ausgetrieben‹.

Derselbe Chronist freilich wendet sich im zweiten Teil seiner Kriegsbeschreibung erneut dem Städtchen Kaiserswerth zu, und wieder sind die Spanier die Ursache seiner Aufzeichnungen. 1605, also ein Jahrzehnt nach der Vertreibung der ›Gäste‹, stehen diese wieder vor den Toren, und zwar unter der Führung des spanischen Feldherrn Ambrosius von Spinola. In Wittlaer, so erzählt van Meteren, wurde ein großes Heerlager aufgeschlagen, man verschanzte sich dort und richtete sogar Schiffsbrücken ein. Etliche tausend Mann müssen sich in jenen Tagen zwischen Kaiserswerth und Duisburg aufgehalten haben, zu viele, als daß ein kleines (und zudem noch kurkölnisches) Städtchen es wagen durfte, sich diesen katholischen Heerscharen gegenüber zu verschließen. Man ließ die Soldaten also frei ein- und ausgehen, lediglich die Pfalz wurde vom Erzbistum zu einer Tabuzone erklärt und dafür sogar eigens mit Schützen besetzt.

Es muß ein beeindruckendes militärisches Schauspiel gewesen sein, das da vor den Toren der Stadt aufgeführt wurde. Denn zwei erhaltene Briefe des Kaiserswerther Festungskommandanten an den Erzbischof zeugen eher von Begeisterung für das ›fürtrefflich schön volk‹ als von Furcht vor einer Bedrohung für die Stadt.

Zu rosig indes darf man die Kaiserswerther Verhältnisse jener Jahre nicht malen. Am Niederrhein wimmelte es nur so von Soldaten; der Niederländische Freiheitskrieg und der Jülisch-Klevische Erbfolgestreit sorgten immer aufs Neue für Unruhe und Bewegung. Und die fremden Truppen führten sich nachweislich keineswegs auf wie die Chorknaben. Duisburg beispielsweise, nur wenige Kilometer von Kaiserswerth gelegen, wurde von den Spaniern sieben Jahre lang (1614 bis 1621) ›schamlos ausgesogen‹ (Heck). Der Nachbarstadt als kölnischer Feste blieb dieses Schicksal zwar erspart, aber der Dreißigjährige Krieg ist auch an Kaiserswerth nicht spurlos vorbeigegangen. Spanische Truppen werden dort immer wieder Quartier genommen haben, noch bis in die dreißiger Jahre tummelten sie sich regelrecht am Niederrhein. Umgekehrt steht zu vermuten, daß die Niederländer, wenn sie Oberwasser hatten, Angriffe auf die kleinen Orte, die den Spaniern Schutz boten, wagten. (Andeutungen über solche niederländischen Pläne finden sich zumindest in der Korrespondenz des Kölner Kurfürsten mit seiner bayerischen Verwandtschaft).

Verbürgt ist jedenfalls, daß Kaiserswerth im Jahre 1633 von den Truppen des aus Hessen stammenden kaiserlichen Generals Peter von Melander besetzt wurde, der die Stadt als Stützpunkt für die Rückeroberung der von den Niederländern besetzten benachbarten Orte Orsoy und Rheinberg benutzte. Und fest steht auch, daß Kaiserswerth drei Jahre später vom ebenfalls hessischen Obristen von Fläns zunächst lange belagert und schließlich auch erobert worden ist. Wenig später soll es dann wieder von kurkölnischen Truppen besetzt worden sein.

Welch bewegte Zeit also für Kaiserswerth. Kaum ein Jahr wird in der ersten Hälfte des 17. Jahrhunderts vergangen sein, in dem nicht eine Einquartierung ›befreundeter‹ Truppen, ein Angriff oder sogar die Besetzung durch den Feind drohte. Ein Schicksal freilich, das in diesen bewegten Zeiten unsere Stadt am Rhein bekanntlich nicht allein zu tragen hatte.

2. Ein Bild von Kaiserswerth

Wie sah es aus, das Kaiserswerth an der Wende vom 16. zum 17. Jahrhundert? Von der ursprünglichen Insellage ist, so zeigen es die Rekonstruktionsversuche von Spohr, schon zu Beginn des 16. Jahrhunderts nicht mehr viel übrig. Im Süden gibt es mittlerweile eine ›Landverbindung‹ nach Düsseldorf, und im Osten geht es vom Markt aus über den Stadtgraben und das Fleeth. Nach dem Bau der Bastionen freilich ist Kaiserswerth fast wieder eine Rheininsel, nur ein paar überschaubare Verbindungswege führen an Land, nach Düsseldorf und Duisburg.

Die Stadt selbst erschließt sich einem leicht, weil sie deutlich in drei wesentliche Teile zu zergliedern ist. An den Bereich der Pfalz, an dessen nördlichem Ende auch der Zollhafen liegt, schließt sich die Stifts-Immunität an. Oberhalb dieser wiederum liegt der Marktplatz, von dessen damaligem Aussehen man sich auch heute noch ein gutes Bild machen kann. Am Rheinufer führt er zur Fährstelle, die über Jahrhunderte als Verbindung der linksrheinischen Landstraße mit der rechtsrheinischen holländischen Straße ihren Teil zur merkantilen Bedeutung Kaiserswerths beigetragen hat. Auf diese Ost-West-Achse stieß am Marktplatz von Süden her die Düsseldorfer Straße (An St. Swidbert), durch das östliche Stadtor verließen dann beide Wege die Stadt. Hinter der Brücke über das Fleeth ging es weiter - entweder nach Holland oder ins Ruhrgebiet. Eine ›Verkehrsspange‹ (Spohr) war Kaiserswerth also damals, auch als Abschluß des wichtigen

Hellweges, und es verlor diese Bedeutung erst, als Jan Wellem, der für sein Düsseldorf so viel getan hat, dort eine Schiffsbrücke anlegen ließ.

Ältere Stadtrechte als Düsseldorf, das wurde schon erwähnt, hatten die Kaiserswerther allemal. Wie die Nachbargemeinde bot auch ihre Stadt indes lange ein ›wenig städtisch anmutendes Bild‹ (Wisplinghoff). Zu den Häusern um den Markplatz kamen Besiedlungen an der Pisterstraße (Kuhstraße), ein paar Gärten, Äcker und ein freilich wenig ertragreicher Weinberg. Eine weitere Ausdehnung verbot schon ganz einfach der durch die Insellage eingeschränkte Raum. Allerdings hat es bereits früh Vorstädte gegeben: Um die Kirchen Sankt Georg (Jöres) und Sankt Walburgis und auf dem Kreuzberg haben vermutlich Bauern, denen der tägliche Weg von Kaiserswerth zu den Äckern zu mühselig war, gesiedelt.

Zum Rhein hin wurde die Stadt von einer Mauer abgegrenzt, drei Stadttore gab es wohl auch schon zur Spee-Zeit, und den Nordwesten der Stadtbefestigung bildete vermutlich ein 1561 errichteter Windmühlenturm. Wisplinghoff mutmaßt, daß die Stadt schon früh, nämlich seit dem 13. Jahrhundert, auch ein Rathaus hatte.

Die Einwohnerzahl des Städtchens hat sich in der hier zu betrachtenden Zeitspanne nicht wesentlich verändert. 1569 wurden einmal 300 Kommunikanten gezählt, 1622 waren 143 wehrfähige Männer registriert worden. Wisplinghoff rechnet beide Zahlen hoch zu einer Gesamtbevölkerung von vier- bis fünfhundert Menschen. In einer anderen Quelle sind im Jahre 1659 120 Häuser gezählt worden, wonach die Einwohnerzahl dann vielleicht doch etwas höher gewesen sein könnte.

Die meisten Kaiserswerther werden ihr täglich Brot auf dem Feld verdient haben; es steht auch zu vermuten, daß es an der ›Verkehrsspange‹ Händler gab, die mit den Durchreisenden ihr Geschäft machten. Profitiert haben die Kaiserswerther Bürger gewiß von der Nähe des Stifts, das wohl auf die Existenz und die Qualität der Schule einen großen Einfluß hatte. Die Stiftsschule im Kornhaus hat es spätestens seit dem 14. Jahrhundert gegeben (und auch Friedrich Spee hat wohl dort die Schulbank gedrückt). Daß die Schule gut war, beweist die hohe Zahl von Kaiserswerther Studenten an der Kölner Universität.

3. Friedrich Spee in Kaiserswerth

Zu den ersten Lebensjahren Friedrich Spees in Kaiserswerth gibt es leider wenig zu sagen, malt man nicht die gesicherten Fakten mit so viel von der Liebe zum Beschriebenen beflügelter Phantasie aus wie der Spee-Biograph Karl-Jürgen Miesen. Zumindest schon zwei Generationen vor Friedrich war seine adlige Familie in Kaiserswerth ansässig. Sein Großvater, nach dem er benannt wurde, war dort Amtmann, und in seine Fußstapfen trat Peter Spee, der Vater des Dichters. Wer mag daran zweifeln, daß auch der am 25. Februar 1591 geborene Friedrich, vermutlich das älteste von fünf Kindern, die Peter Spee mit Mechtels Dücker hatte, auf die Übernahme des väterlichen Amts hin erzogen werden sollte?

Von Peter Spee, dem Vater, ist schon berichtet worden, wie er sich seinem Herrn, Gebhard Truchseß von Waldburg, mutig entgegenstellte, im Widerstand gegen den vom rechten Glauben abtrünnigen Erzbischof eins mit dem Kaiserswerther Pfarrer Kaspar Ulenberg. Ob es mehr Gemeinsamkeiten zwischen diesen beiden gegeben hat, die ja zu den ›Ersten‹ im Ort zählten? Ob es die ›Schuld‹ (also das Verdienst) des schon 1584 nach Köln versetzten Priesters Ulenbergs war, daß Friedrich Spee nicht die weltliche, sondern die geistliche Laufbahn einschlägt? Spekulationen, für die einiges spricht, für die es aber keine Belege gibt. Fest steht, daß Friedrich Spee bereits mit zwölf Jahren die hier vorgestellte Kaiserswerther Welt verläßt. Seine nächste Lebensstation ist das große Köln, wo er vielleicht die Bursa Laurentiana, die seit langer Zeit gute Beziehungen zu Kaiserswerth unterhielt und an der Kaspar Ulenberg Rektor geworden war, besuchte.

Literatur:

Erich Wisplinghoff: ›Kaiserswerth‹ in Hugo Weidenhaupt: ›Düsseldorf - Geschichte von den Ursprüngen bis ins 20. Jahrhundert‹, Band I. Düsseldorf 1988
Christa-Maria Zimmermann / Hans Stöcker: ›Kayserswerth - 1300 Jahre Heilige, Kaiser, Reformer‹ (darin auch eine Stadtbildanalyse von Edmund Spohr). Düsseldorf 1981

Karl Heck: ›Geschichte von Kaiserswerth‹. Düsseldorf 1925 (2. Auflage)
Karl-Jürgen Miesen: ›Friedrich Spee. Pater, Dichter, Hexen-Anwalt‹. Düsseldorf 1987

Die Flora in Friedrich Spees ›Trutz-Nachtigall‹

Gisela Klinkhammer

Die Gartentheorie

Daß Friedrich Spee sowohl Liebhaber als auch Kenner der Pflanzen war, zeigt sich deutlich in seiner ›Trutz-Nachtigall‹. In Lied 22 lobt er Gott, indem er den Aufbruch der Natur schildert. Die Blumen im Garten sind Beispiele für die Herrlichkeit der Schöpfung:

> ›Die Blümlein schaw wie trettens an,
> Vnd wunder schön sich arten!
> Violen, Rosen, Tulipan,
> Die kleinod stoltz in garten!
> Jacynthen, vnd Gamanderlein,
> Dan Saffran, vnd Lauendel,
> Auch Swerttlein, Lilgen, Nägelein,
> Narciß, und SonnenWendel.
> O Gott ich sing von hertzen mein,
> Gelobet muß der Schöpffer sein.
>
> Ey da, du gülden KaysersCron,
> Auß vilen außerkoren,
> Auch Tausendschön, vnd Widerton,
> Nasturtz, vnd Rittersporen,
> Jelängerjelieber, Sonnentaw,
> Basilien, Brunellen,
> Agleyen auch, vnd Beerenklaw,
> Dann Monsaam, Glock- vnd Schellen.‹ (22,74 ff.)

Woher, wenn nicht aus seiner Kindheit, kannte Spee diese Gartenpflanzen. Joseph Furttenbach der Ältere, Ulmer Architekt und Zeitgenosse Spees, veröffentlichte zahlreiche Werke mit gartentheoretischem Inhalt.

Er beschreibt die idealtypische Gestaltung eines Gartens in der ersten Hälfte des 17. Jahrhunderts. Dabei läßt sich unschwer feststellen, daß die Pflanzen, die er nennt, denen in Lied 22 entsprechen. In seiner ›Architectura Privata‹ (1641) bezeichnet Furttenbach den Blumen- oder Lustgarten, der direkt am Haus liegt und im beengtesten Fall den ganzen Garten ausmacht, als den wichtigsten Teil des Gartens. Er besteht aus Beeten, die ›Außtheilungen‹ genannt und entweder mit Brettern oder mit Buchs eingefaßt werden. Furttenbach zählt die Bepflanzung aus Frühjahrsblühern auf: Kaiserkrone, Tulpe, Türkenbund, Narzisse, Iris, Schachblume, Anemone, Krokus, Milchstern und Ranunkel. Pflanzen, die zum

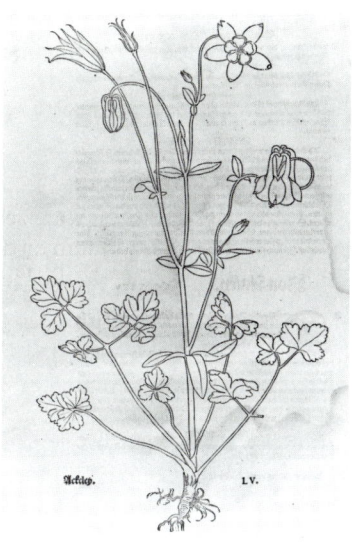

Leonhart Fuchs: Akeley, Holzschnitt,
Basel 1543 (Kat.-Nr. 23)

Leonhart Fuchs: Rittersporn, Holzschnitt,
Basel 1543 (Kat.-Nr. 21)

Von den kreutern.
Von der Veiol.

Viola heißt veiel. Des krauts blë cer blümen vnd sam seindt nas hent bei einander ann der art/ wann sie seind alle kalt vnd feucht.

Mann behelt die veiel ij. jar das sie nüz ist/iedoch ist sie besser frisch vnd grün.

Mach veiel sirop also. Seud die vei Viol sirop el in wasser / vñ seih das durch ein tüch vnd thü zucker darzu/so wirt ein güter sirop. Würdt aber der sirop auß dem safft der grünen veiolen/so wer es beß

fer. Der sirop entlöset den leib vnnd mache jn fertig inn hizigen fiebern.
Veiol öl macht man also. Man seudt die veieln in öl vnd zwingt es dañ auß. Veiol öl:
Wem sein haupt wee thüt von hiziger sach/der saib sein stirn darmit vnnd Haupt wee die schläff bei den ohren.

Die veioln haben die art das sie külen vnd feucht machen vnd fertigent vñ entlösen den leib.

Wenn man sie seudt mit wasser vnnd bestreicht die füß darmit vnnd das haupt an der stirn/das bringt dem siechen schlaff in hizigem siechtumb.

Konrad von Megenberg: Von der Veiol, Holzschnitt, Frankfurt 1540 (Kat.-Nr. 25) größten Teil auch in Spees Gartenbeschreibung zu finden sind. Der Blumengarten besteht meistens aus vier durch ein Wegekreuz getrennten Teilen. In der Mitte steht ein Schalenbrunnen (›Die Brünnlein frölig springen: … 22,65‹). Meist auf drei Seiten wird der Blumengarten von einem Laubengang umgeben, der fast immer mit Steinobst besetzt ist.

Lilien

Zwei der Blumen, die Spee wohl aus seiner Kindheit bekannt waren, sind Lilien und Rosen. Die Lilie gilt als Lieblingsblume der Orientalen, der Romanen und auch der Deutschen. Bei den Römern soll sie Zeichen der Hoffnung gewesen sein, bei den Orientalen war sie das Sinnbild der Unschuld und Reinheit. Nicht nur die ›holde Jungfrau‹ bekam bei festlichen Anlässen Lilien geschenkt, sondern Lilien wurden auch zum Zeichen der Trauer und Treue als letzte Liebesgabe der Verstorbenen auf den Sarg gelegt. In dem ›Spiegel der Liebe‹, in dem Maria Magdalena Jesus in seinem Grabe sucht, bittet sie, von Trauer überwältigt:

> ›Bald, bald mich vnterstützet
> Mitt Laub, vnd Blümlein zart,
> Mitt zweiglein abgenützet
> Von Oepfflen bester art:
> Auß Rosen mir bereitet
> Gar weich die Ligerstat,
> Auch Lilgen häuffig spreitet,
> Jch sinck zur Erden matt.‹ (11,224 ff.)

Die erotische Liebe erhöht Friedrich Spee ins Geistliche: Gottesminne anstelle der Liebe zu einer Frau. Und so, wie der Liebende Lilien auf das Todesbett seiner verstorbenen Geliebten legt, so denkt auch Maria Magdalena an Lilien als Blumen der Trauer und des Todes.

Bei den feierlichen Fronleichnamsprozessionen tragen noch heutzutage weißgekleidete Mädchen weiße Lilien in der Hand. Bei Spee werden sie ebenfalls in den Fronleichnamskranz gebunden:

> ›Vns last mitt zartem Roßmarein
> Die Rosen root vermählen,
> Die Lilgen auch mitt schnüren ein,
> Die Näglein auch nitt fehlen.‹ (51,149 ff.)

Nach einer alten Sage, die Spee wahrscheinlich bekannt war, sproß die Lilie ebenso wie die Rose aus den Gräbern von Liebenden und unschuldig Hingerichteten hervor. So auch in dem Hirtengesang, in dem der Tod Christi ›vnder der person eines Hirten, Daphnis genannt beklaget‹ wird. Dort heißt es:

›Jhm zu danck herausser setzet
Rosen root, vnd Lilgen weiß.‹ (39,76 f.)

Wenn die Lilie auf der Stätte unschuldig Ermordeter erschien, war sie ein Zeichen für kommende Rache. Die Lilie galt denn auch als Gruß des Todes an den zurückbleibenden Lebenden.

Als Gartenpflanze soll die weiße Lilie zum ersten Male im Herbarium von Mainz 1484 abgebildet worden sein; sie scheint sich seit Mitte des 15. Jahrhunderts in den europäischen Gärten etabliert zu haben. Aus dem ›Capitulare de villis‹ von Karl dem Großen läßt sich entnehmen, daß sie schon im achten Jahrhundert kultiviert wurde.

Wegen des Verfalls der Gartenkultur in der Völkerwanderungszeit geriet auch die Lilie in Vergessenheit. Erst 1530 tauchte sie wieder auf, sie war von Leonard Fuchs aus Italien nach Deutschland gebracht worden. Clusius nennt dann schon zehn Arten der Lilienfamilie, und 1623 hatte Bauhin angeblich 27 Arten gefunden. Friedrich Spee wird die Lilie als Gartenpflanze geschätzt haben, nennt er sie doch gleich zweimal:

›Auff, auff, Gott wil gelobet sein,
Jhm Lilgen schön, vnd Rosen,
Jn gelb, vnd purpur Mäntelein
Gar lieb- vnd freundlich kosen;
Sie lächlen ihm gar schön geferbt,
Jn kraut und BlumenGärten, ...‹ (27,69 ff.)

›Die blümlein schaw wie trettens an,
Vnd wunder schön sich arten! ...
Auch Swerttlein, Lilgen, Nägelein, ...‹ (22,74 ff.)

Zusammen mit den Lilien wurden schon seit althochdeutscher Zeit häufig die Rosen genannt, und sie waren von je her in der Literatur von herausragender Bedeutung.

Rosen

Schon bei den Ägyptern galt die Rose als Symbol der Vollkommenheit, in der griechischen Mythologie als das der Schönheit. Anakreon bezeichnet die Rose als ›Ehre und den Zauber der Blumen, die Lust und Sorge des Frühlings, die Wollust der Götter‹. Im Abendland spielt die Rose eine ähnlich wichtige Rolle wie der Lotos in Asien. Im Altertum war die Rose der Aphrodite geweiht. Die rote Rose soll aus dem Blut des Adonis entstanden sein, sie war ein Symbol von Zuneigung und Liebe sowie auch der Verehrung gegenüber den Toten.

Spee wird gewiß die griechische Sage der Göttin Eos (Aurora), Göttin der

Morgenröte, bekannt gewesen sein. Sie trat rosenbekränzt aus den Himmels-
pforten, ihren Weg bestreute sie mit Rosen. Friedrich Spee bringt die Rose immer wieder in Zusammenhang mit der Morgenröte:

> ›Bald wan die Morgenstunden
> Mitt Rosen root umbgürt …‹ (23,142 f.)

> ›Wan früh vor hellen tagen
> Die Morgenröt auffgaht
> Vnd kaum ihr pferd, vnd wagen
> Mitt Rosen kleidet hatt,
> Dan auch in vollen straalen
> Wan Sonnenliecht besteht,
> Jn lauter pein, vnd quaalen
> Jchs treib zum abend speth‹ (6,26 ff.)

> ›Biß gar die schöne Morgenröt
> Sich krönt mitt frischen Rosen‹ (30,16 f.)

> ›Richt auff, du Purpur Morgenstund
> Die Stirn, besteckt mitt Rosen …‹ (51,5 f.)

Die Griechen trugen aus Trauer um Verstorbene Rosen um Brust und Stirn, als
Symbol der Vergänglichkeit des Lebens, das ebenso rasch welkt wie eine Rosen-
blüte. Die Grabmäler und Urnen von Verstorbenen wurden mit Rosen bestreut;
es wurde ihnen die Macht zugeschrieben, die Überreste vor Zerstörung zu schützen; auch glaubte man, daß den Abgeschiedenen ihr Duft angenehm sei:

> ›Auß Rosen mir bereitet
> Gar weich die Ligerstat …‹ (11,227 f.)

Wegen des symbolischen Zusammenhangs mit dem Blut Christi ist die Rose —
auch bei Spee — zugleich ein Symbol der mystischen Wiedergeburt:

> ›Wan der Sommer wider kehret,
> Vnd klopfft an, an grüner thür
> Er mitt Blumen sich vermehret,
> Rote Rosen gan herfür:
> Fünff der besten schon beyzeiten
> Daphnis hatt gebrochen ab,
> Thut ein Schmücklein drauß bereiten,
> Welches Vns in schwachheit lab.

> Damon.

> Daphnis deine Rote Rosen,
> Werff ab deinem Creutz herab:

Wan die Welt mir lieb- wil kosen,
Darff ich solcher Blumengab.
Daphnis deine rote Rosen,
Dein so schöner BlumenStrauß
Allen krafft- und lebenlosen
Hilfft, auß aller schwachheit auß.

       Halton.

Wie der Sommer sich bestecket
Mitt auch Kleinen Blümelein;
Also Daphnis sich bedecket
Mitt auch kleinen Röselein.
Von der Schaitel zu den Füßen
Sie da stehn in voller blut;
Ringsherumb den Lufft versüssen,
Mitt geruch, vnd athem gut.‹ (48,64 ff.)

Rosenwasser war im frühen Mittelalter eines der ersten Destillationsprodukte. Rosenextrakte wurden seitdem für Salben, Parfüms, Sirup und Zucker verwendet. Spee war anscheinend tief beeindruckt vom betörenden Duft der Rose:

›Den ruch als ich empfande
Von beyden Rosen root,
Jm eylen mir geschwande,
Bey vil zu süsser noth.‹ (10,132 ff.)

Als Symbol der Liebe war die Rose schon seit der Antike bekannt; als solches findet sie bis auf den heutigen Tag in Literatur und Kunst weite Verbreitung. In Spees Liedern der mystischen Versenkung in die Liebe zu Jesu, erscheint der Geliebte geschmückt mit Rosen:

›Die Stirn er hatt bestecket
Mitt roten Blümelein,
Jn henden außgestrecket
Er trug zwo Rosen fein.‹ (10,128 ff.)

Die Dornen waren ein Grund für die ersten Christen, die Rosen zu verachten. So duldeten sie keine Rosen auf den Gräbern ihrer Angehörigen. Es wurde als Sünde angesehen, wenn sich jemand mit Rosen schmückte, weil Christus eine Dornenkrone getragen hatte. Doch bald änderte sich diese Ansicht: Der Rosendorn konnte ja auch das Leid Christi vergegenwärtigen. Spee, der die Rosen liebt und ihre verschiedenen symbolischen Bedeutungen durchaus zu kennen scheint, vergißt dennoch nicht jenen negativen ›dornigen‹ Aspekt, der Schmerzen verursacht:

> ›Aldà pflegt Er auch brechen
> Die rote röselein:
> Ob schon die dörner stechen,
> Sich tröstet Er der pein.‹ (10,116 ff.)

Maria Magdalena, die den Leichnam Jesu sucht, wäre bereit, auch Rosenhecken ebenso wie Flammen zu überwinden, um zu ihrem Geliebten zu gelangen:

> ›Vnd wie, wan er solt stecken
> Jn dörnen gantz vmringt?
> Sie sprach: Von dorn, vnd hecken
> Man doch die Rosen bringt‹ (11,393 ff.)

Seit dem 10./11. Jahrhundert ist die Rose als Gartenzierpflanze bekannt. Spee nennt häufiger die Rose als Blume des Gartens:

> ›Violen, Rosen, Tulipan,
> Die kleinod stoltz in garten!‹ (22,76 f.)

> ›Auff, auff, Gott wil gelobet sein,
> Jhm Lilgen schön, vnd Rosen,
> Jn gelb, vnd purpur Mäntelein
> Gar lieb- vnd freundlich kosen;
> Sie lächlen ihm gar schön geferbt,
> Jn kraut- und BlumenGärten, …‹ (27,69 ff.)

> ›Drauff waidet er sie Rosen satt,
> Jn edlem Blumengarten, …‹ (31,38 f.)

Nelke

Die Nelke erfreut sich in Deutschland weniger großer Beliebtheit als die Rose oder die Lilie. Sie galt als Sinnbild der Eitelkeit und der körperlichen Schönheit. Trotzdem gehört sie als ›Nägelein‹ für Friedrich Spee zu den Gartenpflanzen und wird mit Lilien und Rosen in den Fronleichnamskranz gewunden:

> ›Auch Swerttlein, Lilgen, Nägelein,
> Narciß vnd SonnenWendel.‹ (22,80 f.)

> ›Vns last mitt zartem Roßmarein
> Die Rosen root vermählen,
> Die Lilgen auch mitt schnüren ein
> Die Näglein auch nitt fehlen.‹ (51,149 ff.)

Vielleicht dachte Spee dabei auch an ihre symbolische Bedeutung, denn die Form von Blatt und Frucht wurde bildhaft als ›Nagel‹ gedeutet und deshalb zum Symbol der Passion Christi.

Kräuter

Auch Kräuter läßt Spee in seinem Garten wachsen. Sicher waren ihm die Kräuterbücher bekannt, die eine Fülle arzneikundlicher Erfahrungen für Ärzte und Apotheker bildeten. In deutscher Sprache fanden sie darüber hinaus auch bei Laien weite Verbreitung. Das Muster dieser Werke und Vorbild aller späteren Kräuterbücher ist das ursprünglich griechische Werk ›De materia medica‹ des Griechen Pedacius Dioscorides aus dem 1. Jahrhundert nach Christus. Sein Autor, Legionärsarzt unter den Kaisern Claudius und Nero, nennt darin mehr als 500 Heilmittel tierischen, mineralischen und pflanzlichen Ursprungs.

Ein Beispiel mittelalterlicher Pflanzenheilkunde ist der ›Macer Floridus‹, ein von Odo Magdunensis gegen Ende des 11. Jahrhunderts verfaßtes Lehrgedicht, das die Heilkraft von 77 Pflanzen beschreibt. Als ›Väter der Botanik‹ im engeren Sinne gelten heute Otto Brunfels (um 1488-1534) und Leonhard Fuchs, dessen Kräuterbuch sich durch eine enge Zusammenarbeit zwischen Autor und Illustrator sowie ein großzügiges Druckformat auszeichnet. Das Werk erschien erstmals 1542 in lateinischer (›De historia stirpium commentarii‹), ein Jahr später als ›New Kreüterbuch‹ in deutscher Sprache. Merkmale der Illustrationen: Die Pflanze ist hochaufgerichtet, alle charakteristischen Merkmale einschließlich der Wurzel sind vor dem Auge des Betrachters ausgebreitet. Ein im botanischen Sinne ›richtiges‹ Bild der Pflanze. Diese Vollkommenheit sichert ›New Kreüterbuch‹ seinen Platz in der Wissenschaftsgeschichte als das schönste und berühmteste Kräuterbuch, das je erschienen ist.

Daß es Spee zumindest als Anregung gedient hat, ist nicht auszuschließen, führt er doch in seiner ›Trutz-Nachtigall‹ eine Vielzahl von Kräutern auf, die bei Fuchs illustriert sind: Rittersporn, Bärenklau, Akelei und Basilien, um nur einige zu nennen.

Das Basilienkraut (22, 89) wurde schon im alten Ägypten kultiviert. Der Lavendel (22, 79) dürfte Spee, wie auch andere von ihm genannte Pflanzen, nicht aus eigener Anschauung bekannt gewesen sein. Er ist ein sehr würzig duftender, unscheinbar blühender Lippenblütler der Mittelmeergebiete und wurde seit der Antike als Heilmittel sowie zum Baden und Waschen benutzt. Im Mittelalter wurde er verschiedentlich auf die Reinheit und die Tugenden Marias bezogen. Häufiger erwähnt wird von Spee der Lorbeer, dem die Fähigkeit zugeschrieben wurde, dichterische Inspiration und Weissagekraft zu verleihen, die sich vielleicht auch Spee erhofft:

›Wan Morgenröt sich zieret
Mitt zartem Rosenglantz,

Vnd gar sich dan verlieret
Der Nächtlich Sternentantz:
Gleich lüstet mich spatziren
Jn grünen LorberWald, ...‹ (1,1 ff.)

Die Pythia, das delphische Orakel, kaute Lorbeerblätter und atmete Rauch ein, bevor sie in Trance verfiel und Apollon sich in ihr verkörperte. Im alten Rom hatte Lorbeer ähnliche Bedeutung. Opfergaben wurden immer mit Lorbeer und Wacholder verbrannt. Nach Proclus bedarf es eines Lorbeerzweiges, will man eine plötzliche Geistererscheinung festhalten oder verbannen. Im Mittelalter und in der frühen Neuzeit galt Lorbeer als Zaubermittel, das die Fähigkeit verleiht, Verborgenes zu schauen. So gelingt es dem lyrischen Ich in Lied 10, Jesus zu sehen:

> ›Auff grüner Heyd, vnd Matten
> Bey krausem Lorberbaum,
> Jch spreitet mich in Schatten,
> Sanck ab in süssen traum:
> Bald wider ich erwachet,
> Mein JESVM fande da,
> So lieb- vnd freundlich lachet,
> Zu mir tratt aller nah.‹ (10,12 ff.)

Bei Triumphzügen nach dem Sieg in der Schlacht tauchte der Lorbeerkranz zunächst wegen der ihm zugeschriebenen Reinigungskraft auf: Man wollte sich von dem im Krieg vergossenen Blut reinigen; später galt er dann einfach als Symbol für Sieg und Triumph.

Als Sinnbild für die dadurch errungene Leistung wurde er auch zum Auszeichnungssymbol — besonders für hervorragenden Mut und Tapferkeit. In der Kunst war es der Lorbeerkranz, der vor allem in der Dichtung den Träger ehren sollte. In der ›Trutz-Nachtigall‹ werden die Hirten aufgefordert, sie sollten einen Kranz aus Lorbeerblättern und anderen Kräutern als Geschenk für den auferstandenen Christus schnüren:

> ›Nun wolauff ir ander Hirten,
> Brecht vnd schnüret kräuter ein,
> Lorber, Balsam, Palm, vnd Myrrten,
> Meyeràn, vnd Roßmarein: ...‹ (49,259 ff.)

Düsseldorf zur Spee-Zeit

Gerda Kaltwasser

Viel hatte sich in knapp 300 Jahren nicht geändert, als das Städtchen Düsseldorf sich 1585 auf das glanzvollste Ereignis seiner Geschichte vorbereitete. 1288 hatten Graf Adolf von Berg und seine Frau Elisabeth den Düsseldorfern die Stadtrechte verbrieft und versiegelt, als Dank für die militärische Unterstützung im Streit mit Erzbischof Siegfried von Westerburg. Ein winziges Dorf, 3,8 Hektar groß und 300 bis 400 Einwohner stark, gelegen an der Mündung des Flüßchens Düssel in den Rhein, war damals, übrigens mit vorher eingeholter Billigung des Papstes, zur Stadt gemacht worden.

Ein Dorf war es auch 300 Jahre später noch, freilich eines mit einer Stiftskirche, der ›Grote Kerk‹, die ursprünglich der Gottesmutter, später dem heiligen Lambertus geweiht worden war. Mit einer um 1390 erweiterten Stadtmauer, die noch immer, wie Grabungen auf dem Gelände des Bauvorhabens an der Dammstraße ergeben haben, viel unbebautes Land umschloß. Und mit einem Schloß, einem finsteren Steinhaufen, der mit seinen Füßen, seinen Grundmauern ständig im Wasser des Rheins stand, so tief war es in den engen Rheinbogen hineingebaut worden.

Dieser Rhein bescherte den Düsseldorfern mehrmals im Jahr Hochwasser, fast jeden Winter Eisgang und in vielen trockenen Sommern den Blick auf die Hungersteine zu Füßen des Schlosses. Sankt Lambertus freilich, die Stiftskirche, besaß schon einen großen Reliquienschatz, die Gebeine (ohne den Kopf) des heiligen Apollinaris. Herzog Wilhelm, den sie den Reichen nannten, hatte den Gebeinen einen prächtigen silbernen, mit kostbaren Steinen beschlagenen Schrein gestiftet. Alljährlich im Juli wallfahrteten Tausende zur Festoktav für den Heiligen nach Düsseldorf. Sie kamen auch noch, als Wilhelm der (nicht mehr ganz so) Reiche mit dem Schrein seine Feldzüge bezahlte und die Gebeine in einer hölzernen Lade verschwanden.

Die Hochzeit des zweitgeborenen Sohns jenes Wilhelms, der fast unvorstellbar lange und zuletzt geisteskrank im jülich-bergischen Land herrschte, wurde das internationale Ereignis der Düsseldorfer Geschichte. Friedrich Spee von Langenfeld hatte damals in Kaiserswerth nördlich von Düsseldorf noch nicht das Licht der Welt erblickt. Aber die Erzählungen von der prächtigen Hochzeit zwischen dem Herzog Johann Wilhelm und der schönen, intelligenten und lebenslustigen Jakobe, Markgräfin von Baden, war noch Jahrzehnte später so lebendig und eindrucksvoll, daß Spee sie in seinem ›Güldenen Tugend-Buch‹ schilderte. Der herzogliche Hofschreiber Dietrich Graminäus war Zeitzeuge des Ereignisses, seine Schilderung muß auch Spee beeindruckt haben, ebenso wie die Darstellungen des kunstfertigen Kupferstechers Franz Hogenberg.

Es ist also durchaus zu verantworten, mit dieser Hochzeit sechs Jahre vor der Geburt Friedrich Spees den Versuch zu unternehmen, das Leben in Düsseldorf zu schildern, dessen Stadtgrenzen seit 1929 auch Kaiserswerth einschließen, den Geburtsort des Kämpfers wider Hexenwahn und Hexenprozesse, des Missionars wider die Protestanten, des Barock-Dichters, des aufopferungsvollen Priesters, der wegen seiner mutigen und noch völlig unzeitgemäßen Schriften selbst verfolgt wurde und der als Krankenpfleger bei einer Pestepidemie, 44 Jahre alt, starb.

In diesem knappen Abriß von Spees Leben sind auch die Stichworte zu finden, die für das Leben in Düsseldorf damals bestimmend waren. Doch zunächst zurück zur Hochzeit. Sie brachte dem dörflichen Städtchen, das nun kaum mehr als 3000 Einwohner auf 22,5 Hektar Fläche zählte, die Einquartierung von 1500 Gästen, die aus allen Himmelsrichtungen, in friedlichen Heerzügen mit Reitern, Fußvolk und Troßwagen herbeiströmten, zu Land aus Nord, Ost und Süd, zu Schiff aus Nord, Süd und West über den Rhein. Turniere fanden auf dem Platz vor der Burg statt, Schaukämpfe der Fregatten auf dem Rhein und schließlich ein riesiges donnerndes Feuerwerk auf dem Strom. Alle Häuser waren prächtig illuminiert. Niemand ahnte, welch dramatisches, welch im griechisch-klassischen Sinn tragisches Ende das alles nach wenigen Jahren nehmen sollte.

Dieses Ende hat Spee schon bewußt miterlebt, wenn auch dazu nicht Stellung genommen: Herzog Johann Wilhelm, mit der Geisteskrankheit geschlagen, unter der ja auch sein Vater Wilhelm der Reiche in seinen letzten Regierungsjahren litt, entfremdete sich seiner Frau, Kinder blieben aus, Hofintrigen ließen Jakobe als ungetreue Gattin und unfähige Politikerin erscheinen. Sie wurde im Schloßturm am Rhein gefangengehalten. Als sich schließlich am fernen Wiener Kaiserhof das Blatt zu Gunsten Jakobes zu wenden schien, ließen ihre Gegner am Hof in Düsseldorf sie 1597 erwürgen. Längst war sie da schon zur Legende geworden, das Volk liebte Jakobe, die 1591 sogar Schützenkönigin der Sankt-Sebastianus-Schützen geworden war, und ließ sie als Weiße Frau durch das Schloß geistern. So hat es auch der junge Heinrich Heine in einer Ballade beschrieben.

Düsseldorf wirkte zu jener Zeit noch mittelalterlich, genau wie die Hochzeit von 1585. Sie war eher bäuerlich-ritterlich laut als von ausgeklügelt barocker Prachtentfaltung. Für die Tafel, auch den Tisch der Bürger, wurde meist Siegburger Steinzeug verwandt, Holzgeschirr war schon weitgehend verschwunden.

1450 wurde der erste Kran für das Be- und Entladen von Schiffen am Rhein errichtet. Das ausgehende Mittelalter zeigte Spuren in der Stadt. Die ersten protestantischen Gemeinden bildeten sich. Die Bürger begannen, den Wert einer gewissen Bildung — man könnte auch zunächst schlicht von Unterrichtung sprechen — für ihre Kinder einzusehen. Da war jener Leibarzt Wilhelms in Düsseldorf gewesen, der schon gut 50 Jahre vor Spee wider den Hexenwahn angeschrieben hatte, der ›Hexendoktor‹ Jan Wyer, ein früher Aufklärer. Dann kam ein Schulmann namens Johann Monheim nach Düsseldorf und errichtete eine große

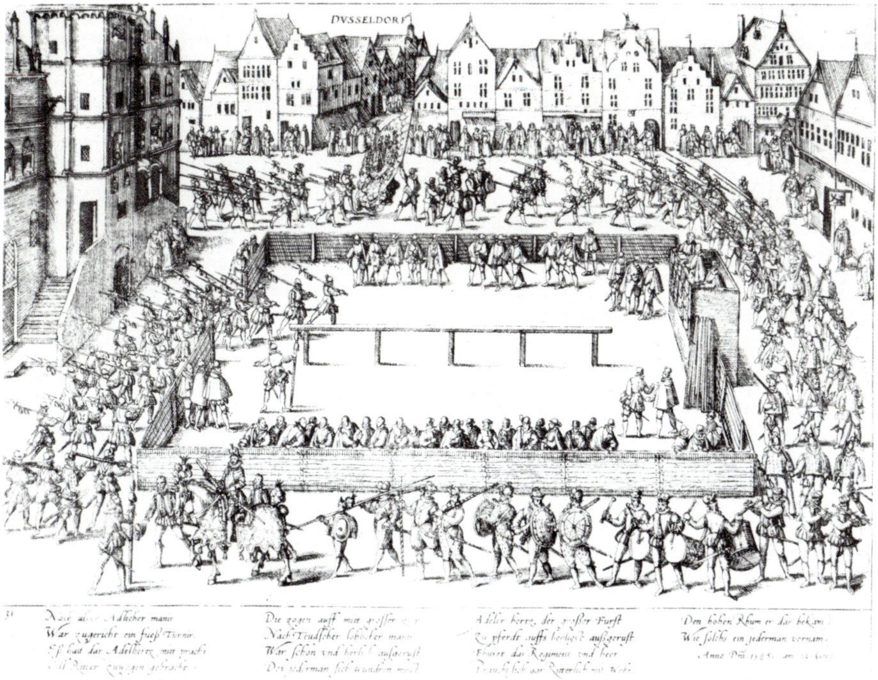

DVSSELDORF

Nach alter Adlicher manir
War zugerucht ein freih Turnir
Ist das das Adeliberg mit pracht
...

Die gegen auff mit grosser ...
Nach Teudscher loblicher man
War schön und herlich auffgericht
Den schemen seit ...

Adelic herr, der grosser Fürst
Zu pferde auffs hochlich auffgerufft
Einer das Regiment und heer
...

Den hohen Rhein er da bekam
Wie solche ein jederman vernam.
Anno ...

Franz Hogenberg, Düsseldorfs Marktplatz beim Turnier zur Fürstenhochzeit,
Köln 1587 (Kat.Nr. 28)

Magistrat d. Düsseldorp

Henrich Flendrig   Iohan v. Meÿen   Tilman v. derBurg   Cristiana Reinerstock   Frans Duriens   Henrich v. Oerum

Andreas Dan Camp   Dr. Copper   Iohan Rhein   Adam ab Gregen   Iohan Pompesgri   Andreas Nederden

Adolf von Kamp: Düsseldorfer Magistrat beim Herzog-Begräbnis 1628, Kupferstich

37

Humanistenschule. Schließlich kamen die Jesuiten, die sich im Anfang des 17. Jahrhunderts in Düsseldorf ansiedelten. Sankt Andreas war ihre Kirche, dem sich das Kloster anschloß – die Kirche mit dem prächtigen Mausoleum des Kurfürsten Jan Wellem gibt es ebenso noch wie das Kloster; in ihm sind wir zu Gast bei Tante Anna, im beliebten Weinhaus ›Alte Zeit‹.

Das 1545 gegründete Gymnasium des Theologen und geschickten Pädagogen Monheim wurde bald weit über die Grenzen Düsseldorfs hinaus berühmt. So berühmt, daß die Ordensbrüder in Köln davon gar nicht erbaut waren, zumal Monheim dem reformierten Glauben immer noch zuneigte. Es heißt, daß bis zu 3000 Schüler das Gymnasium bevölkert haben. Kaum glaublich bei einer Einwohnerzahl von nicht einmal 5000 im Düsseldorf um 1630.

Jenes Düsseldorf, zwischen Stadttore gezwängt, von denen drei die Stadt zum Rhein hin eher abschotteten als öffneten, war Garnisonstadt auf engem Raum. Innerhalb der Wälle und der Zitadelle gab es wenig Platz für Grün, auch das Schloß hatte nur einen winzigen Garten, der vor allem Nutzgarten für die Küche war. Erst Kurfürst Karl Theodor ließ im 18. Jahrhundert weit vom Schloß entfernt draußen in Pempelfort den Hofgarten anlegen. Auf dem Marktplatz war dort, wo heute das Reiterstandbild Jan Wellems steht, nach 1550 eine prächtige überdachte Kaufhalle errichtet worden, in der sich das Leben wie in einem orientalischen Basar abspielte.

Der Friedhof war noch innerhalb der Stadtmauern, direkt neben der Stiftskirche, vor deren Nordfassade die Kreuzigungsgruppe des Kalvarienberges aufragte. Die hygienischen Verhältnisse stanken zum Himmel, bei jedem Hochwasser wurden mit den Steinen die Gebeine hochgedrückt, das begünstigte Epidemien wie Cholera, Typhus, Ruhr. Lepra gehörte zu den ständig wiederkehrenden, ansteckenden Krankheiten.

Vor allem die Pest forderte immer wieder Hunderte von Opfern, einer der wichtigsten Gründe dafür, daß die Zahl der Düsseldorfer Einwohner zu Lebzeiten Spees so gering blieb. Diese Einwohner sind in zwei Klassen einzuteilen, in Bürger und Eingesessene. Das Bürgerrecht mußte erkauft werden, es war nicht erblich. So gab es einige recht wohlhabende Eingesessene, die keine Lust hatten, Geld für ein Ansehen, das nur wenig mehr Rechte als die der Eingesessenen versprach, auszugeben. Bürger – und somit auch mit öffentlichen Ämtern betraut – waren Schiffer, Besitzer von Ländereien und, oft noch selbst als Landwirte tätig, Weinhändler und Bierbrauer, Gastwirte, auch wohl ein wackerer Maurermeister und die Gasthausmeister, das heißt, die Verwalter der Armenversorgung, frühe Sozialdezernenten sozusagen.

Die Hofbediensteten, Verwaltungsbeamten kamen aus dem Herzogtum und wohnten meist im Schloß. Dort liebte man schon zu Zeiten Wilhelms des Reichen und seines Sohnes die Künste, vor allem die Musik. Der Komponist Martin von Hoy, genannt Peu d'argent, war von der Maas an den Rhein verpflichtet worden, die Architekten Pasqualini gar aus Italien. Für Monheims Zwecke einer stärkeren Verbreitung der Bildung waren die Drucker Jakob Bath aus Brabant und Nikolas Buys aus Eindhoven wichtig. Übrigens waren der Schulleiter und die Eltern der Kinder, vor allem, wenn es sich um Handwerker handelte, keineswegs im Schulziel einig. Monheim wurde vorgeworfen, er bereite die Schüler nicht genügend auf das spätere harte Alltagsleben, auf den Zwang zum Gelderwerb, zum Rechnen vor.

1628 wurde in Düsseldorf die ›Judensperre‹ aufgehoben und ein Schutzbrief für einen jüdischen Bürger ausgestellt. 1595 hatte es noch eine Beschwerde beim Landesherrn gegeben, daß sich, entgegen der Polizeiordnung, in der Stadt ein Jude aufhalte. Bis ins frühe 17. Jahrhundert, also die Spee-Zeit, lassen sich in Düsseldorf die Vorfahren des Dichters Heinrich Heine aus der mütterlichen Linie nachweisen. Ein Jacob van Geldern, zugereist aus dem niederländischen Quartier, nicht der Stadt, Geldern, erhielt 1628 den ersten Schutzbrief. Er war der Großvater des Joseph Jacob, genannt Juspa van Geldern, der am Hof des Kurfürsten Jan Wellem später Hoffaktor war, also ein einflußreiches Amt bekleidete. Zu Heines Vorfahren zählte damals auch der Medicus von Geldern, der in Duisburg studiert und viel Zulauf hatte.

Das Düsseldorf zur Zeit Friedrich Spees war, wie man sieht, mit den Plagen der Zeit geschlagen, aber es machte immer neu und unverdrossen Anläufe zu mehr Offenheit, innerer und äußerer Entwicklung. Die Stadt brachte dafür nicht nur günstige Voraussetzungen mit, etwa die Lage am Rhein und am Rand des Ruhrgebiets, dessen Bodenschätze zu der Zeit Handwerk und Gewerbe zu interessieren begannen. In seiner Stadtstruktur hatte Düsseldorf vielmehr, im Gegensatz zu Köln und auch zu Neuss, damit fertig zu werden, daß einem verhältnismäßig kleinen, von Mauern umgebenen Stadtkern zahlreiche oft entlegene Außenbezirke gegenüberlagen.

Literatur

Friedrich Lau ›Geschichte der Stadt Düsseldorf‹, Düsseldorf 1921
Hugo Weidenhaupt ›Düsseldorfer Geschichte von den Anfängen bis ins 20. Jahrhundert, Düsseldorf 1988
Joseph A. Kruse ›Geschichte und Bedeutung der van Gelderns‹, Düsseldorf 1989

Brigitte Tabbert ›Zum Tode der Herzogin Jakobe von Jülich‹, Düsseldorf 1969
Stadtmuseum Düsseldorf ›Bevor die Bagger kamen‹, Düsseldorf 1990
Andreas Freitäger ›Die Barockoper unter Jan Wellem‹, Düsseldorf 1990

Köln zur Zeit Friedrich Spees

Andrea Bänker-Wegener

Die Stadt Köln im 17. Jahrhundert ist eine Weltstadt, eine freie Reichsstadt besonderer Eigenart. Die Stadt selbst ist reichsunmittelbar; der Erzbischof, Landesherr nur von dem die Stadt umgebenden Kurköln, genießt innerhalb der Mauern lediglich Gastrecht. Mit rund 37 000[1] Einwohnern, fester Treue zu Kaiser und katholischem Glauben, Unabhängigkeit vom Erzbischof und ständiger Aufmüpfigkeit gegen ihn sowie in der entscheidenden Stellung als Handelsmittelpunkt trutzt Köln hartnäckig den Kriegswirren. Grob skizziert, sieht sich die Stadt halbkreisförmig umschlossen: Im Süden vom katholischen spanischen Heer und den Truppen der von den Spaniern eroberten Städte; im Norden von den reformierten ›staatisch-niederländischen‹ (Petri)[2] Soldaten an Niederrhein und Maas. Um nicht in der Zange erdrückt, nicht Spielball der Ereignisse zu werden, macht Köln selbst Reichsgeschichte, gestaltet sie nachhaltig mit. Vor allem ist der Stadt darum zu tun, den alten Glauben gegen die Reformation zu verteidigen. Mehrmals sichert sie mit ihrer Hartnäckigkeit der katholischen Kirche die Vormachtstellung nicht allein in ihren Mauern, sondern auch am Niederrhein und nimmt, was für die deutsche Reichsgeschichte von Bedeutung ist, Einfluß auf den Erhalt der knappen katholischen Mehrheit von einer Stimme im Kurkollegium der Kaiserwahl.[3] Nach heftigsten Auseinandersetzungen um eine Politik der Neutralität bemüht, wird die alte Römerstadt − wie das gesamte Umland − noch viele Jahre nachhaltig von meuchelnden und plündernden Truppen spanisch-katholischer sowie reformiert-niederländischer Seite in Handel und Wandel beeinträchtigt. Von den Kriegsausgaben − und nicht zuletzt von der Pest − gebeutelt, wird Köln in die Kämpfe um Macht und Religion verstrickt,[4] daß sich die im 16. Jahrhundert noch blühende reiche Stadt nie wieder von den Erschütterungen des 17. Jahrhunderts erholen kann.

Köln und seine Erzbischöfe

Zum besseren Verständnis der Kölner im Verhältnis zu ihren Erzbischöfen ist ein Sprung ins 15. Jahrhundert nötig. Da greift die Reichsstadt in die Geschichte ein, um ihre politische Stellung zu bewahren. Karl der Kühne, Herzog von Burgund, steht im Juli 1474 vor den Mauern des kurkölnischen Neuss. Mit Ruprecht von der Pfalz (1463-1478), am 25. Mai 1463 von Papst Pius II. als Kölner Erzbischof bestätigt, stehen die Kölner − wie mit vielen ihrer Oberhirten − nicht im besten Einvernehmen. Wegen etlicher Streitigkeiten über Steuern und Zölle zieht sich Ruprechts Anerkennung hin. Da der Kaiser allerdings auf die Bestätigung des Erzbischofs ebenfalls jahrelang warten läßt und bis dahin nach den gängigen Gepflo-

Aegidius Gelenius: De admiranda ... magnitudine Coloniae, Frontispiz, Köln 1645
(Kat.-Nr. 37)

genheiten wichtige Teile der Gerichtsbarkeit ruhen, fürchtet die Stadt Köln um Recht und Ordnung innerhalb ihrer Mauern. Nach siebenjähriger Gerichtspause setzen die Kölner, um die dringendsten Verhandlungen durchführen und die eiligsten Urteile vollstrecken zu können, schließlich bei Kaiser Friedrich III. in Rechtsangelegenheiten mehr Unabhängigkeit vom Erzbischof durch.[5]

Karl der Kühne und der Neusser Krieg

Erzbischof Ruprecht nun will sich gegen diesen – wie er meint – unzulässigen Eingriff in seine Rechte sowie gegen Steuerfestlegungen mit Waffengewalt wehren und verbündet sich mit dem Kölner Feind: mit Karl dem Kühnen, Herzog von Burgund. Karl will sich ein Reich[6] von der Nordsee bis zur Provence schaffen und dafür die Königswürde erkämpfen. Daß das kurkölnische Neuss als Einfallstor für die Reichsstadt gedacht ist, begreift der Kölner Rat schnell und baut den Nachbarn umgehend Brunnen und versorgt sie mit Proviant, fädelt darüber hinaus auf diplomatischem Wege gegen Ruprecht und den Burgunder eine Allianz mit Frankreichs Ludwig XI. und dem deutschen Kaiser ein. Nach elf Monaten muß Karl der Kühne die Belagerung von Neuss aufgeben. Der Stadt Köln bringt dieser Triumph über den verhaßten Erzbischof Ruprecht und Karl den Kühnen nicht nur das Münzrecht (14.1.1474), sondern einen Privilegienbrief (14.9.1475), ›in welchem er (Kaiser Friedrich III.) ... es (Köln) von der Verpflichtung befreite, dem Erzbischof zu huldigen, und es rechtens und in aller Form zur freien und kaiserlichen Stadt erhob. Damit war nun Kölns letzte Bindung an den Erzbischof gefallen; es war von diesem Tage an ausschließlich dem Kaiser und dem Reich verpflichtet. Was Kölns Bürger bei Worringen (1288) sich erstritten hatten, war nun vom Reiche bestätigt worden ...‹[7]

Die Geschichtsschreibung faßt über Ruprechts Wirken lakonisch zusammen, ›daß er als Kurfürst und Landesherr ungeschickt und unglücklich agierte, das Volk, einen Teil der Landstände und vor allem das Domkapitel gegen sich aufbrachte‹[8], welches ihm nach seiner Gefangennahme 1478 das Bekenntnis diktierte, er habe ›unter dem Namen eines Erzbischofs von Köln nichts anderes getan, als dem göttlichen Willen Widerstand zu leisten, Ärgernis zu erregen und Erzdiözese und Erzstift Köln bis auf den Grund zu ruinieren‹[9].

Hermann von Wied und die Reformation

Ruprechts Nachfolger Hermann IV. von Hessen (1480-1508)[10] entschließt sich, den fruchtlosen Kampf seiner Vorgänger gegen die Stadt Köln ruhen zu lassen und erkennt die städtische Verfassung an. Doch der Friede dauert nicht lange, und die römische Kurie muß schlichten, vor allem in Steuer-, Zoll- und Rechtsangelegenheiten. Philipp II. von Daun (1508-1515)[11] läßt der Kölner Rat erst gar nicht in die Stadt einreiten. Bevor der Kaiser mit seinen Schlichtungsversuchen

Erfolg hat, ist Philipp bereits gestorben.[12] Auch dem designierten Erzbischof Hermann von Wied (1515-1547) will die Stadt Köln erst dann Einlaß gewähren, wenn man sich über beiderseitige Rechte geeinigt hat. Sieben Jahre nach Hermanns Wahl durch das Domkapitel gibt auch der Kölner Rat sein Einverständnis. Die Erneuerung der kölnischen Kirche in den durch Luther hervorgerufenen Wirren liegt ihm am Herzen. ›Die furchtbare Lage der Kirche in Deutschland, das schier unaufhaltsame Abbröckeln ihres Besitzstandes, das immer wieder verschobene Konzil, die scheinbare Aussichtslosigkeit der katholischen Reformbemühungen …‹ scheinen dazu den Anstoß gegeben zu haben.[13] ›Doch der Reformentwurf des Kölner Provinzialkonzils vom März 1536, dem er (Hermann) präsidierte und das ihm alsbald den Ruf eines erfolgreichen Reformers auf katholischer Seite eintrug, war wie die die Reform theologisch unterbauende Denkschrift ‚Enchiridion' (1538) das Werk seines juristischen Beraters und späteren Hauptgegners Johannes Gropper …‹[14].

Bald soll Hermanns religiöses Streben nicht allein Köln, sondern die katholisch gebliebenen oder gerade wieder gewordenen Teile Deutschlands erschüttern. Das 4:3-Übergewicht der Katholiken im Wahlkollegium der Kurfürsten droht zu kippen und unabsehbare Folgen für die Kaiserwahl[15] mit sich zu ziehen: Hermanns Entwicklung weg von Gropper, hin zu Bucer und Melanchthon bis schließlich zu einem offenen Übertritt zum lutherischen Bekenntnis ist bei Petri klar nachgezeichnet. Die rheinische Bevölkerung außerhalb Kölns im Kurfürstentum ist empfänglich für Hermanns Reformation. In der Stadt selbst hingegen scheitert sie am von Gropper mobilisierten Widerstand der städtischen Universität und des überwiegenden Teils des Kölner Klerus. Auch Karl V. stellt sich energisch auf die Seite der Bürgerschaft der Freien Reichsstadt. Eng verknüpft sind diese Geschehnisse ›mit dem lang zurückgestauten habsburgisch-klevischen Streit um Geldern und Karls Generalauseinandersetzung mit der protestantischen Opposition im Reich…‹[14]

Truchseß: Liebes-Affaire erschüttert Erzbistum

Die schwerfällige Entwicklung der Kölner Kirche zu einer echten inneren Erneuerung[16] setzt sich fort (Adolf III. von Schaumburg 1547-1556, Anton von Schaumburg 1556-1558, Gebhard I. von Mansfeld 1558-1562, Friedrich IV. von Wied 1562-1567)[17] bis zu Erzbischof Salentin von Isenburg (1567-1577). Er bemüht sich zwar um kirchliche Reformen, dankt aber bald ab, um zu heiraten, damit sein Geschlecht nicht aussterbe. Für die Nachfolge haben die Bayern bereits Herzog Ernst ins Rennen geschickt, um in Köln erneut eine unerschütterliche Bastion des alten Glaubens zu errichten. Doch trotz aller Manipulationen wählt das Domkapitel 1577 Gebhard Truchseß von Waldburg (1577-1582), den Neffen des früheren Augsburger Bischofs und Gegenreformers, Kardinal Otto Truchseß.

›Solange er Pallium und Bestätigung noch nicht erhalten hatte, gab er (Gebhard) sich alle Mühe, dem Papste zu beweisen, daß es ihm voller Ernst sei, mit seiner etwas anrüchigen Vergangenheit zu brechen, seine bösen Leidenschaften zu zügeln und fortan ein sittenreines und tadelfreies Leben zu führen‹, erzählt Ennen[18]. Nach anfänglichem Eifer habe es aber nicht lange gedauert, und ›die alte Natur‹ habe sich bei Gebhard wieder geltend gemacht, empört sich der Autor über den ›Lebemann‹. Bis zu seiner offiziellen Bestätigung also gibt sich Gebhard sehr katholisch, tritt aber 1582 zum evangelischen Lager über. Allerdings nicht aus religiösen Gründen.

Die Brüder des Gerresheimer Stiftsfräuleins Agnes von Mansfeld, mit dem Gebhard in eine Liebesaffäre verstrickt ist, nötigen dem Truchseß ein Heiratsversprechen ab, um die Familienehre zu retten. Gebhards mißliche finanzielle Lage bringt ihn auf den Gedanken, sein Stift zu säkularisieren. Wiederum — wie im Falle Hermanns von Wied — droht Gefahr, daß sich das konfessionelle Machtverhältnis in Nordwestdeutschland und im Gesamtreich von Grund auf ändert[19]. ›Denn wenn Köln, der Eckpfeiler des Katholizismus im Nordwesten, protestantisch wurde, so war damit zu rechnen, daß es das konfessionell labile Herzogtum Kleve und die im Bekenntnisstand ebenfalls ungefestigten westfälischen Bistümer mit sich riß...‹[20]

Am 22. März 1583 ergeht von Rom aus die Absetzungsbulle gegen Gebhard. ›Als sein Nachfolger wird Ernst von Bayern (1583-1612) in Aussicht genommen aus der Erwägung, daß er durch seinen Anhang im Kapitel, seine bayerische Abstammung, seine Machtmittel aus dem ihm inzwischen zugefallenen Bistum Lüttich und seine Freundschaft mit den Herzögen von Parma und Kleve am ehesten imstande sein würde, die zur Vertreibung des Truchseß und seiner Anhänger notwendigen Kräfte zusammenzuführen[21]. Die Erzbischöfe von Mainz und Trier sowie die Herzöge von Bayern und Jülich-Kleve-Berg, den spanischen König höchstselbst sowie Heinrich III. von Frankreich geht der Kölner Rat zusammen mit den fünf römischen Legaten um Beistand gegen Gebhard und seine Verbündeten an. ›Das alte, erprobte Bündnis Rom — Madrid — Brüssel — München, verstärkt diesmal durch eine wohlwollende Haltung Habsburgs und durch eine größere Entschlossenheit und Entschiedenheit der katholischen Fürsten des Reiches, sollte also jetzt wieder erstehen, um der Gegenreformation in einer letzten Schlacht zum erfolgreichen Durchbruch zu verhelfen‹[22].

Auf Gebhards Seite streiten der Graf von Neuenahr und Pfalzgraf Johann Casimir mit zeitweilig Köln bedrängendem Erfolg, bis Casimir die Mittel zur Bezahlung seines 7000 bis 8000 Mann starken Söldnerheeres ausgehen. Gegen Bayern, das seine ganze Reputation in die Waagschale legt, ist kein Ankommen. Bayern läßt sich die Kölner Sache insgesamt eine Million Gulden kosten. Dem Truchseß bleibt nur die Flucht.

Das Kölner Umland

In den Mittelpunkt der europäischen Politik rückt der Niederrhein ein weiteres Mal, da mit Herzog Johann Wilhelm am 23. März 1609 das jülisch-bergisch-klevische Haus erlischt. Die Kämpfe um die Erbfolge wirken ›wie ein kleines Vorspiel zum Dreißigjährigen Krieg, dessen Mächtekonstellation (Spanien, Österreich und die Liga gegen Holland, Frankreich und die deutschen Protestanten) bereits im Hintergrund sichtbar wurde‹[23].

Der Erbfolgekrieg

Zum einen will der Kaiser das niederrheinische Herzogtum einziehen und an eine ihm genehme Person zu Lehen geben. ›All das eröffnete eine Vielzahl von Lösungsmöglichkeiten und führte, je nach Konfession und Interessenlage, alsbald zu den unterschiedlichsten Bestrebungen und Gruppierungen, bei denen auch die außerdeutschen Mächte eifrig mitsprachen.‹[24]. Rom und die spanischen Niederlande wollen einen katholischen Nachfolger, die Generalstaaten einen protestantischen, die Habsburger wollen ihre Position im Nordwesten verstärken, und Frankreich will genau das verhindern. Hauptanwärter Kurfürst Johann Sigismund von Brandenburg und Wolfgang Wilhelm von Pfalz-Neuburg müssen sich im Dortmunder Vertrag vom 10. Juni 1609 auf eine provisorische Gemeinschaftsregierung einigen.

Eine neuerliche Wende nimmt der Streit vier Jahre später, da die Gegner ihre jeweilige Konfession wechseln. Pfalzgraf Wolfgang Wilhelm wird katholisch, Kurfürst Johann Sigismund Calvinist. Und schon gesellen sich ihnen die klassischen Streiter zu: dem Pfalzgraf der Kaiser, die Spanier und die Liga, dem Kurfürsten die Generalstaaten. Im Vertrag zu Xanten (12. 11. 1614) einigt man sich unter Druck auf die Teilung der Herrschaftsansprüche. ›Im ganzen ist der Jülich-Klevische Erbfolgekrieg in vieler Hinsicht ein Musterbeispiel dafür, wie sehr die politische Entwicklung am Niederrhein im konfessionellen Zeitalter und an der Schwelle zur absolutistischen Ära von den Gegensätzen der großen europäischen Politik überlagert wurde und wie wenig damals noch Raum blieb für eine Berücksichtigung, geschweige Mitwirkung der landschaftlichen Kräfte.‹[25]

Der Dreißigjährige Krieg

Nach der Neusser Fehde und nach Kölns Erhebung zur freien Reichsstadt erlahmt deren politische Aktivität[26]. Statt sich an der fortschreitenden nationalstaatlichen Entwicklung in Europa zu beteiligen, wollen die Kölner nur noch das Errungene erhalten und ›durch eine Politik strengster Neutralität jedes Risiko meiden‹[27].

Köln bleibt streng neutral

Die Reichsstadt greift allenfalls dann in das Geschehen ein, wenn die eigenen Belange – wie ihre Selbständigkeit – berührt werden. ›Aus den tapferen Gegnern der erzbischöflichen Stadtherren, aus den kühnen und weitblickenden Kaufleuten der Hanse waren engherzige Krämer geworden … und auch in Köln sollte sich das Sprichwort bewahrheiten, daß Stillstand Rückgang ist‹ (Stelzmann).

Seine topographische Lage allein gewährt nicht allzu viel Spielraum. Bewahren will die Stadt vor allem ihren Charakter als katholische Freie Reichsstadt und als Handelsmittelpunkt des westlichen Reichs. Doch territorial kann sie diese Errungenschaften nicht untermauern. Denn ihre Herrschaft beschränkt sich auf das Gebiet der heutigen Altstadt und einen schmalen Streifen vor den Mauern. Ringsum ist die Stadt vom Kurstaat eingeschlossen, der seinerseits von den Herzogtümern Jülich und Berg umgeben ist. Weiter westlich befinden sich die katholischen Niederlande in spanischer Hand, nordwestlich und an der Rheinmündung herrschen die protestantischen Generalstaaten[28]. Das Erzstift Köln selbst erstreckt sich in einer sehr zerklüfteten Form links des Rheins etwa von Andernach bis Rheinberg in einer Breite von 20 bis 25 Kilometern mit einigen Sonderbezirken; rechtsrheinisch liegen das Oberamt Linz, kleinere Gebiete bei Königswinter, Beuel und Deutz, die Stadt Kaiserswerth, die Veste Recklinghausen und das Herzogtum Westfalen mit Arnsberg als Mittelpunkt. Das Erzbistum Köln umfaßt ein wesentlich größeres Gebiet; außer Köln noch Jülich-Berg, Kleve-Mark, die Reichsstadt Köln und etliche kleinere Herrschaften. Die kurfürstliche Regentschaft hat während des Dreißigjährigen Kriegs der Wittelsbacher Ferdinand inne, der dritte Sohn des Herzogs Wilhelm V. von Bayern und Bruder des ersten bayerischen Kurfürsten Maximilian I.[29]

Treue zum katholischen Glauben und zum Kaiser als dem Garanten der Reichsunmittelbarkeit legten der Reichsstadt den Anschluß an die Liga nahe, zumal auch Kurköln auf der Seite des Kaisers steht. Doch befürchtet man Auseinandersetzungen mit den protestantischen Generalstaaten, die den kölnischen Handel rheinabwärts lahmlegen könnten[30]. So entscheidet sich Köln für eine bewaffnete, der katholischen Sache gegenüber wohlwollende Neutralität. Insgeheim gelten die Schweden als Feind. In Köln finden die kaiserlichen Truppen Halt und Verpflegung. Die Stadt nutzt diese Situation, kaiserlichen Schutz zu erzwingen, damit Handel und Wirtschaft aufrechterhalten und von Plünderungen verschont bleiben.

Die Deutzer Abtei fliegt in die Luft

Von unmittelbaren Kriegsereignissen bleibt die Stadt – im Gegensatz zu den benachbarten Territorien – verschont. Lediglich 1631/32 stehen schwedische Truppen vor Deutz[31]. General Baudissins Vorstoß wird durch einen nicht ganz geklärten Zwischenfall zunichte gemacht: Die Deutzer Abtei fängt Feuer und entzündet die dort gelagerten Pulvervorräte der Schweden. Die Kirche wird in die Luft gesprengt.[32]

Ernstlich gefährdet fühlt sich Köln, da Frankreich einen Feldzug gegen die Generalstaaten vorbereitet und sich mit dem Kölner Erzbischof verbündet. Die Rivalität zwischen Köln und Kurköln flammt neu auf, da Frankreichs Ludwig das Rhein- und Maastal als Aufmarschgebiet nutzen will und Köln eine strategische Bedeutung zukommt. Heftiger wird der Streit mit dem Erzbischof dadurch, daß die Stadt ihre Verteidigungsmauern verstärken will, die Befestigungsmauern aber angeblich auf kurkölnischem Gebiet hochgezogen werden. Da der Erzbischof mit Gewalt − das heißt mit den Franzosen − droht, nimmt der Kaiser Köln in seinen besonderen Schutz. Wieder setzt sich die Stadt gegen den Erzbischof durch[33]. Die Franzosen ziehen sich − unter ungeheuren Verwüstungen, Brandschatzungen und Plünderungen − aus dem Erzstift zurück. Da schließlich auch Bonn nach langer Belagerung fällt und die Franzosen aus dem Land fliehen, ist der Kampf um Kurstaat und Stadt Köln beendet, ›vielleicht der schlimmste, den diese Gegenden am Rhein gesehen haben‹[34].

In den Bögen und Mauern seiner Wehrgänge suchen die Bauern des Umlands mit ihrem Vieh Zuflucht, in Klöster und Bürgerhäuser flüchten unzählige Adlige und Geistliche. Zu den Fürstbischöfen von Paderborn, Osnabrück, Würzburg gesellt sich auch Maria von Medici, Frankreichs Königinmutter. Von ihrem früheren Günstling und späteren Erzfeind Richelieu vertrieben, findet sie in Köln Obdach und neun Monate später, am 3. Juli 1642, ihr Sterbebett.[35]

Als kölnischer Nationalheld geht Jan van Werth, im niederrheinischen Büttgen gebürtig, aus den Kriegswirren hervor. In den Reihen der katholischen Liga klettert der niederrheinische Bauernsohn die militärische Laufbahn empor bis zu seiner Ernennung zum Generalfeldmarschall nach seinem Sieg über die Schweden bei Nördlingen (1634).[36]

Handel und Wandel in der Reichsstadt

Die Zeit von 1500 bis 1648 ist Teil einer langen Periode tiefgreifender wirtschaftlich-sozialer Veränderungen und Umbrüche, in denen sich die europäische Wirtschaft und Gesellschaft von der teils grundherrlich, teils stadtwirtschaftlich verfaßten mittelalterlichen Wirtschafts- und Sozialordnung löst und sich die spezifisch neuzeitlichen, zunehmend kapitalistisch und industriell gerichteten Lebensformen entwickeln, durch die Europa in den folgenden Jahrhunderten bestimmt wird.[37]

Bevölkerungsentwicklung

Nach großen Rückgängen der Einwohnerzahl im Spätmittelalter − in Deutschland wie auch im Rheinland − gibt es im 16. Jahrhundert wieder einen

Aufwärtstrend. 1560 hat sie wieder den Stand von der Mitte des 14. Jahrhunderts erreicht. Der Kölner Krieg und das Übergreifen des spanisch-niederländischen Kriegs auf deutschen Boden vermag diese Entwicklung am Niederrhein in den davon betroffenen Gebieten zwar zeitweise zu unterbrechen, aber, wie das Wiederaufblühen des in diesen Kämpfen besonders hart mitgenommenen Raumes um Neuss zeigt, nicht auf die Dauer ins Gegenteil zu verkehren.[38] Neben den starken Beeinträchtigungen durch die Kriegswirren sind allerdings vielerorts Seuchen bezeugt.

Die Pest rafft mancherorts die Hälfte der Stadtbevölkerung dahin.

Rund 20 bis 30 Prozent von Grund und Boden in Köln sind in geistlichem Besitz. Darüber hinaus ist mindestens die Hälfte der Kölner Häuser mit Erbzinsen oder Renten an den Klerus belastet.[39] Innerhalb der Mauern befinden sich rund 80 bis 90 Klöster, Stifte, Kirchen und Kapellen, ungefähr 150 Beginenkonvente und 35 Hospitäler, Siechenhäuser und Pilgerherbergen.[40] H. Blanck[41] schätzt den Anteil der Geistlichkeit bei einer Bevölkerung von 30.000 bis 35.000 Menschen auf 5 bis 7 Prozent.

An der Spitze der bürgerlichen Gesellschaft steht in Köln eine kleine Gruppe von einem Dutzend Familien, die den Bürgermeister, den Rentmeister und Stimmmeister stellt, darunter Sudermanns und Kannengießers. Die Gaffeldemokratie kommt bei der Wahl der Ratsmitglieder und der sogenannten Vierundvierziger (siehe unten) mehr zur Geltung. Hier finden die Handwerker, Kaufleute und Akademiker zusammen; ein Gutteil der städtischen Ämter und Ehrenämter befindet sich in ihrer Hand. Wortführer sind zumeist die Kaufleute und Juristen. In der Hierarchie folgen die handwerklichen Schichten, unter ihnen besonders angesehen die Buchdrucker, Maler und Kupferstecher; die Edelbürger und Bauern schließen sich an. Letztere suchen sich nicht selten, nach Verwüstung ihrer Dörfer im Umland durch die Kriegsereignisse, eine neue Existenz in der Stadt. Die Schicht der Unselbständigen ist besonders im Exportgewerbe, Handel und Verkehr verbreitet. Am Rande der Gesellschaft stehen die Andersgläubigen, denen das Bürgerrecht versagt ist, die Juden und die Hausarmen der Kirche.[42] An oberster Stelle der gesellschaftlichen Pyramide stehen hohe Geistliche wie der Dompropst und die maßgebenden Vertreter der Universität, erst danach die Bürgermeister als oberste Repräsentanten der Bürgerstadt.[43]

Die Wirtschaft

Als Handelsmetropole erwirbt sich Köln eine hervorgehobene Bedeutung. Der Niederrhein bildet zusammen mit den östlichen Niederlanden und mit Brabant eine in sich geschlossene ökonomische Landschaft, in der alle Teile in engster wirtschaftlicher Verbindung stehen.[44]

Das vielarmige Mündungsgebiet des Rheins und die lange Zeit ungeklärten politischen Verhältnisse verhindern die Entstehung eines zentralen Handelsplatzes in Küstennähe.[45] Dadurch kann Köln nicht allein einen beträchtlichen Teil des Binnenhandels an sich ziehen, sondern zum Umschlagplatz für den Handel der Niederlande mit den oberrheinischen Ländern werden.[46] Auch als Durchgangsgebiet für den überregionalen Handel gewinnt die Stadt an Bedeutung, unterhält lebhafte Handelsbeziehungen zu England[47], vor allem über Antwerpen. Im Handelsverkehr mit Antwerpen sind für die Wende zum 16. Jahrhundert allein 500 Kölner Kaufleute namentlich bekannt.[48] Um die Mitte des 16. Jahrhunderts ernährt ein einziger, freilich der für Köln wichtigste Handelszweig – der Weinhandel –, 700 bis 800 Familien.[49] Auch nach Italien, Spanien und Portugal entwickelt sich ein blühendes Geschäft. Der Osthandel konzentriert sich vor allem auf Danzig.[50]

Aus den Steuerlisten des 100. Pfennigs gehen für die Jahre 1589 bis 1614 eine große Zahl derjenigen hervor, die in Köln und von dort aus Handel treiben. Aufschlußreiches geht aus Rechnungen des Kaufhauses Gürzenich hervor.[51] Eine große Zahl kleiner und mittlerer Unternehmen bilden demnach die Grundlage des Handels im 16. und 17. Jahrhundert. In Köln allerdings geht die Zahl der Kaufleute Mitte des 17. Jahrhunderts zurück. Einzelne Handelshäuser weiten dagegen ihre über ganz Europa reichenden Verbindungen und ihren Geschäftsumfang aus. Daneben entwickeln etliche Kaufleute Formen der Zusammenarbeit. Erste Gesellschaften entstehen im anbrechenden Zeitalter der Industrialisierung. Kaufmännische Hilfskräfte werden für den Außenhandel eingestellt. Über eine eigene Börse verfügt die Kölner Kaufmannschaft seit 1553. Internationales Publikum geht hier allerdings nur bis Mitte des 17. Jahrhunderts aus und ein. Danach hat sie lediglich lokale Bedeutung. In Börsenangelegenheiten hat nicht zuletzt auch der Rat noch ein Wörtchen mitzureden.[52] Der Anteil, den die Geistlichkeit an der Kölner Wirtschaft, vor allem am Getreidemarkt hat, darf ebenfalls nicht außer acht gelassen werden.[53]

Als Vermittler und Verbreiter geistiger Bewegungen erlangen auch auf rheinischem Boden der Buchdruck und der Buchhandel eine neue Bedeutung. Am Niederrhein bildet Köln dank seiner wirtschaftlichen und geistigen Zentralstellung schon seit der Zeit der Wiegendrucke das führende Druckzentrum. Wichtigste sachliche Grundlage sind das wissenschaftlich-theologische und das liturgische Schrifttum.[54] Versuche einiger Kölner Druckverleger und Buchhändler, in ihre Tätigkeit auch evangelisches Schrifttum aufzunehmen, unterbinden Kaiser und Kirche. Zum 17. Jahrhundert hin erreicht das Kölner Buchgewerbe seine höchste Blüte. Zwanzig große Offizinen sind in der Stadt tätig, nach Petri ›eine Massierung, wie sie zu jener Zeit nirgens in Mitteleuropa ihresgleichen fand‹.

Ein Kommen und Gehen in der Stadt

Die ökonomische Landschaft rund um Köln wird auch durch Abwanderungen aus der Stadt in standortgünstigere Gegenden des Kurstaats geprägt, wo für Metall-, Textil-, Lederbranche und Glasfabrikation genügend Wasserkraft, Bleichboden und Brennholz vorhanden ist: unter anderem das Bergische Land und die Eifel.[55] Bruno Kuske weist etwa 150 niederrheinische Exportprodukte nach, die im europäischen Fernhandel unter der Herkunftsbezeichnung Kölnisch gehandelt werden. Solche Auslagerungen von Produktionszweigen bleiben nicht ohne Gefahren. Die Umland-Industrie verselbständigt sich rasch. Einen Ausgleich schaffen niederländische Exulanten[56] mit ihren in Europa führenden Techniken der Zeug- und Seidenherstellung, unter ihnen vor allem Calvinisten, die vor den spanischen Besatzern geflohen sind. Unter diesen wirtschaftlichen Aspekten stellt der Kölner Rat, ansonsten der Reformation gegenüber kompromißlos, zeitweilig seine konfessionellen Bedenken zurück und gewährt den Handwerkern Einlaß. Als sie mit ihren moderneren Fabrikationsweisen allerdings die Kölner Betriebe zu schädigen drohen, läßt der Rat sie wieder ziehen.

Mit Vorliebe suchen sich die Exulanten Plätze, die sich der evangelischen Sache gegenüber aufgeschlossen zeigen. Sie gründen auch neue Siedlungen, um ihre religiösen Überzeugungen nicht preisgeben zu müssen. Köln gewährt ihnen zeitweilig religiös allenfalls Duldung[57], nicht aber volle Integrierung in das städtische Leben. Die Jesuiten allerdings nötigen dem Rat 1575 ab, daß er die sogenannten ›Geusen‹ ausweist. ›Das geschah nicht zuletzt aus der Sorge heraus, daß die neue Lehre, wie es anderwärts schon zur Tatsache geworden war, eine Änderung der städtischen Verfassung auslösen könne‹[58]. Bei Ennen[59] lautet der Sachverhalt so: ›Weder die polemischen Kanzelreden der Jesuiten, noch die polizeilichen Maßnahmen der weltlichen Macht vermochten das Umsichgreifen der neuen Lehre zu hindern, der Thätigkeit der geheimen protestantischen Propaganda zu steuern und die für die katholischen Anschauungen vieler Einwohner so gefährlichen geheimen religiösen Conventikel zu unterdrücken… Mit scharfem Auge folgte er (der Rat) der protestantischen Bewegung innerhalb der Stadt, und Jeder, der bezichtigt wurde, an einem religiösen Conventikel theil genommen oder darin sogar gepredigt zu haben, mußte zu Thurm gehen und je nach Lage der Sache eine größere oder geringere Geldbuße entrichten oder die Stadt verlassen. Die Häuser, in welchen Predigten gehalten worden waren, ließ der Rat schließen…‹ Schon fünfzehn Jahre vor den Ausweisungen dürfen Protestanten nicht auf Friedhöfen innerhalb der Stadt beerdigt werden.

Kölns Verfassung und Verwaltung

Die durch den Verbundbrief von 1396 und den Transfix von 1513 festgelegte Verfassungs- und Verwaltungsordnung gilt auch im 17. Jahrhundert. Allerdings machen sich bereits Ende des 16. Jahrhunderts Mißstände in Stadtregiment und in der Verwaltung breit.[60] Die Kontrollen des Bannerrats reichen oft nicht aus, einen ordnungsgemäßen Ablauf in der Verwaltung zu gewährleisten. Die Bannerherren, ursprünglich auf Lebenszeit gewählte Männer besonderen Vertrauens, gewinnen durch ihre regelmäßigen Versammlungen in einem Quartalsrat politische Bedeutung, befassen sich zunehmend mit der Prüfung der Fragen, ob Verbund und Transfix eingehalten werden, ob Neuerungen vertretbar sind, ob Rechte und Privilegien der Stadt richtig gehandhabt werden, ob etwa Bürgern Hilfe verweigert worden ist und ob das gemeine Gut richtig verwaltet wird.[61] Im Laufe des 17. Jahrhunderts entwickeln sie sich zu ›mediatores, Mittlern zwischen Magistrat und Zünften, damit sich der Magistratus wider das Bürgerrecht und gemeine Gut nicht vergreife‹.[62]

Die Mängel der Verwaltung, Religionsverbote für die Protestanten, insbesondere aber die als drückend empfundenen Lasten auf dem Weinhandel führen 1608 zu ernsthaften Unruhen und der nachdrücklichen Forderung, zu den Bestimmungen des Verbund- und Transfix-Briefs zurückzukehren und die Bürgerfreiheiten zu wahren.[63] Durch Steuererleichterungen und die Bildung einer 44köpfigen Zunftdeputation sowie eine gemeinsame summarische Überarbeitung des Transfixes kann der Rat verhindern, daß sich die Unruhen in gewaltsamen Aktionen entladen.[64] Korruption, Vettern- und Günstlingswirtschaft, allenthalben nachweisbar. Bürgermeister Caspar von Cronenberg, Maximilian von Krebs und Jakob von Wolfskehl setzen städtische Bauleute für ihre Privatbauten ein. Ratsstellen und Stadtdienste werden an den Meistbietenden vergeben. Am meisten aber empört das Nichteinhalten der Verfassung das Volk und die Kaufleute, so daß Nikolaus Gülich aus ihren Reihen 1668 einen Aufstand anzettelt. Letztlich aber kann sich nach der Säuberung des Rats und der Verwaltung die neue Zunftdeputation nicht gegen die ›Gemeinschaft von reichen Verwandten, Verschwägerten, Freunden, die reihum alle Ämter besetzten‹,[65] durchsetzen.

Anmerkungen

1 Gramulla, Susanna, Wirtschaftsgeschichte Kölns im 17. Jahrhundert, S. 429 ff, in: Zwei Jahrtausende Kölner Wirtschaft, Hrsg. Kellenbenz, H., Köln 1975
2 Petri, Franz, Im Zeitalter der Glaubenskämpfe, (1500-1648), in: Rheinische Geschichte in 3 Bänden, Hrsg. Petri, Franz, und Droege, Georg, Düsseldorf 1976
3 Handbuch der Kirchengeschichte, Hrsg. Jedin, Hubert, Bd. IV, Reformation, Katholische Reform und Gegenreformation, Freiburg 1985
4 Petri, s. o.
5 Stelzmann, Arnold, Illustrierte Geschichte der Stadt Köln, Köln 1958
6 ebd.
7 ebd.

8 Berglar, Peter, und Engels, Odilo, Der Bischof in seiner Zeit, Köln 1986
9 ebd.
10 Berglar, s. o.
11 ebd.
12 Stelzmann, s. o.
13 Jedin, Hubert, Fragen um Hermann von Wied, in: ders., Kirche des Glaubens – Kirche der Geschichte, 2 Bde. 1966
14 Petri, S. 39
15 Zeeden, E.W., Deutschland von der Mitte des 15. Jahrhunderts bis zum Westfälischen Frieden (1648), in: Handbuch der europäischen Geschichte, Hrsg. Schieder, Th. III. 1971
16 Handbuch der Kirchengeschichte, s.o.
17 Berglar, s.o.
18 Ennen, L., Geschichte der Stadt Köln, Düsseldorf 1880
19 Zeeden (siehe 15)
20 ebd.
21 Petri, S. 90
22 Lojewski, G. von, Bayerns Weg nach Köln. Geschichte der bayerischen Bistumspolitik in der 2. Hälfte des 16. Jahrhunderts, 1962
23 Zeeden, s. o.
24 Petri, s. o.
25 ebd.
26 Stelzmann, S. 188
27 ebd.
28 Gramulla, s. o.
29 Schneider, Heinrich, Die Politik des Kölner Kurfürsten Ferdinand (1577-1650) im Dreißigjährigen Krieg, in: Hrsg. Haaß, Robert, und Hoster, Joseph, Zur Geschichte und Kunst im Erzbistum Köln, 5. Bd., Studien zur Kölner Kirchengeschichte, Düsseldorf 1960
30 Gramulla, s.o.
31 Kuske, Bruno, Das soziale und wirtschaftliche Leben Westdeutschlands im Dreißigjährigen Krieg, in: Köln, der Rhein und das Reich, Köln-Graz 1956
32 Stelzmann, s. o.
33 Junkers, Karl, Der Streit zwischen Kurstaat und Stadt Köln am Vorabend des Holländischen Krieges (1667-1672), Bonn 1935
34 Braubach, Max, Der Kampf um Kurstaat und Stadt Köln in den Jahren 1688/89, in: AHVN 124, 1934
35 Stelzmann, s. o.
36 ebd.
37 Petri, s. o.
38 ebd.
39 Gechter, Marianne, Kirche und Klerus in der stadtkölnischen Wirtschaft im Spätmittelalter, in: Beiträge zur Wirtschafts- und Sozialgeschichte, Bd. 28, Hrsg. Kellenberz, H., Wiesbaden 1983
40 Keussen, H., Topographie der Stadt Köln im Mittelalter, 2 Bde., Bonn 1910
41 Banck, H., Die Bevölkerungszahl der Stadt Köln in der zweiten Hälfte des 16. Jahrhunderts, in: Beiträge zur Geschichte Kölns und der Rheinlande, Köln 1895
42 Petri, s. o.
43 Das Buch Weinsberg, Kölner Denkwürdigkeiten aus dem 16. Jahrhundert, bearb. von Höhlbaum, K., Lau, F. und Stein, J., 5 Bde. 1886-1926
44 Häpke, Rudolf, Die Entstehung der holländischen Wirtschaft – Ein Beitrag zur Lehre von der ökonomischen Landschaft, Berlin 1928
45 Bergerhausen, Hans-Wolfgang, Die Stadt Köln und die Reichsversammlung im konfessionellen Zeitalter, ein Beitrag zur korporativen reichsständischen Politik 1555-1616, Köln, 1990
46 Kuske, Bruno, Köln, der Rhein und das Reich – Beiträge aus fünf Jahrzehnten wirtschaftswissenschaftlicher Forschung, Köln 1956
47 Bruszello, Horst, Köln und England (1468-1509), in: Hrsg. Stehkämper, H., Köln, das Reich und Europa, Köln 1971
48 Gramulla, Susanna, Handelsbeziehungen Kölner Kaufleute zwischen 1500 und 1650, Köln, Wien 1972
49 Doehaerd, Renee, Etudes Anversoises, Documents sur le commerce international à Anvers 1488-1514 (Ecole Pratique des Hautes Etudes VI. Section – Ports-Routes-Trafics), 3 Bde., Paris 1962/63
50 Gramulla, siehe 48

51 Auswertungen und Auflistungen bei Gramula, siehe 48
52 Gramulla, siehe 48
53 Gechter, s. o.
54 Petri, s. o.
55 ebd.
56 Schilling, H., Niederländische Exulanten im 16. Jahrhundert. Ihre Stellung im Sozialgefüge und im religiösen Leben englischer und deutscher Städte, 1972
57 ebd.
58 Stelzmann, s. o.
59 Ennen, s. o.
60 Diederich, Toni, Revolutionen in Köln 1074-1918, Katalog zur Ausstellung des Historischen Archivs, Köln 1973
61 Ennen, s.o.
62 Steinbach, Franz, Zur Sozialgeschichte von Köln im Mittelalter, in: Spiegel der Geschichte, Festgabe für Max Braubach, Hrsg. Repgen, Konrad, Münster 1964
63 Gramulla, s. o.
64 Diederich, s. o.
65 Steinbach, s. o.

Die Schulform Gymnasium

Dorothea Fellmann

Was bewog Eltern zu Beginn des 17. Jahrhunderts, ihren Sohn — für Töchter stellte sich die Frage damals nicht — auf ein Gymnasium zu schicken? Die Lateinschule hatte eine bis ins Mittelalter zurückreichende Tradition, während das Gymnasium um 1600 eine vergleichsweise ›junge‹ Schulform war, die sich an der Wende zur Neuzeit aus der Lateinschule entwickelt hatte. Das Aufkommen von Gymnasien ist im Zusammenhang mit den geistigen Strömungen des Humanismus, der Reformation und der Gegenreformation zu sehen. Die Humanisten erweiterten den überkommenen Fächerkanon der Artes liberales (Grammatik, Rhetorik, Dialektik, Astronomie, Musik, Arithmetik und Geometrie), indem sie ihn um Poetik, Geschichte, Griechisch und mancherorts auch um Hebräisch bereicherten. Innerhalb des Triviums (Grammatik, Rhetorik, Dialektik), das bis zum Ende des Mittelalters den Lehrstoff der Trivialschulen umschrieb, erfuhr die Rhetorik eine Aufwertung, während die Dialektik in den Hintergrund trat; die antiken Redner erfreuten sich größerer Beliebtheit als die manchmal recht spitzfindigen Scholastiker des Mittelalters. Rhetorische Fähigkeiten sowie gründliche Sprachkenntnisse waren zudem wichtig für angehende Geistliche, denen im konfessionellen Zeitalter eine schwierige und verantwortungsvolle Aufgabe zufiel. Ergänzt wurden die Lehrpläne der Gymnasien zum Teil durch Naturwissenschaft (damals sprach man allerdings von Naturphilosophie), Mathematik und Musiktheorie; diese Fächer waren bislang dem Universitätsstudium vorbehalten geblieben.

Die Gymnasien ragten also mit ihrem Angebot in den universitären Bereich hinein. Während in anderen Städten die Gymnasien jedoch institutionell eine seperate Einheit darstellten, waren die drei Kölner Gymnasien Tricoronatum, Montanum und Laurentianum in die Universität eingebunden. Ihre Oberstufe war voller Bestandteil der Universität, und es war dem Absolventen möglich, nach dem Besuch der Gymnasien die akademischen Grade Baccalaureus oder Magister Artium zu erwerben.

Wie an allen humanistischen Schulen spielte die Beschäftigung mit antiken Autoren an den Kölner Gymnasien eine große Rolle. Die Lektüre ihrer Werke und der Versuch, es ihnen gleichzutun, sollten den Schulalltag bestimmen; das sture Auswendiglernen von Regeln, das man gemeinhin mit dem mittelalterlichen Lehrbetrieb verbindet, sollte in den Hintergrund treten zugunsten einer über das reine Nachplappern hinausgehenden Wiedergabe und Anwendung von Wissen. Die Schüler wurden dazu angehalten, Reden vorzutragen, Gedichte zu verfassen und in Theaterstücken aufzutreten. So würden sie lernen, so hoffte man, sich frei und ungezwungen in der Öffentlichkeit zu bewegen, was einer spä-

Das Gymnasium Tricoronatum, Zeichnung aus Köln, 17. Jahrhundert

Das Gymnasium Montanum zur Spee-Zeit, Zeichnung aus Köln, vor 1658

teren Laufbahn als Geistlicher, Staatsmann oder Lehrer nur förderlich sein könnte.

Anders als im Mittelalter waren die Gymnasien in Klassen eingeteilt. Jeder Klasse wurde ein bestimmtes Stoffpensum zugewiesen, wie aus den Lehrplänen hervorgeht. Bei der Vermittlung des Stoffes wurden verstärkt methodische Gesichtspunkte berücksichtigt; die Humanisten hatten ihr Augenmerk auf den einzelnen Menschen und sein Auffassungsvermögen gerichtet und sich Gedanken darüber gemacht, wie Lernstoff schülergerecht aufbereitet werden kann. Neue, weniger überfrachtete Lehrbücher waren geschrieben worden, in denen den Regeln Beispiele beigegeben waren, die die behandelnden Themen illustrierten. Angesichts oft sehr großer Klassen − 100 bis 200 Schüler in einer Klasse waren keine Seltenheit − wurden die Schüler der oberen Klassen mit zur Betreuung jüngerer Schüler herangezogen.

Die Situation in Köln

In Köln gab es zur Zeit Spees drei renommierte Gymnasien: das Montanum, das Laurentianum und das Tricoronatum (Dreikönigsgymnasium). Sie waren aus im 15. Jahrhundert gegründeten Bursen hervorgegangen, die von den jeweiligen Burseninhabern geleitet wurden und wo Studenten zusammen wohnten sowie Unterrichtsstunden vor- und nachbereiteten. Im Laufe der Zeit fanden immer mehr Veranstaltungen in den einzelnen Bursen statt, es kam zur Auffächerung in Klassen, und so mauserten sich die Bursen allmählich zu Gymnasien, die gemeinsam die philosophische Fakultät bildeten. Das die studia humanitatis (den Fächerkanon der Humanisten) einschließende Artesstudium war auch für diejenigen die erste Etappe an der Universität, die Theologie, Jura oder Medizin studieren wollten.

Das Tricoronatum war das erste Jesuitengymnasium am Niederrhein. Die Bezeichnung Tricoronatum geht auf das Dreikönigswappen der Stadt Köln zurück; die drei Kronen symbolisierten die Heiligen Drei Könige, die als Schutzpatrone Kölns gelten; hatte doch Rainald von Dassel, der Kanzler Barbarossas und Erzbischof von Köln, die Gebeine der drei Heiligen nach Köln gebracht. Als Tricoronatum wurde die Kuckanerburse bezeichnet, seit sie vom Rat der Stadt 1556 übernommen worden war. Über dem Eingang des von der Stadt dem Gymnasium zur Verfügung gestellten Hauses in der Maximinenstraße waren, wie an allen städtischen Gebäuden, drei Kronen zu sehen. Unter der Leitung des Rhetius, eines Jesuiten, ging das Tricoronatum faktisch, wenn auch zunächst noch nicht juristisch, an die Jesuiten über.[1] Das war ein Zeichen dafür, daß die Jesuiten in Köln Fuß gefaßt hatten, anfänglichen Widerständen zum Trotz. Die beiden anderen Gymnasien hatten ebenfalls Kontakt zu religiösen Orden − den Dominikanern und den Franziskanern −,[2] doch diese Orden übernahmen nicht die Trägerschaft.

Daß die Gymnasien bei der Bevölkerung wohlgelitten waren, läßt sich daran erkennen, daß viele sich bereitfanden, Geld zu stiften, von dessen Zinsen einem Schüler der Schulbesuch ermöglicht oder einem Lehrer das Gehalt bezahlt werden konnte. Am Laurentianum rief beispielsweise die Stiftung des Regens (Schulleiters) Ulenberg eine große Zahl von Stiftungswilligen auf den Plan.[3] Im Vergleich zu den anderen beiden Gymnasien wurde das Tricoronatum weniger mit Stiftungen bedacht, was zur Folge hatte, daß es sich auch weniger nach Wünschen von Stiftern richten mußte.[4]

Das Verhältnis der Gymnasien zueinander war vor allem in der zweiten Hälfte des 16. Jahrhunderts von Spannungen geprägt. Es kam zu Auseinandersetzungen über die Verwendung bestimmter Lehrbücher und über das Abhalten von Disputationen. Diese und folgende weitere Konfliktpunkte erwähnt Kasen, der Regens des Tricoronatums, in einer Schrift von 1627:[5] ›Die andern Gymnasien verlangten von uns, daß wir keine Metaphysik, Mathematik und Ethik lehren sollten, weil auch sie diese Disziplinen nicht lehrten. Wir fügten uns, nahmen aber nach einigen Jahren diese Vorlesungen wieder auf, und die andern sind uns, wie wir sehen, gefolgt. Schauspiele führten wir zuerst auf, inzwischen veranstalteten während meiner Zeit die Laurentianer zwei sehr große im Hofe der Minoriten, und die Montaner drei große in ihrem Hofe, viele kleine bei den Dominikanern in der Bruderschaft.‹

Ein Streitpunkt, den der Regens auch anführt, war die Unentgeltlichkeit des Unterrichts am Tricoronatum. Die Jesuiten durften kein Schulgeld verlangen; die Gehälter der Lehrer wurden vom Orden bezahlt. Diese Ordensbestimmung sorgte für böses Blut, da an den anderen Gymnasien, zumindest zunächst, Schulgeld erhoben wurde. Den Wettbewerbsvorteil, der sich dadurch für die Jesuiten ergab, mißgönnte man ihnen. Vorteilhaft war der Verzicht auf Schulgeld unter zwei Aspekten: Erstens im Hinblick auf weniger wohlhabende Eltern, die froh gewesen sein mögen, wenn ihnen aus dem Schulbesuch ihrer Söhne über die ohnehin anfallenden Kosten für Unterbringung oder Verpflegung hinaus nicht noch zusätzliche Kosten erwuchsen. Zweitens war man am Tricoronatum in der Lage, qualifizierte Lehrer anzustellen, ohne bei Kalkulationen das jeweilige Schulgeldaufkommen berücksichtigen zu müssen, während Sparmaßnahmen an den anderen Gymnasien sich auf die Rekrutierung geeigneter Lehrer nachteilig auswirken konnten.

Im Bildungswesen spiegeln sich gesellschaftliche Entwicklungen wider. Im Zeitalter der Gegenreformation schlug sich der Streit der Konfessionen auch im Bereich der Bildung nieder. In Köln war man darauf bedacht, den Katholizismus zu verteidigen. So erklärt sich das Lob, das Papst Paul V. dem Kölner Rat im Hinblick auf die Universität zollte; so wird auch verständlich, daß der Nuntius des Heiligen Stuhls sich an Beratungen von Universitätsvertretern beteiligte. Erzbischof Ernst und sein Nachfolger Ferdinand, beide Jesuitenschüler, traten als Förderer des Tricoronatums auf.[6]

Da Köln eine Hochburg des Katholizismus war, hatten Protestanten das Nachsehen, wenn sie das Magisterium anstrebten. Zwar konnten sie ein katholisches Gymnasium besuchen, doch der Erwerb des Grades eines Magister Artium blieb ihnen versagt, wenn sie nicht bereit waren, sich zum katholischen Glauben zu bekennen.[7]

Das Bildungskonzept

Die Jesuiten prägten mit ihren Vorstellungen das Kölner Schul- und Universitätswesen in einem nicht zu unterschätzenden Ausmaß. Dennoch kann man wohl nicht von einer Herrschaft der Jesuiten über die Hochschule sprechen.[8] Schließlich machte das Tricoronatum nur ein Drittel der philosophischen Fakultät aus. Allerdings erwies es sich in einigen Bereichen als Wegbereiter für Reformen im Sinne der jesuitischen Studienkonzeption, die von den beiden anderen Gymnasien übernommen wurden.

Das Konzept der Jesuiten ist abzulesen an der Ratio Studiorum von 1599, die den Rahmen für Lehrpläne und Schulordnungen in sämtlichen Jesuitenschulen abgab.[9] In die Ratio ist viel humanistisches Gedankengut eingeflossen. Zugleich spiegelt sich in ihr das Bemühen wider, die Schüler zum katholischen Glauben zu führen oder sie im Glauben zu stärken. Die Ratio ist nicht nur das Ergebnis von Überlegungen am grünen Tisch, sondern berücksichtigt die Erfahrungen, die bis 1599 im Schulalltag gesammelt worden waren.

Laut Ratio waren für ein Jesuitengymnasium vorgesehen: drei Grammatikklassen sowie fünf weitere Klassen mit den Bezeichnungen Humanitas, Rhetorik, Logik, Physik und Metaphysik. Mit dem Übergang in die Logik war die Immatrikulation verbunden. Die anderen Kölner Gymnasien entsprachen im Aufbau dieser Gliederung. Hatte man früher in den Lateinschulen oft nur zwischen ›Donatistae‹ und ›Alexandristae‹ unterschieden, das heißt die Namen der Standard-Grammatiklehrbücher zur Grobeinteilung in zwei Schülergruppen herangezogen, so gab es an den Gymnasien eine differenziertere, auf die Lerninhalte Bezug nehmende Unterteilung.

Eine griffige Formel, die das Anliegen der Humanisten beschreibt, lautet: ›sapiens et eloquens pietas‹.[10] Der Ausdruck geht auf Johannes Sturm zurück, der damit treffend das Bildungsideal aller religiös geprägten humanistischen Gymnasien umriß (wörtlich: weise und beredte Frömmigkeit). Sein Gymnasium in Straßburg stand wie die Jesuitengymnasien – wenn auch unter anderem konfessionellen Vorzeichen – in der Nachfolge der niederrheinischen Gymnasien des 16. Jahrhunderts.[11] Ähnliche Formulierungen wie die oben genannte finden sich in der jesuitischen Studienordnung von 1599, und in der von Ulenberg erlassenen Ordnung für das Laurentianum heißt es sogar zugespitzt: ›melior est pietas quam eruditio‹[12] (Frömmigkeit ist besser als Bildung/Wissen).

Spee in Köln

Leider ist es bisher noch nicht gelungen, Spees Bildungsweg lückenlos zu rekonstruieren. Drei Fragen sind bisher nicht mit Sicherheit zu beantworten.[13] Erstens ist unklar, ob Spee zunächst das Tricoronatum besuchte und dann zum Montanum wechselte,[14] wo er nachweislich die Zulassung als Baccalaureandus erhielt, oder ob er von Anfang an ein Schüler des Montanums war.

Zweitens hat Spee seine philosophischen Studien nicht, wie zu erwarten gewesen wäre, im Jahre 1609 abgeschlossen, sondern erst ein Jahr später. Ist der Grund dafür darin zu suchen, daß die ganze Klasse durch die Pest daran gehindert wurde, ihre Studien termingerecht zu beenden? Denkbar ist aber auch, daß Spee 1609-10 etwas anderes studierte, etwa Jura.[15] Ein Anhaltspunkt für diese Annahme ist das juristische Wissen, das sich der Verfasser der Cautio criminalis offensichtlich angeeignet hat; zur Lektüre von juristischen Werken mag Spee allerdings auch im weiteren Verlauf seines Lebens ausreichend Gelegenheit gehabt haben. Auszuschließen ist es aber nicht, daß Spee einer von vier Jurastudenten war, die sich 1610 zum Noviziat meldeten.

Drittens gibt es widersprüchliche Aussagen zu der Frage, ob Spee den Magistergrad in Köln erwarb. Zwar heißt es in einem Ordenskatalog, Spee habe seine philosophischen Studien beendet, doch es fehlt der Vermerk, daß er Magister sei. Dieser Vermerk findet sich erst in einem späteren Ordenskatalog. Als weiterer Hinweis darauf, daß Spee wohl nicht in Köln zum Magister promoviert wurde, ist die Bemerkung Kasens (Regens des Tricoronatums) zu werten, Spee sei nicht in Köln, sondern anderswo zum Magister promoviert worden.

Auch als Lehrer war Spee zweimal in Köln, und zwar am Tricoronatum.[16] 1627/28 unterrichtete er vertretungsweise in der Metaphysik und in der Logik. Er gehörte jedoch nicht dem Rat der Fakultät an und durfte daher weder bei Disputationen präsidieren noch als Promotor tätig sein. 1631 kam Spee aus Paderborn nach Köln. Paderborn war in die Hände der Prostestanten gefallen, und so zogen die jesuitischen Theologiestudenten mit Spee nach Köln. Dort hielt Spee im Tricoronatum eine Vorlesung.

Die Lehrer an den Kölner Gymnasien

Nicht nur Spee war nicht in den Rat der Fakultät berufen worden. Auch anderen Lehrern wurde die Mitgliedschaft verwehrt. Die Lehrer der oberen Klassen jedoch waren in der Regel zum Rat der Fakultät zugelassen; sie waren infolgedessen berechtigt, Ämter zu übernehmen und Prüfungen abzuhalten. Die Zulassung zum Rat der Fakultät wurde davon abhängig gemacht, ob ein Lehrer bereits zwei oder vier Jahre unterrichtet hatte. Vier Jahre Unterrichtstätigkeit war die Aufnahmebedingung für die Lehrer, die nicht in Köln zum Magister promoviert worden waren.

Die Rangordnung der Lehrer nach den Klassen, denen sie vorstanden, wurde so ergänzt und verfestigt durch die Privilegierung der Mitglieder des Fakultätsrats. Da ein Lehrer zunächst in den unteren Klassen unterrichtete und erst danach in den oberen, war er lange genug tätig, um ein Anrecht auf die Mitgliedschaft im Fakultätsrat zu haben, wenn er Klassenlehrer der oberen Klassen war. Probleme entstanden, wenn ein Lehrer von außerhalb kam, der womöglich nicht einmal seinen Magistergrad in Köln erworben hatte, nicht auf mindestens zwei oder vier Jahre Unterrichtserfahrung verweisen konnte und trotzdem in den oberen Klassen eingesetzt werden sollte.

Am Tricoronatum war die Fluktuation größer als an den anderen Gymnasien, was damit zusammenhing, daß das Tricoronatum Lehrer an neugegründete Jesuitenschulen abgab.[17] Geographische Grenzen waren bereits bei dem Wechsel von Gymnasium zu Gymnasium nicht so wichtig, da Latein überall die Unterrichtssprache war. Vor 1600 war die Zahl der aus den Niederlanden stammenden Lehrer am Tricoronatum relativ groß. Aus der ersten Hälfte des 17. Jahrhunderts ist überliefert, daß neun Lehrer aus den deutschen und sieben aus den französischen Niederlanden stammten[18] — weniger als früher, aber immerhin noch eine beachtliche Anzahl.

Die schulpraktische Ausbildung der angehenden Lehrer erfolgte nicht im Rahmen eines Referendariats. Allerdings besaßen die meisten Universitätsabsolventen Unterrichtserfahrung, weil viele Studenten als Pädagogen mit kleineren Schülergruppen den Unterricht vor- und nachbereiteten. Dadurch erlebten sie den Praxisschock am Anfang ihres Lehrerdaseins in etwas abgemilderter Form. Am Tricoronatum entschied man sich in Anlehnung an entsprechende Empfehlungen in der Ratio studiorum für die Gründung einer Academia domestica praeceptorum.[19] Im Rahmen dieser Academica trafen sich die jungen Lehrer jeden Abend, um sich zu besprechen.

Die Einkünfte der Lehrer kamen aus verschiedenen Quellen. Am Tricoronatum wurden die Lehrer von ihrem Orden bezahlt. Zusätzliche Einkünfte hatten die Lehrer am Tricoronatum, wie an den anderen beiden Gymnasien, durch Universitätsgebühren, die etwa bei dem Ausstellen von Zeugnissen und bei Prüfungen entrichtet werden mußten.[20] Die Lehrer am Montanum und Laurentianum konnten von diesen Gebühren allein nicht ihren Lebensunterhalt bestreiten. Sie waren auf Schulgeld, Pfründe oder Stiftungen angewiesen.

Die Regenten, die mit der Leitung der Gymnasien betraut waren, entwarfen Lehrpläne und erließen Regeln für das Zusammenleben. Außerdem kümmerten sie sich um die Errichtung von Anbauten und die Verbesserung der sanitären Verhältnisse.[21] Um das Tricoronatum machte sich vor allem Adam Kasen (seit 1626 Gymnasialregens) verdient, am Laurentianum waren Ulenberg und nach ihm Mitglieder der Familie Francken von Sierstorff tätig, das Montanum wurde 1610 bis 1625 durch Johannes Gelenius geleitet, sein Nachfolger war Johannes Titz.

Die Schüler

Daß die Kölner Gymnasien sich großer Beliebtheit erfreuten, läßt sich an den Schülerzahlen ablesen. Die meisten Schüler hatten das Tricoronatum – zeitweise 1000. Das Zahlenverhältnis für die drei Gymnasien pendelte sich seit Ende der zwanziger Jahre bei 2,5 : 2 : 1 ein (Tricoronatum : Laurentianum : Montanum).[22]

Angesichts der hohen Schülerzahlen war es unter zwei Gesichtspunkten sinnvoll, Schüler mit bestimmten Ämtern zu betrauen. Erstens wurden die Lehrer dadurch entlastet, und zweitens band man auf diese Weise die Schüler stärker in die Gemeinschaft ein und gab ihnen die Möglichkeit, in einem eng umgrenzten Aufgabenbereich Verantwortung zu übernehmen. So gab es etwa die Custoden, die für die Reinigung der Klassen, für das Anzünden der Kerzen und für die Pflege des Inventars zuständig waren.[23] 1611 wurde die Regelung erlassen, daß in jeder Klasse ein Censor maximus ernannt werden sollte.[24] Censoren waren für die Überwachung ihrer Mitschüler verantwortlich. Es ist fraglich, ob der Inhaber eines solchen Amtes bei seinen Mitschülern sehr beliebt war. Man mag freilich in der Vergabe von Ämtern an Schüler Ansätze zu einer Schülerselbstverwaltung sehen, die auf dem Vertrauen beruht, daß Schüler ihre eigenen Angelegenheiten regeln können.[25]

Die Beaufsichtigung der Schüler durch Lehrer, Klassenkameraden und Pädagogen mag übertrieben erscheinen, war aber wohl nicht ganz unbegründet; schließlich kam es mehrfach zu – teils blutig endenden – Raufereien. Um zu verhindern, daß Lücken im Aufsichtssystem entstanden, und um die Zuständigkeitsbereiche klar voneinander abzugrenzen, teilte Kasen die Stadt in 12 Aufsichtsbezirke ein.[26] Dem Vagabundieren versuchte man durch eine Ratsverordnung Einhalt zu gebieten.[27]

Ein Brauch, dessen Bekämpfung und Eindämmung sich beispielsweise Ulenberg, der Regens des Laurentianums, zur Aufgabe machte, war die Deposition.[28] Studenten, die neu immatrikuliert waren, wurden vom ›pater beanorum‹ und seinen Gehilfen mit verschiedenen Gerätschaften drangsaliert. Außerdem mußte der Neuling, der beanus, sich derbe Beschimpfungen und Hohnreden anhören. Dies alles, so meinte man, diene dazu, daß der frischgebackene Student sich die Hörner abstoße. Dem derart Gebeutelten stellte der pater beanorum ein Zeugnis über die Beanentaufe aus, was ihn davor bewahrte, die gleiche Prozedur noch ein zweites Mal über sich ergehen lassen zu müssen. Da die Schüler der Gymnasien beim Übergang in die Logik in die Universität aufgenommen wurden, blieb ihnen die Deposition nicht erspart. Auch Ulenberg gelang es nicht, eine Abschaffung der Deposition zu erreichen.

Der Ablauf eines Schuljahres wies bestimmte Höhepunkte auf. So wurde die Versetzung jeweils am 1. November gefeiert; gute Schüler erhielten Prämien, und ein Theaterstück wurde aufgeführt. Ende Januar/Anfang Februar folgten die Dimissionalia, die Entlassung der Schüler der obersten Klasse. Anlaß zum Feiern boten auch Promotionen; 1631 widmeten Schüler des Tricoronatums zwei Promovierten und dem Promotor eine Festschrift mit Gedichten und Kupferstichen.[29] Zahlreiche religiöse Feiertage sorgten darüber hinaus für Abwechslung, und am Tricoronatum nahmen die Schüler selbstverständlich teil an den Feiern im Rahmen der Kanonisation von Ignatius und Xaverius (1622) sowie an der Jahrhundertfeier der Begründung der Societas Iesu (1640).[30]

Als Ergänzung zu der schulischen Gemeinschaft gab es Kongregationen oder Sodalitäten.[31] Das waren Vereinigungen, deren Mitglieder es sich zum Ziel gesetzt hatten, ihre Kraft in den Dienst der Kirche zu stellen. Anzustreben war die Heiligung der eigenen Seele und die geistliche Erbauung der Mitmenschen. So trugen diese Gemeinschaften dem Wunsch nach einer Intensivierung des Glaubenslebens Rechnung und waren Teil der gegenreformatorischen Bemühungen, die Lehre der katholischen Kirche zu verteidigen.[32] Wie groß damals das religiöse Engagement war, wird daran deutlich, daß die Sodalitas Angelica (eine Sodalität für die unteren Klassen) 1610 ein zehnstündiges Gebet abhielt.[33] Die religiöse Inbrunst, die in solch einem Akt zum Ausdruck kommt, kann allerdings auch in Fanatismus und Frömmelei umschlagen. Davon blieben offenbar auch die Schülersodalitäten nicht frei; übersteigerte Aloisiusverehrung und übertriebene Bußübungen waren die Kehrseite der intensiven Frömmigkeit.[34]

Friedrich Spee war nacheinander Mitglied zweier Sodalitäten. Zunächst gehörte er der Sodalitas Angelica an. Er wurde 1604 zum Conciliarius gewählt und übernahm bald darauf das Amt des ersten Assistenten. Nur wenige Monate später wurde er Secretarius der Sodalitas Angelica. Im Jahre 1605 wurde er in die Sodalitas Parthenica aufgenommen, die Marianische Kongregation für die Schüler der höheren Klassen.[35]

Eine interessante Quelle zur Schulgeschichte sind die Zeugnislisten des Tricoronatums. Aus ihnen geht hervor, aus welcher Heimat ein Schüler stammte. Patria wurde übrigens durchaus auch eng lokal verstanden; Kölner gaben als patria Köln an.[36] Ein relativ großer Anteil der Schüler des Tricoronatums kam aus Luxemburg. Selbst aus noch weiter entfernt liegenden Gebieten (Polen, Italien) kamen Schüler ans Tricoronatum.

Auf die Frage, wie viele Schüler außer Spee Berühmtheit erlangten, kann keine abschließende Antwort gegeben werden. Bevor das möglich sein wird, müssen noch viele personengeschichtliche Studien geschrieben werden. Festzuhalten ist, daß der Werdegang von Kölner Schülern des Tricoronatums bereits rekonstruiert worden ist, ausgehend von Namensangaben auf Zeugnislisten.[37] Hinweise auf den späteren Beruf von Schülern finden sich auch in Form von Randnotizen auf einem Catalogus Commensalium von 1608 und 1609.[38] Ferner besitzen wir die Aussage eines Kölner Historikers namens Aegidius Gelenius, der sich wegen der großen Zahl bedeutender ehemaliger Schüler des Tricoronatums außerstande sah, die Namen all derer zu nennen, durch die das Tricoronatum in ganz Europa einen guten Ruf gewonnen habe.[39] Um nun doch wenigstens zwei

Namen zu nennen, sei verwiesen auf Adam Adami (Tricoronatum), der als Gesandter der katholischen Kirchenfürsten am Friedenskongreß in Münster teilnahm,[40] sowie auf Severus Binius (Laurentianum), der eine vierbändige Konzilienausgabe betreute.[41]

Formen des Lernens

Während heutzutage die Schüler einer Klasse meist auch einer Altersstufe angehören, kam es in der frühen Neuzeit durchaus vor, daß in der Eingangsklasse 19jährige neben einem 7jährigen die Schulbank drückten.[42] Innerhalb der Klassen war es üblich, kleine Gruppen zu bilden, etwa Decurien (10 Schüler) oder Octurien (8 Schüler). Solche Gruppen konnten nach dem Kriterium der Leistungsfähigkeit gebildet werden und der ›internen Qualitätsauslese‹ dienen,[43] wie der von Kasen, dem Leiter des Tricoronatums, geschaffene ›Magistrat‹ in der Logik.

Zu den Aufgaben der Schüler gehörte es, Reden und Gedichte zu verfassen, sie stilgerecht vorzutragen und im Rahmen von Disputationen ihre Argumente gewandt geltend zu machen. Während die Deklamationen und die Disputationen zu einem vom Lehrer vorgegebenen Thema in der Regel keine Probleme aufwarfen — es sei denn, eine hitzige Disputation mündete in Handgreiflichkeiten zwischen Schülern verschiedener Gymnasien — gaben die Quodlibetal-Disputationen Anlaß zu Kritik. Quodlibetal-Disputationen waren Disputationen über irgendein beliebiges Thema. Zeitweise wurden sie einer Vorzensur unterzogen, dann wurden sie eine Zeitlang ausgesetzt, und schließlich wurde die Forderung nach ihrer Abschaffung erhoben.[44]

Dichten war anscheinend auch damals schon nicht jedermanns Sache. Andererseits gehörte es zum guten Ton. Um zu verhindern, daß Schüler andere zum Dichten einspannten, wurde 1622 für die ganze Jesuitenprovinz ausdrücklich verfügt, nur von den Schülern ohne fremde Hilfe verfaßte Gedichte, die allerdings vom Lehrer korrigiert sein konnten, dürften als ›affixiones‹ an die Wände des Schulhauses geheftet werden.[45]

Eine Form der Übung von Gelerntem war auch das Theaterspielen. Es wurde vor allem bei den Jesuiten großgeschrieben — bot es doch die Möglichkeit, Erziehung und Öffentlichkeitsarbeit zu verbinden und sich durch eine Ergebenheitsadresse an den Rat der Stadt dessen Wohlwollen zu sichern. Erkennbaren Auftrieb erhielt das Theaterspiel, seit Kasen sich dafür einsetzte, daß Theaterstücke gesammelt und — auch öffentlich — aufgeführt wurden.[46] Ein Höhepunkt im schulischen Leben beispielsweise war die Aufführung des ›Stephanus‹ 1627 in der neugebauten Kirche Mariae Himmelfahrt; unter den Mitwirkenden wird Masen genannt, der sich später als Verfasser von Theaterstücken hervortat. Sollte der feierliche Charakter einer Aufführung unterstrichen werden, so wurden die Theaterzettel sogar gedruckt. Theaterzettel konnten neben den lateinischen Erläuterungen zu dem selbstverständlich in Latein aufgeführten Stück auch deutschen Text enthalten, was von der Bevölkerung bestimmt begrüßt wurde.

Leistung, Belohnung und Strafe

Prüfungen gab es in Form von Eingangsprüfungen und als Prüfungen am Ende eines Schuljahres. Diese Prüfungen zu bestehen, war kein Kinderspiel. Viele mußten eine Klasse wiederholen. Die Rückweisungsquote lag am Tricoronatum und wohl nicht nur dort im 17. Jahrhundert bei 50 Prozent.[47] In Zweifelsfällen wurden Nachprüfungen angesetzt und/oder eine Bedingung mit der Versetzung verbunden; die Schüler hatten dann zu versprechen: ita studeamus ut digni simus ascensu[48] (wir wollen uns so anstrengen, daß wir der Versetzung würdig sein werden). Manche der nicht versetzten Schüler wechselten auf ein anderes Gymnasium, so 1616.[49] Einige der damals dem Tricoronatum abtrünnig gewordenen Schüler ließen sich allerdings dazu bewegen, wieder zurückzukehren. Sie wurden schließlich doch noch versetzt. An diesem Beispiel wird deutlich, in welchem Dilemma die Gymnasien sich befanden. Auf der einen Seite wollten sie ihr Niveau halten, auf der anderen Seite waren sie bestrebt, keine Schüler an die anderen Gymnasien zu verlieren.

Das Notenspektrum reichte von 1 bis 6.[50] Den Zahlen entsprachen Buchstaben, die bei der Zensurgebung eingetragen wurden. Benotet wurden außer dem profectus (dem Fortschritt im Hinblick auf die schulischen Leistungen) auch ingenium (Begabung), diligentia (Fleiß), assiduitas (Ausdauer) und pietas (Frömmigkeit) − letztere allerdings nicht bei protestantischen Schülern. Neben der schulischen Leistung ging es den Lehrern also auch um das charakterliche Profil eines Schülers.

Randbemerkungen in Zeugnislisten sind ebenfalls aufschlußreich. Da wurde etwas vermerkt, wenn jemand notorisch zu spät kam, wenn einer sich aufs Abschreiben verließ oder wenn einen Schüler offensichtlich dann und wann der Hafer stach: ›hunc avena quandoque titillat.‹ Der Name Melchior Fabelhans veranlaßte einen Lehrer zu der vermutlich eher abfälligen als anerkennend gemeinten Bemerkung: ›conveniunt rebus nomina saepe suis‹ (oft passen Namen zum Sachverhalt).

Die Leistungsbereitschaft, die die Schüler in den Prüfungen unter Beweis stellen sollten, versuchten die Lehrer gezielt zu fördern. Umstritten ist die Methode, die zu diesem Zweck angewandt wurde. Um die Schüler zu motivieren, wurden Preise (Prämien) in Aussicht gestellt. Auch Spee wurde 1604 mit einem ersten Preis in der lateinischen Sprache ausgezeichnet.[51] Außer der Vergabe von Prämien war auch die Bildung eines Magistrats der Klassenbesten Ausdruck des Bemühens, die Leistung des Einzelnen zu belohnen und den Ehrgeiz der Schüler zu wecken. Ganz in diesem Sinne wird in der für die Jesuitenschulen maßgeblichen Ratio studiorum den Lehrern geraten zu beherzigen, daß man die Schüler

›durch Aussicht auf Auszeichnungen und Belohnung und durch Furcht vor Schande‹ besser zum Lernen anhalten könne als durch Schläge.[52] Weniger wichtig erschien da wohl die Frage, ob das Lernklima leidet, wenn bei einer Wiederholungsübung der ›Gegner den Wiederholenden sofort bei einem Irrtum verbessert oder ihm, wenn er zaudert, die Antwort vorwegnimmt.‹[53]

Wo der Appell an das Ehrgefühl und den Ehrgeiz nichts fruchtete, wurden auch Strafen verhängt, wenn ein Schüler seinen Aufgaben nicht nachkam oder sein Betragen Mißfallen erregte.[54] Eine Form der Strafe war der Verweis. Ferner konnte ein Schüler gezwungen werden, den Katechismus auswendig zu lernen. Auch körperliche Züchtigung war eine Strafart. Allerdings wurde die Züchtigung bei den Jesuiten einem Zuchtmeister überlassen, weil sie das Verhältnis zwischen Lehrern und Schülern nicht belasten wollten. In den Oberklassen wurden nur Geldstrafen verhängt.

Lehrbücher

Die drei Kölner Gymnasien standen in der Tradition des humanistischen Bildungswesens; daher unterschieden sie sich im Hinblick auf ihren Lektürekanon nicht wesentlich von anderen humanistischen Gymnasien. Cicero, Vergil und Ovid waren auf dem Lehrplan zu finden, um nur einige antike Schriftsteller zu nennen.[55] Eine Veränderung zeichnete sich insofern ab, als die lateinischen und griechischen Kirchenväter nicht mehr so häufig gelesen wurden, während die Klassiker in großer Bandbreite vertreten waren. Dies hatte mit der ›Formalisierung der Humaniora‹ zu tun,[56] einer Tendenz, die klassischen Bildungsinhalte zu vermitteln, ohne ihnen eine über die Schulung des Geistes hinausgehende Bedeutung für die Erziehung zuzusprechen. Texte antiker Autoren mußten allerdings − zumindest bei den Jesuiten − einer Unbedenklichkeitsprüfung unterzogen und, falls erforderlich, von frivolen Passagen gereinigt werden − so wollte es die Ratio studiorum.[57]

Die Lehrbücher zum Erlernen der lateinischen und griechischen Grammatik, Rhetorik und Stilistik sollten nach dem Willen der Jesuiten möglichst von Jesuiten verfaßt sein. Während das Laurentianum und das Montanum die Lehrbücher der älteren Humanisten zunächst weiterhin verwendeten, gingen die Lehrer am Tricoronatum schon bald dazu über, von Jesuiten verfaßte oder zusammengestellte Bücher zu benutzen.[58] So mied man die Bücher des Erasmus, die bis zur Mitte des 16. Jahrhunderts in den Gymnasien hoch im Kurs gestanden hatten, seit Schriften des Humanisten auf den Index gesetzt worden waren.

Das Montanum und Laurentianum übernahmen im Laufe der Zeit jesuitische Lehrbücher, um die Einheitlichkeit des Schulwesens in Köln nicht zu gefährden. Sie führten auch das Lehrbuch des Jesuiten Alvarus ein, obwohl dessen lateinische Grammatik gegenüber dem vorher verwendeten Werk des Despauterius keine besonderen Vorzüge aufwies; so wurden Grammatikregeln weiterhin in

Form von versus memoriales (Merkversen) dargeboten, wodurch Verständlichkeit und Prägnanz wohl nicht unbedingt erhöht wurden.[59] Es fällt auf, daß den Lehrbüchern am Montanum und Laurentianum ein größerer Stellenwert beigemessen wurde als am Tricoronatum, wo die Lektüre mehr Raum einnahm.[60] Was das Griechische betrifft, so sucht man in den Literaturlisten von Montanum und Laurentianum vergeblich nach Textausgaben; lediglich griechische Grammatiken sind aufgeführt.[61] Dies ist nicht verwunderlich, wenn man bedenkt, daß das Griechische auch andernorts zu dieser Zeit in den Hintergrund trat. Das Tricoronatum folgte diesem Trend allerdings offenbar zögernder als die anderen Kölner Gymnasien.

Das Leben eines Schülers im 17. Jahrhundert war alles andere als idyllisch. Krieg, Pest und Hexenwahn bildeten den düsteren Hintergrund, vor dem sich der Schulalltag abspielte. Die Lern- und Lebensgemeinschaft der Gymnasien hat sich aber wohl für manchen als tragfähig erwiesen. Die Frage, wie Spees Lebensweg verlaufen wäre, wenn er nicht in Köln das Gymnasium besucht hätte, läßt sich nicht beantworten. Andererseits ist es nicht abwegig zu vermuten, daß Spees Erfahrungen am Gymnasium ihn geformt haben, zumal er in der Schülersodalität schon früh Verantwortung übernahm.

Anmerkungen

Der Aufsatz stützt sich auf die im Literaturverzeichnis genannten Monographien von Kuckhoff (1931) und Meuthen.

1 Vgl. Meuthen, S. 299 f.
2 Ebd., S. 353.
3 Solzbacher, S. 53. Eine Auflistung der Stiftungen bei Schoenen, S. 4 f.
4 Meuthen, S. 352.
5 Zit. nach Duhr II/1 (1907/28), S. 582
6 Kuckhoff (1931), S. 203 f.
7 Ebd., S. 395.
8 So Hengst, S. 108, gegen die von DuMoulin-Eckart vertretene These von einer Herrschaft über die Hochschule.
9 Die von Pachtler herausgegebene Quellensammlung Ratio Studiorum ... enthält den lateinischen Text und eine deutsche Übersetzung. Duhr (1896) bietet eine überarbeitete deutsche Übersetzung und als Vorspann einen ausführlichen Kommentar. – Ein Überblick über den Aufbau des Jesuitenstudiums in Form eines Schaubilds findet sich bei Hengst, S. 70.
10 Vgl. dazu etwa Rheinische Geschichte, S. 178.
11 So Kuckhoff (1929), S. 7. Die Modellfunktion der niederrheinischen Humanistenschulen für das Tricoronatum sollte allerdings nicht überschätzt werden; dies gibt Schilling, S. 135, unter Hinweis auf die Studienordnung des römischen Kollegs zu bedenken.
12 Zit. nach Meuthen, S. 353.
13 Übersichtlich zusammengefaßt bei van Oorschot, S. 9 f.
14 Dazu Kuckhoff (1931), S. 255, Anm. 37
15 Dies hält Rosenberg, S. 127, für wahrscheinlich.
16 Zum folgenden s. Kuckhoff (1931), S. 311, S. 283 f., S. 434 f.
17 Ebd., S. 273.
18 Ebd., S. 272 f. Zu berücksichtigen ist, daß nur bei 84 von etwa 140 Lehrern der Geburtsort feststeht.
19 Ebd., S. 279 f.

20 Ebd., S. 280-282.
21 Zur Bautätigkeit Ulenbergs
    Solzbacher, S. 47.
22 Meuthen, S. 346.
23 Kuckhoff (1931), S. 416 f.
24 Ebd., S. 380.
25 So Keck/Köhler, S. 69.
26 Kuckhoff (1931), S. 295 f.
27 Ebd., S. 207.
28 Ebd., S. 207-211, S. 401.
29 Ebd., S. 440.
30 Bianco (1855), S. 949-954, und Kuck-
    hoff (1931), S. 444.
31 Meuthen, S. 354-356. – Um die Maria-
    nischen Kongregationen geht es auch in
    der Dissertation Büschings von 1923.
32 Meuthen, S. 355 f.
33 Kuckhoff (1931), S. 258.
34 Ebd., S. 262-265.
35 van Oorschot, S. 9.
36 Kuphal (1952), S. 110.
37 Ebd., S. 113-115.
38 Solzbacher, S. 48 f.
39 Kuckhoff (1931), S. 212; Gelenius'
    Äußerung stammt aus d. J. 1645.
40 S. z.B. Bianco (1855), S. 611 f.
41 S. z.B. Bianco (1850), S. 1369 f.
42 Kuphal (1952), S. 110.
43 So Meuthen, S. 358.
44 Ebd., S. 366 f.
45 Kuckhoff (1931), S. 441 f.
46 Ebd., S. 336-342.
47 Meuthen, S. 358.
48 Kuckhoff (1931), Abb. von Schrift-
    stücken nach S. 656; Zitat aus
    ›Anerkenntnis der bedingungsweisen
    Versetzung‹.
49 Ebd., S. 186 f.
50 Zum folgenden s. Kuphal (1952),
    S. 110-112.
51 etwa van Oorschot, S. 9.
52 Nach der Übersetzung von Duhr (1896),
    S. 241.
53 Ebd., S. 238.
54 Zur Strafpraxis s. Kuckhoff (1931),
    S. 418 f.
55 Ebd., S. 344 f., S. 358 f.
56 So Meuthen, S. 362.
57 S. z.B. Duhr (1896), S. 249.
58 Kuckhoff (1931), S. 343.
59 Ebd., S. 352-355. Kuckhoff führt ein
    Beispiel an.
60 Meuthen, S. 365.
61 Ebd., S. 363.

Literatur

Bianco, Franz Josef von: Die alte Universi-
    tät Köln und die spätern Gelehrten-
    Schulen dieser Stadt, 1. Theil, Erste
    Abth.: Die alte Universität Köln, Köln
    1855.
Die ehemalige Universität und die
    Gymnasien zu Köln, so wie die an diese
    Lehr-Anstalten geknüpften Studien-
    Stiftungen von ihrm Ursprunge bis auf
    unsere Zeiten, II. Theil, 2. vermehrte u.
    verb. Auflage., Köln 1850.
Büsching, Heinrich: Die Jugendpflege der
    Jesuiten in Köln von 1575-1650. [Kurze
    Zusammenfassung der masch.schriftl.
    Diss. Bonn 1923] – In: Jahrbuch der
    Phil. Fak. Bonn 1, Halbbd. 1 (1923), S.
    36-38.
Dreikönigsgymnasium 1977. Festschrift aus
    Anl. d. Umzuges d. Dreikönigsgyma-
    siums im Aug. 1977 ... Köln 1977.
Duhr, Bernhard: Geschichte der Jesuiten
    in den Ländern deutscher Zunge.
    4 Bde. Freiburg 1907-1928.
Duhr, Bernhard: Die Studienordnung der
    Gesellschaft Jesu. Freiburg/Br. 1896
    (Bibliothek der katholischen Päd-
    agogik; 9).
Hengst, Karl: Jesuiten an Universitäten
    und Jesuitenuniversitäten. Zur
    Geschichte der Universitäten in der
    Oberdeutschen und Rheinischen
    Provinz der Gesellschaft Jesu im Zeit-
    alter der konfessionellen Auseinander-
    setzung. Paderborn [u.a.] 1981 (Quellen
    und Forschungen aus dem Gebiet der
    Geschichte, N.F.; 2).
Keck, Rudolf W.: Das Erziehungs- und
    Bildungsprogramm der Jesuiten im
    Lichte der Erziehungs- und Bildungsge-
    schichte. – In: Friedrich Spee von Lan-
    genfeld [1591-1635). 7 didaktische Ver-

suche zu einem dramatischen Leben.
Hrsg. von R.W. Keck. Hildesheim
1985, S. 47-63.

Keck, Rudolf W./Köhler, Johannes: Jesuitische Erziehung als Paradigma katholischer Erziehungslehre. – In: Friedrich
Spee von Langenfeld (1591-1635).
7 didaktische Versuche zu einem dramatischen Leben. Hrsg. von R.W. Keck.
Hildesheim 1985, S. 64-88.

Kuckhoff, Josef: Die Geschichte des Gymnasium Tricoronatum. Ein Querschnitt
durch die Geschichte der Jugenderziehung in Köln vom 15. bis zum 18. Jahrhundert. Köln 1931 (Veröffentlichungen
des rhein. Museums in Köln; 1)

Der Sieg des Humanismus in den katholischen Gelehrtenschulen des Niederrheins 1515-1557. Münster 1929 (Katholisches Leben und Kämpfen im Zeitalter
der Glaubensspaltung; 3).

Kuphal, Erich: Die Archive der Universität
Köln (1388-1798). – In: Festschrift zur
Erinnerung an die Gründung der alten
Universität Köln im Jahre 1388. Köln
1938, S. 548-637.

Aus alten Schulzeugnissen des Tricoronatums. – In: Tricoronatum. Festschrift
zur 400-Jahr-Feier des Dreikönigsgymnasiums. Köln 1952, S. 109-115.

Meuthen, Erich: Die alte Universität. Kölner Universitätsgeschichte. Bd. I. Hrsg.
von der Senatskommission für die Geschichte der Universität zu Köln.
Köln/Wien 1988.

Miesen, Karl-Jürgen: Friedrich Spee – Pater, Dichter, Hexen-Anwalt. Düsseldorf
1987.

Milz, Heinrich: Geschichte des Gymnasiums an Marzellen zu Köln. Programm
des Marzellengymnsiums. 1. Teil
1885/86, 2. Teil 1887/88.

Oorschot, Theo G. M. van: Die Lebensdaten. – In: Friedrich Spee im Licht
der Wissenschaften. Beiträge und Untersuchungen. Hrsg. von Anton Arens.
Mainz 1984 (Quellen und Abhandlungen zur mittelrheinischen Kirchengeschichte; 49), S. 9-13.

Ratio studiorum et institutiones scholasticae Societatis Jesu. Vol I-IV. Hrsg. von
Georg Michael Pachtler. Berlin
1887-1894 (Monumenta Germaniae
Paedagogica; 2; 5; 9; 16).

Rheinische Geschichte. Hrsg. von Franz
Petri und Georg Droege. Bd. II: Neuzeit. Düsseldorf 1976.

Rosenfeld, Emmy: Friedrich Spee von
Langenfeld (1591-1635) – In: Rheinische Lebensbilder II. Hrsg. von Bernhard Poll. Düsseldorf 1966, S. 125-141.

Schilling, Lothar: Die Anfänge der Kölner
Jesuitenstudien. – Geschichte in Köln
23 (1988) S. 119-158.

Schoenen, Gerhard: Die Kölnischen Stu-
dienstiftungen. Köln 1892.

Solzbacher, Joseph: Kaspar Ulenberg.
Eine Priestergestalt aus der Zeit der Ge-
genreformation in Köln. Münster 1948
(Katholisches Leben und Kämpfen im
Zeitalter der Glaubensspaltung; 8).

Urkundenbuch der zur Verwaltung der
Gymnasial- und Stiftungsfonds in Cöln
gehörigen Stiftungen. Hrsg. vom Ver-
waltungsrat der Gymnasial- und Stiftungsfonds. 2. Aufl. Köln 1914.

Die Jesuiten in Köln
Von den Anfängen bis zum Dreißigjährigen Krieg

Roland Goffart

Will man das Wirken der Gesellschaft Jesu im Köln des 16. Jahrhunderts betrachten, so ist vor allem ihr theologisches Fundament zu berücksichtigen. Dieses Fundament, durch Gottesbild und Frömmigkeit ihres Gründers gestaltet und jedem Mitglied der Gesellschaft zu eigen gemacht, formte schon immer die Arbeit der Gemeinschaft.

Der Versuch, ihre Theologie in der Vielfältigkeit ihrer Arbeit aufscheinen zu lassen, führt immer wieder zu dieser Basis. Sie ist es auch, die jene Vielgestaltigkeit ermöglicht, die das Betätigungsfeld der Jesuiten umreißt. Des weiteren leitet diese Betrachtung auch in die Geschichte und die Anfänge der Gemeinschaft in Köln, die zugleich die Geschichte des Ordens in Deutschland überhaupt markieren, zurück.

Die Zeit der Anfänge fällt in die der Reformation. Luther hatte mit seinen Reformbestrebungen die Kirchenspaltung herbeigeführt und das Land in Aufruhr versetzt. Auch an Köln ging der Streit zwischen den Konfessionen nicht spurlos vorüber. Als der Kirchenfürst Hermann von Wied im Jahre 1539 Melanchthon als Prediger nach Bonn rief und dieser 1541 in der Nähe von Deutz seine Arbeit aufnahm, regte sich die Besorgnis unter einigen Kölner Bürgern, zumal der Erzbischof offen mit der katholischen Tradition brach, indem er am Ostersonntag 1543 die Kommunion unter beiderlei Gestalt austeilte.

Petrus Canisius, der erst vor kurzem der Gesellschaft Jesu beigetreten war und sich in Köln aufhielt, bat zusammen mit dem Prior der Kartäuser P. Petrus Faber, einen der engsten Anhänger des heiligen Ignatius, nach Köln zu kommen und den protestantischen Predigern entgegenzuwirken. Fabers Predigt zeitigte denn auch bald Wirkung, jedenfalls berichten die Quellen, daß eine erhebliche Anzahl von Bürgern zum alten Glauben zurückkehrte.

Dieses Hin- und Herpendeln der Menschen zwischen Protestantismus und Katholizismus zeigt einerseits das vehemente Ringen der Parteien um die Gläubigen, andererseits aber auch die große Verunsicherung innerhalb der Bevölkerung.

Wie weit die theologischen Positionen auseinanderlagen, zeigt das verschiedene Menschenbild der beiden Lager. Luther sieht den Menschen in erster Linie als Sünder, Ignatius betont dagegen den Menschen als Geschöpf Gottes. Der Mensch hat seinen Ursprung in Gott und findet in ihm auch sein Ziel. Auf dieses Ziel muß er sein Leben ständig hinordnen. ›Der Mensch ist dazu geschaffen Gott unseren Herrn zu loben, ihm Ehrfurcht zu erweisen und zu dienen und damit seine Seele zu erretten‹. So Ignatius in seinen Exerzitien. Was der Mensch kann, kann er durch Gnade Gottes.

Auch Luther beachtet das Moment der Gnade, dennoch bleibt der Mensch für ihn zugleich erlöst und unerlöst, gerecht und Sünder zugleich. Er bleibt trotz der Gnade Gottes ein ›armer, elender und verlorener Mensch‹. Für Ignatius ist die Sünde nicht Anlaß zur Verzweiflung; sondern weil sie falsches Verhalten Gott gegenüber ist, bietet sie Anlaß zur Beschämung und Reue. Ist Luthers Blickrichtung anthropozentrisch (Wie erlange ich mein Heil? Wie bekomme ich einen gnädigen Gott?), so ist für Ignatius der Blick schon aufs Ziel des Menschen gerichtet: Wie diene ich Gott? Wie kann ich alles auf sein Lob hin tun? Trotz der Verschiedenheiten der beiden Positionen zeigen sie beide das Ringen des Menschen um Gott.

Petrus Faber, durch seine Predigt in Köln so erfolgreich, kehrte auf Drängen des Canisius nach einem Aufenthalt in Belgien 1544 mit zwei weiteren Gefährten an den Rhein zurück. Sie richteten sich ein Haus ein, das Zentrum ihrer Arbeit wurde. Diese kleine Gruppe bildete die erste Niederlassung von Jesuiten in Deutschland. Gegen alle Widerstände vonseiten des Rats der Stadt und des Erzbischofs konnte die kleine Gruppe sich behaupten und bald weitere Anhänger finden.

Die Kölner Universität, durch Männer wie Thomas von Aquin oder Duns Scotus zu hohem Ansehen gebracht, verfiel im 16. Jahrhundert. Dem aufblühenden Humanismus, wie er vor allem in den Niederlanden gepflegt wurde und auch in Deutschland zunehmend Anhänger fand, verweigerte sich die Kölner Universität und geriet alsbald in den Ruf der Rückständigkeit. Der Rat der Stadt versuchte der Entwicklung entgegenzuwirken und setzte den Humanisten Leichius als Regenten der Bursa Cucana ein. Die Burse zog in die Maximinenstraße, und 1552 wurde sie als Bursa Tricoronata das erste humanistische Gymnasium in Köln.

Der neue Geist erweckte das Mißtrauen beim Laurentianum und beim Montanum, den beiden anderen Schulen der Stadt. Sie fühlten sich in ihrem Mißtrauen bestätigt, als Leichius, Mitglied der Artistenfakultät und Inhaber einer kirchlichen Pfründe dem Klerikerstand zugerechnet, heiratete und sich somit als Regent in ihren Augen unmöglich machte und abdanken mußte.

Johann von Reidt, Sohn einer Kölner Bürgermeisterfamilie, hatte in jungen Jahren Kontakte zu der Gruppe um Petrus Canisius geknüpft und war nach Studien in Paris 1552 der Gesellschaft beigetreten. Er reiste weiter nach Rom, um seine Studien wieder aufzunehmen und wurde dort zum Priester geweiht.

Den Jesuiten, die schon lange nach einer Möglichkeit suchten, eine Schule zu gründen, kam die Gelegenheit recht, und der aus Rom zurückgekehrte Reidt schien der rechte Mann für dieses Vorhaben zu sein. Sie machten eine Eingabe beim Rat der Stadt, die Burse dem Rethius, wie er sich nach damaligem Brauch nannte, zu übergeben. Nach heftigen Diskussionen, in die sich auch die Universität einschaltete, wurde die Burse dem Kölner Patriziersohn übergeben, unter der Bedingung, daß die Zusage für jeweils zwei Jahre gelten solle und dann neu angefordert werden müsse. Zudem dürfe Reidt nicht versuchen, Bürgersöhne in den

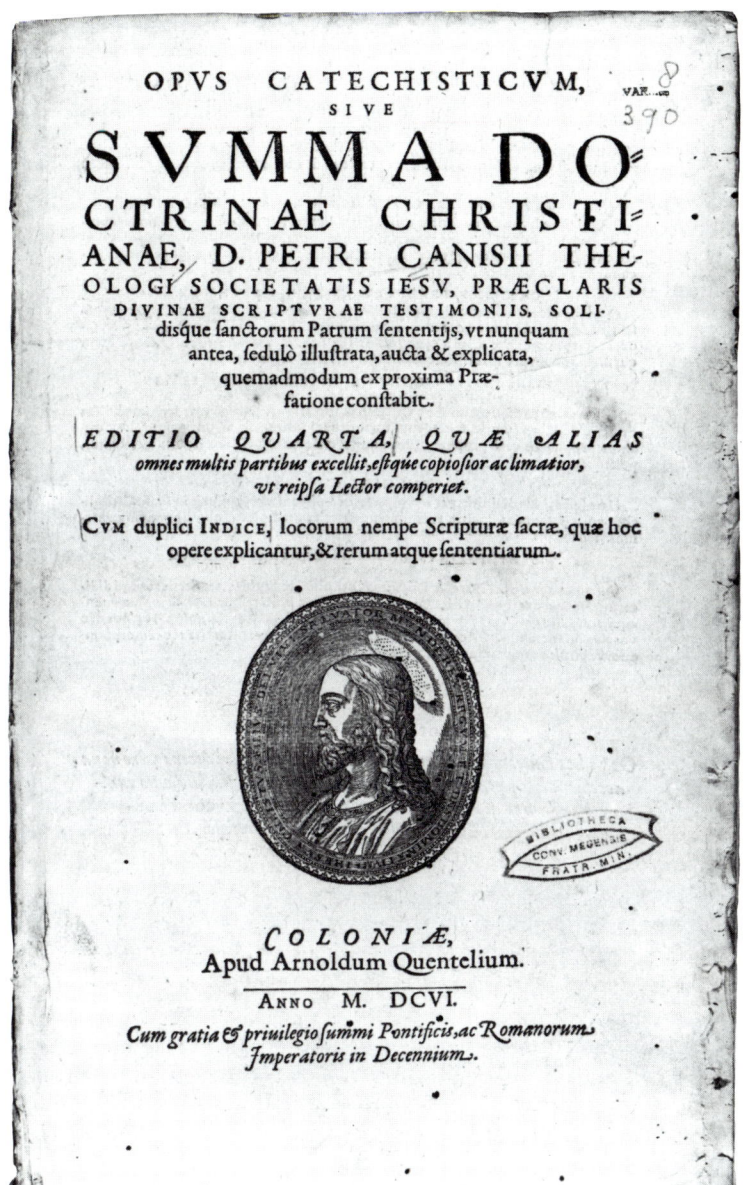

OPVS CATECHISTICVM,
SIVE

SVMMA DO-
CTRINAE CHRISTI-
ANAE, D. PETRI CANISII THE-
OLOGI SOCIETATIS IESV, PRÆCLARIS
DIVINAE SCRIPTVRAE TESTIMONIIS, SOLI-
disque sanctorum Patrum sententijs, vt nunquam
antea, sedulò illustrata, aucta & explicata,
quemadmodum ex proxima Præ-
fatione constabit.

EDITIO QVARTA, QVÆ ALIAS
omnes multis partibus excellit, estque copiosior ac limatior,
vt reipsa Lector comperiet.

Cvm duplici INDICE, locorum nempe Scripturæ sacræ, quæ hoc
opere explicantur, & rerum atque sententiarum.

COLONIÆ,
Apud Arnoldum Quentelium.

ANNO M. DCVI.

Cum gratia & priuilegio summi Pontificis, ac Romanorum
Imperatoris in Decennium.

Der Katechismus des Petrus Canisius in vierter Auflage, Köln 1604 (Kat.-Nr. 74)

Orden zu locken. Welche Skepsis den Jesuiten entgegengebracht wurde, zeigt auch, daß die Schule Rethius als Privatmann, nicht als Ordensmann überlassen wurde. Dem Einzug stand nichts mehr im Wege. Am 2. Februar 1557 wurde die erste Messe im Haus an der Maximinenstraße gefeiert und der Gründungstag begangen.

In der Unterrichtsform folgte die Schule der humanistischen Tradition, die durch Leichius eingeführt worden war. Ziel des Unterrichts war, den Schüler für den Lehrbetrieb an der Artistenfakultät zu qualifizieren. Doch der humanistische Geist forderte eine sorgfältige Anpassung an die Sprachformen der Antike. Und so wurde Cicero das Vorbild aller Beredsamkeit. Mit der Lektüre seiner Briefe wurde schon in den untersten Klassen begonnen.

So zeigt es jedenfalls ein Stundenplan aus dem Jahre 1561. Der Unterricht begann um sechs Uhr in der Frühe mit den Darbietungen und Erläuterungen des Lehrers. Diese wurden in der zweiten Stunde angeeignet und vertieft. Dabei wurde die Syntax parallel mit der Lektüre betrieben. Es folgte um acht Uhr eine Pause, die zum Meßbesuch genutzt wurde. Anschließend wurde die Lektüre fortgesetzt. Die Oberklassen hatten zu dieser Zeit Disputation. Mittags war der Unterricht für die Philosophenklassen, während der für die Grammatik, die Rhetorik und die Poetik um vier begann. Dieser Unterrichtsplan ist ein Tagesplan, der am Sonntag durch den Religionsunterricht durchbrochen wurde. Dort wurde der Canisische Katechismus regelrecht auswendig gelernt, wie das Auswendiglernen überhaupt eine große Rolle spielte. Sogar beim Spaziergang wurden die Schüler angehalten, sich gegenseitig den Cicero herzusagen.

Wer Theologie studieren wollte, mußte drei Studienabschnitte durchlaufen: Das Gymnasium mit sechs Jahren Studienzeit war ebenfalls in drei Blöcke aufgeteilt: die Grundklassen, die Humanität (Poetik) und den abschließenden Rhetoren-Kurs. Dem Gymnasium schloß sich die philosophische Ausbildung an, die, ganz auf Aristoteles fußend, die Logik, Physik und, als Gipfel, die Metaphysik umfaßte. Wer diese drei Jahre hinter sich gebracht hatte, durfte endlich das Theologiestudium beginnen, das völlig auf Thomas von Aquins Scholastik aufbaute. Zur spekulativen Theologie bildete die positive Theologie (kanonisches Recht, Väterstudium, Moral und Exegese) das Gegengewicht; sie sollte verhindern, daß das Theologiestudium einseitig oder gar weltfremd werde.

Diese Ordnung war vom Ordensgründer in gewisser Weise bereits bestimmt worden. Ignatius legte in den Satzungen des Ordens fest: ›Das Ziel der Lehre, die in dieser Gesellschaft erworben wird, ist dieses: den Seelen der Eigenen und Nächsten mit der göttlichen Huld zu helfen; so werden nach diesem Maße insgesamt und im einzelnen die Fächer, die die Unseren erlernen müssen, abgegrenzt und des gleichen, wie weit sie in ihnen gehen sollen. Und weil, allgemein gesprochen, die humanistischen Wissenschaften verschiedener Sprachen, die Philosophie und Theologie und die Heilige Schrift hierzu eine Hilfe sind, werden jene, die an die Kollegien geschickt werden, diese Fächer studieren, wobei sie sich mit größerem Einsatz auf das, was dem genannten Ziel mehr zukommt, verlegen.‹ Damit ist die Führung einer Schule nach humanistischen Prinzipien vom Orden her garantiert, ebenso wie die beschriebene Studienordnung. ›In den Wissenschaften soll Ordnung eingehalten werden. Zuerst lege man ein gründliches Fundament in Latein, ehe man die Philosophie hört. Dasselbe (gilt für die Philosophie) ehe man zur scholastischen Theologie übergeht, und in dieser, ehe man die positive (Theologie) studiert; die Heilige Schrift wird man gleichzeitig oder nachher studieren können. . . . In der Theologie wird man das Alte und Neue Testament und die scholastische Lehre von Sankt Thomas lesen, und von der positiven soll das ausgewählt werden, was auf unser Ziel hin mehr entspricht. In der Philosophie ist der Lehre des Aristoteles zu folgen.‹

Die im Jahre 1599 vom General Aquaviva herausgegebene ›Ratio studiorum‹, die Studienordnung des Ordens entspricht dem oben beschriebenen Weg und auch dem Inhalt, den das Tricoronatum vorgezeichnet hatte. Das ist einerseits auf die Bedeutung, die die Kölner Schule gewonnen hatte, andererseits auf das Vorgehen der Herausgeber der ›Ratio studiorum‹ zurückzuführen. Ist diese Studienordnung doch das Ergebnis im Schulbetrieb erprobter Methoden und Inhalte.

Zu den Methoden, die Rethius in seiner Schule anwandte und wie sie für die damalige Zeit typisch waren, zählte das Auswendiglernen und Hersagen des Stoffs. Dabei wurde großer Wert auf Haltung und Vortrag des Schülers gelegt. Dies galt insbesondere für den Rhetorenkurs. Ein Thema wurde gestellt und die Rede in gemeinsamer Arbeit mit den anderen gestaltet. Beliebte Themen waren Tugenden und Laster, Lebensregeln sowie Heilige und kirchliche Feste.

Neben diesen Deklamationen mußten die Schüler eine schriftliche Rede abliefern. Die Arbeiten wurden in der Schule öffentlich ausgehängt. Jeder hatte nun das Recht, die Rede eines anderen zu korrigieren; und wenn der Verfasser seine Rede nicht verteidigen konnte, durfte sich der Korrektor die Rede als die seine aneignen. Diese Methode sollte vor allem dazu dienen, Ehrgeiz anzustacheln.

Das Prinzip des Wettbewerbs wurde auch bei den Disputationsübungen angewandt. Hier wurden in streng geordneter logisch-scholastischer Form Thesen dargeboten, angegriffen und verteidigt. Daß in diesen Übungen vor allem die Mitglieder der verschiedenen Bursen einander gegenübertraten, hatte für das Tricoronatum eine besondere Bedeutung. Trat doch hier die allmählich zunehmende Überlegenheit der Schule zutage. So schreibt Rethius in seinem Tagebuch, die Schüler des Montanums hätten sich geweigert, mit den Schülern der gleichen Klasse des Tricoronatums zu diskutieren.

Rethius sah sich auf dem richtigen Weg. Ein humanistisches Schulsystem sollte eben nicht nur Wissen vermitteln, sondern die Persönlichkeit des Schülers bilden. ›Alles Lernen und Wissen auf der Schule sollte in Können umgesetzt werden; jede theoretische Unterweisung mußte, sobald wie möglich in irgendeine praktische Verwirklichung hineingeführt werden. Darum das Drängen auf rhetorische Übungen, darum die Hochschätzung der Deklamation. . . . In den Schülern sollte das Selbstvertrauen, die Gewandtheit und Schlagfertigkeit und auf der Grundlage eines guten Wissens die gesamte geistige Aktivität und Einsatzbereitschaft fürs Leben gefördert werden.‹

Daß diese Bildungsmethode auch Nachteile mit sich bringt, ist offensichtlich. Darin, daß nur Autoren wie Cicero, Aristoteles oder Thomas von Aquin gelesen wurden, andere wie Erasmus von Rotterdam verboten oder zensiert wurden, daß großer Wert auf das Auswendiglernen auch bestimmter Formen und Formulierungen gelegt wurde, lag die große Gefahr, daß die Schule Menschen zu geistiger Uniformität erzog, einer Einförmigkeit, die dadurch verstärkt wurde, daß Wettbewerb und Strafen zwar Selbstsucht und Willkür unterdrücken, den Verstand und Geist des einzelnen aber in feste Ordnungen fügen sollten. Angestrebtes Ergebnis: eine gehorsame Unterordnung unter die Autorität des Erziehers.

Dieses System wurde gefährdet, als die Schülermenge die Kapazität der Schule sprengte. Bereits 1578 überschritt die Zahl der Schüler bereits die Tausend. Große Räume wurden gesucht, die überfüllten Klassen in Dekurien und Okturien eingeteilt. Diese wiederum wurden einem älteren Schüler als Präfekten, Custoden oder Censor unterstellt. Er mußte über das Aneignen der Lernstoffe sowie das Betragen der Schüler in der Öffentlichkeit wachen. Da ein großer Teil der Schüler in privaten Bürgerhäusern untergebracht war, wurden diese nach Lage der Wohnungen in Bezirke eingeteilt und einem Präfekten unterstellt. Diese mußten dafür Sorge tragen, daß ihre Schützlinge die täglichen Gebete verrichteten, die Messe hörten, rechtzeitig in die Schule kamen und den Unterricht nicht störten. Ihnen stand in gewissem Rahmen auch Strafbefugnis zu.

Dieses System trug die Autorität der Erzieher selbst in die privaten Studierzimmer der Schüler in der Stadt. Der Fortgang der Erziehung war gewährleistet, aber sie war einengend und unfrei.

Die einzelnen Präfekten mußten einmal in der Woche dem Studienpräfekten (ein Amt, das von den Jesuiten gleich nach Übernahme der Schule eingerichtet worden war) die Vorgänge in den Bezirken melden. Dieser war im wesentlichen, mehr noch als der Regent, für die religiöse und sittliche Erziehung der Schüler verantwortlich.

Franz Coster, Kölner Jesuit der ersten Stunde, übernahm dieses Amt. Nach einem Aufenthalt in seiner belgischen Heimat, wo er eine Marianische Kongregation gegründet hatte, kehrte er nach dem Tod des Rethius nach Köln zurück und gründete auch hier eine solche Kongregation für Gymnasiasten der Stadt. Über die Aufgaben und Ziele der Marianischen Kongregation schreibt Coster im Jahr 1585: ›Zu den Aufgaben der Gesellschaft Jesu gehört es, die studierende Jugend auch in christlicher Zucht und Sitte zu erziehen. Die Gesellschaft hat bis jetzt alles aufgeboten, um das Ziel in möglichst sanfter Weise zu erreichen. Unschwer lassen sich junge Leute in Zucht und Ordnung halten, solange sie unter den Augen der Lehrer leben. Große Mühe und Sorgfalt aber kostet es, sie dahin zu bringen, nicht aus bloßer Rücksicht auf andere Menschen, sondern aus innerster Überzeugung in Gottesfurcht und Gottesliebe die Tugend zu üben. Und doch werden sie nur so auch in der späteren unbewachten Zeit sowohl selbst zu sittlicher Lebensführung gelangen, als auch anderen in dieser Beziehung zu nützen trachten. Hierzu tragen erfahrungsgemäß sehr viel bei die guten Ermahnungen und das Beispiel seitens der Lehrer, der Empfang der heiligen Sakramente.‹

Jedoch schien es auch von nicht geringer Bedeutung, wenn sich die Studenten im Vereine zusammenschlossen und so sich selbst zu einem frommen und tugendhaften Leben anspornten. Es konnte nämlich kaum ausbleiben, daß ein Bund gleichgesinnter Jünglinge, welcher Tugend und Frömmigkeit auf seine Fahnen geschrieben hatte, einen heiligen Wetteifer entfachte und das Streben nach einem tugendhaften Leben förderte. Hierfür schien es aber sehr empfehlenswert, den Verein unter den mächtigen Schutz der gebenedeiten Gottesmutter zu stellen, der sich so viele und große Vereinigungen, ja ganze Völker geweiht haben. Um aber der besonderen Hilfe Marias wert zu werden, sollten die Kongreganisten Maria auch in besonderer Weise verehren.‹

Lag die religiöse Erziehung bis dahin im Meßbesuch und dem Studium des Canisius-Katechismus, so gab Coster dem Orden eine Institution an die Hand, in der die Ziele der Gesellschaft effizient und nachdrücklich verwirklicht werden konnten. Auch hier spiegelt sich der Ignatianische Grundsatz wieder: Alles zur Ehre Gottes. Dazu gehört das fromme Leben in den Kongregationen, das nicht nur das Gebetsleben umfaßte, sondern sich bald auch auf die Unterstützung der Armen und Kranken ausweitete. Es war der Versuch, das Gebot der Nächstenliebe in das Alltagsleben mit hineinzunehmen.

Welche Wirkung die Kongregation hervorrief, berichtet Johann Stempelius, der erste Präfekt der Kölner Kongregation: ›Wo wenigstens drei Kongreganisten zusammenwohnen, befolgen sie eine bestimmte Tagesordnung. Manche pflegen selbst jeden Tag eine Betrachtung zu machen: Montag, Mittwoch und Freitag über das bittere Leiden Christi, Dienstag, Donnerstag und Samstag über das Leben und die Tugenden der Mutter Gottes, und am Sonntag über das sonntägliche Evangelium. Aus dem ganzen Benehmen der Mitglieder leuchtet Bescheidenheit, Sittsamkeit und Eingezogenheit hervor. Durch häufige Bußwerke suchen sie sich noch mehr in der Tugend zu stärken. Durch ihr gutes Beispiel üben sie einen wohltätigen Einfluß auf ihre Umgebung aus, so daß die Eltern über ihre braven und wie umgewandelten Söhne ganz entzückt sind. Alle waren erbaut von der opferwilligen Liebe, mit welcher sich die Sodalen ihrer erkrankten Mitschüler zumal zur Zeit der Pest annahmen. Auch in der Schule machten sich ihre Tugend und ihr Beispiel recht vorteilhaft für den gegenseitigen Frieden und das Ansehen und die Autorität des Lehrers geltend. Den Irrgläubigen gegenüber scheuten sie sich nicht, ihren Glauben zu verteidigen, und das mit solchem Erfolge, daß 43 zur Kirche zurückkehrten und viele Schwankende in ihrem Glauben neugestärkt wurden. Mehr als 46 häretische Bücher sind durch sie herbeigebracht oder sonst vernichtet worden. Zu einer Generalbeichte wurden über achtzig durch die Sodalen aufgemuntert. Die Sodalen selbst legten ohne Ausnahme am Sonntag Quinquagesima eine Jahresbeichte ab. Durch die andauernden und vereinigten Bemühungen der Sodalen schwanden mehr und mehr Ehrabschneiden, Fleischessen am Freitag und Samstag, unehrerbietiges Benehmen in der Kirche, Lügen und Fluchen. In ihrem Eifer lehrten die Kongreganisten manche beten, beichten, das Gewissen erforschen, die heilige Kommunion gut empfangen und anderes, wozu das Sodalitätsbüchlein anleitet.‹

Daß die Kölner Kongregationen der Gegenreformation einen beachtlichen Dienst erwiesen, belegt eine Äußerung des Roermonder Bischofs Wilhelm Lindanus: die Sodalitäten führten Sitte und Frömmigkeit unter der Jugend wieder ein und ermöglichten so eine nachhaltige Reformation.

Die Bewegung, zunächst nur innerhalb der Schule gegründet, griff bald um sich und erfreute sich binnen kurzer Zeit eines regen Zulaufs, dem nicht nur Kölner Schüler angehörten. So gelang es den Jesuiten mittels einer durchdachten und engagierten Führung der Jugend, zunehmend Einfluß auf die Stadt und das Kölner Umland zu gewinnen; davon zeugen die Gründungen anderer Marianischer Kongregationen.

Doch begann der Einfluß der Jesuiten in Köln sich nicht nur in der religiösen Bewegung zu behaupten, sondern auch in der Kunst; das zeigt sich vor allem in der Herausbildung des Jesuitendramas. Als Spielform in den Disputationskursen entstanden, zeigt es in seinen Grundzügen das Wesen jesuitischer Theologie. Die Stoffe sind zumeist frommen Charakters, zum Teil Darstellungen aus dem Leben Heiliger. In ihnen wird der Mensch, wie im ›Euripus‹ oder im ›Cenodoxus‹ von Jakob Bidermann, in der Entscheidung zwischen Gut und Böse dargestellt.

Für Ignatius waren die Größe und die Majestät Gottes das alles umgreifende Erlebnis gewesen. Diese Größe Gottes erschien ihm im klarsten und größten darin, daß er dem Menschen einen freien Willen gegeben hat. Das der alles umfassende Gott in seiner vollkommenen Alleinherrschaft freie Wesen schafft, deren freie Entscheidung das persönliche Heil und Unheil anheimgegeben ist, hatte ihn ganz erfüllt: Der Mensch bedarf der Gnade. Ohne sie kann er nichts tun, sein Heil zu gewinnen. Alles Eigene ist dazu da mit der zuvorkommenden und begleitenden Gnade die Hindernisse wegzuräumen oder in der Gnade Werkzeug göttlichen Heilswillens zu sein. Dies aber geschieht in wirklich freier Entscheidung. Die menschgewordene zweite Person Gottes, der wahre Mensch Jesus Christus, ist das Vorbild. Es geht um die richtige Stellung des Menschen zu Gott, und dazu gehört auch die Welt. Der Mensch soll über den Dingen stehen, nicht sollen die Dinge den Menschen beherrschen. Gott hat die Dinge zum Besten und zum Dienst des Menschen geschaffen. Wer diese Ordnung durchbricht, zerstört Gottes Schöpfungsordnung, zumal die Welt Spiegelbild der Herrlichkeit Gottes ist. Gott ist in allen Dingen.

Aber die Welt birgt auch Gefahren. Für den Menschen ist sie Kampfplatz zweier Mächte, des Reichs Christi und des Reichs des Satans. Der Mensch ist zwischen sie gestellt und hat sich zu entscheiden. Es ist jene Polarität, die Ignatius in der Betrachtung der beiden Banner in seinen Exerzitien darstellt: Das eine Banner, von Christus, ›dem höchsten Befehlshaber und unserem Herrn; das andere von Luzifer, dem Todfeind unserer menschlichen Natur‹. Gott will das Mitwirken des Menschen trotz seiner Begrenztheit. So kommt es darauf an, daß sich der Mensch mit Gott in Verbindung setzt und in seinem Licht erkennt, was zu tun sei. In vielen Fällen wird er nur zu einer wahrscheinlichen, nicht aber zu einer unbedingten Sicherheit gelangen. Dennoch soll er handeln; selbst wenn er irrt, hat er getan, was er vermochte.

Dieser Grundzug jesuitischer Theologie findet sich sowohl in der Kunstform des Dramas, als auch im Lebens- und Glaubensvollzug der Gemeinschaft. Ihn nach außen zu tragen und zu vermitteln, dafür stehen die Kongregationen, die Schule und das Jesuitendrama.

Als Rethius 1574 dem Mordanschlag eines geistesgestörten Mitbruders zum Opfer fiel, hatte das Tricoronatum jahrzehntelang keinen Regenten von seines Gründers Format. Zur Spee-Zeit aber fand es endlich wieder in Adam Kasen einen Regenten von der Art des Rethius. Er hatte sein Amt 27 Jahre inne. Hexenwahn und Pest suchten die Stadt Köln heim. Kasen konnte es nicht verhindern, daß im Dreißigjährigen Krieg bewaffnete Studentenkompanien gegründet wurden. Dies geschah vor allem, nachdem die Schweden von Köln abgezogen waren. Die Kompanien erschwerten das Leben in der Stadt, da sie ihren Eifer und ihren Mut in Ermangelung eines Feindes an biederen Bürgern ausließen. Daß solche Auswüchse auf den Schulbetrieb wirkten, ist offensichtlich.

Zu den Kriegswirren gesellte sich in den Jahren 1630 bis 1634 noch die Pest. Diese sich ständig wiederbelebende Seuche fand viele Opfer unter der Bevölkerung. Die Jesuiten taten sich während dieser Zeit in Krankenpflege und angestrengter Fürsorge hervor. Sie verstanden es, die Seuche von ihrem Haus und von der Schule fernzuhalten, so daß nur wenige Opfer zu beklagen waren.

Während dieser schweren Zeit trat im Rheinland immer mehr der Hexenwahn auf. Adam Kasen schreibt 1630: ›Viel Verdacht und viel Gerede über Hexerei herrschte im ganzen Jahr 1629, in dem auch einige Hexen verbrannt worden sind. Manchen Besessenen hatte der Dekan von St. Severin beigestanden. Viele Beschuldigungen von seiten der Beschuldigten durchschwirren die Stadt.‹

In diese Zeit fällt das Kölner Wirken Friedrich Spees, der in den Jahren 1627 bis 1628 und 1631 bis 1632 in Köln lebte und seine berühmte ›Cautio Criminalis‹ herausgab. Diese gegen die Hexenverfolgung gerichtete Schrift hatte Erfolg, und das Treiben um die Kölner Hexenprozesse nahm seinen Rückgang; die Turmbücher der Stadt verzeichnen bald keine Hexenverbrennungen mehr.

Spee entlarvte in seinem Buch die fadenscheinigen Beweise und Hintergründe der Prozesse und wandte sich gegen den Mißbrauch der Schrift. Dem

Buchstaben, der hier tötete, setzte er den wahren Geist des Christentums entgegen. Die Nächstenliebe war die Basis, auf der Spee argumentierte. Dabei setzte er auch auf Begriffe wie ›ius naturalis‹ und ›recta ratio‹. Das natürliche Recht ist den Völkern von Gott mitgegeben, ganz nach der Paulinischen Weisung im Brief an die Römer: ›Sie lassen erkennen, daß das Werk des Gesetzes geschrieben ist in ihre Herzen, wovon ihr Gewissen Zeugnis gibt, und in die Gedanken, die sich gegenseitig anklagen und verteidigen.‹ (Röm 2,15). Es ist das Gesetz, das neben dem in der Schrift offenbarten Gesetz steht.

Auch die ›recta ratio‹, die rechte, gesunde Vernunft, steht im Licht des von Gott gegebenen Gesetzes. Sie ist der Weg zur verständigen Erkenntnis eines urteilsfähigen Menschen.

Von Anfang an bis in die Zeit Spees richtet sich so das Wirken der Kölner Jesuiten darauf, in ihrem theologischen Denken und ihrem caritativen Handeln den Menschen dem Ziel entgegenzuführen, Gott zu loben und ihm in Ehrfurcht zu dienen.

Literaturverzeichnis

Becher, Hubert, Die Jesuiten. Gestalt und Geschichte des Ordens, München 1951.

Brodrick, James, Petrus Canisius, 2 Bde., Wien 1950.

Duhr, Bernhard, Geschichte der Jesuiten in den Ländern deutscher Zunge im 16. Jahrhundert, 4 Bde., Freiburg i. Br. 1907.

Ignatius v. Loyola, Geistliche Übungen, (hg. v. Adolf Haas), Freiburg, Basel, Wien 1989[9].

Ignatius v. Loyola, Die Satzungen der Gesellschaft Jesu; in: Hans Urs v. Balthasar (Hg.), Die Großen Ordensregeln, Einsiedeln, Trier 1988[6], 343−406.

Kuckhoff, Josef, Johannes Rethius, Düsseldorf 1929.

Paulsen, Friedrich, Geschichte des gelehrten Unterrichts, Bd. 1 Leipzig 1919[3].

Rößeler, Heinrich, Das Gymnasium Tricoronatum von 1522 bis zur Französischen Revolution: Tricoronatum. Festschrift zur 400-Jahr-Feier des Dreikönigsgymnasiums, Köln 1952, 24−40.

Richter, Friedrich, Martin Luther und Ignatius von Loyola, Stuttgart 1954.

Spee, Friedrich, Cautio Criminalis, hg. von Joachim-Friedrich Ritter, München 1987[5].

Teichmann, Hans, Das Jesuitendrama. Seine geistesgeschichtliche, theatergeschichtliche und pädagogische Bedeutung unter besonderer Rücksicht des Kölner Tricoronatums; in Rößeler: Tricoronatum, 96-108.

Abgebrochene Vermittlung

Einige Perspektiven zu vergebenen Bemühungen in einem Lebensabschnitt des Kölner Theologen Johannes Gropper

Markus Roentgen

>Die Christenheit Europas ist aufgeteilt in eine Reihe von europäischen Christentümern, deren geschichtliche Aktionen nicht mehr in der Flucht des Heilprozesses zu verlaufen beanspruchen. ... Während in den Jahrzehnten der gegenreformatorischen Restauration der Katholizismus mit der gesammelten Macht seiner Disziplin das profane Leben durchdrang, hatte von jeher das Luthertum antinomisch zum Alltag gestanden. Der rigorosen Sittlichkeit der bürgerlichen Lebensführung, die es lehrte, stand seine Abkehr von den >guten Werken< gegenüber. Indem es die besondere geistliche Wunderwirkung diesen absprach, die Seele auf die Gnade des Glaubens verwies und den weltlich-staatlichen Bereich zur Probstatt eines religiös nur mittelbaren, zum Ausweis bürgerlicher Tugenden bestimmten Lebens machte, hat es im Volke zwar den strengen Pflichtgehorsam angesiedelt, in seinen Großen aber den Trübsinn.<
> (Walter Benjamin zu Trauer und Katastrophe
des 17. Jahrhunderts: Ursprung des deutschen Trauerspiels)

Reflexionen auf Kölner Theologie, auf Kölner Theologen im Zwischen von Mittelalter und Neuzeit, in der Spanne von ausgedehntem Feudalismus und bürgerlicher Emanzipation, Reformation und katholischer Reform und Gegenreformation bleiben der Perspektive an dieser Stelle verpflichtet, versuchen sich an der Miniatur, an deren analytischer Dechiffrierung; diesem angemessen ist als Form der Essay. >Essay< aber beharrt auf Erprobung und Versuch unter wechselnden Perspektiven, keine Demonstration von Abgerundetem, Systematischem, sondern möglichst vorurteilslos der Versuch von möglichen Einsichten. Nicht die Fixierung eignet ihm, sondern die Notiz. Notizen aber geben zu denken (starre Formulierungen dagegen legen fest), sind beweglich. Mehr ist dem Autor, der selbst kein Experte auf dem zu behandelnden Gebiet ist, nicht möglich, hoffentlich weniger nicht.

Die zu bedenkende Zeit, diese Übergangszeit, kurz in einem Bild zu deuten, sei an eine Inszenierung zu Richard Wagners >Die Meistersinger von Nürnberg< (einer Oper also, die genau auf der Schwelle von Mittelalter und Neuzeit angesiedelt ist) erinnert. Wieland Wagners Bayreuther Inszenierung von 1963 zeigt genau den hier zu bedenkenden Zeitraum in einer fokussierenden Momentaufnahme. ›Beim Gottesdienst zu Beginn gibt es Kniende der alten katholischen Tradition, aber auch schon die aufrecht Stehenden des neuen reformierten Glaubens.‹[1]

In dieses Zwischen aber gehört an exponierter Stelle der wohl bedeutendste damalige Kölner Theologe katholischer Konfession: Johannes Gropper (1503 bis 1559). Neben ihm sind vor allem der Prior der Kölner Kartause Gerhard Kalckbrenner (1490-1566) zu nennen – als Vermittlungsträger von Mystik und Devotio moderna zur katholischen Reform –[2], sowie der Karmelit Eberhard Billick (1499/1500-1557), der ebenso wie der näher zu betrachtende Gropper Teilnehmer an den Religionsgesprächen von Worms und Regensburg (1540/41) ist wie auch Konzilsteilnehmer in Trient. Beide werden in dieser Skizze aber nicht eingehender behandelt.

Das bereits skizzierte Zwischen, welches die Zeitsituation zu beschreiben sucht, erfährt Gropper in seiner eigenen Entwicklung. Er steht zwischen Humanismus und Reformation, ist Anwalt der katholischen Erneuerung – vor allem über einige Zeit hin, gerade was sein theologisches Denken betrifft, ein Vermittler zwischen den sich versäulenden Richtungen in Theologie, Kirche und Gesellschaft. Allerdings scheitert er in seinen Vermittlungsversuchen letztlich, nicht kann er das Auseinandertreten der beiden Konfessionen im Augsburger Religionsfrieden von 1555 (der ein solcher nur scheinbar ist, was die Greuel des Dreißigjährigen Kriegs beweisen werden) verhindern.

Dabei wird Gropper Theologe erst, nachdem er als geschulter Jurist das Scheitern der Religionsverhandlungen auf dem Augsburger Reichstag 1530 erfahren hat, wobei ihm gerade in der Wahrnehmung der Gründe des Scheiterns die Notwendigkeit einer theologischen Lösung, das Ungenügen einer allein politischen für den bestehenden Dissens deutlich wird. Als Autodidakt erarbeitet er sich ein theologisches Potential, geschult – gleichsam unorthodox – weniger an scholastischer Philosophie und Theologie als vielmehr an der Heiligen Schrift, den Vätern – aber auch an den Werken des Erasmus von Rotterdam, Philipp Melanchthons und anderer Reformatoren.

Sein theologischer Stil wird als wohltuend unpolemisch und einfühlsam bezeichnet. Er ist damit wie geschaffen für den Dialog in den kontroversen theologischen Fragen. Mit seinem Hauptwerk, dem ›Enchiridion christianae institutionis‹ von 1538 schafft er ein Vermittlungswerk – sowohl für die dringend nötige Reform innerhalb des katholischen Bereichs als auch die Basis für Verständigungsversuche mit Theologen der Reformation, vorzüglich mit dem Straßburger Reformator Martin Bucer, dem er auch nach dem Scheitern ihrer Kompromißversuche zunächst noch freundschaftlich verbunden bleibt.

Daß Gropper in seiner späteren Entwicklung eher ein Anwalt der Rekatholisierung des Rheinlands (diese Bemühung ist im übrigen erfolgreich zu nennen), zudem ein Vordenker und Teilnehmer des Trienter Konzils wird, das ihm 1558 die

*Der Kölner Theologe Johannes Gropper von einem anonymen Künstler,
Mitte 16. Jahrhundert.*

nicht von ihm selbst angestrebte Kardinalsernennung durch Papst Paul IV. bringt, möchte ich als Resignation bezeichnen im Zusammenhang mit den gescheiterten Vermittlungsbemühungen auf dem Wormser Geheimgespräch (1540) und dem Kolloquium von Regensburg (1541); eine vergebene Chance, die Aufspaltung zu verhindern, wird erahnbar; vertreten Bucer und Gropper doch an maßgeblicher Stelle die wichtigsten Positionen.

Damit aber verlasse ich den historisch-deskriptiven theologie-geschichtlichen Teil, der bei Experten der Gropper-Forschung gewiß äußerst fundiert nachzulesen ist[3], und betrete, den Eingangspassagen zur ›Essay-Form‹ folgend, den gewagten Bereich eines spekulativen Versuchs. Es mag ketzerisch genannt sein, wenn ich nicht bei Adam und Eva anfange, sondern mit dem, was mir aus dem Scheitern dieser theologischen Debatten, der zuletzt nicht zu einigender Relevanz gelangenden Formulierungsgratwanderungen um die Fragen der Rechtfertigungslehre, der Lehre von der Kirche aufgeht; ebenso mag es als Allotriastil beurteilt werden, daß abgebrochen werden muß vor einer abschließenden Durchdringung des Stoffs zum bündigen Resultat. Genau dies aber eignet der Intention: Kritik am positivistischen System, das allein an ›Faktizität‹ interessiert scheint.

Solches Betreiben führt seltsame Werkimmanenz im Gefolge. Daß die systematische Forschung die Bemühungen Groppers und Bucers weithin abfällig als illusionistisch qualifiziert, ihre Formeln als schwach und verschleiernd-vage tituliert, erscheint aus dem heutigen Kontext, der gegenwärtig vehement sichtbar werdenden Belanglosigkeit der Differenzen in der Rechtfertigungs- und Gnadenlehre zwischen katholischen und reformierten Theologen (mehr noch in der jeweils gelebten Glaubenspraxis) als fatal; vor allem weil Grenzziehungen und Verhärtungen, schließlich die gegenseitige Verurteilung bis hin zum zerstörerischen Versuch der Extinktion des Anderen gründen – wie sich heute erschließen läßt – auf dem Abbruch von Dialog und Vermittlung; unheilvolle Fixierung im nicht-vermittelten Standpunkt, nicht auf tatsächlich unausweichlich unüberbrückbaren Glaubens- und Lebensdifferenzen. Ebenso ist dieser offenkundige Gewichtsverlust des Spaltenden, was trotzdem, mitunter jedoch daraus resultierend, die Ökumene zwischen den verschiedenen christlichen Kirchen weiterhin verhindert, als Signum für das Verheerende zu sehen, daß kein noch so vager, mit wenig befriedigenden Sprachspielen ausgestatteter Kompromiß gefunden wurde; wobei jeder Kompromiß – sei er auf noch so tönernen Säulen gebaut –, der die vernichtende Eskalation des 17. Jahrhunderts, die Katastrophe unbeweglicher Fronten, verhindert hätte, im nachhinein Rechtfertigung hätte finden müssen.

Denn offenkundig wäre fortgesetztem Dialog das Überbrücken der Barrieren möglich gewesen, die zumindest erreichbare zugeneigte Koexistenz legitim verschiedener Nuancierungen, basierend etwa auf der gemeinsamen Grundlage der letztlichen und konstitutiven Alleinwirksamkeit Gottes und der darin inhärenten Ungeschuldetheit seiner Gnade als Geschenk seiner selbst, welche doch im Grunde, als ungeschaffene Gnade, nichts anderes ist als Gott selber, diesem geheimnisvollen letzten Wort vor dem Verstummen, das darin nochmals und je mehr unsagbar bleibt.

Wie seltsam mutet dagegen der theologische Spitzfindigkeit erheischende Satz Braunischs an: ›Die vage, Differenzen verschleiernde Formel von der doppelten Rechtfertigungsursache, wie sie der Sache nach im 5. Kapitel des Regensburger Buches auftritt, ist Beleg für Groppers illusionistische Kompromißbereitschaft in diesen Wochen. Das ernüchternde Resultat der Verhandlungen bewirkte indessen, daß die Phase irenischer Vermittlungstheologie für ihn Episode blieb.‹[4]

Otto H. Pesch weist auf die verschwindend geringe Differenz hin, die zwischen den verschiedenen Rechtfertigungsansätzen damals im Fundament greifen, Differenzen, die im übrigen heute eher quer durch die einzelnen Konfessionen gehen, ›daß katholische und evangelische Autoren in ihren Argumenten heute viel häufiger nebeneinander als gegeneinander zur Sprache gebracht werden können und Unterschiede im Denken nicht mehr einhellig entlang den Konfessionsgrenzen auszumachen sind‹.[5] So kann im Hinblick auf Hexenverfolgung und Dreißigjährigen Krieg wohl kritisch gefragt werden, ob theologische Disputationen, die allein an Worten und Denkkonstrukten sich entzünden und darin erfahrungslos verbleiben, Rechtfertigungsgrund sind für das Inhumane, die Barbarei, an dessen Ende, diesem Gemetzel, Europa ein Leichenmeer darstellt. Daß der Vorwand theologischer Unversöhnbarkeit der Konfessionen Grund blieb für die Legitimierung bestialischer Zerstörungen, deren wahre Gründe vielmehr in eskalierter Macht- und Herrschaftslust der Potentaten zur Neuverteilung und Einverleibung von auspreßbaren Menschen und Ländern dienen konnte, unterminiert ihn zum Verblendungszusammenhang des das Morden nicht nur geschehen lassenden, sondern es fördernden gespaltenen Christentums und seiner Theologien.

Was sind das für Zeiten, da unversöhnliches Denken Grund ist für die Selbstexidierung weiter Teile Europas und seiner Menschen — alles begraben unter dem Gewand des ›wahren Glaubens gegen …‹?

Was Friedrich Spee an den für die Hexenjagd maßgeblich verantwortlichen Theologen entlarvt, gilt direkt (leider nicht für den antireformatorischen Spee) übertragen im Konfessionenstreit mit seinen Auswirkungen; es sind solche Theologen, ›die ruhig in ihrem Studierstübchen sitzen und ihre theologischen Tüfteleien auf die Massen loslassen‹[6].

Daß das Gemeinsame gegenüber dem Trennenden vorrangigen Grund hat — gegen jeden manierierten Fachjargon damaliger Theologie —, läßt sich aufzeigen. Pesch etwa gelingt es, in seiner Reflexion auf die theologische Anthropologie aus der Tradition von Theologie und Kirche christlicher Provenienz, jeweils ein gemeinsames Wort der Tradition aus ihr selbst zu formulieren, etwa zu Fragen, die das Sündenverständnis, die Rechtfertigung und das Freiheitsverständnis betreffen.

Die nicht unterbrochene Kommunikation zeitigt die in der Tradition auffindbare je größere Gemeinsamkeit, die darin gerade Individualität ermöglicht hätte; und nur diese Grundtaten − das verdeutlicht die Einbettung im heutigen Kontext − erweisen sich womöglich noch als aussagbar in dem gegenwärtigen Verstehenshorizont des Menschen. Die Differenzen gleichen Wortklauberei, worin welt- und gottvergessene Spezialisten noch am Trennenden sich erbauen können.

Was etwa die Rechtfertigungslehre betrifft, so liegen die Unterschiede in verschiedenen theologischen Grundoptionen. Die Grundfrage zielt auf Rechtfertigung als einen ontischen Prozeß im Menschen (Trient) oder als Herbeiführung einer neuen Geltung des Menschen vor Gott durch Gott (Luther). Denkt die lutherische Theologie Rechtfertigung als das Ganze, also als eine totale, die darum nicht effektiv sein kann, so wird sie katholischerseits als effektiv verstanden, das heißt, das Moment der Totalität aus dem Rechtfertigungsbegriff herausgelöst und in die Allgenugsamkeit des Werkes Christi hineinverlegt und somit in das Wesen der Rechtfertigungsgnade von seiten Gottes. Lutherisch ist damit ein ›forensisches‹ Rechtfertigungsverständnis, Effekt ist also nicht die Rechtfertigung. Katholischerseits ist es umgekehrt.

Zentraler aber ist das gemeinsame Wort der Tradition. Pesch beschreibt dies so: ›Gott überwindet, unerwartet, unverdient, die Sünde und macht sie dadurch zugleich als solche offenbar.‹[7]

Aus diesem von Pesch hergeleiteten Horizont der im damaligen Denken möglichen Konsensfindung in Akzeptanz möglicher Verschiedenheiten, sei nun ein gedrängter Blick auf einen Ausschnitt im Werk Groppers geworfen, wie sie die später von Trient zurückgewiesene ›Duplex-iustitia‹ (Doppelte Gerechtigkeit) -Lehre Groppers in der Form des Regensburger Artikels (1541) darlegt. In Braunischs Zusammenfassung heißt es dazu: ›Der Mensch erlangt durch die Gnade Christi Sündenvergebung und effektive Erneuerung im Rahmen der iustificatio fidei. Der rekonziliarischen Sündenvergebung wird − wie auf reformatischer Seite üblich − die Imputation der Gerechtigkeit Christi zugeordnet; neben ihr figuriert die iustitia (oder caritas) infusa, die thomistische iustitia inhaerens als Basis der in der iustificatio operum folgenden Heiligung. Auf den Wert dieser Gerechtigkeit soll man sich indessen ihrer Unvollkommenheit wegen nicht stützen, sondern allein auf die imputierte Christusgerechtigkeit.‹[8]

Daß die an einer solchen Kompromiß-Formulierung markierten kritischen Feinunterscheidungen des reformatorischen ›Gott allein ...‹ und des katholischen ›Gott und ...‹ heute als verbraucht gelten müssen, erweist der Blick zurück auf die von Pesch herausgearbeiteten Gemeinsamkeiten. Dabei verblassen die Nuancen dessen, was Gottes und / oder des Menschen sei, sie unterspülen sich selbst als kaum noch erfahrbare (theologische) Künsteleien.

Das zuletzt nicht Aufzulösende von Gott und Mensch, Gnade und Freiheit, verweigert der vereinseitigten Formulierung die Möglichkeit. Bezeichnend, daß der mir eindrucksvollste Versuch, der Gottes und des Menschen Tun zu ergründen sucht, in einer Schwebe stagniert, welche − in ihrer Dialektik − nicht mehr aus der Spannung löst, sondern zum Zerreißen gespannt bleibt; nur so aber Deutung menschlicher Erfahrungen bietet, gerade darin, daß sie in Unruhe versetzt und kritisch erweiternd befragt werden will. Ich meine eine Tagesmaxime aus den ›Scientillae Ignatianae‹ von 1705, in der es heißt: ›Vertraue so auf Gott, als ob der Erfolg der Dinge ganz von dir, nicht von Gott abhinge; wende dennoch dabei alle Mühe so an, als ob du nichts, Gott allein alles tun werde …‹[9] Der erste Teil des Satzes insistiert darauf, daß Glaube nicht lebt, indem er verschlossen bei sich verharrt. Weist Glaube nicht über sich hinaus, so ist er von solcher Art, die Ernst Bloch präzise entlarvt: ›NUR STILL − Da geht einer in sich. Das bessert ihn, wie er meint. Doch das merkt niemand, bleibt er darin zu lange. Er tritt dann oft nur auf sich selbst herum.‹[10] Der zweite Teil des Satzes befreit den Menschen dann jedoch von der verzweifelten Überforderung seiner selbst, ohne darin der vermeintlichen Passivität im ›Gott allein alles‹ die Hand zu reichen. Denn gespannt und offen bleibt der Satz durch das jeweilige ›Als ob‹; eigener Entwurf von Welt und Souveränität göttlichen Wirkens als Keil gegen Resignation und Verzweiflung halten unaufhebbar die Schwebe.

Sollte die Regensburger Formel wirklich nicht die Tendenz zur Erkenntnis dieser nicht vereinseitigt zu klärenden Dialektik in sich bergen, die stets das Gegenüber wendet, das seine Rückseite verbirgt? Nochmals sei die Unvermeidbarkeit des Scheiterns der Kompromißverhandlungen bezweifelt.

Zu lernen wäre doch − und darin ließe sich friedlich und hingeneigt koexistieren, auch in der damaligen Situation −, daß der Glaube an Gott das Mühen und Ringen um die Beseitigung aller Nöte fordert, ›das sich in der eigenen Dynamik vollendet im absoluten Vertrauen auf den Herrn der Welt und so dem Gesetz begegnet, nach dem es angetreten war‹.[11]

Solches jedoch blieb (bleibt?) verwehrt; das vermeintlich theologisch Unvereinbare verschleiert das tatsächlich Kontroverse von Macht, Herrschaft, deren Erhalt und Ausweitung, ehedem in Gesellschaft und Kirche − wie weit auch heute noch?

Groppers und Bucers Versuch jedenfalls scheiterte. Sich auszumalen, was in geduldiger Fortführung möglich gewesen wäre, gesättigt von nicht an Sätzen fixierten Wahrheiten, sondern von solchen, die aus den wahrnehmbaren Sorgen und Nöten materieller wie seelischer Art an den Menschen aufgehen; es wäre eine gemeinsame Wendung zur Humanität erahnbar, der die Liebe mehr zählte als der Glaube.

Der fatale Abbruch jedoch, das Festschreiben der Barriere spätestens seit 1555 forciert die gegenseitige Ranküne zur Katastrophe des 17. Jahrhunderts, subsumierend das Einzelne, das Individuelle unter den es tilgenden Parteien-

und Konfessionenjargon. Einhundert Jahre nach den gescheiterten Gesprächen erweist das Ergebnis sich als Abgrund, wovon Andreas Gryphius' Gedicht 1636 deutlich spricht:

Thraenen des Vaterlandes
Anno 1636

WIr sind doch nunmehr gantz/ ja mehr denn gantz verheeret!
Der frechen Voelcker Schaar/ die rasende Posaun
Das vom Blutt fette Schwerdt/ die donnernde Carthaun/
Hat aller Schweiß/ und Fleiß/ und Vorrath auffgezehret.
Die Tuerme stehn in Glutt/ die Kirch ist umgekehret.
Das Rathauß liegt im Grauß/ die Starcken sind zerhaun/
Die Jungfern sind geschaend't/ und wo wir hin nur schaun
Ist Feuer/ Pest/ und Tod/ der Hertz und Geist durchfaehret.
Hier durch die Schantz und Stadt/ rinnt allzeit frisches Blutt.
Dreymal sind schon sechs Jahr/ als unser Stroeme Flutt/
Von Leichen fast verstopfft/ sich langsam fort gedrungen.
Doch schweig ich noch von dem/ was aerger als der Tod/
Was grimmer denn die Pest/ und Glutt und Hungersnoth/
Das auch der Seelen Schatz/ so vilen abgezwungen.

An der kurzen und energischen Bemühung des Kölners Gropper und des Straßburgers Bucer bleibt der Versuch bedeutsam, mehr jedenfalls, als die viel gerühmten Nachfolgetätigkeiten in ihren separierten eigenen Reihen.

Ebenso wie der massiv antireformatorische Friedrich Spee kaum bedeutsam genannt werden kann durch sein die Konfession in aller Härte verteidigendes Betreiben, sondern durch das am Greuel des Hexenwahns abgerungene Buch gegen die Hexenprozesse mit ihren mörderischen Folgen. Als dem Autor der ›Cautio criminalis‹ wird ihm die öffnende, humane Gesinnung eigen, die sein Werk bedeutsam, aufklärend und helfend macht. Denn ›woran er ganz und gar nicht glaubt, das sind die schrecklichen gelehrten, ausgetüftelten Hirngespinste, mit denen jahrhundertelang jeder beliebige Mensch als Hexe oder Zauberer konnte dargestellt werden. Dem gräßlich lateinisch-deutschen Kauderwelsch von Tausenden und Zehntausenden von Akten tritt er mit einem Werk gegenüber, in dem überall Zorn und Ergriffenheit durchbricht, und mit diesem Werk und seiner Wirkung bewies er, wie nötig es ist, Menschlichkeit über Gelehrsamkeit und Scharfsinn zu stellen‹.12

Anmerkungen

1 Hans Mayer, Richard Wagner in Bay-
reuth 1876-1976 (= Suhrkamp TB 480).
Frankfurt/M. 1978, 161.

2 Vgl. Walter Lipgens, Johannes Gropper. Designierter Kardinal (1503-1559):
B. Poll (Hrsg.), Rheinische Lebensbilder Bd. II. Düsseldorf 1966, 75-91. Zur
Kölner Kartause heißt es dort, S. 78:
›… in Köln (hatte) auch die 'Devotio
moderna' Fuß gefaßt, jene Frömmig-
keitsbewegung des niederländisch-nie-
derrheinischen Raumes, die entgegen
der weithin grassierenden Verflachung
des kirchlichen Lebens aus den besten
Kräften der deutschen Mystik, einer
Rückwendung zur Schrift und tätiger
Caritas sich nährte. Einige Klöster, insbesondere die Kölner Kartause und Lai-
enkreise der Stadt, erstrebten im Sinne
der Devotio lebendig vertiefte Frömmigkeit; doch ist von einer Einwirkung
dieser Strömung auf den jungen Gropper nichts zu entdecken.‹

3 Vor allem sei auf die ausführlichen Arbeiten Reinhard Braunischs hingewiesen. Vgl. ders., Die Theologie der
Rechtfertigung im ›Enchiridion‹ (1538)
des Johannes Gropper. Sein kritischer
Dialog mit Philipp Melanchthon
(= RST 109). Münster 1974. Vgl. ders.,
Johannes Gropper zwischen Humanismus und Reformation. Zur Bestimmung seines geistigen Standorts bis
1543: RQ 69 (1974) 192-209.

4 Ders., Johannes Gropper (1503-1559):
Erwin Iserloh (Hrsg.), Katholisches Leben und Kirchenreform im Zeitalter der
Glaubensspaltung 44. Münster 1984,
119.

5 Hans Wadenfels, Kontextuelle Funda-
mentaltheologie (= UTB Große
Reihe). Paderborn ²1988, 5.

6 Friedrich Spee, zitiert nach: Oskar
Köhler, Friedrich Spee von Langenfeld:
StZ 208 (1990) 601.

7 Otto H. Pesch, Frei sein aus Gnade.
Theologische Anthropologie. Freiburg
u.a. 1983, 211.

8 Reinhard Braunisch, Johannes Gropper
(1503-1559), a.a.O., 123.

9 Zitiert nach: Karl-Heinz Crumbach,
Ein ignatianisches Wort als Frage an unseren Glauben: GuL 42 (1969) 321. In
der entscheidenden Variante der Ma-
xime, die Crumbach hier diskutiert, lautet der Originaltext: ›Sic Deo fide, quasi
rerum successus omnis a te, nihil a Deo
penderet; ita tamen iis operam omnem
admove, quasi tu nihil, Deus omnia so-
lus sit facturus.‹ Sehr eindrucksvoll ist
im übrigen die gesamte Analyse Crum-
bachs zu diesem Motto.

10 Ernst Bloch, Atheismus im Christentum. Zur Religion des Exodus und des
Exils (= stb 563). Frankfurt/M. 1985,
29.

11 Karl-Heinz Crumbach, a.a.O., 328.

12 Walter Benjamin, Hexenprozesse;
ders., Gesammelte Schriften VII,1,
hrsg. v. R. Tiedemann u. H. Schwep-
penhäuser. Frankfurt/M. 1989, 152. Der
Text ist entnommen der Reihe der
Rundfunkvorträge, die Benjamin für
Kinder verfaßt hat.

Kaspar Ulenberg - der Lehrer Friedrich Spees

Karl-Jürgen Miesen

Von Johannes Gropper[1] (1503-1559) bis Kaspar Ulenberg[2] (1548-1617) spannt sich ein weiter Bogen kölnischer Konfessions-Theologie, der auch im Werk Friedrich Spees seine Spektren hinterlassen hat. Das Denken der beiden Westfalen - Gropper stammte aus Soest, Ulenberg aus dem benachbarten Lippstadt - hat nämlich in Köln die Theologie der dortigen Universität, aber auch die Arbeit der Kölner Jesuiten befruchtet, die selbst seit Jahren schon eine stattliche Anzahl der Professoren stellten. Dabei ist es durchaus möglich, daß sich ein Jesuit der Spee-Zeit auf einen anderen Jesuiten eine oder zwei Generationen zurück beruft und dennoch eigentlich Gropper oder Ulenberg zu Zeugen hat. Beide nämlich waren Freunde der Jesuiten in Köln. Gropper hatte ihnen den schwierigen Weg in die damals größte deutsche Stadt erst gebahnt und sie dort immer wieder gefördert[3]. Ulenberg stand der Gesellschaft Jesu im Kampf gegen die ›Ketzer‹ nahe und betrachtete sich höchstens als Leiter der Bursa Laurentiana als Konkurrenten[4] zum Tricoronatum; sonst aber war er den Jesuiten in Freundschaft verbunden.

In Köln haben die Theologen der katholischen Reform wie Gropper und die der Gegenreformation wie Petrus Canisius und später Ulenberg immer zusammengehört; das beweist das einzigartige Bilder-Ensemble[5], das fast zweihundert Jahre die Aula des alten Tricoronatums zierte und noch heute - weitgehend unzertrennt - im Kölner Gymnasial- und Stiftungsfond aufbewahrt wird: mit dem - zeitlich freilich viel zu frühen -Bruno von Köln, dem Gründer der Kartäuser, seinen berühmten Ordenssöhnen in reformatorischer Zeit, Laurentius Surius und Johannes Justus Landspergius, mit Johannes Gropper, Kaspar Ulenberg und Johannes und Ägidius Gelenius, schließlich mit den Jesuiten Johannes Rethius, Petrus Canisius, Cornelius a Lapide, Christianus Browerus, Jacobus Masenius und nicht zuletzt Fridericus Spe (der im nach ihm benannten Kolleg in Neuss eine Bleibe gefunden hat), Jacobus Masenius und den Bildnissen anderer wichtiger Kölner Theologen.

Ulenberg wurde, als er 1617 gestorben war, im dem Laurentianum benachbarten Nonnenkloster Zum Lämmchen beigesetzt. Der Kölner Stadthistoriograph Aegidius Gelenius[6] berichtet, drei Jahre nach Ulenbergs Tod habe man das Grab geöffnet und den Körper unverwest gefunden. Das klingt wie der Beginn einer Heiligenlegende. Selbst nachdem durch die Aufhebung der Ordensstände zu Beginn des 19. Jahrhunderts das Nonnenkloster verschwand, wurde Ulenbergs Grabmal gerettet. Die Kölner setzten die Tafel ins ehemalige Jesuiten-Kolleg, das heutige Generalvikariat, neben den Haupteingang in die Bibliothek. Erst in den Bombenhageln des Zweiten Weltkriegs muß der Epitaph zerstört worden

Kaspar Ulenberg von einem anonymen Künstler, 17./18. Jahrhundert (Kat.-Nr. 113)

sein[7]. Die Versetzung der Grabtafel gerade dorthin war ein klares Zeichen dafür, daß die Kölner Ulenberg wohl immer schon im Geist den Jesuiten zugesellt haben.

Als Spee in Köln zur Schule ging und später selbst als Lehrer am Tricoronatum unterrichtete, bestimmte längst die Theologie Groppers, Canisius' und Ulenbergs im allgemeinen das Denken auch der Kölner Jesuiten mit; insofern also waren diese drei mit Sicherheit Spees Lehrer. Aber war es Ulenberg nicht auch noch in einer besonderen Weise?

Es gibt Verhaltensweisen im von hoher Lauterkeit bestimmten Leben Kaspar Ulenbergs, die durchaus Normcharakter für Spee gehabt haben können. Der Lippstädter ist nicht nur wie Spee ein deutscher Liederdichter gewesen, sondern er hat auch dem jungen Kaiserswerther ein so kluges und mutvolles Leben vorgelebt, daß des Jesuiten persönlicher Einsatz etwa gegen die nächtlichen Strauchdiebe von Falkenhagen (9. Februar 1631) oder seine aufopferungsvolle Pflege der pestkranken Soldaten in Trier (Anfang August 1635) kaum ohne Ulenbergs gelebtes Vorbild[8] denkbar sind. Aber auch Spees meist milde und friedvolle Haltung gegenüber Protestanten findet bei Ulenberg eine Entsprechung.

In Köln gibt es noch heute die Redensart: »Dat hält dä Neres nit uus.‹ Sie führen von Mering und Reischert in ihrer über 150 Jahre alten ›Geschichte der Stadt Köln am Rhein‹ auf folgende Begebenheit, die Spee in Köln als achtzehnjähriger Student miterlebt hat, zurück. Ihre Entstehungsgeschichte dieser Redensart gibt zugleich sehr anschaulich die Stimmung Kölns in sozialer und konfessioneller Hinsicht zu Spees Jugendzeit wieder:
›1609 hatten, um den Katholicismus in Köln zu stürzen, die Anhänger der neuen Lehre, welche bereits ziemlich verbreitet war, einen Aufruhr erregt. An der Spitze stand ein gewisser Reiner (kölsch: Neres). Oft und laut hatte dieser erklärt: an Kölns Glanze fehle einzig noch, daß es sich zur Lehre Calvins bekenne. Die Rede gefiel einigen Gleichgesinnten, und diese achteten Reiner'n deshalb sehr hoch. Einig über ihren Plan, strebten sie von nun an, im Geheimen denselben auch auszuführen ... Aber das hartnäckige Festhalten der Kölner an ihrem alten Glauben stand ihrem kühnen Wagniß entgegen; auch schien es nicht rathsam, die Leute offen und ins Gesicht zur neuen Lehre einzuladen. Reiner schlug daher vor: man müsse zuerst die Bürger, unter dem Vorwande der niedergetretenen Freiheit, gegen den Senat aufreizen, und auf solche Weise die Gemüther den steif an ihren Gewohnheiten hängenden Stadtregierern ganz entfremden. Dieser listige Vorschlag gewann ungetheilten Beifall. Reiner unternahm es sofort, in der Zunft unter beinahe 600 Faßbindern, die erste Saat des Aufruhrs auszustreuen, indem er diese gegen den Senat empörte. Es gelang ihm wirklich, durch Lästerungen schon einen tobenden Lärm hervorzurufen. Als der Senat von diesem Ereignisse Nachricht erhalten hatte, versuchte er vor Allem, auf dem Wege der Güte und der Überredung die Gemüther zu besänftigen. ... Der Senat, ob des Widerstandes ungeduldig, schritt zu Drohungen; allein als auch diese nichts fruchteten,

beschloß er, die Axt an die Wurzel zu legen und Reiner'n, als Rädelsführer, ein-
zuthurmen. ... Mittlerweile vermehrte sich rings das Gemurmel durch die Stadt
und wie durch Ansteckung sahen auch andere Zünfte nach und nach von der stei-
genden Wuth sich ergriffen und sich in dem Strudel mit fortgerissen. Überall bildeten sich Rotten, überall tönte das Geschrei: ,zu den Waffen, zu den Waffen'.
Ein tollkühnes, rasendes Heer, wälzte sich das Volk ohne sicheren Anführer und
Rathgeber durch die Straßen. ... Der Senat selbst zitterte im Rathshause vor dem
ungewissen Ausgange der Sache. Die Jesuiten und ihre Sodalen (Berichterstatter: zu denen ja auch Spee zu jener Zeit zählte) wurden in Flugschriften auf das
beißendste hergenommen: sie -hieß es -flüsterten dem Senate jene schändlichen
Rathschläge ein, sie wären die Spione, welche die Anhänger der neuen Lehre
selbst bis in die verborgensten Winkel aufspürten. Der Senat, noch schlimmere
Ausschweifungen befürchtend, hielt es doch endlich an der Zeit nachgeben und
Reiners Betragen scheinbar vergessen zu müssen. ... Jede Gaffel möchte zwei
Männer aus ihrer Mitte wählen, die dem Senate die Hauptklagen vortrügen, ...
auch er wolle alsdann aus seiner Mitte acht ehrbare Männer bestellen, bei welchen die Gaffeldeputierten sich Raths erholen könnten. Auf diese vermittelnde
Weise wurde die Wuth der Bürger einigermaßen gedämpft. ... Als die Sache dennoch keinen günstigen Ausgang nahm, ... erhoben sich die Aufrührer von Neuem
in Masse und schmähten um so lauter die Obrigkeit und fügten hinzu, man müsse
die Bürgermeister entfernen, das Rathshaus mit Gewalt einnehmen u.s.w.;
selbst von Mord war öffentlich die Rede und unter allerlei schrecklichen Drohungen wurde verlangt, daß den Bürgern die Stadtschlüsseln übergeben werden sollten. ... Unter diesen überaus schwankenden Umständen berief Caspar Ulenberg, der gelehrte Bibelübersetzer und Pfarrer bei St. Columba, die übrigen
Stadtpfarrer zu einer Zusammenkunft, worin folgende drei Hauptpunkte festgestellt wurden: 1) sollte das Volk von der Kanzel herab aufgemuntert werden, jene
öffentliche Geißel durch Gebete in die Flucht zu schlagen; 2) wären die Katholiken zu ermahnen, daß sie den Aufrührern keinen Glauben schenken mögten;
3) endlich sollte man auch den Mönchen dieses Geschäft mit anempfehlen; ein
Theil derselben mögte durch Kasteiungen die Himmlischen zu besänftigen suchen, ein anderer durch öffentliche Predigten die Gemüther zum Bessern bekeh-
ren. ... Als der Ausgang des großen Unternehmens Reiner's, die neue Glaubenslehre in Köln einzuführen, anfing zweifelhaft zu werden, sagte hin und wieder ein
wankelmüthiger Bürger zum anderen: ,dat hält dä Neres nit länger mie uus.' Und
in der That ... hielt Neres es auch nicht länger aus. ... In Folge der Reiner'schen
Unruhen verzogen viele Anhänger der neuen Lehre nach Mülheim.⁹

Diese Anekdote wirft ein bezeichnendes Licht auf Köln am Beginn des 17.
Jahrhunderts. Die Stadt ist gegen Reformationsversuche protestantischer Handwerker und Tagelöhner keineswegs gefeit. Nur mit Hilfe der städtischen Welt-
geistlichkeit ist der Patrizier-Senat in der Lage, einen offenen Aufruhr der Klein-
bürger zu vereiteln. Kaspar Ulenberg, zu jener Zeit Stadtdechant (camerarius

pastorum) und Hirte der bedeutendsten und volkreichsten Pfarrei Kölns (Sankt Kolumba), kommt im Kampf gegen die „Ketzer" eine Hauptrolle zu. Aber sein Rat und seine Tat sind durchaus maß- und friedvoll. Ulenberg traut bezeichnenderweise nur „einem Teil" des Klosterklerus zu, daß er in Predigten gegen den Aufruhr vorgehen könne, dem anderen Teil empfielt er klösterliche Übungen.

Die kölnische ›Ketzerei‹-Stimmung ist neben Kriegsfurcht, Pestangst und Hexenwahn die vierte Komponente, die das äußere Leben Ulenbergs wie Spees von Anfang bis Ende bestimmte. Fragen wir also, was der Jesuit von seinem Lehrmeister in seinem Leben übernommen hat, so finden wir für jede dieser vier Grundstimmungen Entsprechungen in der Biographie beider, wobei eine ganze Reihe von Gemeinsamkeiten auch aus beider Werken nachzuweisen ist.

Daß Ulenberg und Spee in ständiger Kriegsfurcht lebten, braucht nicht erst umständlich dargestellt werden; es liegt durch die bekannten geschichtlichen Ereignisse[10] auf der Hand. Beide rufen oft aus der Not in ihren geistlichen Liedern zu Gott. Ulenberg wird in seiner Kriegsfurcht unmittelbar verstanden — etwa im 3. Psalm:

›O Herr ich klag es dir / Unzalbar vil sind ihr / Die mich in diesen tagen / On fug hochschwerlich plagen‹[11] oder im 43. Psalm: ›Doch hastu nu dein erbgenossen / Weit hin verstossen / Hast uns mit schmach beschemet sehr / Zeuchst nicht mehr aus mit unserem heer / Du machst daß wir in vielen hauffen / Das feld verlauffen / Und werden schendlich in der schlacht / Von feinden auff die flucht gebracht. // Du hast zum raub uns werden lassen / den die uns hassen / Daß sie mit gifftigbitterm mut / Kleglich ausplündern unser gut / Lest uns von feinden hochvermessen / Wie schaf auffressen / Zustrawest uns mit schmach und hon / Weit unter fremde nation. // Du thust dein volck mit gantzen hauffen / On gelt verkauffen / Lest es die heiden on gewin / Um nichts gefenglich nemen hin / Machst uns den nachbaren im lande / Zur schmach und schande / Zum spott und hon den ins gemein / die um uns her gesessen sein. // Du machst uns zum beispiel den heiden / Wir müssen leiden / Daß völcker fremder nation / Den Kopff uber uns schütteln thon. Mein schmach thut teglich mir gar eben / Für augen schweben / Und meines antlitz scham fürwar / Thut mich beinah bedecken gar ...‹[12]

So trifft Ulenberg sinnenfällig die deutschen Sorgen seiner kriegerfüllten Zeit. Im gleichen Ton schreibt Friedrich Spee im ›Güldenen Tugend-Buch‹[13] ein ›Kurtzes Trawrgesang auß dem 21 und 68 Psalmen Davids‹: ›Noth, angst und schmertzen ungestumb, / Zu mir starck einher dringen: / Vmbgeben mich rings umb, und umb, / Mitt ihnen muß ich ringen. / Mein trewer Herr, mein frommer Gott, / Nich wollest mich verlaßen: / Schaw Herr auff mich in meiner noth, / Mein leid ist ohne massen. // Ich heule fast in schwerer pein, / Das heil ist weit noch hinden: / O Gott laß doch bald anders sein, / vergiß nicht deiner kinden: / Weich nit von mir, zu diser frist, / Weil elend noch fürhanden, / Dan sonst ich keinen helffer wist, / Ich würde ja zu schanden. // Hilff mir, O Gott, auß diser flut, / Laß hulff vom himmel kommen / Groß wasser mich ergreiffen thut, / Hat uberhand genommen.

Wan ich zu dir nicht schreyen thet / Im tieffen schlamm versuncken / Ich schon verloren geben hett, / Und wär so gar erdruncken.‹[14]

Ulenberg hatte 1582 - gut eine Generation vor dem Entstehen von Spees ›Güldenem Tugend-Buch‹ - in den ›Psalmen Davids‹ die Eingangsstrophe seiner Um-
dichtung des 21. Psalms mit folgenden Versen begonnen: ›Mein Gott, mein lieber
trewer Gott / Schaw her auff mich in meiner not / Ach warum hastu dieser massen /
In meinen engsten mich verlassen? / Ich heule fast für schwerer pein / Aus hochbe-
trübtem hertzen mein / Doch mag mein seuffzen nicht erwinden / Es ist vom Heil
zuweit dahinden.‹[15] Und die erste Strophe vom 68. Psalm lautet bei Ulenberg:
›Hilff mir O Gott aus dieser flut / Denn wasser einher fallen thut / Und gar hat
uberhand genommen / Ist bis an meine seele kommen. / Ich bin mit lebens grosser
fahr / In tieffen schlam versuncken gar / Da stand noch boden wirt gefunden / Und
ist der unflat nicht zugrunden.‹[16]

Wir sehen also, wie Spee in genialer Zusammenziehung der beiden Psalmen
freier als Ulenberg mit Buchstaben und Bildern der Bibel umgeht und sich dennoch nicht scheut, ganze Zeilen aus den Ulenberg-Versen in seine eigenen hin-
einzuweben. Souverän bedient sich der Schüler aber nicht nur der Worte des Lehrers, sondern auch seiner Sprache. Der Lippstädter, von protestantischen Eltern
geboren, hatte in Braunschweig und in der Lutherstadt Wittenberg Theologie
studiert, bevor er in Köln zur römisch-katholischen Kirche konvertierte und
Pfarrer in Kaiserswerth wurde, lange bevor Spee dort geboren wurde. Als Mann
in den besten Jahren erst nahm Ulenberg festen Wohnsitz in Köln; er kann also
weder vom Niederrheinischen noch vom Kölsch viel in seinem Sprachschatz haben. Spee hingegen wächst als Kind in Kaiserswerth auf, als Junge in Köln, und
das ›Deutsch‹ seiner Umgangssprache muß von Niederrheinisch und Kölsch
durchsetzt gewesen sein; in seinen Dichtungen hingegen bedient er sich bis auf
wenige, meist rheinische Ausnahmen der Sprache seines Lehrers Ulenberg.

Auf gar keinen Fall handelt es sich bei Spee um die Abart einer ›süddeutsch-
katholischen Literatursprache‹ im Gegensatz zu einer ›norddeutsch-protestanti-
schen‹ oder ›Luthersprache‹, wie seit der Jahrhundertwende, bis heute unwi-
dersprochen, behauptet wird.[17] Wenn überhaupt eine Klassifizierung sinnvoll ist,
dann hat Spee in der Sprache seines Lehrers Ulenberg, also genau in dessen in
Wittenberg geschultem ›Lutherdeutsch‹ gedichtet, nicht aber in Niederrheinisch, Kölsch oder gar Katholisch-Süddeutsch. Freilich hat der Dichter oft - wie
wohl alle deutschen Literaten seiner Zeit - unbefangen mundartliche Wendun-
gen der Städte, in denen er sich gerade aufhielt, benutzt, in Köln etwa die Maria
›Merg‹ genannt, in Würzburg aus dem Kranz ein ›Kränzle‹ gemacht. Bei Ulenberg hingegen finden sich solche mundartlichen Ausdrücke kaum.

Friedrich Spee gilt, bis auf eine Ausnahme in Peine[18] 1628/29, als ein recht mil-
der ›Gegenreformator‹. Gewiß beherzigte er bei seinen erfolgreichen ›Ketzer-
Missionen‹ die gescheiten Anweisungen des Ordensstifters der Gesellschaft
Jesu, die Patres sollten den ›Ketzern‹ bestimmt, aber mit sanfter Höflichkeit ent-

gegentreten; auch mag seine Gelassenheit von der Tatsache mitbestimmt sein, daß einige Verwandte wie sein Vetter, der General Seger Spee, der neuen Lehre anhingen[19]; im tiefsten aber war es gewiß das friedliche Vorbild Ulenbergs aus seinen Taten und Schriften, das ihn zu kluger Mäßigung im Umgang mit Protestanten veranlaßte.

In seiner erst 1622, fünf Jahre nach seinem Tod, von seinem Schüler und ersten Biographen Arnold Meshov herausgegebenen ›Geschichte der lutherischen Reformation‹ bescheinigt Ulenberg im ersten Band dem Reformator: ›Und weil er nicht nur einen ausgezeichneten Verstand hatte, sondern auch zur Ausdauer in der Arbeit eine ungeschwächte und fast eherne Kraft besaß; so geschah es, daß er schon damals die Augen der Menschen auf sich zog.‹[20] Solches Lob für Luther von einem Theologen der alten Kirche ist im Zeitalter der Gegenreformation ungewöhnlich. In der Folge seiner Schrift freilich wirft Ulenberg dem Reformator Aufgeblasenheit, List und Verschlagenheit vor. Dennoch geht er, sich vornehmlich auf evangelische Quellen wie Sleidan, Matthesius, Selnecker, Chytraeus, statt auf katholische wie Eck, Cochlaeus und Surius berufend, im weiteren Verlauf der Reformatoren-Geschichte im Sinne der damaligen Zeit ›wissenschaftlich‹ vor, um die ›Verirrungen‹ der anderen Seite aufzuzeigen. Nochmals: Ungewöhnlich für einen katholischen Theologen an der Wende des 16. zum 17. Jahrhundert, der zudem noch Konvertit war.

Der erste Band dieses Werks gilt Martin Luther, im zweiten beschreibt Ulenberg Leben und Taten der Erben, von Philipp Melanchthon über Matthias Flacius Illyricus und Georg Major bis Andreas Osiander. Melanchthon sieht der Spee-Lehrer nicht ganz in dem sanften Licht, in dem er bis heute gewöhnlich dargestellt wird. Dem Flacius Illyricus aber wirft Ulenberg vor, er sei der Anstifter der ›schändlichen Wittenberger Zersplitterung‹ gewesen - ›wie die Wittenberger behaupten, nicht aus Liebe zur Religion oder aus Neigung zur Frömmigkeit, sondern aus Ehr- und Herrschsucht … zum großen Nachteil der lutherischen Kirche.‹[21] In den ›Flacianischen Wirren‹, die Ulenberg 1569 und 1570 an Ort und Stelle miterlebte und über die deshalb seine Darstellung die Berichtsqualität des Augen- und Ohrenzeugen gewinnt, lag auch der Anstoß zu seiner Abkehr vom Luthertum.

Theologisch freilich hatte Kaspar Ulenberg seine Konversion viel früher begründet, nämlich in ›Erhebliche und wichtige Ursachen‹[22]. Aus diesem frühen Werk spricht zwar die frisch errungene Festigkeit des Übergetretenen, aber es werden auch Not und Qual des um die Wahrheit Ringenden sichtbar; es überzeugen die tiefe Kenntnis und der reiche Zitatgebrauch der Reformationsliteratur.

In 22 Thesen verficht der junge Ulenberg, in Gropperscher Friedfertigkeit und Gelehrsamkeit, seinen Übertritt zur alten Kirche. Aber sonderlich originell ist er hier nicht. Seine Vorwürfe an die Neuerer lauten: Sie seien vom wahren Christentum abgefallen und ähnelten den alten Ketzern, sie beschimpften und verspotteten den alten Glauben, seien unzuverlässig und völlig zerstritten untereinander, sie öffneten so dem Antichrist selbst Tür und Tor.

Für all das bringt Ulenberg - und das ist neu -aktuelle, intime Belege aus Wittenberg. Letztlich ist dies das selbstverständliche geistige Rüstzeug, mit dem auch der Kölner Jesuit Friedrich Spee in die ›Ketzer‹-Mission geschickt wird. Wahrscheinlich geht er aber mit solchen Vorwürfen gegen die Evangelischen höchst sparsam um; sonst gelängen ihm kaum spektakuläre Konversions-Erfolge wie in Westfalen[23]. Vor allem teilt Spee nicht das reaktionäre Frauenbild des frühen Ulenberg: ›Bei uns in der katholischen Kirche wird den ehrbaren Weibern befohlen, nicht zu disputieren über die Religion, nicht zu predigen oder die Verwaltung kirchlicher Sachen zu übernehmen, sondern zu schweigen, und demütig zu lernen, und ihren Berufsarbeiten obzuliegen. … Aber predigen, lehren und was außerdem zu den Priesterverrichtungen und zum Kirchenregimente gehört, dies alles überlassen sie den Männern, welchen Gott durch rechtmäßigen Beruf das Ruder der Kirche anvertraut hat.‹[24] Spee hingegen schrieb ein ganzes Buch zur Nutzanwendung von Frauen, die in Köln in der Katechese eingesetzt waren, nämlich sein ›Güldenes Tugend-Buch‹.[25]

Dennoch war Ulenberg selbstverständlich die Katechese nicht fremd. Schon 1589 legte er an Sankt Kunibert Richtlinien dafür fest und berichtete darüber an das Domkapitel[26]. In den Inhalten entsprach diese Katechese der herkömmlichen, bereits vor Spee schon auch bei den Jesuiten üblichen Praxis. Die Stücke des Katechismus sollten der Reihe nach einfach und verständlich erklärt werden. Deshalb sollte auch nichts anderes eingefügt werden, höchstens nach Belieben eine sittliche Mahnung aus der Sonntagsepistel oder, wenn man die einzelnen Stücke besprochen hat, in der einen oder anderen Predigt die Behandlung eines aktuellen Gegenstands[27]. Katecheten waren der Pfarrer, der Kaplan, höchstens noch der Lehrer. Daß wie bei Spee junge Frauen als Katechetinnen aufträten, ist wohl bei Ulenberg undenkbar.

Dennoch finden wir auf anderem Felde bei Kaspar Ulenberg durchaus die Innigkeit des Worts und das seelsorgerische Zartgefühl vorgezeichnet, die ja besonders den Spee des ›Güldenen Tugend-Buchs‹ auszeichnen, und zwar nicht nur in der nicht genug zu rühmenden Bibel-Übersetzung[28] des Lippstädters. Der Tod war ein Meister im Deutschland der Konfessionskriege, des Hexenwahns, der wellen-artigen Pestseuchen; der Tod war alltäglicher Gast bei arm und reich, bei hoch und niedrig. Was lag als seelsorgerisches Instrument näher als ein ›Trostbuch für die Kranken und Sterbenden‹[29]. Ulenberg schrieb es schon in seiner Pfarrzeit an Sankt Kunibert, und es wurde immmer wieder neu aufgelegt.

In diesem ›Trostbuch‹, als einer geistlichen Anleitung für alle Krankenpfleger den Bürgermeistern und dem Rat Kölns gewidmet, schlägt Ulenbergs Herz. Er wußte aus Erfahrung, ›wie oft ein gläubiges Trostwort auch in einem verhärteten Herzen in der letzten Stunde noch den Weg zum letzten Seelenarzt zu weisen imstande ist, wie oft Kleinmut und Verzagtheit auch gläubigen Menschen das Sterben allzu bitter macht, wie eine beklagenswerte Unbeholfenheit der Anverwandten bei ihrer Sorge im Menschlich-Allzumenschlichen steckenbleibt‹[30]. Ulenberg spricht den Kranken an, nennt ihn Bruder und Freund und entscheidet so schwierige, den Menschen im damaligen Streit der Theologen so verunsichernde Fragen wie die nach Gnade und Rechtfertigung, so schlicht wie souverän: ›Halte dich mit starckem glauben an diesen Held und Siegmann (Berichterstatter: Jesus) / der den tod durch seinen tod verschlungen / und uns menschen das leben erworben hat / so wirt er dich endlich durch seine gnad aus dem tod ins leben ubersetzen. / Las dich auch die gedancken nicht zuhoch bekümmern / das du ein sünder / und derselbigen hohen gnade nicht weert bist / und hast auch sölches umb ihn nicht verdienet / das er den schatz seiner reichtumb so mildiglich gegen dir auffthut. Warlich / dem ist also / du hast nichts verdienet / und bist sein nicht weert. Aber da mustu dich erinnern / daß du in der vereinigung mit Gott nicht auff deine wirdigkeit und verdienste/ sonder auff seine unendliche gnade und barmhertzigkeit mit ihm zu handeln angefangen hast; Bist nach S. Pauli rath / mit vertrawen zu dem Thron seiner gnade hinzu getretten; Sunst were es vorlangs mit dir verloren. ‹[31]

Mit solchen entschiedenen theologischen Überlegungen Ulenbergs wechseln Gebete, die an Tiefe die Gedanken Friedrich Spees vorzubereiten scheinen; so in der jeweils zweifachen Weise der Vater-unser-Erklärung[32] oder wie beide das Glaubensbekenntnis behandeln[33]. Immer freilich muß man bei diesem Vergleich im Auge behalten, daß Ulenberg für Krankenpfleger und Sterbehelfer schreibt, Spee aber Übungen für Katechetinnen verfaßt. Der Ton bei Ulenberg ist viel ernster und schwerer als bei Spee; der Leser spürt, wie der Jesuit auf die Zeitlichkeit eines beginnenden Lebens, der Pfarrer von Sankt Kunibert auf die Ewigkeit zielt. Ulenberg geht in die Tiefe: ›Wir reden von der trawrigkeit / schwermut / und kleinmütigkeit / die mit inwendiger Anfechtuung vermischet ist / dadurch das hertz zaghafft gemacht / und mit einem mißtrawen an der barmhertzigkeit Gottes geplaget wirt. ‹[34] Schwermut und Kleinmütigkeit, weiß Ulenberg, sind die ›allerschärffsten ruten / die der gütig Gott in seiner Zuchtschul allhie auff erden braucht; damit er bißweilen seine besten freunde / und auserwelte Kinder heimsucht‹[35]. Mit beiden nicht zu verwechseln sei die Verzweiflung: ›Kleinmütigkeit ist eine heilbare kranckheit; Verzweyuelung ist unheilbar; Kleinmütigkeit sihet die helle weit offen; Verzweyuelung leufft volles rennens hinein. ‹[36]

Von solchem Geist ist eine Generation später die anschauliche, bilderreiche Sprache, deren sich Friedrich Spee als Schüler Kaspar Ulenbergs bedient.

1 Walter Lipgens: Kardinal Johannes Gropper … und die Anfänge der katholischen Reform in Deutschland, Münster 1951; Reinhard Braunisch: Johannes Gropper (1503-1559) in: Katholische Theologen der Reformationszeit I, Münster 1984

2 De vita, moribus et obitu admodum Reverendi et Eximii Viri Caspari Ulenbergii Sacrosanctae Theologiae Licentiati Gymnasii Laurentiani Regentis, ac ad D. Columbam Pastoris Vigilantissimi. Authore Arnoldo Meshovio Lippiensi, S. Theologiae Licentiato. D. Petri apud Ubios Parocho. Coloniae Agrippinae apud Joannem Kreps, Anno 1638. Ex officina Quenteliana. – (Matthias Wilhelm Kerp, Pfarrer an Sankt Kolumba in Köln): Caspar Ulenberg's Leben, in: Caspar Ulenberg's Zweiundzwanzig Beweggründe. Ein Buch für Katholische und Evangelische. Aus dem Lateinischen. Zweite Ausgabe. Mainz 1840. – Joseph Solzbacher: Kaspar Ulenberg – Eine Priestergestalt aus der Zeit der Gegenreformation in Köln, Münster 1948

3 Lipgens: Gropper, Seite 184 ff. und viele andere Stellen

4 vergleiche Josef Kuckhoff: Die Geschichte des Tricoronatum, Köln 1931, Seite 321 ff.

5 siehe Karl-Jürgen Miesen: Das Spee-Bildnis im Lauf der Jahrhunderte (Bestandsaufnahme) in SPEE-POST 1, Seite 9 ff., Düsseldorf, 1990

6 De admiranda, sacra, et civili magnitudine Coloniae Claudiae Agrippinensis Augustae Ubiorum Urbis libri IV. … Authore Aegidio Gelenio … Coloniae Agrippinae Apud Iodocum Kalcovium Bibliopolam. Anno MDCXLV, Seite 393 D

7 (Kerp): Ulenbergs Beweggründe, Seite XXVII f. Die Tafel trug folgende Inschrift:

D. O. M.
Manibus
Caspari Ulenbergi Lipp.

S. Th. L. D. Columbae Paroch. Gymn.
Laur. reg.
qui cum haereses exemplo verbo scriptis
oppugnasset
Sa.Bibl. in liguam germ. translationi
invigilaret
pietatis integer laboris constans
omnium virtutum plenus
obdormivit in Domino
Ao. MDCXVII mens. Febr. die XVI
aetatis suae ao LXVII
Henricus Franken Sierstorffius
Gym. Laur. Regens
Antecessori
P. C.

8 Karl-Jürgen Miesen: Friedrich Spee - Pater, Dichter, Hexen-Anwalt, Düsseldorf 1987, Seite 15 ff.

9 Fried. Ev. von Mehring und Ludwig Reischert: Zur Geschichte der Stadt Köln am Rhein. Von ihrer Gründung bis zur Gegenwart, nach handschriftlichen Quellen und den besten gedruckten Hülfsmitteln bearbeitet. Erster Band. Köln 1838. Seite 269 ff.

10 Der Kölnische Krieg, den Erzbischof Gebhard Truchseß von Mansfeld anzettelt hatte, geht nahtlos in den Freiheitskampf der Niederländer über; diesem folgt auf dem Fuß der jülich-clevisch-bergische Erfolgestreit und diesem der der furchtbarste, der Dreißigjährige Krieg (1618-1638).

11 Die Psalmen Davids in allerlei Teutsche gesangreimen bracht: Durch Casparum Ulenbergium Pastorn zu Keiserswerd / und Canonichen S. Swidberti daselbs. … Gedruckt zu Cölln / durch Gerwinum Calenium und die Erben Johan Quentels / Jm Jar M. D.LXXXII, Seite 6 f. - Psalmen-Übernahmen Spees von Ulenberg erörtern Johannes Overath: Cunradius Hagius Rinteleus, Die Psalmen Davids nach Kaspar Ulenberg, Düsseldorf 1955 und in Berufung darauf Theo G. M. van Oorschot in seiner Ausgabe des Güldennen Tugend-Buchs, Seiten 588, 597, 599, 601 f., 624, 663. Außer-

dem zitiert van Oorschot im kaum mehr zugänglichen Anhangsbändchen seiner Doktor-Dissertation (Nijmegen 1968) über den gleichen Gegenstand (GTB) aus J. Kuckhoffs unveröffentlichtem Spee-Manuskript, daß der in Kaiserswerth geborene Spee aus Ulenbergs Psalter ›in seiner Jugend sicher oft gesungen und schon da den Klang eines neuen deutschen Kirchenliedes in sich aufgenommen hat; denn Ulenbergs neue deutsche Lieder werden kaum irgendwo lebendiger gewesen sein als dort, wo er sie verfaßt hat.‹ − Vergleiche auch Miesen: Spee: Seite 15

12 Ulenberg, Psalmen, Seite 178 f.
13 Friedrich Spee: Güldenes Tugend-Buch, herausgegeben von Theo G. M. van Oorschot, in: F. Spee: Sämtliche Schriften, historisch-kritische Ausgabe ... 2. Band, München 1968, Seite 170 f.
14 a.a.O.
15 Ulenberg, Psalmen, Seite 78 f.
16 Ulenberg, Psalmen, Seite 281 f.
17 vergleiche Miesen, Spee 235 ff.
18 Theo G. M. van Oorschot: Friedrich Spees Rolle und Schicksal bei der Rekatholisierung von Peine in den Jahren 1628 bis 1629, in: (Herausgeber): Friedrich Spee im Licht der Wissenschaften, Mainz 1984, Seite 21 ff.
19 Heribert Waider: Der Kampf um die ›Cautio criminalis‹ des Friedrich Spee von Langenfeld − Köln 1632/1633 −, in: Jahrbuch des Kölnischen Geschichtsvereins 44, Köln 1973, Seite 58
20 Caspar Ulenberg: Geschichte der lutherischen Reformatoren ... aus dem Lateinischen (von Matthias Wilhelm Kerp). Erster Band. Mainz 1836, Seite 9
21 Ulenberg: Reformatoren. Zweiter Band. Mainz 1837, Seite 315
22 Ulenberg: Beweggründe. Der Titel der Erstausgabe lautet: Erhebliche und wichtige Ursachen, warumb die altgläubige Catholische Christen bei dem alten waren Christentumb bis in ihren tod bestendiglich verharren; Warumb auch alle die, so sich bey diesen zeiten unterm namen des Evangelii haben verfü-

ren lassen, von der newerung abstehen, und sich wiederumb zum selbigen alten Christentumb wenden sollen. − Allen denen, welchen bey diesen unerhörten grawsamen Religionstrennungen liebe zu der warheit, und sorge für ihre seligkeit tragen, sie seyen Catholisch oder Uncatholisch, zum bericht zusammen gezogen durch Casparum Ulenbergium Lippiensem, Pastorn der Pfarr zu S. Cuniberts in Cöln und Canonichen des Stiffts daselbs. − Gedruckt zu Cöln, durch Gerwinum Calenium, und die Erben Johann Quentels, im Jar MDLXXXIX.

23 vergleiche Theo G. M. van Oorschot: Die Lebensdaten, in Ahrens: Spee, Seite 11; auch Miesen: Spee, Seite 122-128.
24 Ulenberg: Beweggründe, Seite 137 f.
25 Güldenes Tugend-Buch ... Allen Gottliebenden, andächtigen, frommen Seelen, und sonderlich den Kloster- und Welt-geistlichen Personen sehr nutzlich zu gebrauchen. (Titel) -Heute wissen wir, daß die Adressaten des Werks die Katechetinnen der Ursula-Sodalität waren; vergleiche in diesem Katalog Anton Arens' Aufsatz.
26 Solzbacher: Ulenberg, Seite 23
27 a.a.O.
28 vergleiche Miesen: Spee, Seite 27 f.
29 Trost-Buch Für die krancken und sterbenden. Oder Bericht / wie man die Krancken und sterbende ermanen / trösten / auffrichten / stercken / auch auff allerley fürfallende sachen berichten / und ihnen zum seligen sterben behilfflich sein soll; mit vielen dazu dienlichen andechtigen Gebeten; Darinn auch von dem gefehrlichen mangel der Kleinmütigkeit gehandelt wirt / mit anzeigung / wie man verhüten möge / das die Kleinmütigen nicht endlich in den abgrund der Verzweiuelung ersincken; Gestellet durch Casparum Ulenbergium Lippiensem, Pastorn und Canonichen zu Sant Cuniberts in Cöln. ... Gedruckt zu Cöln / durch Arnoldum Quentel / Im Jar M.DCIII. (2. Auflage). Die erste

Auflage erschien bereits 1590, eine dritte nach Solzbacher: Ulenberg, Seite IX f., 1617; eine vierte und fünfte kamen nach Joseph Hartzheim: Bibliotheca Coloniensis, Coloniae Augustae Agrippinensium, sumptibus Tomae Odendall ... 1747, in den Jahren 1620 und 1622 heraus; damit war Ulenbergs ›Trost-Buch‹ so erfolgreich wie Spees ›Güldenes Tugend-Buch‹.

30 Solzbacher: Ulenberg, Seite 35
31 Ulenberg: Trost-Buch, Seite 224 f.
32 a.a.O. Seite 314 ff; Spee: Güldenes Tugend-Buch, Seite 248 ff.
33 Ulenberg: Trost-Buch, Seite 357 ff.; Spee: Güldenes Tugend-Buch, Seite 35 ff.
34 Ulenberg: Trost-Buch, Seite 510
35 a.a.O., Seite 511 f.
36 a.a.O., Seite 521

›Süße Verse – zarte Noten‹
Anmerkungen zu Friedrich Spee und seinem Verhältnis zur Musik

Oskar Gottlieb Blarr

Im Wirken Friedrich Spees steckt ein starker musikalischer Impuls. Dieser musikalische Akzent gehört zu den weniger zutage liegenden Facetten seiner Persönlichkeit, ist aber so eng mit seiner Lebensleistung verwoben, daß man ihn keinesfalls unbeachtet lassen darf. In drei Bereichen läßt sich Spees musikalisches Wirken und Nachwirken feststellen:

1. im neuen geistlichen Lied für Katechese und Verkündigung (Gemeindelied),
2. im geistlichen Solo-Lied für die häusliche Erbauung;
3. in den Kompositionen nach Spee, die sich auf seine Texte oder auf die von ihm verwendeten Melodien beziehen.

I.

Abgesehen von der ›Cautio criminalis‹ haben drei andere Hauptwerke Friedrich Spees mit Musik zu tun, genauer mit deren Ausformung im Lied. Das betrifft das neue katholische Kirchenlied im Frühbarock, dessen unangefochtener Hauptvertreter Spee ist; das betrifft die ›Trutz-Nachtigal‹, und das gilt auch für das ›Güldene Tugend-Buch‹, dessen Gedankengänge und Kapitel in den gebundenen Texten ihre jeweilige Verdichtung und ihren krönenden Abschluß finden.

Freilich bleibt das Musikalische insofern sekundär, als Friedrich Spee darin nicht innovativ tätig war, sondern der damaligen Praxis folgte und die Musik vor allem als Transportmittel des Textes gebrauchte. Diese Praxis ist so alt wie die Erneuerungsbewegungen innerhalb und außerhalb der Kirche: der Gedanke drängt zum gebundenen Text, der Text drängt zur Melodie. Melodie + Gedicht = Trägerrakete für den Gedanken. Dieser Vorgang (Musik als Transportmittel) ist seit Platon geheiligt. In der Vorrede des Kölner Gesangbuchs heißt das so: ›Die kleinen Kinder, nach angeborener Lust, gleich wie die Vögelein mit eim Pfeifle zur christlichen Kinder-Lehr ... locken. Und gleich als junge Nachtigallen, die Himmlisch Gesäng lehrnen und als täglich bey ihrer Arbeit etwas guts zu gedenken, zu sagen und zu singen haben.‹ Da taucht die Ureinheit vom Singen und Sagen wieder auf.

Das zu Sagende ist ein zu Singendes. Friedrich Spee ist nicht nur ein begnadeter Dichter, sondern auch ein begeisterter Sänger. Ähnlich wie die ›Wittenbergisch Nachtigal‹, Martin Luther, hat Spee seine Melodien aus verschiedenen Bereichen geholt.

›O Heiland, reiß die Himmel auf‹ war zunächst mit der altkirchlichen Weise des Hymnus ›Conditor alme siderum‹ verbunden. ›O unüberwindlicher Held,

Sanct. Michael‹ geht zurück auf das französische Chanson ›Quand la bergère va aux champs‹, Paris 1552. Spee übernimmt auch Melodien seines Mentors Kaspar Ulenberg, etwa die von Psalm 60 und 116. Niederländische, süddeutsche, mitteldeutsche Weisen finden sich in seinem Repertoire; und dort, wo er keine brauchbare Melodie vorfindet, erfindet er eine eigene, so die zu dem mit Vokalklängen so schön spielenden Text ›Als ich bei meinen Schafen wacht‹.

Dieser Bereich des Speeschen Wirkens ist relativ gut erforscht. Josef Gotzen hat seit 1928 viel zur Erhellung beigetragen. In unseren Tagen hat Michael Härting seine Forschungen vorgelegt, die den Liedbereich bei Spee auf dem Gebiet der Verkündigung und Seelsorge oder Katechese sehr gründlich dokumentieren. 1979 erschien in Berlin sein Buch (abgeschlossen 1969) ›Friedrich Spee. Die anonymen geistlichen Lieder vor 1623‹. Im Zusammenhang mit dem Spee-Jubiläum 1991 sind weitere Arbeiten angekündigt, die sich mit der enormen und für die damaligen Verhältnisse sehr schnellen Ausbreitung seiner Lieder befassen. Bleibt für diesen Punkt nur noch der Hinweis, daß Spees Lieder bis in die Gegenwart vital geblieben sind. Im evangelischen Kirchengesangbuch finden sich immerhin deren fünf, im katholischen ›Gotteslob‹ sind es 13.

2.

Der Verbindung von Singen und Sagen zeigt Spee sich auch verbunden bei den Liedern im ›Güldenen Tugend-Buch‹. Nahezu alle Texte werden eingeleitet mit einer unmißverständlichen Aufforderung zum Singen, so ab Kapitel III, 11. und 12. Articul ›wer wollte nicht für frewden weinen, wan er dieses recht bedenken solte? Ich zwar muß von hertzen also singen:

o Gott, wan ich all wolthat dein‹

oder in Capitel IV im 12. Articul

›Dan ich singe mit dem David:

Nit straff mich, Herr, in eyfermut‹.

Im 6. Capitel wird dem Singen auch das Spielen zugeordnet (nach Epheser 5,19 und Kolosser 3,16 ›Singet und spielet dem Herrn in euren Herzen‹). Alle zwölf Apostel singen und spielen, ›und es fienge der H. Petrus an, und schlug auf seiner Harffen wie folget:

Ich glaub so fast an einen Gott.‹

Im zweiten Buch im 4. Capitel erzählt Spee, wie er einen Text auf eine Melodie gemacht hat: ›Die melodey hat mir trefflich wol gefallen, und derowegen habe ich die Vers etwas ungleich und unordentlich darzu neigen und biegen müssen … wan mans aber singt, laut es nit uneben‹. Im 8. Capitel heißt es als Vorspann der vier abschließenden Lieder: ›Magst sie zunzeiten lesen, oder kläglich singen, oder singen lassen, wie dirs gefallen wird:‹ so auch: ›Bei finstrer nacht: zur ersten Wacht‹.

Nirgends wird aber gesagt, welche Melodie jeweils verwendet werden soll.

Melodie aus dem Erstdruck der ›Trutz-Nachtigal‹, Köln 1649 (Kat.-Nr. 144)

Antwort Ach, als wer mir solches kundte : es muste mir kein
eintziger sünder auß der gantzen welt sein, denne ich nicht zu
stund allen sinn vnd muth mit einer vberauß bittern zerknirschung
recht verwinden wolte.

O sünder ! sünder o du edles geschopf gottes ? was haltest
so hart versperret vnd verriglet die thür deines verstockten
hertzens ? warumb öffnest nicht dem himmel fürsten
Jesu Christo, der so freundlich dich vom Creutz ermahnet vnd
zur buß erwecket ? hör an den schönen klang einer himlischen
trompeten, dadurch er deine hesung nicht fordert vnd dich
bey zeiten vermahnen laßt. Vnd also höre ich einen schall
erklingen.

Ermanung zur Buß

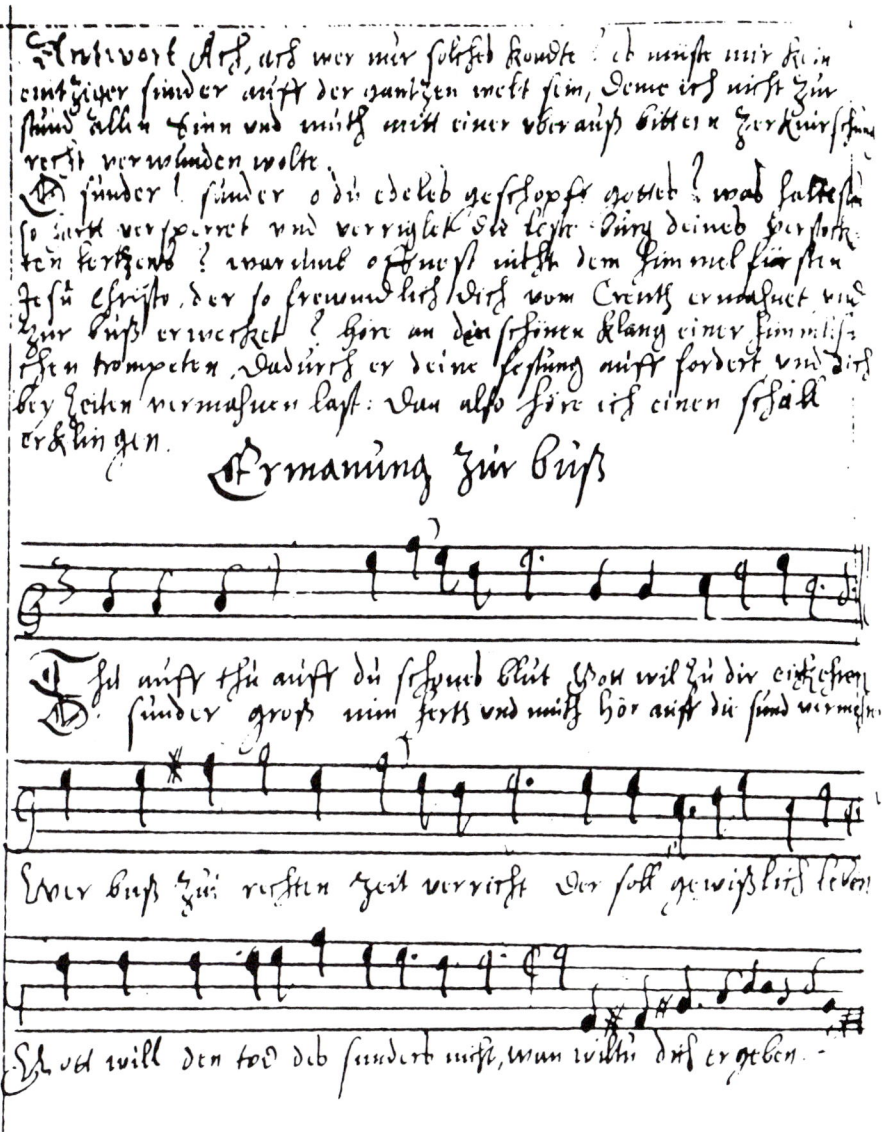

Thu nicht thu auff du schnöd blut Gott wil zu dir einkehren
sünder groß nim hertz vnd muth hör auff du sund vermehren

Wer buß zur rechten Zeit verricht der soll gewißlich leben

Es ist will den tod des sünders nicht, wan wiltu dich ergeben

Melodie aus der Pariser Handschrift der ›Trutz-Nachtigal‹

Mit Sicherheit dachte Spee daran, daß sein Leser sich unschwer an eine auf den Versbau passende bekannte Melodie erinnern könnte.

Singen und Sagen gelten endlich auch für die ›Trutz-Nachtigal‹, wenngleich hier ein etwas anderer Zweck vorgegeben ist. Zwar ist auch die ›Trutz-Nachtigal‹ ein Werk der Praxis pietatis (des frommen Tuns), aber sie meldet zugleich literarischen Anspruch an. Merckpünctlein 3 sagt klar: ›Und ist die Meinung des Auctors darauff gangen, daß Gott in Teutscher Spraach seine Sänger, und poeten hette, die sein Lob, und Namen eben also künstlich, und poëtisch als andere in anderen Spraachen singen, und verkündigen köndten.‹

In der ›Trutz-Nachtigal‹ sollen anspruchsvolle Texte nicht mehr einfach und möglichst breitenwirksam transportiert werden, sondern hier bildet sich ein neuer Typus aus, und zwar der des begleiteten Solo-Liedes. Diese neue Gattung beginnt mit der Herrschaft eines neuen Prinzips, mit dem Kompositionsprinzip des Barock schlechthin: mit dem Generalbaß. Wer immer auch die Melodien zur ersten Druckausgabe der ›Trutz-Nachtigal‹ erfunden hat, der Komponist hat dem innovativen Anspruch der Texte nur gerecht werden können, indem er sich des modernen Stilmittels, das heißt des Generalbasses bediente. Generalbaßlieder gab es in Deutschland bereits zwanzig Jahre vor der ›Trutz-Nachtigal‹. Melchior Franck veröffentlichte sein Himmelfahrtslied ›Gen Himmel aufgefahren ist‹ in seiner Sammlung ›Rosetulum musicum‹, Koburg 1628, und schon vor der Kölner Ausgabe der ›Trutz-Nachtigal‹ von 1649 liegt der Anfang der Publikationsreihe der Arien von Heinrich Albert in Königsberg (1638); die 60 himmlischen Lieder von Johann Schop zu Texten des Johann Rist aus Hamburg erschienen bereits 1641/2 in Lüneburg. Sogar im Fall der Revolution durch die Entwicklung und Übernahme des Generalbaß sind die Übergänge vom alten Cantional zum Generalbaß-Gesangbuch fließend; so hat das vierstimmige Schulgesangbuch des Kölner Tricoronatum von 1642, ›Psalteriolum harmonicum‹ genannt, Akkordbezifferungen über dem Singbaß angegeben. In der Trutz-Nachtigal‹ wird dann der letzte Schritt getan: die Mittelstimmen entfallen, die Harmonie wird durch das Akkordinstrument ausgeführt; die Eckstimmen sind Basso (-Continuo) und – wie im Barock üblich – die Melodie im Discant.

Wichtigstes Merkmal des Generalbaßliedes: es ist jeweils eine Neuschöpfung zu einem bestimmten Text, es geht mit ihm gewissermaßen eine unauflösliche Verbindung ein. Die alten einstimmigen Tonlinien waren in der Regel nach Gutdünken mit verschiedenen Texten kombinierbar. Mit dem Generalbaß enden die Mehrzweckmelodien. Wichtig ist auch: Das alte einstimmige Lied ist ein Großgruppen-Lied. Das neue Lied ist ein Solo-Lied. Damit geht einher die Tendenz vom Mitsing-Lied weg zum Vorsing-Lied hin. Das Generalbaßlied erlaubt rhythmische (Taktwechsel), dynamische (Echo) und harmonische Differenzierungen, die im alten Gemeindelied nicht möglich waren.

Wer hat die 24 Melodien mit Generalbaß zur ›Trutz-Nachtigal‹ geschrieben? Josef Gotzen (in der Festgabe zum 60. Geburtstag von Willi Krahl, Köln 1953) hält Jakob Gippenbusch S. J. (1612-1664) für den entscheidenden Redakteur, der den Generalbaß dazukomponierte und möglicherweise auch einige Melodien schuf. Vom Melodienbestand der ›Trutznachtigal‹ gehen einige auf ältere, zum Teil weltliche Vorlagen zurück, so die Nummer 9 und 10. Daher ist Johannes Overath der Meinung, daß Friedrich Spee ›bereits vorliegendes Melodiengut verwendet hat‹. Die musikalischen Beiträge der Ausgabe von 1649 sind kostbare Miniaturen. Die Vertonung von ›Bey stiller nacht‹ ist auch durch Brahms' anrührendes Chorlied nicht übertroffen.

Daß zwischen der nachweislich von Gippenbusch herrührenden Redaktion des ›Psalteriolum‹ und den Melodien der ›Trutz-Nachtigal‹ ein qualitativer Abstand besteht, spricht nicht gegen Gippenbusch als Musikautor. Das ›Psalteriolum‹ ist ein Cantional für den Schulgebrauch und (siehe Vorwort von 1642) betont einfach gehalten, wogegen die ›Trutz-Nachtigal‹ einen erklärtermaßen anspruchsvolleren Habitus hat. Zur Stützung der Meinung, daß Friedrich Spee zumindest bei der Bestimmung der Melodien der ›Trutz-Nachtigal‹ mitgewirkt hat, möchte ich einen Hinweis auf die kombinierte Pariser Handschrift ›Trutz-Nachtigal‹ und ›Güldenes Tugend-Buch‹ geben. Sie ist, laut Theo G. M. van Oorschot, um 1640 entstanden und enthält vier einstimmige Melodien, zwei im ›Güldenen Tugend-Buch‹ und zwei in der ›Trutz-Nachtigal‹, nämlich:

1. Thu auff, thu auff, du schönes Blut
2. Ich neulich früh zu morgen, zur edlen Sommerzeit
3. O traurigkeit des Herzens, wann wirstu nehmen ab
4. Bei finstrer nacht, zur ersten wacht hört ich ein stim sehr klagen

Die Melodien 1-3 der Pariser Handschrift sind mit denen der Druckausgabe der ›Trutz-Nachtigal‹ identisch (!), lediglich die Melodie zu ›Bei finstrer nacht‹ hat eine von der ›Trutz-Nachtigal‹ (1649) völlig abweichende Gestaltung. Sind die in der Pariser Handschrift überlieferten Frühformen dreier Melodien ein Hinweis auf Spees Autorschaft? Wir können − und müssen − die Frage offenlassen. Ich denke, daß wir mit unseren Urheberrechtsvorstellungen nicht ganz zweckmäßig an die alten Texte gehen. Das Autorenrecht war damals praktisch nicht vorhanden; man nahm das geeignet Scheinende und ›komponierte‹ es für seinen Bedarf um, änderte nach Zweck und Gusto. Die Melodien und Bässe der ›Trutz-Nachtigal‹ sind jedenfalls von kundiger Hand gemacht und entsprechen den Texten, die sie tragen, sehr gut. Bleibt zu hoffen, daß sie von mehr Sängern entdeckt und gesungen werden, auch wenn eine (Mit-)Autorenschaft Spees im modernen Sinne wohl kaum nachzuweisen ist.

Noch eine Anmerkung zum musikalischen Wortschatz der ›Trutz-Nachtigal‹. Spee verwendet eine Reihe musikbezogener Begriffe, die ihn als Kenner auch dieser Kunst ausweisen. Gerade als habe er das ›Syntagma musicum‹ des Michael Praetorius von 1619 studiert, taucht das Instrumentarium des Frühbarock in langer Parade auf. In der Schlußstrophe vom beliebten Lied ›Jetzt wicklet sich der Himmel auf‹ heißt es:

›Span auf die beste seyten:
auf Harff und Lauten tastet frey
Schneid an die süsse Geigen
Mit reiner Stim̄ und Orgelschrey
Thu ihm all Ehr erzeigen.‹

Im Lied ›Ach wan doch Jesu liebster mein‹ werden gar Elemente von Musiktheorie und Partiturkunde integriert:

›Alßdan gehts über Zihl / und Schnur;
Daß Hertz möcht sich zerspalten;
Sie sucht eß in B moll / B dur /
Auff allerhandt gestalten:
Thut hundertfalt
den Baß / und Alt /
Tenor / und Cant durchstreichen‹

Im Lied ›O trawrigkeit deß hertzen‹ steht in Strophe VIII ein Katalog der Zupfinstrumente: Harfe, Cither, Laute, Psalter.

Beim Lied ›Offt morgens in der kühle‹ gibt es einen Anklang an Formenlehre:

›Her / her / all instrumenten /
so seind in gantzer welt /
All Fugen / und Concenten
so vil die Music zehlt:‹

Schlaginstrumente ›pfann und becken‹ werden im Lied ›Mit deiner lieb umbgeben‹ angesprochen und dieselben klangmalerisch eingearbeitet:

Schlagt auff ting-tang: ting-tyren:
Ting-tang: ting tyren-tang:

Um das vollbesetzte Orchester auch poetisch integriert zu haben, werden auch die Holz- und Blechbläser beschäftigt:

›Ein liedlein süß wolt stimmen an /
Ihr wol gespante seiten /
Ihr lauten / Geigen / Dulcian /
Ihr Cymbel / harpff / und fleuten /
Posaun / Cornet / Trompeten klar /
Auch Hörner krum gebogen …‹

Während ›Laut und harpffen‹ ein häufiger Topos sind, auch ›Laut und Geigen‹ öfter begegnen, tauchen aber auch seltene Instrumente wie ›Leyr‹, ›Quinternen‹ auf und die zur Schäferpoesie passenden ›holenpfeiffen‹, ›schalmey‹ und die ›gesäckten pfeiffe (= Dudelsack)‹. Der Panflöte schließlich wird im Lied ›Ach Halton, lieber Halton mein‹ eine eigene Strophe gewidmet:

›Auch ich zu lieb dem Gottes Kind
Wil offt auff runden pfeiffen /
Mit süssem blasen manchen wind
Zu runden liedlein schleiffen.

Der pfeiffen ich noch sieben hab /
Von lauter horn / und beinen:
Ein hirt sie mir zur letzen gab /
Und warlich weichens keinen.‹

Daß Vogelgesang, vorab das Lied der Nachtigall, thematisiert wird, liegt nicht nur am Titel der Sammlung, sondern entspricht ganz der alten Musikauffassung, wie sie Johann Walter im ›Encomion musices‹ (deutsch 1603 in ›Musae sioniae‹) beschrieben hat und wie sie noch bis zum Anfang des Barock gültig war: Endzweck des Lebens ist das Lob Gottes. Darum sind schon die Klänge der Natur (Wind, Wasser) Lobgesang. Darüber erhebt sich der Gesang der Vögel. Die Krone des Lobgesangs ist der Mensch mit seiner Stimme und seinen künstlichen Instrumenten.

Spees Musikanschauung wäre aber nicht vollständig skizziert, wenn nicht auch auf eine Sichtweise hingewiesen würde, die alle Freude an der Schöpfung transzendiert. Im ›Güldenen Tugend-Buch‹ (II, 9, 5) heißt es ›Item du hörest eine liebliche schöne Music der Instrumenten oder seitenspill: solches gefellt dir wol, möchtest gern allezeit ein solches hören – erhebe dich … seufze … verachte es; dan dir alles tausendmal schöner im himmel bereitet ist.‹ Und im Lied ›O trawrigkeit deß hertzen‹ stehen die Schlüsselstrophen:

VIII

›Mein harpff / so Mir wil schlagen /
Mein geig / und cither-sang /
Mein lied in frewden-tagen /
Mein Laut- und psalter-klang /
Sol sein als lang ich lebe /
Creutz / naegel / speer / und blut /
Biß ich mein seel auffgebe
Bleibt mir wol solcher muth‹.

IX

›O Creutz gar schoen gezieret
Mit Jesu meinem lieb!
Wer staets bey dir psalliret /
Wol staets in frewden blieb.
Moecht nur zu dir ich steigen
Ein Music richten an!
Zwar über alle Geigen
es mueßt in warheit gahn.‹

3.

Wenigstens andeutungsweise sei hier noch über die musikalischen Nachwirkungen des Friedrich Spee gehandelt.

Sein stärkster Nachhall sind ohne Frage die Gemeindelieder, soweit sie heute noch im Gebrauch sind. Welch ein Lohn für einen Sänger, wenn sein Lied noch 350 Jahre nach seinem Tode lebt! Einen schönen Nachklang der Speeschen Lieder hat Jakob Gippenbusch seinem Ordensbruder Spee im bereits erwähnten ›Psalteriolum‹, Köln 1642, bereitet. Dies vierstimmige Schulgesangbuch besteht zum größeren Teil aus Spee-Liedern, sowohl aus seinem ›anonymen‹ Repertoire, als auch aus dem ›Güldenen Tugend-Buch‹ und der ›Trutz-Nachtigal‹. Inzwischen ist ein Faksimile des ›Psalteriolum‹ von der Trierer Spee-Gesellschaft herausgekommen, betreut und kommentiert von Rudolf Ewerhart. Letzterer bereitet auch eine Ausgabe der Trutz-Nachtigall-Lieder vor.

Die Melodien der Erstausgabe der ›Trutz-Nachtigal‹ sind erstaunlich lange beibehalten worden. 1841 erschien in Münster eine Ausgabe, die alle 24 alten Melodien bringt, allerdings werden die Bässe nur in abgeänderter Form wiedergegeben und die Harmonie romantisiert, und das Ganze wird als vierstimmiger Choralsatz präsentiert. Einen Schritt weiter geht Spees späterer Ordensbruder Franz Xaver Weninger, der in der Innsbrucker Ausgabe von 1844 alle Texte im Sinne des romantischen Klavier- oder Harfenliedes neu vertont. Man sagt dieser Neukomposition nichts Übles nach, wenn man ihren musikalischen Wert nicht sehr hoch ansetzt. Über die Verbreitung der Weningerschen Vertonungen liegt noch keine Untersuchung vor.

Auf weit höherem musikalischen Niveau stehen zwei hochromantische Spee-Vertonungen von Johannes Brahms (1833-1897). 1864 schuf er in seinen Deutschen Volksliedern für vierstimmigen Chor eine anrührende Vertonung von ›In stiller Nacht‹ und in op. 74,2 (1863/77) die vierstimmige Choralmotette ›O Heiland reiß die Himmel auf‹, freilich nicht mit der altkirchlichen Hymnenmelodie ›Conditor alme siderum‹, sondern mit der bis heute gebrauchten Weise aus dem Augsburger Gesangbuch von 1666.

Dadurch, daß Spee-Lieder in den offiziellen Gesangbüchern stehen, ist es selbstverständlich, daß diese Melodien als Grundlage für größere und kleinere Bearbeitungen dienten. Einige der größeren seien hier erwähnt. Heinrich Spitta (1902-1970) schrieb 1926 eine Orgelpartita zu ›O Heiland reiß die Himmel auf‹. Die Komposition folgte inhaltlich genau dem Speeschen Strophenaufbau (ohne die erst später hinzugedichtete ›Dankstrophe‹). Es ist Musik aus dem Geiste der evangelischen Sing- und Orgelbewegung. Johann Nepomuk David (1895-1975), einer der markantesten Vertreter der neuzeitlichen Kirchenmusik, legt in Heft 9 seines Choralwerks eine umfangreiche Partita zu ›O unüberwindlicher Held Sanct. Michael‹ vor (komponiert 1945).

Von Siegfried Reda (1916-1968) gibt es ein Choralkonzert zu ›O Traurigkeit, o Herzeleid‹ für Orgel, und Redas zeitweiliger Mitstreiter für eine erneuerte Kirchenmusik Helmut Bornefeld (1906-1988) legte zum gleichen Lied eine Choralkantate für drei Stimmen, drei Streicher und Orgel vor.

Vom Verfasser stammt ein Kammerkonzert für Saxophon, Schlagzeug und kleines Orchester ›Trutznachtigal‹ (Uraufführung 1988). Den drei Sätzen liegt jeweils ein Lied Spees zugrunde: 1. Satz ›Wan Morgenröt sich zieret‹, 2. Satz ›O Heiland reiß die Himmel auf‹, 3. Satz ›Bey stiller Nacht‹.

Hexenverfolgungen in Köln und am Niederrhein

Gerhard Schormann

Im Laufe des Mittelalters waren die Juden in die Rolle der dämonisierten Feinde der Christenheit gedrängt worden. Den Anstoß gab der Aufruf zum 1. Kreuzzug 1095, der die ersten großen Verfolgungen auslöste. Zur Schlüsselstellung der Judenfeindschaft aber wurde das Massensterben in Europa, das 1348 von der Pest ausgelöst wurde. Jetzt entfaltete sich ein Verschwörungsmythos: Die Juden sollten die Brunnen vergiftet haben und die Vernichtung der Christenheit insgesamt betreiben. Das voll ausgebildete Judenstereotyp, basierend auf der religiös bestimmten Sonderstellung dieser Minderheit, stempelte die Juden zu Sündenböcken für alle beliebigen Unglücksfälle. Erst in der frühen Neuzeit traten in Deutschland Judenverfolgungen zurück. Gewaltakte und Vertreibungen wie beim ›Fettmilch-Aufstand‹ in Frankfurt a. M. 1614 kamen immer wieder vor, hielten sich aber im Vergleich mit früheren Pogromen in engen Grenzen, und die Wirtschaftspolitik der absolutistischen Territorialstaaten eröffnete den Juden in bescheidenem Rahmen neue Möglichkeiten. (Red.: Vinzenz Fettmilch, geboren zwischen 1565 und 1570, hingerichtet in Frankfurt am Main am 28.2.1616, seit 1593 Bürger der Reichsstadt Frankfurt, war Mitglied der Zunft der Fettkrämer, die sich mit anderen Zünften gegen die vom Rat zu verantwortenden Mißstände in der Stadt wandte. Mit der Absetzung des Rats trat Fettmilch 1612 an die Spitze der Mitbestimmung fordernden Volksbewegung, die ihre Ziele im ›Fettmilch-Aufstand‹ durchzusetzen suchte. Gegen seinen Willen vollzog sich 1614 mit der Plünderung der Judengasse die Hinwendung zur Gewalt. Fettmilch verfiel in Reichsacht, wurde 1614 verhaftet und 1616 hingerichtet.)

Ein anderer Verschwörungsmythos hatte die Rolle dämonischer Feinde der Christenheit neu besetzt: mit Hexen. Die Entstehung war eng verknüpft mit der Verfolgung der Katharer, jener großen häretischen Bewegung, die sich im 12. Jahrhundert in Südfrankreich und Oberitalien so ausbreiten konnte, daß sie für die lateinische Kirche zu einer gefährlichen Konkurrenz wurde, die vom 13. Jahrhundert an buchstäblich mit Feuer und Schwert bekämpft wurde. Nach dem griechischen Wort ›katharoi‹, die Reinen, oder nach ihrem südfranzösischen Hauptort Albi auch Albigenser genannt, wurden aus den Katharern die ›gazzari‹, die ›Ketzer‹. Mit den Albigenserkreuzzügen und der jetzt organisierten Inquisition wurden die Katharer restlos unterdrückt. Die Bezeichnung ›Inquisition‹ von inquirere – untersuchen – meint die gerichtliche Untersuchung von Amts wegen im Gegensatz zum Akkusationsprozeß, dem Verfahren auf Klage – accusare – einer Privatperson. Als im Jahre 1252 noch die Folter in den Inquisitionsprozeß eingeführt wurde, war das System abgeschlossen. Ketzerei galt als Verbrechen der Majestätsbeleidigung,

INDVCTIO

Colleg: Societatis der Düsseldorp 1623

SIVE

DIRECTORIVM:

Ex libris Jo. Das ist: *Poilen.*

Anleitung oder

vnderweisung / wie ein Rich=
ter in Criminal vnd peinlichen sachen
die Zauberer vnd Hexen belangendt / sich zu=
verhalten / vnd der gebür damit zuverfahren haben
soll / in zwey theil getheilet / als wie von Amptß=
wegen / vnd sonst / so der Kläger Recht
begert / zuverfahren.

In vnderthenigkeit / vnd zun Ehren
dem Durchleuchtigen Hochgebornen Fürsten
vnd Herrn / Herrn Johan Wilhelmen / Hertzogen
zu Gülich / Cleue / vnd Berg / Grafen zu der Marck vnd
Rauenßberg / Herr zu Rauenstein / ꝛc. Seinem
Gn. F. vnd H. beschrieben.

Durch
Diederichen Graminæum / beyder Rechten Licen=
tiaten / Fürstlichen / Bergischen General Anwaldt
vnd Landtschreibern.

Gedruckt zu Cölln / bey Henrich Falckenburg.
Im Jahr 1 5 9 4.

Titelblatt zu des Düsseldorfer Hofschreibers Theodor Graminaeus' Hexenbuch,
Köln 1594 (Kat.-Nr. 159)

nämlich der göttlichen Majestät, darauf standen Tod durch Verbrennen und Güterkonfiskation.

Die Inquisition brachte das Ketzerstereotyp hervor: Geheimversammlung zur Herstellung magischer Mittel, Teufelskult, perverse Orgien – die Bestandteile des Hexensabbats waren damit gegeben. Als vollends im 14. Jahrhundert das Zaubereidelikt in die Zuständigkeit der Inquisition kam, war eine neue ›Ketzerei‹ entstanden, ihr fehlte nur noch die Zuspitzung auf Frauen, die Hexenlehre. Sie kam bis zur Mitte des 15. Jahrhunderts zur vollen Entfaltung, der ›Hexenhammer‹ von 1487 faßte sie lediglich systematisch zusammen. In der Lehre von der Hexensekte war erneut ein Verschwörungsmythos entstanden: die gefährlichste und heimlichste Verschwörung, von der die Christenheit im 15., 16. und 17. Jahrhundert bedroht schien. Die christliche Obrigkeit wurde von Theologen und Juristen, aber auch von breiten Schichten der Bevölkerung zum Handeln aufgerufen. Der teuflische Zauber der Hexen schädige die Untertanen durch Mißernten infolge boshaft erzeugter Unwetter, durch Viehseuchen und Krankheiten der Menschen, er verletze aber vor allem die Ehre Gottes, wodurch dessen Zorn und Strafe herausgefordert wurden.

Nach einigen größeren Prozessen im späten 15. Jahrhundert sind im Reich wahrscheinlich keine Verfolgungen mehr vorgekommen. Erst mit Einbruch einer schweren und langen Agrarkrise kurz nach der Mitte des 16. Jahrhunderts wurden die Prozesse wieder aufgenommen. Darauf reagierte Johann Weyer, der Leibarzt des Herzogs von Jülich-Kleve-Berg, mit seinem 1563 gedruckten Buch ›De praestigiis daemonum‹, ›Über die Vorspiegelungen der Dämonen‹. Wie im Titel ausgedrückt, hielt er die Bestandteile der Hexenlehre wie Teufelspakt, Buhlschaft, Flug zum Hexensabbat nur für Vortäuschungen böser Geister, nicht für real. Er schrieb ›mit hertzlichem mitleiden‹ über das Blutbad an den Unschuldigen, zumal er gemeint hatte, die Prozesse wären ›durch Predigt der gesunden Lehr gar abgeschafft und auffgehebt‹. Die Reformation hatte die Hexenprozesse aber keineswegs aufgehoben. Allerdings kam es auf protestantischer Seite nicht zu einheitlicher Meinungsbildung über die Hexenlehre, sondern zu einer Meinungsvielfalt, in der auch die Position von Johann Weyer ihren Platz behielt. Erst in den Jahren um 1600 kam es zu einer deutlichen Trennung im Verfolgungsverhalten der Konfessionen: Viele protestantische Obrigkeiten übten Zurückhaltung, während die Befürworter intensiver Verfolgung auf der katholischen Seite standen. Ausgelöst wurde dies durch die Prozeßwelle um 1590, die eine bis dahin nie gesehene Massenverfolgung brachte. Angeführt vom Trierer Weihbischof und fanatischen Hexenverfolger Peter Binsfeld legten sich katholische Theologen wie die angesehenen Jesuiten Gregor de Valentia und Martin Delrio auf die Hexenlehre fest und zwar so, daß Kritik an ihr zum Indiz für einen Hexenreiverdacht wurde. Trotz vieler gegenteiliger Behauptungen ist die Hexenlehre von der katholischen Kirche zwar nie de iure dogmatisiert worden, aber auf der katholischen Seite setzte sich doch in diesen Jahren die Ansicht durch, daß Zweifel an Hexenflug, Hexensabbat usw. und damit grundsätzlich Kritik an der Hexenlehre mit dem kirchlichen Standpunkt unvereinbar sei. Bei so unterschiedlicher Haltung der Konfessionen in der Hexenfrage konnte es nicht ausbleiben, daß dieses Thema zwischen die Fronten der konfessionellen Polemik geriet. Sahen protestantische Theologen in den papistischen ›abgöttereyen‹ eine Quelle der Hexerei, so verbanden Katholiken kurzerhand die protestantische ›Ketzerei‹ mit der Hexerei nach der bündigen Formel von Martin Delrio: ›Wie die Pest der Hungersnot folgt, so folgt die Hexerei der Ketzerei‹[2]. Diese Neigung, die Hexenfrage in die konfessionelle Polemik einzubeziehen, war allgemein verbreitet und erlaubt deshalb keine weitreichenden Schlüsse. Es war aber selbstverständlich nicht so, daß die Hexenprozesse in der ersten Hälfte des 17. Jahrhunderts in den katholischen Territorien konzentriert geführt wurden und in den protestantischen nur weniger oder gar nicht vorkamen. In Bayern beispielsweise wurden ab ungefähr 1600 die Massenprozesse eingestellt, während es danach noch sehr viele, vor allem kleine protestantische Territorien mit großer Verfolgungsintensität gab. Dennoch ist insgesamt die Verfolgungsintensität auf katholischer Seite größer, und hier wiederum ist die Sonderrolle einer Reihe geistlicher Fürstentümer auffallend: Bamberg, Würzburg, Kurmainz, Kurtrier und allen voran Kurköln.

Das Kurfürstentum Köln war bekanntlich wie viele Territorien des Alten Reiches kein geschlossenes Gebiet, sondern ein territorial und verwaltungsmäßig buntscheckiges Gebilde. Es bestand 1. aus dem rheinischen Erzstift, einem schmalen Landstreifen am linken Rheinufer ungefähr zwischen den Städten Kempen im Norden und Nürburg im Süden zuzüglich einer Reihe von Exklaven und Enklaven; 2. aus dem Vest Recklinghausen, einem Ländchen am Südrand des Münsterlandes; 3. dem Herzogtum Westfalen, dem kurkölnischen Sauerland mit der Zentrale in Arnsberg. Mitten darin lag die Reichsstadt Köln, ein Staat im Staate, und gleichzeitig doch mit dem Kurfürstentum in vielfältiger Verbindung und spannungsreicher Rivalität. Der Landesherr, um den es hier geht, Kurfürst Ferdinand von Wittelsbach, leitete schon seit 1595 die Verwaltung des Territoriums, bevor er 1612 die Nachfolge seines Onkels offiziell antrat. Er starb 1650, hat also während der ganzen Zeit des Dreißigjährigen Krieges regiert. Er war auch Bischof von Lüttich, Hildesheim, Münster und Paderborn, doch blieb die Verwaltung dieser Länder selbständig. In Kurköln bestimmte er Bonn 1597 zur Haupt- und Residenzstadt, in die er 1601 selbst übersiedelte. Hier hatten auch die von Ferdinand umorganisierten Zentralbehörden ihren Sitz, hauptsächlich zwei: der Hofrat und die Hofkammer. Der Hofrat bildete die oberste Instanz in Justiz- und Verwaltungssachen, Finanzen ausgenommen, und unterstand unmittelbar dem Kurfürsten. Der Hofrat war für alle Bereiche der inneren Verwaltung zuständig und entschied als oberstes Gericht in Straf- und Zivilsachen. Ebenso unterstand die Hofkammer, die oberste Finanzbehörde, allein dem Kurfürsten. Allerdings wäre es abwegig, bei Justiz und Verwaltung an Zentralismus zu denken. Beide fanden ihre Grenzen an der Selbständigkeit der einzelnen Landesteile, besonders die Stellung des Herzogtums Westfalens ist hervorzuheben. Hier lag die Strafjustiz nicht nur beim Fürsten, auch Städte und adelige Pfandinhaber konnten über die Hochgerichtsbarkeit verfügen. Im rheinischen Erzstift war die Situation etwas anders, die Zuständigkeit lag von seiten des Landesherrn bei den Schöffengerichten, bestehend aus 7 bis 14 Schöffen und einem vom Kurfürsten bestimmten Richter, Schultheiß genannt. Eine Sonderstellung nahm das Hohe Weltliche Gericht in der Reichsstadt Köln ein, zuständig für die Blutgerichtsbarkeit. Es lag zwar in der Reichsstadt, unterstand aber gleichwohl dem Kurfürsten, wenn auch in eingeschränkter Weise: Verhaftung und Untersuchung waren Sache der reichsstädtischen Behörden, erst wenn Indizien für ein Kapitalverbrechen vorlagen, mußte die Stadt die Delinquenten dem Hohen Weltlichen Gericht übergeben. Die Schöffen dieses Gerichts sind für die kurkölnischen Hexenprozesse wichtig geworden[3].

Die Reichsstadt Köln hat bis 1627 bei Hexenprozessen große Zurückhaltung geübt. Es gab bis dahin überhaupt nur wenige Prozesse, und wenn es zur Verurteilung kam, lautete die Strafe auf Stadtverweisung. Nur für die Jahre 1616/17 sind vier Todesurteile belegt. Die Hexenprozesse der Jahre 1627-1630 brachten bei insgesamt 33 Hexereianklagen 24 Hinrichtungen – die sehr gute Quellenlage läßt kaum Zweifel an diesen Zahlen zu. Doch schließlich sah sich die städtische Elite selbst bedroht. 1629 zeigte sich eine junge Frau selbst als Hexe an und benannte dann so viele Mitglieder der Oberschicht als Komplizen, daß der Magistrat Maßnahmen einleitete, um die Verfahren niederzuschlagen. In jeder Hinsicht bemerkenswert ist das erste Verfahren in dieser Prozeßwelle, der bekannte Prozeß gegen Katharina Henot. Mit diesem Prozeß gab Köln die so lange praktizierte Zurückhaltung auf, und das Opfer war zum ersten und letzten Mal ein Mitglied der Elite. Die Familie gehörte zum Patriziat, Katharinas Vater war kaiserlicher Postmeister gewesen. Nach des Vaters Tod hatte Katharina den Versuch der Grafen von Taxis abgewehrt, der Familie die Rechte an der Postmeisterei zu entreißen. Daraus sind die bis heute anhaltenden Vermutungen entstanden, dieser Hexenprozeß sei aus dem Hintergrund im Kampf um die Postmeisterei gesteuert worden. Beweise fehlen zwar, doch ist der Verdacht auch nicht einfach von der Hand zu weisen, dazu gibt der Prozeß zu viele ungelöste Rätsel auf. 1626 bezeichneten einige ›vom Teufel besessene‹ Laienschwestern Frau Henot als Hexe. Diese Nachricht verbreitete sich in der Stadt als öffentliches Gerede, wogegen sich die Beschuldigte vor einer Kommision des erzbischöflichen geistlichen Gerichts zur Wehr setzte. Im Oktober 1626 war das Gerede immer noch im Umlauf, aber der Kurfürst lehnte Katharinas erneutes Ersuchen um eine Kommision ab und verwies sie an das Hohe Weltliche Gericht, um dort einen Prozeß gegen falsche Anschuldigungen einzuleiten. Katharina beauftragte damit ihren Anwalt, doch es kam nicht mehr dazu. Am 9. Januar 1627 beschloß der Magistrat im Einverständnis mit dem Kurfürsten ihre Verhaftung. Noch auf dem Wege zur Hinrichtung, am 19. Mai 1627, beteuerte Frau Henot öffentlich vor einem an der

Breitestraße postierten Notar ihre Unschuld. Dabei wußten auch die fanatisch-sten Hexenjäger unter den Juristen, daß eine Verurteilung ohne Geständnis je-dem Recht widersprach – sie folterten eben so lange, bis das Opfer gestand oder starb. Frau Henot soll trotz fünffacher Folterung nicht gestanden haben, ein un-auflösbarer Widerspruch. Sodann arbeiteten Magistrat und Kurfürst in ganz auf-fallender Weise zusammen. Die einflußreiche Familie Henot bot alle Möglich-keiten auf – und es waren nicht wenige –, um Katharina frei zu bekommen. Der Kurfürst machte alle Anstrengungen zunichte, er steuerte selbst noch ein Indiz bei: Vor seinem Gericht in Lechenich hatte eine geständige ›Hexe‹ Frau Henot als Komplizin benannt[4].

Wahrscheinlich hat der Henot-Prozeß die blutigste Hexenverfolgung ausge-löst, die das Reich je erlebt hat. Kurfürst Ferdinand begann mit der ›exstirpatio‹, der endgültigen Ausrottung. Diese Bezeichnung wurde ein so fester Bestandteil der kurkölnischen Verwaltung der folgenden Jahre, daß eine nähere Erklärung wie der Zusatz ›exstirpatio sagarum‹, Ausrottung der Hexen, überflüssig er-schien. Es war ein regelrecht zentral gesteuertes Exstirpationsprogramm, das quellenmäßig für das rheinische Erzstift allerdings nur aus den Hofratsprotokol-len erkennbar ist, da aus diesem Landesteil im Gegensatz zum Herzogtum West-falen nur wenige Hexenprozeßakten erhalten sind.

Noch als Koadjutor hatte Ferdinand 1607 eine für alle Landesteile gültige He-xenprozeßordnung erlassen, die mit der Erklärung beginnt, das greuliche Laster der Zauberei habe in letzter Zeit so gewaltig zugenommen, daß die Obrigkeit sich nach göttlichem und weltlichem Recht verpflichtet fühle, dagegen vorzugehen[5]. Dies hört sich doch so an, als würde nun eine große Prozeßwelle beginnen, denn wozu sonst sollte auch eigens eine Hexenprozeßordung erlassen werden? Im rheinischen Erzstift ist aber von Massenprozessen vor oder nach 1607 keine Spur nachweisbar. Statt dessen finden sich ganz andere Indizien: 1608 gab der Hofrat einem Gericht den Rat, selbst Frauen freizulassen, die in der Folter gestanden und später widerrufen hatten. 1616 dekretierte der Hofrat, eine in Deutz inhaf-tierte und geständige Frau ›durch wohlqualificierte und gelehrte Geistliche‹ be-lehren zu lassen, und selbst 1624 wies die Zentralbehörde noch ein Entschei-dungsersuchen für einen Hexenprozeß mit der Erklärung ab, der Prozeß gehöre vor das zuständige Schöffengericht[6]. Die Erklärung für dieses erstaunliche Vor-gehen dürfte im Herzogtum Westfalen zu finden sein, wo im Jahre 1590 Massen-prozesse einsetzten, die sich bis über die Jahrhundertwende hinaus fortsetzten; für diese war wohl die Hexenprozeßordung von 1607 gedacht. Im rheinischen Landesteil zeigte sie zunächst keine erkennbaren Folgen, aber sie lag bereit und enthielt furchterregende Bestimmungen.

So nennt der Artikel 44 der Carolina, der ›Peinlichen Halsgerichtsordnung Kaiser Karls V.‹ von 1532, Indizien für ein vorliegendes Zaubereiverbrechen, die als lebensgefährlich zu bezeichnen sind, aber Ferdinand geht darüber weit hin-aus. Mit Hilfe seiner 13 Indizien aufzählenden Schreckensliste kann wirklich jeder in einen Hexenprozeß geraten. Vor allem schreibt Punkt 13 die berüchtigte Nadelprobe als Hexenzeichen fest, die in den Jahren 1629/30 nach der Publizierung der erweiterten Hexenprozeßordung im Jahre 1629 eine heftige literarische Fehde auslöste[7]. Friedrich Spee schrieb dazu in der ›Cautio criminalis‹ unter eindeutiger Bezugnahme auf diese Fehde: ›Ich habe noch keine selbst gesehen, und ich werde auch nicht daran glauben, wenn ich sie nicht sehe. Ich sehe nur das alle Tage, daß die Betrügereien der Menschen unendlich und oft selbst große Herren von beschämender Leichtgläubigkeit sind. Weil sie viel zu groß sind, solche Kleinigkeiten genau zu prüfen, darum machen sie sich fast jedes beliebige Märchen zu eigen, verzeichnen sie in ihren Lehrbüchern und führen so alle Welt hinters Licht.‹ Den Richtern schärft er als erstes ein, ›daß sie nicht dem Henker vertrauen, um dessen Verdienst es ja dabei geht‹[8]. Anderswo hatte sich diese Einsicht längst durchgesetzt, nämlich in der ersten großen Prozeßwelle von 1590. In diesem Jahr lehnte die Universität Ingolstadt die Beweiskraft der Hexenzeichen rundweg ab, und viele Territorien folgten ihr darin[9]. Im Kurfürstentum Köln änderte dagegen alle Diskussion nichts an der Hexenprozeßordnung und der entsprechenden Praxis der Gerichte. Über Ferdinand ist zu Recht geschrieben worden: ›Dieser Kirchenfürst war in seinen Anschauungen über den Hexenwahn anscheinend noch befangener als seine Zeitgenossen, die Bischöfe von Bamberg und Würzburg ...‹[10].

Im rheinischen Erzstift hat der Kurfürst die Massenausrottung erst beschlossen und durchgeführt, als 20 Jahre seit dem Erlaß der Hexenprozeßordnung vergangen waren. Wie gesagt, steht das auslösende Motiv wahrscheinlich mit dem Henot-Prozeß in Verbindung. Am 9. Januar 1627 fiel der Beschluß von Kölner Magistrat und Kurfürst, Frau Henot verhaften zu lassen. Drei Tages später lehnte Ferdinand das Gesuch um Zulassung von Verteidigern für Katharina Henot ab. Am 15. Januar gab er die Anweisung zur generellen Regelung der Kostenfrage für Hexenprozesse. Spätestens an diesem Tage stand demnach fest, daß solche Kosten nunmehr anfallen würden, und in der Tat kann nach diesem Datum der Beginn der Massenverfolgung belegt werden. Zur Durchsetzung des Exstirpationsprogramms wurden die ordentlichen Gerichte eingesetzt, aber sie wurden umfunktioniert durch den Einsatz spezieller Hexenkommissare, die Richter und Schöffen zu Statisten degradierten und die Hexenprozesse vor Ort durchsetzten. Unter persönlicher Kontrolle des Kurfürsten steuerte der Hofrat die ganze Aktion, beseitigte Widerstände, gab den Gerichten Anweisungen und regelte die finanziellen Fragen.

Der Hofrat ist zwar ab 1627 nicht nur noch mit Hexenprozessen beschäftigt, aber das Ausrottungsprogramm steht bis auf weiteres im Zentrum kurkölnischer Politik. Am 28. Januar 1627, keine vierzehn Tage nach der kurfürstlichen Anweisung zur Kostenfrage, greift der Hofrat in Antweiler ein, einer kurkölnischen Herrschaft in der Nähe von Euskirchen: Der Schultheiß wird zur Instruktion für die Durchführung der Hexenprozesse nach Bonn zitiert. Aus der gleichen Gegend, dem Amt Hardt, stammt die erste Nachricht vom Einsatz von Hexenkommissaren. Im Juni werden Kommissare nach Nürburg geschickt. Im Oktober 1627 droht dem ersten kurkölnischen Amt der finanzielle Zusammenbruch durch die Kosten der Massenprozesse. Im Süden des rheinischen Erzstifts, in den Ämtern Nürburg und Andernach, gab es passiven Widerstand zu überwinden – aus welchen Gründen dieser auch immer zustande kam. Doch auf der ersten Hofratssitzung des Jahres 1629 wird die Verteilung der erweiterten Hexenprozeßordnung an die Gerichte angeordnet, die Grundlegung des Exstirpationsprogramms ist damit abgeschlossen. Zu diesem Zeitpunkt hat die Massenverfolgung das ganze Land erfaßt. Bei der Schwerfälligkeit der frühneuzeitlichen Verwaltung war das Programm zögernd angelaufen, Hindernisse waren zu beseitigen, mehrfach mußte der Kurfürst persönlich eingreifen. Ab jetzt hat der Hofrat nur noch zu steuern und gelegentlich anzutreiben wie im März 1629 etwa im Amt Brühl: Die Einwohner beklagten sich, mit der Ausrottung der Hexen ginge es nicht schnell genug – der zuständige Beamte wird zu größerer Anstrengung ermahnt. Entsprechend der Natur der Hofratsprotokolle ist zwar das Ausrottungsprogramm klar erkennbar, nicht aber der Ablauf im einzelnen. Als Beispiel sei der Sitz des Hofrats herausgegriffen, die Residenzstadt Bonn. Durch die Literatur zieht sich immer wieder die Meldung, in Bonn wären Professoren, 70 Alumnen des Priesterseminars, Studenten und Edelknaben von elf bis vierzehn Jahren verbrannt worden. Im 17. Jahrhundert gab es aber in Bonn weder eine Universität mit Professoren und Studenten, noch ein Priesterseminar mit 70 Alumnen, vielmehr beziehen sich alle Angaben auf Würzburg[11]. Trotzdem sind die Massenprozesse an Bonn nicht vorbeigegangen, auch wenn nur wenig darüber bekannt ist. In den Hofratsprotokollen erscheinen sie nur in einer Notiz vom 7. April 1629, als die Zentralbehörde Gerichtspersonen unter Strafandrohung an ihre Schweigepflicht erinnert mit der Überschrift: ›bei hiesiger Hexenexecution wegen Geheimhaltung betreffend‹. Dies ist eine typische Eintragung. Im Frühjahr 1629 wurden in Bonn Hexenprozesse geführt, die durch Bruch der Schweigepflicht Stadtgespräch geworden waren. Über Einzelheiten ist nichts zu erfahren, das Bonner Stadtarchiv ist Ende des 17. Jahrhunderts verbrannt, doch aus den Jahresberichten der Jesuiten ist zu entnehmen, daß im Jahre 1629 ungefähr 50 Personen in Hexenprozessen hingerichtet wurden[12]. Auch in Orten, die in den Hofratsprotokollen im Zusammenhang mit Hexenprozessen nie genannt werden, können solche Prozesse geführt worden sein. Sie sind dann so reibungslos verlaufen, daß die Zentralbehörde sich nicht mit ihnen befassen mußte. So schrieb ein Beamter im September 1631 an den Hofrat: ›bittet, daß ihme sein ausstehendes Salarium aus dem Hexengelde, so aus der zu Godesberg und Mehlem hingerichteten Unholden Verlassenschaft beibracht, zu nehmen verstattet werden möchte‹[13]. Die Godesberger und Mehlemer Hexenprozesse dieser Jahre sind also nur deshalb in die Protokolle gekommen, weil ein Beamter in ihnen eine Gelegenheit erblickte, zu seinem Gehalt zu kommen. Für den Norden des Erzstifts, etwa zwischen Neuss und Kempen, ist das Schweigen der Hofratsprotokolle allerdings so auffällig, daß hier ein reibungsloser Ablauf der Prozesse wohl nicht unterstellt werden kann. Die Massenvernichtung ist in diesem Gebiet wahrscheinlich durch Kriegsereignisse behindert worden. Dies gilt auch für den kleinsten Landesteil des Kurfürstentums, das Vest Recklinghausen. Dort hat es zwar früher Hexenprozesse gegeben, doch ab 1627 sind kaum noch Prozesse nachweisbar. Das Ländchen geriet früh in die Kämpfe zwischen den Spaniern und den aufständischen Nordniederländern und anschließend in den Dreißigjährigen Krieg, so daß es praktisch dauernd fremde Besatzungen gab. Dagegen ist das Herzogtum Westfalen ebenfalls vom Ausrottungsprogramm erfaßt worden, es setzte dort etwas später als im rheinischen Erzstift ein: im Sommer 1628, als auf kurfürstlichen Befehl von allen Kanzeln gegen die Hexen gepredigt wurde. Allerdings gingen die Prozesse 1631 kriegsbedingt zurück[14].

Jener eben erwähnte Beamte, der sein Gehalt aus der Hinterlassenschaft der zu Godesberg und Mehlem Hingerichteten haben wollte, verweist mit seiner Bitte auf die Art, wie die Prozeßflut finanziert wurde: durch Konfiskationen. Die Hexenprozeßordnung von 1607 enthielt noch keinerlei Bestimmungen über die Gütereinziehung, erst eine Ergänzung vom 27. November 1628 legte fest, daß alle durch die Prozesse entstehenden Kosten aus dem Nachlaß der Verurteilten gedeckt werden sollten. Sofort nach der Verhaftung war der gesamte Besitz der Familie zu inventarisieren. Nach der Hinrichtung ging aus der Besitzmasse das entsprechende Erbteil an die Ehepartner. Waren Kinder vorhanden, sollte ein ›Kindteil‹ an den Fiskus fallen, andernfalls wurde die Hälfte konfisziert. Etwaige Überschüsse nach Entrichtung der Prozeßkosten fielen an den Kurfürsten. Über die ganze Prozedur hatten die zuständigen Beamten Buch zu führen und ihre Unterlagen in regelmäßigen Abständen an den Hofrat zur Kontrolle einzuschicken. Daß die Finanzierung durch Konfiskationen ausschließlich für das Exstirpationsprogramm gedacht war, also für die Ausrottung durch Massenprozesse, geht aus folgendem Satz hervor: ›wan diß generalwesen cessirn und hernechst widerumb gegen ein oder zwo Hexen particulatim Justitia vorgenohmen werden mochtte‹[15]. Soweit der Zusatz zur Hexenprozeßordnung – die Wirklichkeit sah ganz anders aus. Die Massenhaftigkeit der Prozesse überforderte die Möglichkeiten der Finanzverwaltung. Die Inventarisierungsarbeiten konnten nur mit großer zeitlicher Verzögerung durchgeführt werden, Unregelmäßigkeiten und Unterschleife häuften sich, die Beschwerden derer, die sich geschädigt fühlten, nahmen beim Hofrat je länger je mehr zu. Die Konfiskationsordnung selbst trug noch zur allgemeinen Verwirrung bei, weil die Festlegung des ›Kindteils‹ unpräzise war und zu endlosen Rückfragen führte. Im Jahre 1631 waren die Mißstände so groß, daß die oberste Finanzbehörde, die Hofkammer, eingriff und einen Beschwerdekatalog einreichte, der alle Punkte auflistete bis hin zu den immerwährenden Betrügereien bei den Spesensätzen der Gerichtspersonen[16]. Ab jetzt übte der Hofrat Druck aus, um die Rechnungslegungen zu erzwingen, d.h. er versuchte es, aber mit sehr schwankendem Erfolg. Erst 1634 ist eine allgemeine Rechnungslegung nachzuweisen, leider ist das gesamte Material mit dem Archiv vernichtet worden.

Der Artikel 218 der Carolina erlaubte Güterkonfiskationen bei Majestätsverbrechen, allerdings in reichlich unklaren Ausführungen mit der Folge, daß die Konfiskationen in einigen Territorien durchgeführt wurden und in anderen verboten waren. In Gebieten mit so großer Verfolgungsintensität wie den Fürstbistümern Eichstätt, Bamberg, Würzburg und in den Kurfürstentümern Mainz und Köln wurde konfisziert mit Hinweis auf das Hexereiverbrechen als Verletzung der göttlichen Majestät. Als der Herzog von Sachsen-Coburg 1628 beim Coburger Schöffenstuhl nach der Berechtigung der Konfiskationen fragte, erhielt er die erstaunliche Antwort, er sei um so mehr dazu berechtigt, ›als sich aus etlicher Justifizierten Urgicht ergeben, daß sie viel Geld von dem bösen Feind, dem sie sich ergeben, überkommen. Was aber vom Teufel zugebracht sei, hätten die Erben billigerweise nicht zu besitzen, sondern solch verflucht Geld sei ebenso zur Ausrottung anderer Hexen und um dem Teufel Abbruch zu thun, zu verwenden‹[17]. Da der Teufel kein Geld verschenkt, waren viele der Hexenprozeßopfer so arm, daß es nichts zu konfiszieren gab und die Prozeßkosten der Staatskasse zur Last fallen mußten. Der Leitgedanke der Konfiskationen war daher eine Art ›Lastenausgleich‹: Was bei den wohlhabenden Hexenprozeßopfern an Konfiskationsmasse erzielt wurde, sollte die Unkosten bei den armen Hingerichteten ausgleichen. Nun ist in der Literatur immer wieder argumentiert worden, die Konfiskationen hätten zur Bereicherung der Obrigkeit gedient. Manchmal wird diese ›Bereicherungstheorie‹ wenn schon nicht zur Erklärung der Hexenprozesse schlechthin, so doch zur Erklärung ihrer massenhaften Ausdehung herangezogen. Beispielsweise wurde dem Kurfürsten von Mainz Johann Schweikard von Kronberg nachgesagt, er habe mit Konfiskationsgeldern den Neubau seines Schlosses in Aschaffenburg finanziert. Dabei hat gerade dieser Fürst der Nachwelt schriftlich hinterlassen, daß er keinesfalls in den Verdacht kommen wollte, sich an Hexenprozessen zu bereichern, weshalb er eventuelle Überschüsse zur Verwendung ad pios usus, zur Finanzierung von Hospitälern vornehmlich, bestimmte. Auch in Kurköln waren die Überschüsse zweckgebunden: ad pios usus[18]. Diese ›eventuellen‹ Überschüsse können auch kaum nennenswert gewesen sein, allein die Schwerfälligkeit der frühneuzeitlichen Finanzverwaltung kann auf diesem Gebiet mitunter ein anderes Bild vortäuschen. Erzielte nämlich ein Gericht in einem Jahr einen Gewinn, konnten im gleichen Jahr andere Gerichte Verluste haben, ohne daß sofort ein zentral gesteuerter Ausgleich erfolgte. Eine einzelne Rechnungslegung ist deshalb niemals zu verallgemeinern. Die Prozesse waren außerordentlich teuer; wie oben erwähnt, stand das kurkölnische Amt Hardt schon im Herbst 1627 vor dem finanziellen Zusammenbruch. Die Hofratsprotokolle verzeichnen zahlreiche Bittschriften von Institutionen, die durch die Massenprozesse zahlungsunfähig geworden waren. Die Behauptung,

Fürsten hätten sich mit Konfiskationen bereichert, ist falsch. Bereichert haben sich die Gerichtspersonen, vom Hexenkommissar bis hinunter zum Henker, und selbst die Gasthäuser in den Gerichtsorten profitierten noch an den Gefangenenverpflegungen.

Eine Bereicherung besonderer Art betrieb Dr. Franz Buirmann. Gebürtig aus Euskirchen, studierte er ab 1608 an der Universität Köln Jura und stand ab Ende der 1620er Jahre als Hexenkommissar in kurkölnischen Diensten − was ihn nicht daran hinderte, gelegentlich auch in benachbarten Territorien tätig zu werden. 1647 ist er quellenmäßig zum letztenmal faßbar: in Hexenprozessen in der Stadt Siegburg. Als er abreiste, wurde er von Verwandten seiner Opfer überfallen und verletzt. Damit verschwindet einer der bekannteren kurkölnischen Hexenkommissare aus dem Blickfeld. In den rund 20 Jahren seiner Tätigkeit hat er eine unbekannte Zahl von Menschen umgebracht, wahrscheinlich mehrere hundert. Bekannt geworden ist er, weil ein Gerichtsschöffe der Stadt Rheinbach 1676 in Amsterdam ein umfangreiches Buch gegen die Hexenprozesse veröffentlicht hat, in dem das Wirken Dr. Buirmanns in Rheinbach ausführlich beschrieben wird. Der Schöffe Hermann Löher erlebte ihn als Augenzeuge und unmittelbar Beteiligter, bevor er 1636 mit seiner Frau nach Holland floh. Mit Rücksicht auf seine daheimgebliebene Familie veröffentlichte er seinen Bericht erst 40 Jahre später[19]. Buirmann kam erstmals im Juni 1631 nach Rheinbach, erfolterte sich von zwei armen Frauen die ihm genehmen Besagungen und hatte damit begüterte Einwohner in der Hand. Sein erstes Opfer war eine 60jährige kränkliche Witwe, die während der Folterung starb. Sofort durchsuchten Buirmann und einige Komplizen das Haus der Toten und erbeuteten 4000 Taler. Das nächste Opfer war ein reicher Kaufmann, dessen Vermögen sogar auf 6000 bis 7000 Taler geschätzt wurde. Dann kam wieder eine wohlhabende Frau an die Reihe, aber diesmal ging es nicht nur ums Geld, sondern auch um eine Befriedigung von Rachsucht. Die Frau des Schöffen Gotthard Peller hatte eine schöne Schwester. Buirmann hatte ihr einen Heiratsantrag gemacht, den diese aber, besonders unter dem Einfluß ihrer Schwester, abgelehnt hatte. Jetzt kam die Rache. Zur Ermordung von Frau Peller waren allerdings wegen ihres Mannes besondere Maßnahmen erforderlich. Also verlangte Buirmann einen Blankohaftbefehl. Ein Schöffe widersetzte sich, kam aber nicht gegen den Kommissar an, und der Schöffe Peller wurde einfach vom Verfahren ausgeschlossen. Frau Peller kam auf den Scheiterhaufen, der widerspenstige Schöffe unter Hexereianklage in Haft. Es erübrigt sich, weitere Verbrechen aufzuzählen. Sie waren nur möglich, weil der adelige Amtmann von Rheinbach mit im Bunde war, sich auch mit bereicherte, obschon er als Amtmann und Kammerherr des Kurfürsten ein ansehnliches Salär bezog. Im Oktober 1631 schritt der Hofrat ein, suspendierte Buirmann vom Amt und führte eine Untersuchung gegen ihn durch. Doch Buirmann reiste eilends zum Kurfürsten, der sich gerade in Köln aufhielt. Der Hofrat ließ zwar ebenfalls den Kurfürsten informieren − aber Buirmann blieb Hexenkommissar. An den verschiedensten Gerichten des Kurfürstentums ist seine Spur zu verfolgen: in Schwarzrheindorf, Ahrweiler, Heimerzheim und immer wieder einmal in Rheinbach.

Noch zwei weitere Hexenkommissare werden in der Literatur öfter erwähnt: Dr. Heinrich von Schultheiß und Licentiat Kaspar Reinhard. Schultheiß hat ein dickes Buch veröffentlicht, eine Anleitung zur Führung von Hexenprozessen, worin er seine eigenen Methoden beschreibt. Ebenfalls in sein Buch aufgenommen hat er die Schilderung eines Attentatsversuchs auf seinen Kollegen Reinhard, der eine so ungeheuerliche Blutspur hinterlassen hat, daß er der Forschung auch ohne das Buch von Schultheiß nicht verborgen geblieben wäre[20]. Beide haben im Herzogtum Westfalen mehrere hundert Menschen umgebracht. Diese drei bekannteren Kommissare sind aber nur die Spitze eines Eisbergs. Für den rheinischen Teil des Kurstaats lassen sich ab 1627 elf im Ausrottungsprogramm tätige Männer nachweisen, im Herzogtum Westfalen sind es zehn, doch erhebt keine der beiden Zahlen auch nur entfernt Anspruch auf Vollständigkeit. Diese reisenden Hexenkommissare sind die eigentlichen Vollstrecker der Massenvernichtung. Offiziell nur Berater der Laiengerichte, beherrschten sie diese völlig durch die Autorität des Hofrats und des Kurfürsten. Dr. Buirmann wurde ja nicht suspendiert, weil er in Rheinbach das Gericht steuerte und Menschen umbrachte, sondern wegen seiner Bereicherungen. Der Hofrat selbst steuerte den Einsatz der Kommissare, unter denen nicht zuletzt viele Schöffen des Hohen Weltlichen Gerichts waren – an diesem Gericht mußten die Schöffen studierte Juristen sein. Dr. Wilhelm Blankenberg und Dr. Johannes Romesswinckel waren am Prozeß gegen Katharina Henot beteiligt gewesen und hatten sich 1629 durch ihr vehementes Eintreten für die Nadelprobe hervorgetan. Es gibt aber auch die bislang noch unbekannteren Kommissare wie etwa Dr. Johann Möden, der 1636 in Rheinbach und Umgebung derart kriminell seinem Kollegen Buirmann nacheiferte, daß der Kurfürst einen anderen Kollegen, den Licentiaten Dietrich von der Stegen, mit einer Untersuchung gegen ihn beauftragte. Dieser Mann, der Dr. Mödens Treiben in Rheinbach zu untersuchen hatte, ließ Ende des gleichen Jahres in der Abtei und kurkölnischen Herrschaft Brauweiler 60 oder mehr Menschen hinrichten, darunter zwölf- und vierzehnjährige Jungen. Zumindest einigen dieser Kommissare ist nachzuweisen, daß sie im Sinne der heutigen Rechtsauffassung Mörder waren, daß sie vorsätzlich, heimtückisch und aus niederen Motiven Menschen töteten. Beispielsweise zog Dr. Möden ab 1627 eine Blutspur durch die Manderscheider Grafschaften Blankenheim und Gerolstein. 1629 wagte er sich an den Amtmann von Gerolstein heran, einen Adeligen. Der Graf entzog Möden den Fall und übertrug ihn auf einen anderen kurkölnischen Hexenkommissar, den ganz und gar unauffälligen Licentiaten Johann von der Düssel. Dieser erreichte die Hinrichtung des Amtmanns – und wurde an dessen Stelle selber Amtmann[21]. Alle diese bürgerlichen Juristen hatten studiert, die meisten in Köln, einige in Würzburg, die Studienzeit liegt etwa zwischen 1601 und

1617. Hier müssem sie ihre Schulung erhalten haben, das Ergebnis spricht für sich. Soweit erfaßbar, waren sie fanatische Verfolger.

Daß diese Haltung nicht zwangsläufig war, bezeugen die Gegner der Hexenprozesse, die es in Kurköln auch in der Zeit der schlimmsten Massenverfolgung gab. Mit Blick auf andere Territorien, vor allem auf Bayern, wo es innerhalb der Regierung eine Partei von Verfolgungsgegnern und eine heftige Diskussion gab, sind Gegner zuerst in den Zentralbehörden selbst zu suchen. Für Kurköln ist diese Suche ein aussichtsloses Unterfangen. Von der Geheimen Registratur sind nur noch Bruchstücke erhalten, und die Hofratsprotokolle lassen nicht die leiseste Spur einer behördeninternen Debatte erkennen. Dabei ist es gleichwohl unglaubhaft, daß ein Vorgang von solchen Ausmaßen, der den Hofrat jahrelang intensiv beschäftigte, keine Frage, keine Meinungsverschiedenheiten ausgelöst haben soll. Es gibt auch einen − bis jetzt aber wirklich nur einen − Hinweis, der Differenzen zumindest andeutet: Als Hermann Löher nach seiner Flucht vom Gericht in Rheinbach vorgeladen wurde, erhielt er nach eigenem Bekunden vom Geheimrat Adam Heresdorf eine Warnung, auf keinen Fall der Vorladung zu folgen[22]. Löher selbst war ein einfacher Mann von bescheidenem Bildungsstand, sein Buch ist schwerfällig und unbeholfen geschrieben. Er amtierte zwar in seiner Heimatstadt als Schöffe, aber von Latein verstand er nichts, konnte mit dem komplizierten Corpus iuris nichts anfangen und war wie die meisten Schöffen dieser Zeit den studierten Juristen gegenüber völlig hilflos. Aber er besaß genug gesunden Menschenverstand, um nicht nur die Machenschaften eines Dr. Buirmann, sondern aller Hexenprozesse zu durchschauen. Er war nicht der einzige, wie er selbst schrieb: ›Dan ich nicht allein gegen die falsche Zauberprocessen geschrieben, sondern andere mehr, als da sein gewesen die Ehrwürdige Herrn der Societät Jesu, Tannerus, der Auctor Cautio Criminalis, Pater Johannes Freylinck, Prediger Ordens Doctor, Herr Antonius Praetorius Protestantischer Religion, der Herrn Winandi Hartman Pastor zu Reimbach 2 Brieffen und der Herr Michel Stapirius, Pastor zu Hirschberg in Westphalen‹[23]. Anton Praetorius und Adam Tanner hatten allgemein gegen die Hexenprozesse geschrieben, die ›Cautio criminalis‹ hingegen gehört zum Widerstand gegen das Exstirpationsprogramm. Spee war mit der kurkölnischen Massenverfolgung unmittelbar konfrontiert, nahm mehrfach eindeutig Bezug auf sie, griff Kurfürst Ferdinand und seine Hexenkommissare deutlich erkennbar an. Löher hat Spees Buch auch so verstanden. Der aus Rheinbach gebürtige Dominikaner Dr. Johannes Freylink stimmte mit Spees Meinung völlig überein. 1637 schrieb er seinem Freund Löher: ›Wünschete, ihr köntet mehr lateinisch, so wolte ich euch ein schönes Büchlein, genent Cautio criminalis 51 dubii schicken, in welchen der Hexen Commissarien unrichtiges verfahren mit lebendigen farben herfür gestrichen und abgemahlet wirdt‹[24]. Löher hat sich eine deutsche Übersetzung beschafft und ganze Teile davon in sein Buch übernommen. Ebenfalls aus dem Widerstand gegen das Ausrottungsprogramm ist die Schrift von Michael Stappert entstanden. Dieser Landpfarrer verfügte ebenfalls über keine hohe Bildung, durchschaute aber den unmittelbar erlebten Dr. von Schultheiß ebenso wie die Willkür der Hexenprozesse generell. Widerstand auf ihre Weise leisteten Menschen wie der Rheinbacher Pastor Winand Hartmann mit seiner Kritik auf offener Straße und der Pastor Hubertus von Meckenheim, der von der Kanzel gegen die Hexenprozesse predigte und nur durch hohe Protektion den Kommissaren entging.

Es gab sicher noch mehr Gegner in Kurköln, die aber doch alle nicht in der Lage waren, die Massenprozesse wirklich zu stoppen. Das konnte nicht einmal das Reichskammergericht, das fast immer zugunsten der Angeklagten einschritt, wenn es eingeschaltet wurde. Ganz anders dagegen der Reichshofrat, in dem der Kaiser kraft seines oberrichterlichen Amtes entschied. Dieses höchste Verfassungs- und Verwaltungsgericht des Reiches hatte 1630 in die Bamberger Hexenprozesse eingegriffen und sie zum Erliegen gebracht. Es griff auch in Köln ein. Erstaunlicherweise hat ein kleiner Beamter dies ausgelöst. Er erwirkte vom Reichshofrat ein Mandat, das die Fortsetzung des Hexenprozesses gegen diesen Mann verbot. Der Hofrat bezeichnete ihn erbost als ›Aufwiegler‹. Seine Frau war auch eine Aufwieglerin, denn sie erwirkte das zweite Mandat, das der kurfürstlichen Justiz die Hexenprozesse zu entziehen drohte. Ferdinand ließ es auf diese Kraftprobe nicht ankommen[25]. Dies, aber in erster Linie wohl der Krieg, hat die Massenprozesse in Kurköln beendet, die nach vorsichtiger Schätzung an die 2000 Menschen das Leben gekostet haben.

Bei einem Vergleich mit Nachbarterritorien wird erst so recht deutlich, wie kraß die Unterschiede sein können. Bereits rund 70 Jahre bevor in Kurköln die große Ausrottung verwirklicht wurde, herrschte am Hof Wilhelm III. von Jülich-Kleve-Berg die Meinung, ›daß es ein gottloser Unfug sei, Widerwärtigkeiten auf den Teufel oder auf Zauberer zurückzuführen‹[26]. Hier schrieb Johann Weyer 1561/62 sein Buch gegen die Hexenlehre und die Prozesse, in das er praktische Beispiele für Maßnahmen des Herzogs gegen Hexereianklagen aufnehmen konnte. Tatsächlich hat es in den vereinigten Herzogtümern während der Regierungszeit Wilhelms III. kaum Hexenprozesse gegeben. Diese Linie in der Hexenfrage ist auch nach dem Aussterben der Dynastie und der Teilung zwischen Kurbrandenburg und Pfalz-Neuburg beibehalten worden. Die Düsseldorfer Regierung ergriff 1631 Maßnahmen, um ein Übergreifen der kurkölnischen Verfolgung zu verhindern, worauf Hexenkommissar Buirmann in Wut geriet[27]. Auch aus dem nun brandenburgischen Herzogtum Kleve liegen für das 17. Jahrhundert keine Nachrichten über Hexenprozesse vor[28].

1 Weyer, J.: De praestigiis daemonum. Von Teufelsgespenst, Zauberern und Gifftbereytern, Frankfurt a. M. 1586, Vorreden.

2 Kunstmann, H. H.: Zauberwahn und Hexenprozeß in der Reichsstadt Nürnberg, Nürnberg 1970, S. 184; Schormann, G.: Hexenprozesse in Deutschland, Göttingen 2/1986, S. 110 f.

3 Neueste Beiträge zur Landesgeschichte: Kurköln. Land unter dem Krummstab, hrsg. vom Nordrhein-Westfälischen Hauptstaatsarchiv Düsseldorf, Kevelaer 1985.

4 Siebel, F. W.: Die Hexenverfolgung in Köln, jur. Diss., Bonn 1959, S. 52-62; Franken, I.-Hoerner, I.: Hexen. Die Verfolgung von Frauen in Köln, Köln 1987.

5 Sammlung der Gesetze und Verordnungen, welche in dem vormaligen Churfürstenthum Cöln ... ergangen sind, hrsg. von J. Scotti, 2. Abt. 1. Teil, Düsseldorf 1831, Nachtrag.

6 Hauptstaatsarchiv Düsseldorf (künftig: HStAD) KK III 10 Bl. 344; 15 Bl. 329; 21 Bl. 622.

7 Siebel (wie Anm. 4), S. 125 f.

8 Spee, F.: Cautio criminalis, dt. von J. F. Ritter, Darmstadt 1967, S. 214 f.

9 Behringer, W.: Hexenverfolgung in Bayern, München 1987, S. 197, 215 ff, 219 f.

10 Pauls, E.: Zauberwesen und Hexenwahn am Niederrhein, in: Beiträge zur Geschichte des Niederrheins 13(1898), S. 218.

11 Soldan, W. G.: Geschichte der Hexenprozesse, bearb. von M. Bauer, Bd. 2, München 2/1912, ND: Darmstadt 1972,

S. 51; Kremer-Mansel, B.: Hexenprozesse im Rheinland, in: Rheinische Heimatpflege NF 14(1977), S. 118; richtig gestellt bei Leitschuh, F.: Beiträge zur Geschichte des Hexenwesens in Franken, Bamberg 1883, S. 17 f.

12 Stadtarchiv Bonn Ku 102/1 Teil 1, S. 7.

13 HStAD KK III 24 a Bl. 270.

14 Decker, R.: Die Hexenverfolgungen im Herzogtum Westfalen, in: Westfälische Zeitschrift 131/32 (1981/82), S. 355-361.

15 Sammlung (wie Anm. 5), S. 17.

16 HStAD KK III 24 Bl. 677 f.

17 Human, A.: Herzog Johann Casimirs ›Gerichts-Ordnung die Hexerey betrf: Publiciret ahm 21. February 1629, in: Schriften des Vereins für Sachsen Meiningische Geschichte und Landeskunde 29(1898), S. 99.

18 Pohl, H.: Hexenglaube und Hexenverfolgung im Kurfürstentum Mainz, Stuttgart 1988, S. 187, 191 f; HStAD KK III 24 a Bl. 270.

19 Nachweise: Schormann, G.: Der Krieg gegen die Hexen, Göttingen 1991, Kap. III, 1.

20 Decker (wie Anm. 14), S. 358 f, 361 ff.

21 Rummel, W.: Hexenverfolgungen in den Manderscheider Territorien (1528-1641), in: Die Manderscheider. Eine Eifeler Adelsfamilie, Köln 1990, S. 43-46.

22 Löher, H.: Hochnötige Unterthanige Wemütige Klage der Frommen Unschültigen, Amsterdam 1676, S. 84

23 Ebd. S. 102.

24 Ebd. S. 83.

25 HStAD KK III 30 Bl. 115, 130, 139.

26 Pauls (wie Anm. 10), S. 215.

27 Löher (wie Anm. 22), S. 603.

28 Pauls (wie Anm. 10), S. 217.

Schmiervögel und Schmalzflügel
Fliegende Frauen bei Friedrich Spee und in Beispielen der Literaturgeschichte

Jan-Christoph Hauschild

Mit seiner 1631 erschienenen ›Cautio criminalis‹ setzte sich der Jesuitenpater Friedrich Spee von Langenfeld für eine durchgreifende Humanisierung der Hexenprozesse ein, deren Ausmaß soeben seinen Höhepunkt erreicht hatte. Spee forderte nicht weniger als die Einstellung aller Verfahren, die den ›Geboten der Vernunft‹ widersprachen. Im 46. Kapitel seines ›Gewissensbuchs‹ ging er der Frage nach, inwieweit die Geständnisse ›reuiger‹ Hexen Gerichtsverwertbarkeit beanspruchen konnten. Diese fast immer durch Anwendung der Folter erzwungenen Selbstbezichtigungen folgten einem Katalog von Scheußlichkeiten, der zwar nicht als reale Sammlung, wohl aber als Kollektivvorstellung in den Köpfen der Beteiligten existierte, der Opfer wie der Verfolger. Im Laufe vieler Jahrhunderte hatten sich antike, orientalische und altgermanische Mythologien, der Volksglaube des Mittelalters und die Dämonenlehre der Kirche miteinander vermischt und zur Ausprägung eines festen Hexenbildes geführt. Entsprechende ›Lehrbücher‹ waren seit der Erfindung des Buchdrucks im Umlauf; ihm verdankten sie ihre weite Verbreitung.

Ein besonders schändliches Beispiel für diese Art von Literatur wie auch für den Hexenwahn der kirchlichen Autoritäten stellt der 1487 von zwei päpstlichen Inquisitoren verfaßte ›Hexenhammer‹ dar. Darin wurde ausführlich beschrieben, welcher Todsünden sich die Hexen schuldig zu machen pflegten. Eines ihrer Hauptdelikte bestand darin, ›eine Salbe aus den gekochten Gliedern von Kindern, besonders solcher, die von ihnen getötet worden sind, zu bereiten und nach der Anleitung des Dämons damit irgend einen Sitz oder ein Stück Holz zu bestreichen, worauf sie sich sofort in die Luft erheben.‹ Die Beispiele, die der ›Hexenhammer‹ dafür anführte, waren von erschreckender Einfalt. Seine Autoren scheuten sich nicht, zur Bekräftigung ihrer Lehren sogar Beispiele aus dem eigenen Erleben anzuführen. Zwar waren sie, wie sie gestehen mußten, noch nicht selbst vom Teufel durch die Luft geführt und auch nie Zeuge einer solchen Ausfahrt geworden, doch kannten sie immerhin jemanden, der von sich behauptete, jemanden zu kennen, der nach eigener Aussage einmal ›vom Dämon durch die Lüfte getragen und in ferne Gegenden geschafft worden‹ war.

›Es lebt noch ein anderer Priester in Oberdorf, einem Dorfe nahe bei Landshut, der, damals dessen Kamerad, mit eigenen Augen jene Ausfahrt sah, wie er mit ausgestreckten Armen in die Lüfte flog, schreiend, aber doch nicht heulend. Die Ursache davon war folgende, wie er selbst erzählte. An einem Tage trafen sich viele Schüler zu einem Biergelage und kamen alle dahin überein, daß der, welcher Bier herbeischaffte, nichts auszulegen haben sollte. Und während so einer von ihnen hinausgehen wollte, um Bier zu holen, erblickte er, als er die Tür öffnete, vor derselben einen dichten Nebel; er erschrack, kehrte um und teilte jenen unter Angabe des Grundes mit, warum er keinen Trunk bringen wollte. Da rief jener, der damals durch die Luft getragen ward, unwillig: ›Und wenn der Teufel da wäre, wollte ich doch Bier bringen‹. Und so ging er hinaus und ward vor aller Augen durch die Luft entführt.‹ Liegt der Gedanke nicht näher, der Priesterschüler habe sich, nach intensiver Teilhabe am Biergelage, im dichten bayrischen Nebel verloren? Die Gegend um Waldshut muß damals überhaupt ein ziemlich unsicheres Terrain gewesen sein. Wie der ›Hexenhammer‹ weiter berichtet, wurde dort einmal eine Hochzeitsgesellschaft von einem Hagelunwetter auseinandergetrieben, das eine nicht eingeladene Hexe herbeigezaubert hatte und zwar wegen Wassermangels aus ihrem Urin. Die Vettel wurde anschließend eingeäschert.

So grotesk diese und ähnliche Geschichten heute klingen – für die kirchlichen und weltlichen Autoritäten aus der Zeit Friedrich Spees stand fest, daß die Hexen an bestimmten Tagen vom Teufel zu sich bestellt oder von diesem abgeholt wurden, um in Gesellschaft anderer Unholde nächtliche Orgien zu feiern. Die berühmtesten Versammlungsplätze der deutschen Hexen waren der Heuberg im Südschwarzwald und der Blocksberg im Harz.

Natürlich ging man nicht zu Fuß dorthin. Als Flugapparate dienten entweder Dämonen in Tiergestalt oder Küchenutensilien, haus- und landwirtschaftliche Geräte, die zuvor mit einer Salbe bestrichen wurden. Auch der eigene Körper wurde mit dieser ›Hexensalbe‹ eingerieben. Nun fehlte nur noch eine Beschwörungsformel, und schon ging es zum Schornstein hinaus kreuz und quer durch die Lüfte zum Hexensabbat. ›Nachtfrauen‹, ›Gabelreiterinnen‹, ›Schmiervögel‹, ›Schmalzflügel‹, ›Besen-‹ und ›Bockreiterinnen‹ waren sprechende Namen für die weiblichen Unholde.

Es ist noch nicht geklärt, wie es im Hexenglauben zu dieser Fixierung auf Haushaltsgeräte wie Besen, Ofengabeln und ähnliche kam. Andere Volksmythen kennen Pflanzenstengel als Fluginstrumente. Die vermutlich älteste biblische Darstellung aus dem deutschen Sprachraum, ein Fresko am Schleswiger Dom (um 1300), zeigt eine junge Frau rittlings auf einem überdimensionierten (Distel?) Stengel. Wurde hier aus dem allegorischen Hinweis auf die pflanzlichen Bestandteile der Hexensalbe eine konkrete Bildphantasie?

Dagegen dürfte der Ritt auf dem Besenstiel, wie er schon in der französischen Buchmalerei des 15. Jahrhunderts überliefert ist, auch eine sexuelle Komponente enthalten. So sagte eine lothringische ›Hexe‹ im Verhör, ›ihr Buhlschaft hette einen so starken etc. allezeit gehabt, wenn er ihm gestanden, und so groß als Ofengabelstil‹ (nach Nicolaus Remigius, ›Daemonolatria‹).

Die Folterknechte in den Hexenprozessen verstanden es in der Regel gut, eine Verdächtige bald zu einem Geständnis irgendeiner der längst normierten Untaten zu bewegen. Unter der Folter fand sich für jede der infamen Suggestivfragen auch eine entsprechende Antwort.

Hans Baldung Grien: Hexen-Sabbath, 1510

Friedrich Spee, der wie die meisten seiner Zeitgenossen dem Hexenwesen einen teils realen Hintergrund beimaß und auch keineswegs den Hexenglauben insgesamt in Frage stellte, bezweifelte nicht, daß es mitunter Fälle gegeben habe und auch jetzt noch gebe, wo Hexen vom Teufel durch die Luft geführt würden. Gleichwohl stand für ihn ebenfalls fest, daß sich die Hexen dies häufig nur einbildeten, weil sie ›vom Teufel mit bloßen Trugbildern zum besten‹ gehalten würden. Spee nannte auch eines der Täuschungsmittel, mit dem der Teufel die Phantasie der Frauen (die, so Spee, ›den Anlagen ihres Geschlechtes nach‹ ohnehin ›zum Wahnsinn neigen‹) ›in mancherlei Weise‹ beeinflusse: Arzneikörper, deren Anwendung die Hexen in einen tiefen Schlaf fallen lasse und sie auf diese Weise glauben mache, sie hätten etwas ›gesehen und getan, was nirgends gesehen noch getan worden‹ sei. Es gehe ihnen ›so wie jemandem, den nicht wirkliche Dinge sondern deren Trugbilder im Schlafe narren‹.

Spee interessierte sich nicht für die medizinischen Aspekte der teuflischen Traumvisionen, und daher führte er nicht weiter aus, welcher Rauschdrogen sich die Hexen bedienten, um in einen Zustand zu gelangen, der sie annehmen ließ, sie nähmen an einer Fahrt zum Hexensabbat teil. Wir wissen heute, daß es nicht die makabren Ingredienzien der Hexensalben waren, etwa das Fett ungetaufter Kinder, welche die entsprechenden Halluzinationen hervorriefen, sondern die erheblichen Beimischungen pflanzlicher Alkaloide wie Aconitin, Coniin, Solanin, Atropin, Hyoscyamin und Morphin, wie sie in Eisenhut, Schierling, Tollkirsche, Bilsenkraut, Stechapfel und Schlafmohn enthalten sind. Richtig dosiert, erzeugen sie tatsächlich die von den Hexen beschriebenen ›Erlebnisse‹: Flugimaginationen, erotische Phantasien, von der Haut ausgehende Sinnestäuschungen. Selbsterfahrungsexperimente aus jüngerer (Kiesewetter 1895) und jüngster Zeit (Ferckel 1954, Peuckert 1960) haben dies in den Grundzügen bestätigt, wenngleich die autosuggestiven Anteile als Manifestationen des Unbewußten abweichende Trauminhalte produzierten: der halluzinierende Mensch der modernen Industriegesellschaft hat den Glauben an weibliche Unholde verloren, feiert seine Orgien nicht mehr auf kahlen Bergeshöhen und unterscheidet sich noch in manch anderer Hinsicht von seinem frühneuzeitlichen Vorfahr.

Den botanisch versierten Heilkundigen der Antike und des Mittelalters waren die genannten Heildrogen und ihre toxischen Begleiterscheinungen gut bekannt. Die Theologen und die Richter in den Hexenprozessen verstanden dagegen in der Regel nichts von Pharmakologie, und sie wären auch nicht auf die Idee gekommen, Phänomene wie den Hexenflug physiologisch erklären zu wollen. Wußten sie doch aus dem Neuen Testament, daß Satan selbst Jesus an jeden beliebigen Ort der Erde versetzen konnte (vgl. Matth. 4,5/8 und Luk. 4,5/9). Wie leichtes Spiel mußte der altböse Feind dann erst mit den Hexen haben! Auch Spee zweifelte nicht im geringsten an den Fähigkeiten der höllischen Mächte, aber den unbezweifelbaren Schaden, der von den meisten Hexenprozessen ausging, wollte er möglichst in Grenzen halten. Stellte sich heraus, daß eine Person ›nur in ihrer Phantasie zum Hexensabbat gefahren‹ sei, dürfe man darauf, so sein Rat an die ›Obrigkeiten Deutschlands‹, keinen Prozeß gründen. Die Selbstbezichtigung einer als Hexe Verdächtigten sei noch kein Schuldbeweis, möge sie sich selbst ›auch noch so reuig‹ zeigen. Dies zeuge allein von der außerordentlichen Fertigkeit des Teufels, dieses ›Tausendkünstlers‹, der ›seine Knechte so verwirrt‹ mache, ›daß sie nicht zwischen Wirklichem und Unwirklichem zu unterscheiden‹ wüßten. Man kenne ›Beispiele‹, so Spee, ›wo Leute, die diese Fragen erforschen wollten, mit Zeugen zugegen waren und derart eingeschläferte Hexen, denen man überdies noch Prügel angedeihen ließ, im Auge behalten haben; und doch versicherten die Hexen, sobald sie ausgeschlafen hatten, sie seien auf ihrem Sabbat gewesen und hätten dort wundersame Dinge getrieben. So hielten sie für Wirklichkeit, was sie doch nur in der Phantasie erlebt hatten‹. Ein solcher Versuch sei von dem Neapolitaner Giovanni Battista della Porta in seiner ›Magia naturalis‹ (1558) geschildert worden.

Della Porta (1535-1615), ein vielseitiger Gelehrter und Schriftsteller der Spätrenaissance, war der erste, der sich von einem wissenschaftlichen Standpunkt aus mit der sogenannten Hexensalbe beschäftigte, ihre Zusammensetzung analysierte und ihre Wirkung erforschte. ›Es gab einen Freund‹, heißt es im 8. Buch der ›Magia Naturalis‹ (Ausgabe von 1664), ›der, so oft es ihm gefiel, Menschen glauben machte, sich in einen Vogel verwandelt zu haben, in welches Tier auch immer, und er produzierte den Wahnsinn nach Belieben. Einer schien in einen Fisch verwandelt worden zu sein und schwamm mit ausgebreiteten Armen auf dem Boden, ein anderer war in eine Gans verwandelt und rupfte mit dem Mund die Gräser aus, und hackte mit den Zähnen in der Erde herum, er schnatterte wie eine Gans und richtete sich auf, um mit den Flügeln zu schlagen.‹ Im 2. Buch berichtet Della Porta von der Bekanntschaft eines ›alten Weibes‹, der man nachsagte, sie sei eine Hexe. Diese hatte sich angeboten, eine Probe ihrer Kunst zu geben. Der Gelehrte willigte ein. ›Darauf hieß sie mich und die andern, welche ich als Zeugen mitgebracht hatte, aus der Stube gehen, zog sich nackt aus und rieb sich über und über mit Salbe stark ein, wie wir durch eine Ritze der Tür sehen konnten. Durch die Macht der Salbe fiel sie sofort nieder und versank in einen tiefen Schlaf. Wir öffneten darauf die Türe und fanden die Betäubung, in der sie lag, so stark, daß sie von den Schlägen, die wir ihr gaben, gar nichts merkte, so tief war der Schlaf. Wir gingen wieder heraus, bis die narkotische Salbe ihre Wirkung verloren hatte. Als sie nun erwacht war, erzählte sie Wunderdinge, wie sie über Meere und Berge gefahren sei usw. Was wir auch dagegen sagen mochten, blieb ohne Wirkung auf sie, und als wir ihr die blauen Flecken zeigten, die wir ihr im Schlaf geschlagen hatten, so widerstand sie uns noch halsstarriger.‹

Auch dem Arzt Johannes Weyer (1515-1588), einem Schüler des Agrippa von Nettesheim und Vorkämpfer Spees gegen Aberglaube und Hexenwahn, waren die toxischen Wirkungen der Nachtschattengewächse, von denen Porta berichtete, nicht fremd. Er hatte Taumellolch, Bilsenkraut, Schierling, Mohn, Lattich und Tollkirsche als Salbengrundlage ermittelt und erklärte die Visionen der Hexen in seiner Hauptschrift ›De praestigiis daemonum et incantationibus ac veneficiis‹ (Basel 1563, dt. 1586: ›Von Teuffelsgespenst, Zauberern und Gifftbereytern, Schwarzkünstlern, Hexen und Unholden‹) als Vergiftungserscheinungen. Derartig wissenschaftlich fundierte Vernunfturteile hatten es jedoch schwer, sich durchzusetzen. Zum einen bestritten ja die Betroffenen selbst, aufgrund der Intensität der Imagination, nur im Traum ausgefahren zu sein, zum andern galten physiologische Erklärungen wie die von Spee (im Anschluß an Porta und Weyer) als theologische Ketzerei, weil sie der herrschenden kirchlichen Lehrmeinung widersprachen. Und schließlich gab es die schier unauslöschliche Tradition des Volksglaubens an nachtfahrende Frauen, die auf deutschem Boden bis mindestens in das 6. nachchristliche Jahrhundert zurückreicht. Schon in den ältesten erhaltenen Dokumenten alamannischen und langobardischen Volksrechts, dem ›Pactus Alamannorum‹ und dem ›Edictum Rothari‹, bekundet sich der (dort übrigens als Irrtum zurückgewiesene) Glaube an aus der Luft kommende Dämoninnen, die sogenannten ›Strigen‹. Noch deutlicher wendet sich der ›Canon Episcopi‹, angeblich die Urkunde der Beschlüsse des Konzils von Ankara aus dem Jahr 314, der aber erst 872 in den Kapitularien Karls des Kahlen überliefert ist, gegen die Behauptung ›gewisser verbrecherischer Frauen‹, sie seien in Begleitung mythologischer Gestalten wie der Göttin Diana ›des Nachts … durch die Luft geritten‹.

Seitdem haben sich neben Juristen, Theologen, Medizinern und Pharmazeuten immer wieder auch schöngeistige Schriftsteller mit dem Phänomen des Hexenflugs auf Salbengrundlage beschäftigt. Je nach Einstellung verhalten sie sich dazu ablehnend, skeptisch oder zustimmend. Während ein mittelhochdeutscher Autor des 13. Jahrhunderts, der ›Stricker‹, grundlegende Zweifel an der Existenz fliegender ›unholde‹ anmeldet, propagiert der Straßburger Dichter-Theologe Thomas Murner 1512 den Feuertod für alle Weiber, die sich dem Teufel verschrieben haben und wähnen, sie könnten ›auf gesalbtem stecken faren‹. Sein jüngerer Kollege Geiler von Kaysersberg widmet die Predigt des Mittwochs nach dem zweiten Fastensonntag 1508 den ›Hexen‹ und bezieht sich auf einen Bericht von Johannes Nider in dessen ›Formicarius‹. Nider wiederum hatte sich von einem Prediger erzählen lassen, was dieser in einem elsässischen Dorf mit einer angeblichen Hexe erlebt hatte, die sich brüstete, sie könne nachts ausfahren. Um dies zu beweisen, rief sie den Theologen eines Nachts zu sich, stellte vor dessen Augen einen Backtrog auf eine Bank, setzte sich hinein, salbte sich mit Öl und sprach einige magische Worte vor sich hin. Kurz darauf fiel sie in einen tiefen Schlaf, ruderte dabei aber so heftig mit Händen und Füßen, daß sie am Ende mitsamt dem Trog von der Bank fiel und sich ein Loch in den Kopf schlug – für Geiler ein ›exempel‹, wie ›der teufel‹ dem Menschen ›ein schein also in kopf machen und also ein fantasey, das sie nit anders wenen, dan sie faren allenthalben‹.

Aufklärung betreibt 1515 auch der (anonyme) Verfasser des ›Eulenspiegel‹. Sein Titelheld kündigt in Magdeburg großsprecherisch an, über den Marktplatz fliegen zu wollen. Als dann Jung und Alt auf das Wunder warten, lacht Eulenspiegel sie aus und ruft: ›Ich bin doch weder Gans noch Vogel, habe keine Flügel, und ohne Flügel oder Federn kann niemand fliegen.‹ Was die Leute, wenn auch murrend, zugeben müssen.

Für Martin Luther stellen die Hexen eine echte Bedrohung der Menschheit dar. Das Reiten ›auf Böcken und Besen‹ ist noch eines ihrer kleineren Laster. Der Reformator zeigt sich fest davon überzeugt, daß diese ›Teufelshuren‹ auch in der Lage sind, die ehelichen gliedmaßen› zu ›bezaubern‹. Mit dieser Lehre, die fünf Jahre nach seinem aufsehenerregenden Thesenanschlag publiziert wird, beweist Luther, daß auch der Protestantismus durchaus Sinn für den Volksaberglauben besitzt. Willibald Pirckheimers Satire auf hexengläubige Katholiken aus dem Jahr 1520 dürfte daher selbst in den Reihen der Lutheraner nicht nur auf Zustimmung gestoßen sein, auch wenn dort der Doktor Eck ganz besonders hart mitgenommen wird: Auf seine an eine ›alte Vettel‹ gerichtete Frage, ob diese ›auf einer Mistgabel oder einem Bündel Heu‹ durch die Luft reiten werde, erhält Eck die lakonische Auskunft, es sei ein weiter Weg von Ingolstadt bis Leipzig, und daher gedenke sie ›ein weitaus kräftigeres Reittier‹ zu benutzen, einen Ziegenbock.

Eben dieser Glaube an Unholde, die auf Ziegenböcken ›über Stauden, Stein und Stock‹, ›durch Berg und Tal‹, fahren, wird 1531 von Hans Sachs in einem ›wunderlich gesprech von fünff unhulden‹ als ›heidnisch‹ entlarvt. Das ›Bockfahren‹ sei nur Traum und Phantasie: ›So du im Glauben Gott erkennst,/So kann dir schaden kein Gespenst.‹

Derlei Appelle bleiben zu dieser Zeit aber ohne Wirkung. Die Welle der Hexenprozesse und -verfolgungen hat ihren Höhepunkt längst noch nicht erreicht. Die Entwicklung in der Literatur verläuft parallel: Die Präsenz des Teufels und seiner Verbündeten in fiktionalen Texten nimmt weiter zu. Um 1606 entsteht Shakespeares ›Macbeth‹ mit der berühmten Hexenszene zu Beginn des 4. Aufzugs, hier in der Übersetzung von Dorothea Tieck:

> ›Erste Hexe. Um den Kessel dreht euch rund,
> Werft das Gift in seinen Schlund.
> Kröte, die im kalten Stein
> Tag' und Nächte, dreimal neun,
> Zähen Schleim im Schlaf gegoren,
> Sollst zuerst im Kessel schmoren!
>
> Alle.   Spart am Werk nicht Fleiß noch Mühe,
> Feuer sprühe, Kessel glühe!
>
> Zweite Hexe. Sumpf'ger Schlange Schweif und Kopf
> Brat' und koch' im Zaubertopf:
> Molchesaug' und Unkenzehe,

Hundemaul und Hirn der Krähe;
Zäher Saft des Bilsenkrauts,
Eidechsbein und Flaum vom Kauz:
Mächt'ger Zauber würzt die Brühe,
Höllenbrei im Kessel glühe!

Alle. Spart am Werk nicht Fleiß noch Mühe,
Feuer sprühe, Kessel glühe!

Dritte Hexe. Wolfeszahn und Kamm des Drachen,
Hexenmumie, Gaum' und Rachen
Aus des Haifisch scharfem Schlund;
Schierlingswurz aus finsterm Grund;
Auch des Lästerjuden Lunge,
Türkennas' und Tartarzunge;
Eibenreis, vom Stamm gerissen
In des Mondes Finsternissen;
Hand des neugebornen Knaben,
Den die Metz' erwürgt im Graben,
Dich soll nun der Kessel haben.
Tigereingeweid' hinein,
Und der Brei wird fertig sein.

Alle. Spart am Werk nicht Fleiß noch Mühe,
Feuer sprühe, Kessel glühe!‹

Im Laufe des 17. Jahrhunderts avanciert das Hexenthema zur literarischen
Mode. Auch Simplicissimus, der Held in Grimmelshausens Schelmenroman
(1668), läßt die Gelegenheit eines Ausflugs zum Blocksberg nicht ungenutzt ver-
streichen. Das 17. Kapitel des 2. Buchs berichtet, ›wie Simplicius zu den Hexen
auf den Tanz gefahren‹, nachdem er eines Nachts zufällig Spessartbauern bei einer solchen Ausfahrt beobachtet hat. Eigentlich hatte er nur der Vorratskammer
einen heimlichen Besuch abstatten wollen, ›merkte aber bald, daß noch Leut auf
waren‹ und blieb deshalb ›mausstill sitzen, bis ich erwarten mochte, daß sich die
Leut niedergelegt hätten: Unterdessen nahm ich eines Spalts gewahr, den das
Küchenschälterlein hatte, welches in die Stuben ging; ich schlich hinzu, zu sehen,
ob die Leut nicht bald schlafen gehen wollten? aber meine Hoffnung war nichts,
denn sie hatten sich erst angezogen und anstatt des Lichts eine schweflichte blaue
Flamm auf der Bank stehen, bei welcher sie Stecken, Besen, Gabeln, Stühl und
Bänk schmierten und nacheinander damit zum Fenster hinausflogen. Ich ver-
wundert mich schrecklich und empfand ein großes Grausen; weil ich aber größerer Erschrecklichkeiten gewohnt war, zumal mein Lebtag von den Unholden we-

der gelesen noch gehört hatte, achtet ichs nicht sonderlich, vornehmlich weil alles so still herging, sondern verfügte mich, nachdem alles davongefahren war, auch in die Stub, bedachte was ich mitnehmen und wo ich solches suchen wollte, und setzte mich in solchen Gedanken auf eine Bank schrittlings nieder; ich war aber kaum aufgesessen, da fuhr ich samt der Bank gleichsam augenblicklich zum Fenster hinaus, und ließ mein Ranzen und Feuerrohr, so ich von mir gelegt hatte, für den Schmiererlohn und so künstliche Salbe dahinten. Das Aufsitzen, Davonfahren und Absteigen geschah gleichsam in einem Nu! denn ich kam, wie mich bedünkte, augenblicklich zu einer großen Schar Volks, es sei denn, daß ich aus Schrecken nicht geacht hab, wie lang ich auf dieser weiten Reis zugebracht.‹

Das Abenteuer endet damit, daß Simplicissimus vor Schreck ›überlaut zu Gott‹ ruft, woraufhin die Erscheinung verschwindet. ›In einem Hui wurde es stockfinster und mir so fürchterlich ums Herz, daß ich zu Boden fiel und wohl hundert Kreuz vor mich machte.‹

Im folgenden Kapitel setzt sich der Ich-Erzähler dann mit der Frage auseinander, ob ›Hexen oder Unholde‹ tatsächlich existieren und zitiert ironisch ein knappes Dutzend Gewährsleute, die das ›Ausfahren‹ bezeugen. Höhepunkt dieser Gelehrtenparodie bildet jedoch eine Anekdote aus dem eigenen Lebenskreis: ›So hab ich selbst auch eine Frau und eine Magd gekannt, sind aber, als ich dieses schreibe, beide tot, wiewohl der Magd Vater noch im Leben; diese Magd schmierte einsmals auf dem Herd beim Feuer ihrer Frauen die Schuh, und als sie mit einem fertig war und solchen beiseit setzte, den andern auch zu schmieren, fuhr der geschmierte ohnversehens zum Kamin hinaus; diese Geschicht ist aber vertuscht geblieben.‹ Und gleichsam augenzwinkernd fügt der Autor hinzu, er wolle mit diesen Beispielen keineswegs seine eigenen Behauptungen untermauern, wer ihm aber nicht glaube, der möge gefälligst ›einen andern Weg ersinnen‹, auf welchem er vom Main an die Elbe gelangt sei, denn dort, im Erzstift Magdeburg, spielt das folgende Kapitel. Erzähltechnisch überbrückt Grimmelshausen mit dem Hexenflug den Wechsel von einem Handlungsschauplatz zum andern und außerdem eineinhalb Jahre in der Romanchronologie, die an diesem Punkt von 1635 auf 1636 springt.

Ungefähr ein halbes Jahrhundert später spielt der Bericht des Hallenser Hofbarbiers Johann Dietz (1665-1738), dem wir eine der raren Selbstbiographien aus der frühbürgerlichen Epoche verdanken.

›Es ist in Giebichenstein allhier von den Dörfern eine beschuldigte Hexe ins Gefängnis gelegt worden. Und als eben die Zeit um Walpurgis angelaufen, kommt der damalige Amtmann mit andern in die Stube, da sie gefangen an Ketten liegt, und sagt: ›Marthe, Marthe, heute werdet ihr nicht mitkönnen auf den Blocksberg.‹

›Ju, ju‹, sagt die Frau, ›Herr Amtmann, ich komme doch mit.‹

›Ihr dumme Frau‹, sagt der Amtmann, ›ihr seid ja angeschlossen.‹

›Ich komme doch mit‹, sagt die Frau, ›um zwölf Uhr!‹

Der Amtmann Konsorten setzen sich aus Kuriosität, rauchen Tobak und sehen genau; just um die Zeit ist die Frau im Schlaf, daß sie schnarchet; und fängt auf dem Stroh an zu hüppeln und zu juchen, als wenn sie auf dem Tanz wäre und das treibet sie 'ne lange Weile, bis sie ermüdet aus dem Schlaf erwacht. Der Amtmann fraget sie: ›Nun, seid ihr dagewesen?‹

›Ja‹, spricht sie, ›ich bin dagewesen; recht lustig; die und die, der und der war auch da.‹ Und hat viel erzählt.

Also sieht man, daß alles in einer bösen und teuflischen Imagination und falschem, bösem Aberglauben besteht. Diese Frau ist noch im Gefängnis, wegen langwieriger Inquisition gestorben.‹

Wie Spee warnt auch Dietz davor, ›unschuldige Menschen ohne genugsame Überzeugung‹ zum Tode zu verurteilen. Denn es stehe fest und komme ›auch mit der Schrift überein, daß der Teufel in Unglauben, Lügen und Finsternis bei gottlosen, bösen Menschen falsche Vorstellungen machen kann. Der Teufel ist ein Geist und kann nicht anders, als in dem Geist der Bosheit wirken und falsche Vorstellungen und impressiones bei den Leuten, die da Hexen heißen, machen; derer es allhier und im Mecklenburgischen noch viele tausend gibt, welches die vielen Brandsäulen genug anzeigen.‹ Andererseits dürfe man ›den Hexenprozeß nicht gar wegwerfen‹, weil die ›sogenannten Hexen‹ auch ohne ›Verbindung mit dem Teufel‹ heillosen Schaden anrichteten, nur durch Gebrauch der ›natürlichen Sachen‹. Dietz nennt hier ebenfalls die ›magia naturalis‹, von der 1680 und 1713/14 in Nürnberg zwei neue Ausgaben erschienen (›Magia Naturalis teutsch‹; ›Magia Naturalis. Hauß-Kunst- und Wunder-Buch‹).

Die wohl bekannteste Darstellung einer Hexenausfahrt mit anschließendem Tanzvergnügen findet sich im ersten Teil von Goethes ›Faust‹, in der berühmten ›Walpurgisnacht‹-Szene. Beim Aufstieg auf den Brocken werden Faust und Mephisto von einer ganzen Schar Hexen, Halbhexen und Hexenmeister begleitet, die sich mit garstigem Einzel- und Chorgesang die Zeit verkürzen.

> ›Hexen (im Chor). Die Hexen zu dem Brocken ziehn,
> Die Stoppel ist gelb, die Saat ist grün.
> Dort sammelt sich der große Hauf,
> Herr Urian sitzt oben auf.
> So geht es über Stein und Stock,
> Es farzt die Hexe, es stinkt der Bock.

> Stimme. Die alte Baubo kommt allein,
> Sie reitet auf einem Mutterschwein.

> Chor. So Ehre denn, wem Ehre gebührt!
> Frau Baubo vor! und angeführt!
> Ein tüchtig Schwein und Mutter drauf,
> Da folgt der ganze Hexenhauf. …

Hexen. Chor.	Der Weg ist breit, der Weg ist lang, Was ist das für ein toller Drang? Die Gabel sticht, der Besen kratzt, Das Kind erstickt, die Mutter platzt.
Hexenmeister. Halber Chor.	Wir schleichen wie die Schneck im Haus, Die Weiber alle sind voraus. Denn, geht es zu des Bösen Haus, Das Weib hat tausend Schritt voraus.
Andre Hälfte.	Wir nehmen das nicht so genau, Mit tausend Schritten macht's die Frau; Doch wie sie sich auch eilen kann, Mit einem Sprunge macht's der Mann.
Beide Chöre.	Es trägt der Besen, trägt der Stock, Die Gabel trägt, es trägt der Bock; Wer heute sich nicht heben kann, Ist ewig ein verlorner Mann.
Halbhexe (unten).	Ich tripple nach, so lange Zeit; Wie sind die andern schon so weit! Ich hab zu Hause keine Ruh Und komme hier doch nicht dazu.
Chor der Hexen.	Die Salbe gibt den Hexen Mut, Ein Lumpen ist zum Segel gut, Ein gutes Schiff ist jeder Trog; Der flieget nie, der heut nicht flog.
Beide Chöre.	Und wenn wir um den Gipfel ziehn, So streichet an dem Boden hin. Und deckt die Heide weit und breit Mit eurem Schwarm der Hexenheit.‹

Ein anderer berühmter Brocken-Spaziergänger ist Heinrich Heine, der zuvor nicht nur eine Reihe von ›ergötzlichen Blocksberggeschichten‹, sondern auch gründlich den ›Faust‹ gelesen hat, und so marschieren auf diesem Teil seiner ›Harzreise‹ (1824) der Doktor Faust und sein Herr und Diener mit dem Pferdefuß im Geiste mit.

›Je höher man den Berg hinauf steigt, desto kürzer, zwerghafter werden die Tannen, sie scheinen immer mehr und mehr zusammen zu schrumpfen, bis nur

Heidelbeer- und Rothbeersträuche und Bergkräuter übrig bleiben. Da wird es auch schon fühlbar kälter. Die wunderlichen Gruppen der Granitblöcke werden hier erst recht sichtbar; diese sind oft von erstaunlicher Größe. Das mögen wohl die Spielbälle seyn, die sich die bösen Geister einander zuwerfen in der Walpurgisnacht, wenn hier die Hexen auf Besenstielen und Mistgabeln einhergeritten kommen, und die abenteuerlich verruchte Lust beginnt, wie die glaubhafte Amme es erzählt, und wie es zu schauen ist auf den hübschen Faustbildern des Meister Retzsch.‹

Später dringt Heine noch wesentlich tiefer in die Mysterien des Hexenkults ein, liest Grimms ›Deutsche Mythologie‹ (1835) und Horsts ›Zauberbibliothek‹ (1821 ff.), Jean Bodins ›Daemonomania‹ (1586), Weyer und Gödelmann (1592), Remigius (1598) und de Lancre (1613), und die Nachdrucke alter und seltener Volksbücher in dem von Johannes Scheible herausgegebenen Sammelwerk ›Das Kloster‹ (1846 ff.). 1847 verfaßt Heine dann für ein englisches Publikum ›Erläuterungen‹ zu seinem Faust-Ballett, das ursprünglich für ›Her Majesty's Theatre‹ in London bestimmt war. Verändert und erweitert erscheint beides 1851 als ›Der Doktor Faust. Ein Tanzpoem, nebst kuriosen Berichten über Teufel, Hexen und Dichtkunst‹.

Die ›Erläuterungen‹ sollen ein besseres Verständnis des Balletts ermöglichen, enthalten aber auch konkrete Inszenierungshilfen.

›Die Hexen, die zum Sabbath fahren, müssen wir jedoch reiten lassen, gleichviel auf welchem Haushaltungsgeräthe oder Unthier. Die deutsche Hexe bedient sich gewöhnlich des Besenstiels, den sie mit derselben Zaubersalbe bestreicht, womit sie auch ihren eigenen nackten Leib vorher eingerieben hat. Kommt ihr höllischer Galan etwa in Person sie abzuholen, so sitzt er vorne und sie hinter ihm bey der Luftfahrt. Die französischen Hexen sagen: ›Emen-Hetan, Emen-Hetan!‹ während sie sich einsalben. ›Oben hinaus und nirgends an!‹ ist der Spruch der deutschen Besenreuterinnen, wenn sie zum Schornstein hinausfliegen. Sie wissen es so einzurichten, daß sie sich in den Lüften begegnen und rottenweis zum Sabbath anlangen. Da die Hexen, ebenso wie die Feen, das christliche Glockengeläute aus tiefstem Herzen hassen, so pflegen sie auch wohl auf ihrem Fluge, wenn sie einem Kirchthurm vorbeykommen, die Glocke mitzunehmen und dann in irgend einen Sumpf hinabzuwerfen, mit fürchterlichem Gelächter. Auch diese Anklage kommt vor in den Hexenprozessen, und das französische Sprüchwort sagt mit Recht, daß man nur gleich die Flucht ergreifen solle, wenn man angeklagt sey, eine Glocke vom Kirchthurm Notre-Dame gestohlen zu haben.

Ueber den Schauplatz ihrer Versammlung, den die Hexen ihren Convent, auch ihren Reichstag, nennen, herrschen im Volksglauben sehr abweichende Ansichten. Doch nach übereinstimmenden Aussagen sehr vieler Hexen, die auf der Folter gewiß die Wahrheit bekannt, sowie auch nach den Autoritäten eines Remigius, eines Godelmanus, eines Wierus, eines Bodinus, und gar eines de Lancre, habe ich mich für eine mit Bäumen umpflanzte Bergkoppe entschieden, wie ich solches im dritten Akt meines Balletts vorgezeichnet.‹

Heines Szenarium folgt der französischen und deutschen Tradition des Volksglaubens. Anders verhält es sich bei den beiden letzten vorzustellenden Beispielen, die aus Belgien und dem zaristischen Rußland stammen.

In Charles de Costers ins Flandern des 16. Jahrhunderts verlegter ›Legende von Ulenspiegel‹ (1867) dient die Verwendung der Hexensalbe in erster Linie dem Hellsehen. Ulenspiegel, der das Land Flandern von der spanischen Fremdherrschaft befreien will, begibt sich zu der ›guten Hexe‹ Katheline, die ihn davon überzeugt, daß er sich deswegen an die ›Geister der elementaren Natur‹ wenden müsse, die seine Bitte Gott überbringen würden. Dies könne nur auf dem ›Sabbat der Frühlingsgeister‹ geschehen, wohin ihn ein ›Mädchen, das ihn liebe‹, mitnehmen müsse.

›Ich will ihn mitnehmen‹, sagte Nele.

Katheline goß in einen kristallenen Becher eine graufarbene Mixtur, von der sie beiden zu trinken gab. Sie rieb ihnen mit diesem Aufguß die Schläfen, Nüstern, die Handflächen und Handgelenke ein, ließ sie eine Prise weißen Pulvers essen und hieß sie einander anschauen, damit ihre Seelen nur noch eine Seele seien.

Ulenspiegel blickte Nele an, und die sanften Augen des Mägdleins entzündeten in ihm ein mächtiges Feuer; dann spürte er von der Wirkung der Mixtur ein Gefühl, als ob Tausende von Krabben ihn zwickten.

Dann zogen sie sich fasernackt aus, und sie waren schön, als sie so von der Lampe beschienen wurden, er in seiner stolzen Kraft, sie in ihrer holden Anmut. Aber sie konnten einander nicht sehen, denn sie waren schon wie im Schlaf. Dann legte Katheline Neles Hand auf Ulenspiegels Arm, und seine Hand nahm sie und legte sie auf Neles Herz.

Und sie blieben so nackt nebeneinander liegen.

Es schien ihnen beiden, ihre Leiber seien bei der Berührung wie Feuer, sanft wie die Sonne des Rosenmonats.

Sie erhoben sich, wie sie später sagten, stiegen auf das Fensterbrett und schwangen sich von da in die Leere, und sie spürten, daß die Luft sie trug, wie das Wasser die Schiffe trägt.‹

Später erfahren wir auch das Rezept der Hexensalbe. Katheline hat es von einem Betrüger erhalten, der später als Hexenmeister abgeurteilt und verbrannt wird.

›Anmutige Hexe, hier schicke ich Dir das Rezept einer Salbe, die mir Luzifers Weib selbst gesandt hat: mit Hilfe dieser Salbe kannst Du Dich auf die Sonne, den Mond und die Gestirne versetzen, mit den Elementargeistern verkehren, die zu Gott die Gebete der Menschen tragen, und alle Städte, Flecken, Flüsse, Gefilde der ganzen Welt durcheilen. Du mußt zu gleichen Teilen miteinander zerstoßen: Stramonium, Solanum somniferum, Bilsenkraut, Opium, frische Hanfspitzen, Belladonna und Datura.‹

Nach Auffindung dieses Beweisstücks nutzt dem Hexer auch seine Offenbarung nichts mehr, er habe den Teufel nur gespielt:

›Was mein schimmerndes Gesicht betrifft, so habt ihr das Rezept und auch das der Salbe, die nur als Schlafmittel wirkt, obwohl sie Bilsenkraut, eine Giftpflanze, enthält. Wenn dieses Weib, eine echte Hexe, davon nahm, so fiel sie in Schlaf und meinte zum Sabbat zu fliegen und dort mit nach auswärts gewandtem Gesicht im Kreise zu tanzen und den Teufel, in Bocksgestalt auf einem Altar sitzend, anzubeten. Wenn der Rundtanz zu Ende war, meinte sie ihn, wie's die Hexen tun, unter dem Schwanz zu küssen, um dann nachher sich mit mir, ihrem Freund, allerhand seltsamen Begattungen hinzugeben, die ihrem überspannten Geist behagten. Wenn ich, wie sie sagte, kalte Arme und einen kühlen Leib hatte, so war das ein Kennzeichen von Jugend und nicht etwa von Hexerei. Beim Liebeswerk hält die Frische nicht an. Aber Katheline wollte glauben, was sie zu glauben wünschte, und hielt mich für einen Teufel, obschon ich ein Mensch aus Fleisch und Blut bin, genauso wie ihr, die ihr mich anseht.‹

Der Roman schließt mit einer erneuten Anwendung der Hexensalbe, wiederum, um hellzusehen:

›Da sprach Nele zu Ulenspiegel: ›Zieh deine Kleider aus, ich tue das gleiche. Da ist die Silberbüchse mit dem Balsam der Gesichte.‹

›Mir ist's einerlei‹, antwortete Ulenspiegel.

Dann entkleideten sie sich und salbten sich mit dem Seherbalsam und legten sich nackt nebeneinander ins Gras.

Die Fliegen summten klagend. Der Donner grollte dumpf in den Wolken, wo Blitze aufzuckten. Der Mond zeigte zwischen zwei Wolken hervor die goldenen Hörner seiner Sichel. …

Plötzlich wurden Ulenspiegel und Nele von der gewaltigen Hand eines Riesen gepackt, der warf sie in die Luft wie Kinderbälle, fing sie wieder auf, rollte sie übereinander und knetete sie zwischen seinen Händen, schleuderte sie in die Wasserlachen zwischen den Hügeln und zog sie wieder heraus, ganz mit Seegras überdeckt. Dann ließ er sie so durch den Weltraum hin und herfliegen, und dazu sang er mit einer Stimme, die alle Möwen auf den Inseln vor Angst aufflattern ließ …‹.

Auf ganz andere Quellen und Traditionen verweist die Darstellung in Dimitrij S. Merežkovskijs Roman ›Leonardo da Vinci. Die Wiedergeburt der Götter‹ (1901), in dem es um die Überlebensformen der antiken Mythologien in der italienischen Hochrenaissance geht. Was Leonardo zeitlebens nicht gelingt − die Verwirklichung des Traums vom Fliegen −, das schaffen zwei Mailänder Hexen um 1500 gleichsam spielend.

Schauplatz der nächtlichen Ausfahrt ist ein armseliges Häuschen an der Porta Vercelliana, unfern von S. Maria delle Grazie, wo der Universalkünstler 1495-97 sein 38 Quadratmeter großes ›Abendmahl‹ an die Wand des Refektoriums malte. Es gehört der Hebamme Sidonia, die hier zusammen mit Kassandra lebt, der

Nichte ihres Untermieters, eines Alchimisten. Das Mädchen leidet unter dem
›ewigen Einerlei‹ des kärglichen Alltags und flüchtet sich gern in die halb reale
Traumwelt des Hexenflugs. Eines Abends überredet sie Sidonia, wieder einmal
zusammen ›auszufahren‹.

›Ohne sich zu beeilen, ging die Alte durch die Stube, machte die Fensterläden
fest zu, verstopfte die Ritzen mit alten Lappen, schloß die Tür ab, goß Wasser auf
die Glut im Herd, zündete eine schwarze Wachskerze an und holte aus der eiser-
nen Truhe ein irdenes Gefäß mit einer scharf riechenden Salbe. Sie stellte sich zögernd und überlegend. Aber ihre Hände zitterten wie die einer Trunkenen, ihre
Augen schienen bald trübe und erloschen, bald loderten sie vor Erregung auf wie
glühende Kohlen. Kassandra schleppte in die Mitte der Stube zwei große Tröge,
die sonst zum Backen verwendet wurden.

Nachdem alle diese Vorbereitungen getroffen waren, zog sich Monna Sidonia
nackt aus, stellte den Salbentopf zwischen die Tröge, setzte sich über den einen
rittlings auf einen Besen und rieb sich den ganzen Körper mit der fetten, grünli-
chen Salbe aus dem Topfe ein. Ein durchdringender Geruch erfüllte das Zimmer.
Diese Würze zum Fluge der Hexen wurde bereitet aus giftigem Lattich, Sumpf-
sellerie, Schafkraut, Mandragorawurzeln, schlafbringendem Mohn, Bilsenkraut, Schlangenblut und dem Fette ungetaufter, von Hexen totgequälter Kinder.

Kassandra wandte sich ab, um den scheußlichen nackten Leib der Alten nicht
zu sehen. Im letzten Augenblick, als das, was sie so heiß ersehnt hatte, nun nahe
und gewiß war, empfand sie im Grunde ihres Herzens Abscheu.

›Nun, was zögerst du noch?‹ rief die alte Hexe und kauerte sich über den Trog
nieder. ›Hast selber erst getrieben, und nun hast du Bedenken. Allein fliege ich
nicht. Zieh dich aus!‹

›Gleich. Aber lösch die Kerze aus, Monna Sidonia. Ich kann doch nicht bei
Lichte…‹

›Schau, wie sittsam sie ist! Auf dem Berge aber schämst du dich wohl nicht?‹
Sie blies die Kerze aus und machte nach Hexenart zu Ehren des Teufels das als
Gotteslästerung geltende Zeichen des Kreuzes mit der linken Hand. Das junge
Mädchen zog sich aus, behielt aber das Hemd an, kniete im Troge nieder und rieb
sich hastig mit der Salbe ein.

Im Dunkel hörte man nur das Gemurmel der Alten, sinnlose, abgerissene Be-
schwörungsworte:

›Emen Hetan, Emen Hetan. Paludius, Baalberit, Astarot helft! Agora,
Agora, Patrica helft!‹

Gierig sog Kassandra den scharfen Duft der Zaubersalbe ein. Die Haut
brannte ihr am ganzen Körper. Ihr schwindelte. Ein süßer Schauer lief ihr über
den Rücken. Rote und grüne Kreise tanzten ineinanderlaufend vor ihren Augen,
und wie aus weiter Ferne vernahm sie plötzlich den durchdringenden, feierlichen
Schrei Monna Sidonias:

›Har! Har! Von unten hoch! Stoß nicht ans Dach!‹ ...

Rittlings flog Kassandra auf einem schwarzen Ziegenbock, dessen weiches Fell sie wohlig an ihren nackten Beinen fühlte, zum Schornstein hinaus. Ihr Herz war voll Entzücken, so daß ihr fast der Atem ausging, aber sie schrie und jauchzte wie eine Schwalbe, die gen Himmel fliegt:

›Har! Har! Von unten hoch! Stoß nicht ans Dach! Wir fliegen! Wir fliegen!‹ Die nackte häßliche Tante Sidonia ritt mit fliegendem Haar auf ihrem Besen neben ihr.

Sie flogen so schnell, daß die Luft, die sie durchschnitten, ihnen wie Sturmwind in die Ohren brauste.

›Nach Norden! Nach Norden!‹ schrie die Alte und lenkte ihren Besen wie ein gehorsames Pferd.

Kassandra fühlte sich durch den Flug berauscht.

Und da plagt sich nun unser Mechaniker, der arme Leonardo da Vinci, zeitlebens mit seiner Flugmaschine herum! ging es ihr plötzlich durch den Kopf, und dieser Gedanke stimmte sie noch lustiger.‹

Der beschriebene Ritus des Salbens im Backtrog erinnert an den oben zitierten Bericht bei Geiler von Kaysersberg und findet sich sonst nur selten in der Hexenliteratur. Der Historiker des Okkultismus, Karl Kiesewetter, verweist auf Parallelen zur altgermanischen Mythologie: ›In Dänemark tragen die Hexen Schweinströge auf dem Rücken. ... Bei Snorro Sturleson kommt als Hexensynonym ›Backrauf‹ vor. Der Alp, die norwegische Nachtfrau Gurorpse und Frau Welt in Conrads Gedicht sind am Rücken ungestalt. ... Wir haben es hier mit einer Symbolik zu tun, deren Deutung verloren gegangen ist.‹

Ähnlich geht es in Valerij Brjusovs Roman ›Der feurige Engel‹ zu, einer ›Erzählung aus dem 16. Jahrhundert‹, die 1907/08 erstmals veröffentlicht und bereits 1910 von Reinhold von Walter ins Deutsche übersetzt wurde. 1990 ist sie als Lizenz des Berliner Verlags Rütten & Loening im DuMont Buchverlag erschienen. Brjusov (1872-1924), der sich vom Chorführer der russischen Symbolisten zum Parteigänger der Oktoberrevolution wandelte und als morphiumsüchtiger Literaturzensor in Moskau starb, schuf sein Werk auf der Grundlage eingehender Recherchen zur Kultur- und Geistesgeschichte des 16. Jahrhunderts. Den Weg des Romanhelden kreuzen daher Doktor Faust und Mephistopheles, Agrippa von Nettesheim und Johannes Weyer. Luther, Hutten, Murner und Sebastian Brant werden zitiert, der Autor macht aber auch Anleihen bei Schriftstellerkollegen der neueren Zeit. Das Kapitel über eine Luftreise zum Hexensabbat (der allem Anschein nach in Bayern zelebriert wird) orientiert sich am Vorbild Merežkovskijs, dessen Renaissance-Roman ja wenige Jahre zuvor erschienen war. Lange Diskussionen mit ihm haben Brjusovs eigene Arbeiten beeinflußt.

Die hier vorgestellten Beispiele ließen sich noch bedeutend vermehren. Aber auch so dürfte deutlich geworden sein, daß das Thema der ›fliegenden Frauen‹ nicht an Faszination verloren hat. Das Hexenthema, die Ausgrenzung, Verfolgung und Vernichtung von vielen Tausenden als Hexen denunzierter Frauen, gehört gottlob der Geschichte an, nur in der Poesie hat es überlebt. Aus einem juristischen und theologischen Problem von tödlichem Ernst ist ein rein literarisches Sujet geworden. Wenn man das doch bald auch von anderen kultur- und lebensfeindlichen Erscheinungen sagen könnte.

Literatur

Wolfgang Behringer: Mit dem Feuer vom Leben zum Tod. Hexengesetzgebung in Bayern, München 1988
Wolfgang Behringer (Hrsg.): Hexen und Hexenprozesse in Deutschland, München 1988
Hans Bächthold-Stäubli (Hrsg.): Handwörterbuch des deutschen Aberglaubens, Berlin und Leipzig 1927-1942
Valerij Brjusov: Der feurige Engel. Roman. Aus dem Russischen von Reinhold von Walter, Köln 1990
Charles de Coster: Die Legende und die heldenhaften, fröhlichen und ruhmreichen Abenteuer von Ulenspiegel und Lamme Goedzak im flandrischen Lande und anderswo. Aus dem Französischen übertragen von Walter Widmer, Zürich 1974
Die Lebensbeichte des Meisters Johann Dietz. Hrsg. von Kurt Böttcher, Berlin 1964
Richard von Dülmen (Hrsg.): Hexenwelten. Magie und Imagination vom 16. bis zum 20. Jahrhundert, Frankfurt/M. 1987
Siegbert Ferckel: ›Hexensalbe‹ und ihre Wirkung. In: Kosmos (50) 1954, S. 414 f.
Johann Georg Gödelmann: Von Zäuberern, Hexen und Unholden. Wahrhafftiger und Wolgegründter Bericht ..., Frankfurt/M. 1592
Johann Wolfgang Goethe: Faust. Der Tragödie erster Teil. Hrsg. von Lothar J. Scheithauer, Stuttgart 1971
Jacob Grimm: Deutsche Mythologie, Göttingen 1835

Hans Jacob Christoffel von Grimmelshausen: Der Abenteuerliche Simplicissimus Teutsch. Hrsg. von Alfred Kelletat, München 1975
Heinrich Heine: Die Harzreise. In: Heinrich Heine. Historisch-kritische Gesamtausgabe der Werke. Hrsg. von Manfred Windfuhr. Bd. 6: Reisebilder. Bearbeitet von Jost Hermand, Hamburg 1973
Heinrich Heine: Der Doktor Faust. Erläuterungen. In: Gesamtausgabe der Werke. Bd. 9. Bearbeitet von Ariane Neuhaus-Koch, Hamburg 1987
Georg Conrad Horst: Zauber-Bibliothek. Mainz 1821-1826 (Nachdruck Freiburg i.B. 1979)
Karl Kiesewetter: Die Geheimwissenschaften, Leipzig 1895 (Nachdruck Schwarzenburg 1977)
Dimitrij S. Merežkovskij: Leonardo da Vinci. Historischer Roman. Übertragen von Marianne Kegel, Dortmund 1949
Will-Erich Peuckert: Hexensalben. In: Medizinischer Monatsspiegel 1960, Heft 8, S. 169 ff.
Wolfgang Schmidbauer/Jürgen vom Scheidt: Handbuch der Rauschdrogen, München 1971
Peter Segl (Hrsg.): Der Hexenhammer. Entstehung und Umfeld des Malleus maleficarum von 1487, Köln und Wien 1988
Friedrich Spee: Cautio Criminalis oder Rechtliche Bedenken wegen der Hexenprozesse. Aus dem Lateinischen von Joachim-Friedrich Ritter, München 1982

(Nachdruck der Ausgabe Weimar 1939)
Jakob Sprenger/Heinrich Institoris: Der
Hexenhammer (Malleus maleficarum).
Aus dem Lateinischen übertragen und
eingeleitet von J.W.R. Schmidt, Mün-
chen 1982 (Nachdruck der Ausgabe
Berlin 1906)

Die Hinweise auf Ferckel, Kiesewetter und
Schmidtbauer/vom Scheidt verdanke
ich Dr. Winfried Kugel, Berlin.

Jesuitenlyrik

Joseph A. Kruse

Der Jesuitenorden nahm gemäß der ausdrücklich auf die katholische Erneuerung und ›Propaganda fidei‹ ausgerichteten Intention seines Gründers Ignatius von Loyola neben allen theologischen, pädagogischen und missionarischen Aufgaben auch maßgeblichen Einfluß auf viele Gebiete des kulturellen Lebens und hat sogar innerhalb der literarhistorischen Fachsprache, wie das Register des ›Reallexikons der deutschen Literaturgeschichte‹[1] anschaulich unter Beweis stellt, die nachhaltigsten Spuren hinterlassen. Von Jesuitendichtung und Jesuitendrama, von Jesuiten-Gesangbüchern und Jesuitenkomödie, von Jesuitenpoetik und Jesuitenrhetorik ist dort genauso die Rede wie von Jesuitenroman, Jesuitenspiel, Jesuitenstück und Jesuitentheater. Wenn man den aktiven Beitrag der Jesuiten zur deutschen Literatur (denn manche der angeführten Stichwörter meinen die Jesuiten als literarisches Motiv) angemessen würdigen und zumal die besondere Position Friedrich Spees als Dichter der Barockzeit verständlich machen will, kommt man nicht umhin, auch die Jesuitenlyrik einer genaueren Betrachtung zu unterziehen.

Die beiden berühmtesten neulateinischen − und damit im ursprünglichen Sinn ›konservativen‹ − Jesuitendichter, die sich der klassischen römischen Tradition verpflichtet wußten, waren der Elsässer Jacob Balde (1604-1648) und der Pole Matthias Kasimir Sarbiewski (1595-1640). Balde, dessen Großmutter das schreckliche Schicksal der Hexenverfolgung erleiden mußte, erhielt bei den Jesuiten eine profunde Bildung. Er wurde 1658 von dem Nürnberger Pegnitzschäfer Sigmund von Birken als ›deutscher Horaz‹ gefeiert.[2] Und Herder gab seiner Begeisterung für ihn Ende des 18. Jahrhunderts folgendermaßen Ausdruck: ›Er umfaßt viele, große, merkwürdige Gegenstände mit einer großen Seele; und an Formen der Composition, an lyrischen Abwechselungen und Einkleidungen ist er so reich, als irgend kaum ein anderer Dichter, ... Wie manche süße Stunde der Mitternacht, ja ich darf sagen wie manche tiefere Furche der innern Cultur habe ich unserm Dichter zu danken! Er kann und soll uns Allen Stimme und Vorbild seyn ....‹[3] Die Hochschätzung des Jesuitendichters Balde durch den protestantischen Theologen und Vertreter der deutschen Klassik Johann Gottfried Herder betrifft ausdrücklich die lateinische Lyrik, während Baldes deutsche Dichtungen von ihm sehr negativ beurteilt werden.[4] Deren später versuchte germanistische Ehrenrettung hat nicht viel gefruchtet. Baldes deutsche Verse sind nämlich im Vergleich zu denen des 13 Jahre älteren Spee in der Tat, wenigstens teilweise, eher als ›Knittelverse‹ zu charakterisieren.[5] Ein kleines Beispiel aus dem ›Agathyrsus Teutsch‹, München 1647, jenes Lob der Magerkeit, das zum mindesten Baldes ironische Qualitäten auch innerhalb seiner deutschen Gedichte zum Ausdruck bringt, macht gleichzeitig auf sprachliche Unzulänglichkeiten und auf die mit Aufwand betriebene Belanglosigkeit eines solchen derb-kräftigen Schwulstes aufmerksam:

›Nun singt all die der Fastenzeit
Ergeben / und in Orden seyt
Der Dürren eingeschrieben.
Das lob gehört den Dürren zu /
Aber die faist Friesländisch Kuh
Wer wol dahaimb geblieben.‹[6]

Dennoch wäre es gewiß ungerecht, die deutsche Lyrik Baldes insgesamt gegen seine lateinische Kunst auszuspielen. Nach Thema und Form sind nämlich auch seine deutschen Gedichte der echte literarische Ausdruck seiner Umwelt, so sein ›Poema de Vanitate Mundi‹, München 1636, oder sie sind ein Exempel der Ordensfrömmigkeit seiner Zeit, so der ›Ehrenpreiß Der Allerseligisten Jungfrawen vnd Mutter Gottes Mariae‹, München 1638.

Spee hatte in der Vorbemerkung der ›Trutz-Nachtigall‹, die er als ›Etliche Merckpünctlein für den Leser‹ bezeichnete, unter Punkt 2 und 3 seine deutsche geistliche Dichtung ausdrücklich rechtfertigen müssen mit dem Hinweis, daß man auch in der deutschen Sprache Poesie schaffen könne und daß es bisher nicht an der Sprache, wohl aber an den entsprechenden Poeten gemangelt habe; weiterhin sei das poetische Gotteslob genauso gut auf Deutsch wie in anderen Sprachen zu ›singen‹ und zu ›verkünden‹.[7] Das war eine selbstbewußte, aber keineswegs einfache Entscheidung. Denn das damals verwendete Deutsch entsprach längst nicht einheitlichen Normen. Noch sein Mitbruder Albert Graf Curtz (1600-1671) aus München mußte im Vorbericht an die andächtigen ›Liebhaber‹ seiner Psalmenübertragung, die unter dem Titel ›Harpffen Dauids. Mit Teutschen Saiten bespannet‹ 1659 in Augsburg erschien, einräumen, daß sein Deutsch auf die österreichischen, bayrischen und schwäbischen ›Frawenzimmer‹ zugeschnitten sei. Leser aus Meißen oder Mainz würden seine ›zu geistlichem Nutz/ und Trost‹ hergestellten Texte nur schwer verstehen, aber seine Zielgruppe spreche halt so.[8] Seine gereimten Psalmen trafen freilich den Kirchenlied-Ton und verhalfen immerhin der geistlichen Sprache, genauso wie Friedrich Spees Gedichte, zu einer nicht zu unterschätzenden Geschmeidigkeit. Der 22. Psalm beginnt beispielsweise:

›Gott ist mein Hirt /
Der machen wirdt /
Daß mir nichts soll gebrechen /
Er hat bestellt /
Mein Waid im Feld /
Bey frischen Wasserbächen.‹

AD MA-
JO-REM
DEI GLO-
RI-AM.

IACOBI BALDE
E SOCIETATE IESV
LYRICORVM
Libri IV,
et
EPODON Lib. I.
Editio secunda,
auctior et emendatior

C. V Dalen Sculp.

COLONIÆ VBIORVM,
Apud Iodocum Kalcovium. cI‫ כ‬I‫ כ‬c XLVI.
Cum Privilegio Cæsareo.

Frontispiz zu J. Baldes „Lyrik", Köln 1644 (Kat.-Nr.96)

Rhythmus und Reim sind einprägsam und von sprech- wie singbarer Qualität. Natürlich steht Friedrich Spee als deutscher Dichter geistlicher Lyrik nach allgemeiner Überzeugung an herausragender Stelle. Er hat die hochentwickelte metaphorische Kunst für die Gebildeten mit dem Volksliedton für die einfachen Leute zu verbinden gewußt. Seine Sprachbehandlung gilt neben der epochemachenden Poetik von Martin Opitz als selbständige und unabhängig davon entwickelte Entsprechung. Innerhalb der geistlichen katholischen wie protestantischen Lieddichtung ist der Stellenwert seiner von persönlich getöntem Sentiment und gegenreformatorischem Missionseifer bestimmten Lyrik unbestritten. Seiner Bedeutung geschieht allerdings keineswegs Abbruch durch die Feststellung, daß er in seinem Orden als Lyriker nicht alleine dasteht. Spee, Balde und Curtz haben ihre jesuitischen Vorgänger, Zeitgenossen und Nachfolger, die unser literarhistorisches Schlagwort von der Jesuitenlyrik im besten Sinne rechtfertigen. Spee hat zweifellos in der von ihm bewußt eingesetzten deutschen Variante deren Höchstleistung vollbracht.

Als lyrisches Vorbild Spees aus dem eigenen Orden kann der Badener Konrad Vetter (1548-1622) betrachtet werden. Er war bereits Priester, als er 1576 Jesuit wurde, und schrieb grobianische Schriften gegen Martin Luther. Er widersprach beispielsweise vehement einer Verbindung zwischen dem protestantischen Pfalzgrafen Wolfgang Wilhelm von Pfalz-Neuburg mit dem katholischen Hause Bayern, wobei er seine apologetische Natur auf die politische Bühne einbrachte. Seine sehr viel mildere Lyrik überträgt (im doppelten Sinn) Texte anerkannter kirchlicher Autoren wie Petrus Damianus, Bernhard von Clairvaux, Bonaventura, Klaus von der Flüe und anderer Autoritäten ins Deutsche. Sein ›Paradeiß‹vogel‹, Ingolstadt 1613[9], kündigt bereits im Titel den von den Jesuiten überall betonten aszetisch-didaktischen Grundgedanken an, alles zur größeren Ehre Gottes zu unternehmen: ›Das ist, Himmelische Lobgesang, vnd solche Betrachtvngen, dardurch das Menschliche Hertz mit Macht erlustiget, von der Erden zum Paradeiß vnd Himmlischen Frewden gelockt, erquickt, entzündt, vnd verzückt wird‹. Die landessprachliche Poesie tritt in den Dienst der Verkündigung, wie vorher Jahrhunderte hindurch die Philosophie als Magd der Theologie gedient hatte. Die Vorrede an Maria Fugger zu Kirchberg, geb. Gräfin Schwartzenberg, entwirft die geradezu mystisch zu nennende Grenzenlosigkeit von poetischem Gebet und literarisch gestalterischer Betrachtung: Herzen, Gemüter und Seelen sollen von der Erde und aus der Tiefe in die Höhe, von der Finsternis zum Licht, ›von diesem Jammerthal und Nothstall‹ in das himmlische ›Paradeiß‹ gelangen. Dort weilen sie unter den himmlischen Paradiesvögeln, lieblichen Nachtigallen, schneeweißen und süßsingenden Schwänen sowie den hochfliegenden Adlern – allesamt Metaphern für die Patriarchen, Märtyrer, Beichtväter und Jungfrauen. Die verschiedenen Ordnungen der Engel werden beschworen; die Beter werden auf die Taube Maria, den Pelikan und Phoenix Jesus Christus treffen und schließlich Gott selber nahe kommen. Den Lesern wird in einem eigenen Vorwort anschließend der moralische Hinweis erteilt, daß die vorliegenden Gedichte anstelle der schamlosen, unzüchtigen und für die Jugend schädlichen Reime benutzt werden sollen, die ›den gantzen Sommer auff der Gassen / und den Winter in den Stuben gesungen werden‹. Bonaventuras ›holdselige Nachtigall‹ nachzusingen sei für die ›jungen Knaben und Jungfrawen‹ tausendmal ›lustiger und lieblicher‹ als andere ›leichtfertige Bulenlieder‹. An Stoff und Worten fehlt es übrigens dem Dichter nicht. Bonaventuras ›Philomela-‹ bzw. ›Nachtigall‹-Gedicht zählt allein schon 90 Strophen. Wenn die Vorrede an Maria Fugger das himmlische Paradies mit seiner bedeutungsträchtigen Vogelwelt zu charakterisieren wußte, ist das 1. Gedicht über die Glorie des Paradieses nach Petrus Damianus die Schilderung eines Schmuckgehäuses: Smaragd und Malachit, Kristall, Karfunkel, Saphir und lauteres Gold sind die Versatzstücke für den Ort des höchsten Friedens, der Lust, der Freude und des guten Mutes, wo man endlich das höchste Gut findet. Das 2. Gedicht stammt dann von Bernhard von Clairvaux und wird lateinisch und deutsch dargeboten; dadurch kann der Leser die Aussagen über Jesus, den ›Rex admirabilis‹ oder ›Wunderkönig‹ (so in der 9. Strophe von insgesamt 48), gewissermaßen selber auf ihre Übersetzungskunst hin prüfen. Wie mühsam sich Vetter an die spätere so bewegende Verlassenheits- und Karfreitagspoesie auch eines Spee heranschreibt, mögen die 53. und 54. Strophe aus dem ›Nachtigall‹-Gedicht des Bonaventura belegen, deren klappernde Schwerfälligkeit nicht zu leugnen ist:

›O du süsser Jesu Christ /
Wie warst du erblichen /
Da man dich ein starcke Frist
Geißlet und gestrichen /
Mutter nackendt angehefft
Gantz ellendiglichen /
All dein Zier und all dein Krefft
Gantz von dir entwichen.

O du adeliches Haupt /
Wie warst du durchstochen /
Deiner schönsten Gstalt beraubt /
Etlich Dörn zerbrochen /
Etlichen drangen in das Hirn /
Niemaln hört man Ochen /
Blutig war dein gantze Stirn /
Mein Schuld war gerochen.‹[10]

Titelgebung und Metaphernsprache des ›Paradeißvogels‹ verraten jedenfalls im Blick auf Spees ›Trutz-Nachtigall‹ deren Einbettung in die frömmigkeitsgeschichtlich völlig geläufige Bildwelt. Die Unzuverlässigkeit und Schwäche des menschlichen Lebens drückt drastisch und ganz entsprechend der Weltanschauung des Barock eine Strophe aus dem Gedicht über ›Fundament / Grundvest und Sigill aller Macht / Mayestät unnd Herzligkeit dises zeitlichen Lebens‹ aus:

›O Fleisch du schnöder Madensack /
Wie vil hast du betrogen /
Wer dir glaubt / weißt wedr Gick noch Gack /
Dein Wahrheit ist erlogen‹.[11]

Vetter tradiert die Texte und Themen der kirchlichen Tradition und popularisiert sie. Betrachtung des Lebens Jesu und Marienlob, Verherrlichung des Kreuzes und Darstellung der Nichtigkeit des Lebens wie Imagination der himmlischen Freuden bilden zusammen eine poetische Summe zur christlichen Lebensbewältigung in verständlicher und gleichzeitig eingängiger Sprache. Damit besitzt dieser Jesuit eine der wenigen Stimmen, die für Spees anspruchsvollere Kunst die Voraussetzung gebildet hat und von offensichtlichem Einfluß gewesen ist.[12]

Jeremias Drexel (1581-1638), als Sohn protestantischer Eltern in Augsburg geboren, trat 1598 in den Jesuitenorden ein und wurde 1615 Hofprediger in München. Seine lateinischen Predigten wurden von anderen, etwa Konrad Vetter, übersetzt. Er selber verfaßte nur seinen, ebenfalls Predigten enthaltenden ›Tugendtspiegel oder Kleinodtschatz‹, München 1636, auf deutsch. In der von Joachim Meichel unternommenen Übersetzung seiner Vorträge ›Richter Stuel Oder Sonderbares Fürfordern, und gehaimes Gericht aines jeden Menschen in seiner Sterbstund‹, München 1633, sind in den katechetischen Text gelegentlich Verse eingestreut; oft handelt es sich dabei um Übersetzungen aus dem Lateinischen. Von besonderer Bedeutung ist das 27strophige Gedicht über die Ewigkeit[13], das offensichtliche Einflüsse Friedrich Spees aufweist: Das Verlangen nach der Ewigkeit wird zu einem Minne-Erlebnis gesteigert. Drexels lateinischer Traktat über Tod und Vergänglichkeit ›Der Ewigkeit Vorbott, deß Todtß Heroldt, so Gesünden, Kranckhen und Sterbenden Menschen sich woll zum sterben zu beraiten zugeschickt wirdt‹, Wien 1649, ist von Johan Jacob Schülpl in deutsche Alexandriner-Verse gebracht worden. Beim Versfluß hapert es häufig. Dennoch ist der deutschen Fassung eine gewisse Eindringlichkeit nicht abzusprechen. Die Metaphernsprache lebt aus der biblischen und klassischen Tradition; sie nähert sich gelegentlich der Intensität eines Andreas Gryphius. Es wird auch hier deutlich, daß mit diesen Texten die christliche Lebensführung im Alltag als ständig präsente Form des Gottvertrauens und bewußte Annahme des Todes unterstützt bzw. geweckt werden soll. Im 1. Teil ›Gedächtnis des Todes für Gesunde‹ lautet der § 11 ›Was ist dann der Mensch?‹. Die Antwort wird folgendermaßen variiert:

>Willst wissen wer du bist? So frag die weisen alten /
Die werden sagen dir / was sie von Menschen halten /
Er ist ein Ebenbild der Unbeständigkeit /
Ein Spiegel / und Glückspiel aller Zerstörligkeit /
Ein Leibeigner deß Todts / ein Raub der guten Zeit /
Ein recht beweglich Grab / ein Schatten an der Seyten /
Ein Todt der gleichwol lebt / ein gantz gebrechlich Bild /
Ein lebendiges Aß stinckend / garstig / und wild /
Ein Schatten eines Traums / ein Graß das abgemäet /
Die Kugel / damit Gott spielt / und herumber dräet‹.[14]

Der Lebensschicht aus der Antike folgen dann die Zeugnisse aus der Bibel, in denen der Mensch als Kot und Madensack, leerer Schaum und Schiff im Wind, als Rauch, als Zünglein an der Waage, als Vogel, Staub, Blumen, Morgentau, Heu und verwelktes Gras beschrieben wird. § 30 bringt schließlich das Leben auf den Punkt:

>Deß Menschen Leben ist gar vielen zuvergleichen /
Es ist ein Blum / ein Rauch / ein Wind / der thut wegstreichen /
Ein Schatten eines Schattn / ja / Schatten und ein Traum /
Ein Staub / ein Taw / ein Eiß / ein Kertzen / Liecht / ein Schaum‹.

In dieser Art von Weltsicht unterschieden sich weder die geistlichen noch die weltlichen Dichter der Barockzeit noch eine katholische und protestantische Literatur.

Spees Einfluß auf die Lyrik seiner Ordensbrüder ist noch deutlicher und eindringlicher den in unserem Zusammenhang interessierenden Übersetzungen der lateinischen Texte von Herman Hugo (1588-1629) zu entnehmen. Hugo stammte aus Brüssel und trat 1605 in den Orden ein. Seine Übersetzer Andreas Presson und Christoph Hainzmann, der erste als Jurist in Bamberg, der zweite als Arzt in Augsburg tätig, machen schon durch ihre nicht zum Jesuitenorden gehörende Stellung auf die Breitenwirkung der Jesuitenlyrik aufmerksam. Presson übersetzte ›Das Klagen Der büssenden Seel Oder die so genante Pia Desideria‹, die in drei Teilen in Bamberg 1672, 1675 und 1677 erschien. Dabei wird im Titel des 2. Teils der seelische Vorgang variiert zu ›Gottseeliger Begierden‹ und ausdrücklich diese Fortsetzung als ›Trutz Nachtigal Töchterlein‹ apostrophiert, während dann der 3. Teil als ›Der Lieblichen Trutz Nachtigall Enckel Oder das Seüfftzen der verliebten Seel‹ auftritt. Die Noten und Bildbeigaben unterstützen sowohl den öffentlichen Gebrauch wie die private Betrachtung. Die Kupfer entsprechen ganz der Jesusminne eines Spee: Cupido (Jesus) und seine sponsa (die Seele als Braut) werden als Kinder dargestellt, die sich lieben und einander suchen. Hugos Texte spiegeln das Vergänglichkeitsbewußtsein und Gottvertrauen des 17. Jahrhunderts wider. Die Welt ist ein Übergang zum ewigen Leben. Die 16. Strophe von insgesamt 30 des 2. Gedichts lautet:

›Also und gleicher massen
Kombt vor dem höchsten Gott
All unser Thun und Lassen
Nur ein Gelächter Spott.
Die Stätt so wir geführet
Viel Schlösser und Palläst
Nicht anderst judiciret
Als schlechte Vogelnäst.‹[15]

Hainzmann hat Hugos ebenfalls an Spee anknüpfende ›Himmlische Nachtigall‹ übersetzt.[16] Die Erstausgabe stammt aus dem Jahre 1683. Die Titelerläuterung kündigt die einzelnen Stufen der geistlichen Übung an, die sich aus der Gedichtlektüre ergeben, nennt aber auch die emotionalen Voraussetzungen des Leseverhaltens: ›Singend Gottseelige Begierden, Der Büssend-heilig- und verliebten Seel, Nach denen drey Wegen, Der Reinigung, Erleuchtung, und Vereinigung Mit Gott‹. Das Buch wurde, so führt die Vorrede aus, ›Himmlische Nachtigall‹ genannt, ›weil die Art der Nachtigallen ist, gleichsam klagend und weinend zu singen‹; es handele sich bei dem Werk um nichts anderes ›als Klagen, Weinen und Seufftzen der nach GOTT verlangenden Seele‹. Die drei Abteilungen enthalten jeweils 15 Gedichte in der Reihenfolge Klage-, Wunsch- und Trostlied. Prosagebete und Erklärungen von Namen und Geschichten besonders aus der antiken Mythologie machen die Lyriksammlung zu einem Gebet- und Bildungsbuch. Die Frömmigkeit zehrt von der mystischen Tradition und ist gewissermaßen als katholischer Pietismus zu charakterisieren. Die 3. Strophe von insgesamt 19 des ›Vorgesangs‹ lautet beispielsweise:

›Er alleine,
Was ich weine,
Was ich seufftz weiß er allein,
Der durchsehen,
Und durchgehen
Kan den tieffsten Hertzens-Schrein.‹[17]

Auch naturlyrische Töne sind zu vernehmen. Das 2. Buch der ›Gottseeligen Begierden‹, das das Verlangen der Seele beschreibt, beginnt folgendermaßen:

›Nun der Winter ist vergangen,
Und der Regen ist dahin,
Laß dir sagen mein Verlangen,

Ausgeweinte Singerin:
Stell nun wenig ein das Klagen,
Zu den jungen Frühlings-Tagen,
Schau, der frohe Mertzen-Schein
Hat die Welt genommen ein!‹[18]

Offenbar hat die deutsche katholische Seelenkultur von solchen Versen jahrzehntelang gezehrt, bis in säkularisierter, den kirchlichen Rahmen überschreitender Weise Brentano, Eichendorff und die Droste das Vermächtnis geistlicher Lyrik auf einen neuen Standard zu erheben vermochten.

Besonders erfolgreich als Prediger und Autor war ein Landsmann Friedrich Spees, nämlich Wilhelm Nakatenus (1617-1682) aus Mönchengladbach. Er wurde 1636 Jesuit und 1675 Hofprediger des Kurfürsten Maximilian Heinrich von Köln. Er ist der ›Verfasser des verbreitetsten Gebetbuches der Jesuiten‹[19] und galt lange Zeit als Herausgeber von Spees ›Güldenem Tugend-Buch‹ und seiner ›Trutz-Nachtigall‹; jedenfalls ist er mit Recht als ›geistiger Schüler Spees‹ zu bezeichnen.[20] Das dicke Gebetbuch von etwa 900 Seiten trägt den Titel ›Himmlischer Palm-Garten, Zur beständigen Andacht, und geistlichen Übungen; Nicht allein mit Tagzeiten, Litaneyen, Gebettern, Betrachtungen &c. Sondern auch mit … Unterweisungen und Lehr-Stücken‹.[21] Es erschien zuerst 1660 und erlangte in acht Jahren einen Absatz von 14.000 Exemplaren. Seine Wirksamkeit reicht weit ins 19. Jahrhundert hinein. Zur ›Beförderung der Andacht‹ ist dem Gebetbuch ›ein sonderbahres Tractätlein zugesetzt‹, das zur Gebetsschulung dient. Nakatenus hat mit seiner Sammlung einen katholischen Lebensbegleiter geschaffen, der für Gottesdienst, Beichte und stille Betrachtung, für religiösen Selbstunterricht mit apologetischem Charakter wie als geistliche Hilfe bei Krankheit und als Vorbereitung beim Sterben benutzt werden konnte. Die sprachlich anspruchsvolle gebundene Rede, die ganze Partien des Buches ausmacht, steht im Dienst des Glaubens und der Frömmigkeit, gibt beispielsweise Merkverse an die Hand oder bringt die Sehnsucht nach Gott und die Marien- wie Heiligenverehrung in eine leicht faßliche lyrische Form, so daß sich gerade durch die abwechslungsreiche und situationsbezogene Mischung des Gebetbuchs ein einprägsamer Wegweiser durch das katholische Leben ergibt, der die Weltanschauung eines ganzen Jahrhunderts nicht nur abbildet, sondern auch weiterträgt. Der ›Seuffzer zu der Mutter Gottes / umb ein seliges End‹ kann als Beleg für die lyrische Funktion von Faßlichkeit und Klang, ja als offenbar bewußt erstrebte ›fromme Leier‹ gelesen werden:

›O Schönes Morgen=Liecht,
Zeigt deiner Gnaden=Pflicht:
Dein liebes Angesicht
Auf unsre Seelen richt.

Wan unser Augen Licht
In Todes=Nothen bricht,
Dein liebes Angesicht
Auff unsre Seelen richt.‹²²

Die Jesuitenlyrik hat in dieser Form von Gebet und Kirchenlied ihr Ziel erreicht und eine weite Verbreitung gefunden. Auch später hat es noch Jesuitenlyriker gegeben, die aszetische und homiletische Absichten verfolgten. Erinnert sei an den Wiener Jesuiten Michael Denis (1729-1800). Unter allen Jesuitendichtern der Barockzeit und danach hat aber (mit Ausnahme natürlich von Balde und selbst bei Anerkennung der Verdienste sämtlicher Jesuitendramatiker) nur Friedrich Spee einen von der Literaturwissenschaft eindeutig anerkannten Platz behaupten können. Daß darüber hinaus viele seiner Texte noch heute im Kirchengesang eine Rolle spielen, bestätigt den Sinn und Zweck der Jesuitenlyrik aufs nachdrücklichste. Spee selber hat das Ziel seiner geistlichen Gedichte formuliert und die Kirchenlieder gewiß eingeschlossen in seine Absichtserklärung im 4. ›Merckpünctlein für den Leser‹ seiner ›Trutz-Nachtigall‹: ›Derohalben dan, so es dem Leser gefallen solte (:wie verhoffentlich es allen gelehrten gefallen wird:) so seye Gott zu tausendmahl gelobt, vnd gebenedeyet: dan ie anders nichts alhie gesucht worden ist, als daß nur die Hertzer deren, die es lesen werden, in Gott, vnd göttlichen sachen ein genügen, vnd frolocken schöpffen.‹²³

Anmerkungen

1 2. Aufl., 5. Bd., Berlin/New York 1988, S. 189f.; vgl. Art. ›Jesuiten‹ von Willi Flemming, Bd. 1, 1958, S. 762-766.
2 Vgl. Jürgen Galle: Die lateinische Lyrik Jacob Baldes und die Geschichte ihrer Übertragungen. Münster 1973, S. 5 u. 148.
3 Jacob Balde: Carmina Lyrica. Hrsg. von Benno Müller. Regensburg 1884. Nachdruck Hildesheim/New York 1977, S. VI.
4 Vgl. Rudolf Berger: Jacob Balde. Die deutschen Dichtungen. Bonn 1972, S. 15.
5 Karl-Jürgen Miesen: Friedrich Spee. Pater, Dichter, Hexen-Anwalt. Düsseldorf 1987, S. 226.
6 Nr. 985 aus der von Curt von Faber du Faur beschriebenen Barocksammlung der Yale University: German Baroque Literature. A Catalogue of the Collection in the Yale University Library. 2 Bde. New Haven 1958 u. 1969; diese Sammlung liegt als Serie von Mikrofilmen in der Fachbibliothek des Germanistischen Seminars der Heinrich-Heine-Universität Düsseldorf vor.
7 Friedrich Spee: Trutz-Nachtigall. Hrsg. von Theo G. M. van Oorschot. Bern 1985, S. 11.
8 Faber du Faur Nr. 982; vgl. Miesen, S. 241.
9 Faber du Faur Nr. 942.
10 Faber du Faur Nr. 942, S. 67f.
11 Faber du Faur Nr. 942, S. 223.
12 Vgl. die Hinweise auf Parallelen und Paraphrasen bei Emmy Rosenfeld: Neue Studien zur Lyrik von Friedrich Spee.

Milano/Varese 1963; s. Miesen, S. 248-250.

13 Faber du Faur Nr. 964, S. 310-314.

14 Faber du Faur Nr. 969.

15 Faber du Faur Nr. 1002, S. 33.

16 Faber du Faur Nr. 1003, Frankfurt 1730.

17 Faber du Faur Nr. 1003, S. 6.

18 Faber du Faur Nr. 1003, 2. Teil, S. 2.

19 Richard Newald: Die deutsche Literatur vom Späthumanismus zur Empfindsamkeit. 1570-1750. 6. Aufl. München 1967 (=Helmut de Boor u. Richard Newald: Geschichte der deutschen Literatur von den Anfängen bis zur Gegenwart. Bd. 5), S. 417.

20 Miesen, S. 212.

21 Faber du Faur Nr. 1020, Ausgabe Konstanz 1756.

22 Faber du Faur Nr. 1020, S. 775.

23 Spee, S. 11.

Frühbarockes Jesuitentheater
Die Dramatiker des Jesuitenordens zur Zeit von Friedrich Spee

Hans Müskens

I. Frühbarockes Jesuitentheater

Als nach dem 2. Weltkrieg in Köln über den Wiederaufbau der zerstörten Kirchen nachgedacht wurde[1], erwog der damalige Stadtplaner für die Jesuitenkirche Sankt Mariä Himmelfahrt den Gedanken, aus der weitgehend zerstörten Kirche ein ›geistiges Spielhaus‹ entstehen zu lassen. Er erinnerte daran, ›daß diese Kirche im dritten Jahrzehnt des 17. Jahrhunderts unter den Jesuiten tatsächlich schon einmal, ehe die Kirche als solche geweiht und in Benutzung genommen wurde, der Aufführung von Jesuitendramen gedient‹ hatte[2].

In Konsequenz dieses Gedankens entstand in den Jahren nach dem Krieg im Innern der Kirche auf Bergen von Schutt eine Bühne. Die Ruine der Jesuitenkirche wurde ›immer wieder zu einer eindrucksvollen Kulisse für Aufführungen von Jedermann und anderen Mysterienspielen‹[3], die die Kölner Bühnen dort aufführten.

Die Vorstellung von Kirche als ›Geistlichem Spielhaus‹ führt einen wichtigen Gedanken an, der eng mit dem frühbarocken Jesuitendrama zusammenhängt. Mit der Einrichtung von Jesuitenniederlassungen und Jesuitenschulen in Deutschland – die älteste Jesuitenniederlassung entsteht 1544 in Köln – beginnt auch eine bestimmte Form und Methode der Wissens- und Glaubensvermittlung: das Jesuiten- oder Schuldrama.

Jedes Schuljahr in einem Jesuitenkolleg wurde mit einem Spiel beendet, an das sich die damals übliche Verteilung der Prämien anschloß. Die Spiele verfolgten zunächst den Zweck, das im Laufe eines Schuljahres Erlernte sprachlich umzusetzen. So entstanden aus dem Rhetorikunterricht Spielszenen, Dialoge, Redeübungen, die zu besonderen Anlässen zu Bühnenaufführungen ausgeweitet wurden. Das Theater stand darüber hinaus bei allen Festen und besonderen Gelegenheiten im Mittelpunkt der Feier. Besondere Anlässe waren hohe kirchliche Feiertage, das Patrozinium, der Besuch einer hochgestellten Persönlichkeit, die Einweihung der Kirche.

In der Regel fanden die Spiele in der Aula des Kollegs statt, die im Laufe der Jahre zum Theatersaal ausgebaut wurde und eine entsprechend anspruchsvolle technische Ausstattung erhielt[4]. Wenn eine große Besucherzahl zu erwarten war, errichtete man eine Bühne im Freien. Ziel der Aufführung war zunächst, die lateinische Sprache und Formen der Rhetorik praktisch zu üben. Ansprechpartner der Theateraufführungen waren aber nicht nur die eigenen Zöglinge und Mitglieder des Kollegs, sondern möglichst viele Zuschauer aus allen Schichten der Bürgerschaft.

Auswahl von Jesuiten-Tragödien, Antwerpen 1634 (Kat.-Nr. 109)

Aus dem schulinternen Gebrauch entwickelte sich die Jesuitenbühne sehr bald zu einem bekannten und anerkannten Instrument der Theaterlandschaft im deutschsprachigen Raum; sie wurde zu einem gegenreformatorischen Mittel, um Glaubenslehre zur Sprache und Anschauung zu bringen. Das Theater erwies sich oft wirkungssicherer als die Kanzel. Entsprechend mußte der (Rhetorik-)Lehrer, der Schuldramen schrieb, sich fähig machen, Theaterstücke für eine breitere Öffentlichkeit im Sinne der Methode des Jesuitenordens zu konzipieren. Die Jesuitendramatiker basierten auf der Tradition des Dramas der Humanisten, sie kannten die lateinischen Schulstücke, die Schuldramen der evangelischen Gymnasien, die Fastnachtsspiele, die Mysterienspiele des Mittelalters mit ihren vielfältigen Formen und Ausdrucksmitteln. Die Sprache des Dramas war das Lateinische. Das heißt aber nicht, daß das Theater nur von einem ausgewählten Kreis verstanden und beansprucht wurde. Für den im Latein Unkundigen gab es viel zu sehen. Der Zuschauer ›nahm mit dem Auge üppige Erscheinungen wahr‹⁵. Gleichzeitig konnte er sich in einem kurzen Szenarium (Perioche) über Spielhandlung, Absicht des Stückes und die Mitwirkenden informieren. Die meisten Dramen sind nur in Form dieser Periochen erhalten.

Leiter und Verfasser der Theateraufführungen waren in der Regel die Professoren der Rhetorik der jeweiligen Schule. Es fand aber auch ein reger Austausch von Stücken zwischen den Jesuitenkollegien statt. In den wenigsten Fällen sind die Autoren mit Namen bekannt. Das liegt auch an der Tradition des Jesuitenordens, das eigene Schaffen ganz in den Dienst der Ordensarbeit zu stellen. Mehrfach sind Autoren durch spätere Zusätze auf den Periochen bekannt geworden. Die Anonymität der Autoren führte vielleicht auch zu einer geringeren Beachtung der Leistungen der zahlreichen Jesuitendramatiker in nachfolgenden Zeiten, die den Erfolg gerne an konkreten Namen festmachen möchten.

Thematische Schwerpunkte sind die Grundfragen christlichen Lebens: Sünde und Erlösung, Lohn und Strafe, der Kampf zwischen Gut und Böse, Tugend und Laster. Hierzu wird alles, was das Leben (vor allem das Leben innerhalb der Kirche) zu bieten hat, mobilisiert: Die eingängigen Geschichten aus Altem und Neuem Testament; die Lebensgeschichten und Legenden der Heiligen (mit Maria, der Mutter Gottes, an der Spitze); Engel und Teufel als Kontrastfiguren und Gegenspieler (die ihren Kampf um Heil oder Vernichtung des Menschen an ihm selbst austragen); Männer und Frauen der Kirchengeschichte und der weltlichen Geschichte (die häufig vorgestellten historischen Stoffe werden oftmals allegorisch interpretiert). Gläubige, Heiden, Atheisten stehen auf der Bühne. Die direkten Zeichen Gottes bestimmen das Bühnengeschehen: die Vorsehung, Wunder, göttliche Liebe, Gnade und Erbarmen. Das Ereignis Theater umfaßt Himmel, Erde und Hölle, wobei aufwendige Bühnenbauten und komplizierte Techniken den Zuschauer in Erstaunen, Angst und Schrecken versetzen. Seine Umkehr zum Glauben wird mit den Mitteln des Theaters provoziert. Der Zuschauer und Zuhörer muß ›lernen und erfassen, daß die Welt ohne Religion, ohne Gott, ohne Christus ein Jammertal wäre, daß weltliches Treiben für sich zu verachten ist, daß der Ruhm und das Ansehen ... hinfälliger Besitz sind‹[6]. Entsprechend gefährdet der (das) Böse, der Antichrist den Menschen und das Werk der Erlösung. Dieser Weg über das Theater zum Menschen hat etwas mit der Sinnenfälligkeit und Phantasie zu tun, die Ignatius bei seinen Mitbrüdern zu wecken versucht hat, um Glaubensfragen und Glaubensentscheidungen zu konkretisieren oder überhaupt erst zu ermöglichen.[7]

Die Wirkung der Theaterstücke auf die Mitspielenden, die ja im eigentlichen Sinne Laien waren, und die Zuschauer darf nicht unterschätzt werden. Die Theatervorstellungen fanden überall den größten Zulauf und haben viele Menschen in ihrer Weltsicht und ihrem Glaubensbekenntnis beeinflußt. Eine Stärkung des katholischen Glaubens oder eine Rekatholisierung ist maßgeblich durch die Jesuitenbühne gefördert worden. Seine stärkste Wirkung hat das Theatergeschehen im süddeutschen Raum und in Österreich gezeigt.

Das Jesuitentheater trifft auf eine in der Zeit allgemein zu beobachtende Spielfreude, die die Regisseure aus dem Jesuitenorden sich zunutze machen konnten. Die Spielfreude zeigt sich an der zum Teil großen Zahl der Mitwirkenden. Hundert und mehr Mitspieler sind keine Seltenheit. Die Spielzeit beläuft sich auf mehrere Stunden und häufig über mehrere Tage. Das Spiel mündet oft in einen großen Umzug, der besonders beeindruckend auf die Zuschauer gewirkt haben muß. Das Erlebnismäßige, die Forderung zur Identifikation und zur Umkehr spielen in der gesamten Theateraktivität eine große Rolle. Hinzu kommt das Verständnis des Theaters als Gesamtkunstwerk: Nicht allein das gesprochene Wort ist wichtig, es kommt über auch durch die Kulisse, den Raum (den visuellen Eindruck) und durch die Musik (die akustische Vermittlung). Alle Sinne des Menschen werden angesprochen.

Wenn man heute einen barocken (Kirchen-)Raum betritt und der Betrachter diesen Raum auf sich wirken läßt, dann erfährt er oft noch etwas von dem ›Theater‹, von der Spanne zwischen Himmel und Erde, in der der Mensch der Barockzeit gelebt hat und die er durch das ›Spiel‹ überbrücken wollte. Er hat seine Erfahrung und sein Lebensgefühl in Raum, Bild und Wort umgesetzt und ›Konsequenzen gezogen. Der barocke Raum ist ein himmlischer Festsaal, ein ›Schmuckkasten Gottes‹ auf Erden, vergleichbar dem, was auf der Jesuitenbühne zur Darstellung kam. Der Schweizer Kulturphilosoph und Dichter Gonzague de Reynold schreibt über die barocke Klosterkirche Sankt Gallen, er denke angesichts dieses herrlichen Gotteshauses ›an ein reines Gewissen, mit einem reichen Verstand verbunden, an eine Frömmigkeit, die sich in einer schönen Sprache ausdrückt‹.[8] Ähnlich können wir auch die frühbarocke Jesuitendramatik kennzeichnen, wenn auch der Zugang zu ihr aus unterschiedlichen Gründen (anders als zu den barocken Bauwerken) erschwert ist.

II. Jesuitendramatiker*

1. Peter Michael(is) Brillmacher

Peter Michael(is), genannt Brillmacher, 1542 in Köln geboren, ist seit 1558 Mitglied des Jesuitenordens. Er wirkt als Prediger in Trier, Mainz, Speyer, Düsseldorf und begründet Schule und Kolleg der Jesuiten in Münster. Er stirbt bereits im Jahr 1595.

Der Regens des Kölner Jesuitenkollegs Pater Johann Rethius (1532-1574) hat in einem Tagebuch besondere Leistungen seiner Schüler festgehalten. Hier findet sich auch Peter Michael Brillmacher mit 10 Schulreden verzeichnet. Er sprach etwa ›Pro pace‹, ›De morte‹, ›Über den Besuch des allerheiligsten Sakraments‹, ›Über die Heiligung des Sonntags‹, ›Über den Stolz‹, ›Über die Dankbarkeit gegenüber den Lehrern‹. Die Schulreden fanden als feierliche Sonntagsveranstaltungen statt. Hier konnten die Schüler die Ergebnisse ihrer Wochenarbeit, die als besonders gut bewertet worden waren, vor der versammelten Schulgemeinde vortragen[1]. Es zeigte sich hier eine frühe Begabung des späteren Schriftstellers, Predigers und Verfassers von Schuldramen. Rethius förderte bei ihm und anderen Schülern konsequent diese Fähigkeiten.

Brillmachers dramatische Arbeiten sind rein religiöser Art und von dem Gedanken der Gegenreformation bestimmt. Die folgenden Beispiele kennzeichnen sein dramatisches Schaffen (seit 1563). 1566 wird in Mainz das Drama ›Vita hominis militia‹ aufgeführt, ein Thema, das im Laufe der Geschichte des Jesuitentheaters immer wiederkehrt. 1583 kommen sechs polemische Dialoge über die Eucharistie zur Darstellung. In ihnen wird die gegenreformatorische Absicht seiner Arbeiten deutlich. 1579 wird in Köln zum erstenmal die Gelegenheit wahrgenommen, das Tricoronatum durch eine Theateraufführung nach außen darzustellen. Da Brillmacher als ehemaliger Schüler inzwischen viele Erfahrungen in der Theaterarbeit vorweisen kann, wird er für diese große Aufführung gewonnen. Wahrscheinlich stammt auch das Stück, das 1679 zum Schuljahrsende neben dem Dom in Köln auf einem öffentlichen Platz aufgeführt wurde, von Brillmacher. Es handelte sich dabei um eine Darstellung der Lebensgeschichte der Maria Magdalena, die nach einer Legende vom Heiligen Land nach Südfrankreich geflüchtet ist und hier im Ruf der Heiligkeit starb[2].

2. Jakob Pontanus

Jakob Pontanus − sein eigentlicher Name ist Spanmüller −, 1542 in Bruck (in Böhmen) geboren, wird 1563 in Prag Jesuit. Er studiert an der Jesuitenuniversität in Dillingen. Seit 1581 ist er Lehrer in Augsburg. Er schreibt theoretische Schriften über Pädagogik, Poetik und Grammatik. Die beiden letzten Schriften bestimmen lange Jahre den Unterricht in den katholischen Schulen Deutschlands.

Seine Poetik ›Poeticarum institutionum libri tres‹ (die Herausgabe des Buches wurde durch den Erzherzog Ferdinand von Tirol, der Pontanus als Gastregisseur nach Innsbruck holte, gefördert) beschreiben die Unterscheidungsmerkmale der Dichtungsgattungen, wodurch er auch klare Hinweise für die Theaterarbeit entwickelt[3]. Eine Vorarbeit für spätere Theateraktivitäten leistet seine Dialogsammlung, die die Schüler der Grammatikklasse in den alltäglichen Gebrauch der lateinischen Sprache einführt. In seiner Theaterarbeit vertritt Pontanus theoretisch und praktisch einen späthumanistischen Stil und kämpft jahrelang erfolgreich gegen allzu moderne Strömungen. So wird 1583 von ihm ›Josephus Aegyptius‹ aufgeführt, der im gleichen Jahr auch in Graz zur Aufführung gelangt. Von 1587 ist aus Dillingen das Drama ›Eleazarus Machabaeus‹ bekannt. Ein Stück gleichen Inhalts wird 1604 in Mainz und 1613 in Paderborn gegeben. Beide Dramen von Jakob Pontanus sind ein Beispiel dafür, wie der biblische Stoff des Alten Testaments für die Bühne umgesetzt wird. Jakob Pontanus ist 1626 gestorben.

3. Wolfgang Starck

Wolfgang Starck, von dem wir sehr wenig wissen, wird 1554 in Innsbruck geboren. 1578 tritt er in den Orden ein und ist 20 Jahre lang Lehrer für Rhetorik. 1605 stirbt er in Ellwangen während seiner Tätigkeit als Volksmissionar. Als Rhetoriklehrer (Lehrer der obersten Klassen) hat er wahrscheinlich häufig Stücke für den Schulgebrauch verfaßt, die von lokaler Bedeutung waren. Aus Dillingen ist eine Aufführung eines Stücks von ihm überliefert: ›S. Wolfgangus Episcopus‹, das auch 1612 in Augsburg aufgeführt wurde. Das vorbildliche Leben eines Christen und Bischofs wird hier thematisiert und veranschaulicht.

4. Ferdinand Crendel

Ferdinand Crendel ist 1557 in München geboren. Als Jesuit (seit 1574) ist er Lehrer der Grammatikklasse, der Humanitäts- und Rhetorikklasse. 1588 wird in Dillingen sein Stück ›Abulojatreutes sive Ignaviae proscriptio‹ aufgeführt. Es ist ein typisches Stück für die Abschlußfeier am Ende eines Schuljahrs. Stück und Preisverteilung für die erfolgreichen Schüler sind miteinander verwoben. Ferdinand Crendel stirbt 1614 in Ingolstadt.

5. Mathäus Rader

Mathäus Rader, geboren 1561 in Inichen (Tirol), ist ein ausgeprägter Schriftsteller und in seiner Zeit ein ›moderner Mensch‹. Denn bei ihm sehen wir zum ersten mal − nach der formalen Anbindung an Antike und Humanismus im frühen Jesuitentheater − ›die Seiten des Gemütslebens hervortreten‹[4], was in der Folge in den Dramen von Jakob Bidermann zur vollen Auswirkung gelangt. Von den zahlreichen Stücken Raders sei ›S. Cassianus Martyr‹ erwähnt, das 1594 vor dem Kurfürsten von Köln aufgeführt wird. Es handelt sich hierbei um eines der ersten Märtyrerstücke auf der Jesuitenbühne. An dem Schaffen von M. Rader kann man verdeutlichen, wie sich Jesuitentheater und Volksfrömmigkeit (vor allem in Bayern) bedingen und ergänzen. Raders ›Bavaria Sancta‹ (ab 1615 in München herausgegeben) ist eines von vielen Beispielen für die zahlreichen Sammlungen von Heiligenviten gerade in Bayern. Sie sind ein Zeichen für die besondere Frömmigkeitsform zur Zeit der Gegenreformation. Die Volksfrömmigkeit hat schon lange vorher sehr unterschiedliche Ausdrucksformen und Darstellungsweisen gefunden: Wallfahrten, Prozessionen, Kirchweihfeste, Verehrung der Heiligen und ihrer Reliquien. Die Aufführungen der Jesuitenbühnen sind jetzt ein weiteres Mittel der Glaubensdarstellung. In der Volksfrömmigkeit handelt es sich um ein Zusammengehen von innerer Frömmigkeit und Darstellung nach außen in Gottesdiensten, in Symbolen, in der Vergegenwärtigung des Mysteriums. Das Jesuitendrama ist demnach ›Demonstration‹ des Glaubens und der Kirche. Das Grundthema des Jesuitendramas: Die allgegenwärtige Hand Gottes, die den Menschen immer auf den richtigen Weg führt und das Leiden des Menschen letztendlich belohnt, ist eine Form von religiöser Unterweisung, vergleichbar der Liturgie, der Predigt, dem Unterricht, der Lektüre oder anderer Frömmigkeitsformen. Rader hat mit seinem Werk stark auf seine Zeitgenossen gewirkt, vor allem auf Jakob Bidermann, von dem zahlreiche Briefe an ›seinen geliebten Lehrer‹ in Augsburg erhalten sind, eine Sympathie auf Gegenseitigkeit, wie man ebenfalls aus dem Briefwechsel herauslesen kann. 1634 ist Mathäus Rader in München gestorben.

6. Jakob Gretser

Jakob Gretser (Gretscher) ist ein Schriftsteller und Theologe mit sehr viel Aktivität. Über 300 Schriften verfaßt er für einfaches und gelehrtes Publikum. In der Zeit von 8 Jahren schreibt er 23 Theaterstücke. Jakob Gretser, 1562 in der Nähe des Bodensees (Markdorf) geboren, wird mit 16 Jahren in Innsbruck Jesuit. Hier, in Landsberg und in München studiert er. Als Lehrer in Freiburg/Schweiz (zusammen mit Petrus Canisius) entfaltet er eine lebhafte Tätigkeit als Theaterdichter und Regisseur. In der Schweiz knüpft er an das Volkstheater an und dramatisiert biblische Stoffe und Heiligendramen. Zu dieser Volksverbundenheit gehört aber auch ein besonderes Verhältnis zum Humanismus. Hierfür sind die zahlreichen Variationen des ›Regnum Humanitatis‹-Stoffes Zeugnis. Die Bindung an Humanismus und Volksschauspiel führt bei ihm zu einer Umwandlung des Antiken zugunsten einer Interpretation aus dem Christlichen. Zu seiner Zeit hat man seine Bedeutung für die Entwicklung des barocken Theaters wenig beachtet, was man etwa daran erkennt, daß die Gesamtausgabe seiner Werke (Regensburg 1737-41) kein einziges Drama enthält. Hier einige wenige Hinweise zu seinem umfangreichen Theaterschaffen: Zwei Beispiele mögen verdeutlichen, wie Jesuitendramen den festlichen Charakter eines Tages mitbestimmten. Am 5. Oktober 1586 wird die ›Commedia de Nicolao Unterwaldio‹ (Nikolaus von der Flüe) aus Anlaß des Tages der Bundeserneuerung vor dem Nuntius und den Gesandten der katholischen Kantone der Schweiz aufgeführt. Und am 13. Oktober 1592 wird in Regensburg zur Einweihung der neuen St. Paulus-Kirche der ›Dialogus de Conversione S. Pauli‹ aufgeführt. Im ›Timon‹ zeigt Gretser seine Kenntnis in antiken Stoffen. Ein neutestamentliches Thema greift er in ›Caecus ab ortu illuminatus‹ (1584) auf. Es ist die Geschichte von der Heilung des Blindgeborenen durch Christus. Ein typisch gegenreformatorisches Thema entwickelt er im ›Naaman Syrus‹, das sich gegen die Lehre Calvins richtet. Im ›Dialogus de Nicolao Myrensi Episcopo‹ liegt ein Beispiel Gretsers für die ›Einbeziehung der Lokalgeschichte in den Gestaltungswillen der Jesuiten‹⁵ vor. Der Freiburger Kirchenpatron Nikolaus, dessen Lebensgeschichte sich auch sonst großer Beliebtheit erfreut, wird hier in einer szenischen Darstellung gefeiert.

7. Georg Agricola

Georg Agricola wird 1562 in Augsburg geboren. Seit 1583 ist er im Jesuitenorden. Er lehrt 18 Jahre lang Rhetorik und 18 Jahre lang Moral. Gestorben ist er wahrscheinlich 1635. Bekannt ist sein Drama ›Constantinus Magnus de Maxentio Victor‹, das 1574 in München aufgeführt wird. Es thematisiert einen historischen Stoff aus der Frühzeit des Christentums, nämlich den Sieg Kaiser Konstantins über Maxentius. Der Autor vergleicht aber auch den Titelhelden Konstantin mit dem Herrscher seiner Zeit, um diesen als Vorkämpfer des christlichen Glaubens herauszustellen und ihn anzuspornen.

8. Jakob Keller

Jakob Keller stammt aus Säckingen und ist hier 1568 geboren. Mit 21 Jahren wird er Jesuit und ist zunächst nach seinen Studien erfolgreicher Professor der Theologie in Ingolstadt. Mit 39 Jahren wird er Rektor in Regensburg und kurz darauf in München. Als Vertrauter des Kurfürsten Max von Bayern ist er ein sehr einflußreicher Mann. 1603 wird sein ›Mauritius Imperator‹ in Ingolstadt aufgeführt, das zur Hochzeit des Herzogs Wolfgang Wilhelm 1613 in München wiederholt wird. Mauritius, die Titelfigur, ist ein Emporkömmling und Kaiser von Ostrom, der wegen seines Geizes und seiner kirchenfeindlichen Haltung gestürzt wird. Das Drama gehört zu der in dieser Zeit aufkommenden ›hohen Tragödie‹ und ist ›das bahnbrechende Stück dieses Typs‹⁶. Es handelt sich um ein Drama mit einem Zentralhelden, wie sie von jetzt an die Jesuitenbühnen bestimmen und kennzeichnen. Die Bedeutung der ›Helden‹ ist nicht zu unterschätzen, denn Zuschauer und Schauspieler identifizieren sich in hohem Maße mit ihren Helden, die so ihre gesamte Gefühls- und Gedankenwelt mitbestimmen. Jakob Keller greift auch das beliebte ›Alexius-‹Thema auf: Der Sohn lebt unerkannt als Bettler in seinem Vaterhaus. Bidermann ist sicherlich einige Jahre später bei der Abfassung seines Stückes gleichen Themas durch Keller beeinflußt worden. 1631 stirbt Jakob Keller in München.

9. Kaspar Rhey

Kaspar Rhey stammt aus Muri (Urschweiz). Geboren 1570. 1591 tritt er in den Jesuitenorden ein. Er unterrichtet als Lehrer die Grammatikklasse, die Humanitätsklasse und die Rhetorikklasse etwa in Augsburg (als Mathäus Rader hier Rektor ist). Er steht mit einer Reihe von Jesuiten seiner Zeit in freundschaftlichem Verhältnis, so mit Rader, Jakob Pontanus, Jakob Gretser und Jakob Bidermann. Daß seine dramatischen Arbeiten begehrt sind, sieht man an dem Wunsch vieler Jesuitenstädte um Aufführung. Er bevorzugt das biblische Schauspiel. Ein Beispiel dafür ist sein ›Christophilos‹ (der Jesusknabe), Aufführungen 1603 in Augsburg und 1613 in Graz. Zu seinen Produktionen gehören Märtyrerdramen: wie ›Eustachius Martyr.‹. Eustachius wird als Märtyrer und Nothelfer verehrt. Nach seiner Bekehrung wird er von Frau und Kindern getrennt, dann aber wundersam wieder mit ihnen vereinigt. Der hl. Eustachius ist auch oft in der bildenden Kunst dargestellt worden (so von Dürer). Weiterhin schreibt Rhey Verwandlungsdramen und Staatstragödien. Sein ›Divus Wenceslaus‹ gehört in diese Reihe. Es ist das in dieser Zeit verbreitete Thema des Brudermords. Ursprünglich ist es als zweitägiges Stück konzipiert. Bei der Aufführung in Dillingen im Jahr 1607 wurde es auf einen Tag zusammengezogen. Sein ›Divi Hadriani Triumphus‹ – kein neuer Stoff, der auch von Bidermann bearbeitet wurde – handelt von dem Feldobristen Adrian, gestorben 290 oder 311 in Byzanz. Er wurde als Christ gemartert. Seine Frau Natalia erscheint ihrem Gatten als Geist. 1605 wird ein ›Adrian‹ in Luzern gegeben. Und noch 1770 in Aachen, vorher etwa 1748 in Jülich, 1747 in Düren. Dieses Theaterstück ist ein Beispiel dafür, wie die Bühnenkunst als Gesamtheit von Darsteller, Kulisse, Bühnenraum und Bühnentechnik verstanden wird und sich in einem Spielraum zwischen Himmel, Erde und Hölle bewegt. Kaspar Rhey stirbt 1625 in Brig (Schweiz).

10. Jakob Schoensleder

Jakob Schoensleder wird 1570 in München geboren. Seit 1590 ist er Mitglied des Jesuitenordens. Er lehrt Grammatik, Humanität und Rhetorik. Seine Wirkungsorte sind Regensburg, Konstanz, Augsburg. 1651 stirbt er in Hall (Tirol). Von ihm ist bekannt, daß er sich jahrelang mit praktischer und theoretischer Musikpflege beschäftigt. Ergebnisse veröffentlicht er 1631 in einem Buch. Daher ist anzunehmen, daß er den musikalischen Part innerhalb des Schuldramas gefördert hat und damit einen Weg vom gespielten und gesprochenen Drama zur Oper weist.

11. Jakob Bidermann

Der bekannteste und zweifellos auch produktivste Dramendichter unter den Jesuiten in der Zeit des Frühbarock ist Jakob Bidermann. Er wird 1578 in Ehingen (Schwaben) geboren. In Augsburg wächst er auf. Hier hat er bereits die Dramen Pontans kennengelernt und mitaufgeführt. Mehr gelernt hat er aber von Rader, der einen neuen Stil auf die Augsburger, Münchener und Dillinger Bühne brachte. 1594 wird Bidermann Jesuit. Von 1598 bis 1600 studiert er in Ingolstadt, dort sieht er Dramen von Gretser und Keller. Von 1600 bis 1602 ist er wieder in Augsburg. In dieser Zeit schreibt er ein episches Gedicht über den Kindermord von Betlehem. Von 1603 bis 1604 studiert er in Ingolstadt Theologie. In dieser Zeit (1604) vollendet er seine ›Utopia‹, eine Bearbeitung von Novellenstoffen (1649 in Köln gedruckt). In Ingolstadt spielt er auch bei Kellers ›Mauritius Imperator‹ mit.

Von 1606 bis 1614 ist Bidermann in München Lehrer der Humanität zusammen mit Jeremias Drexel und Mathäus Rader. Jakob Keller ist zu dieser Zeit Rektor. Jetzt entsteht der ›Cenodoxus‹, für viele das bekannteste Jesuitendrama: Ein angesehener Doktor aus Paris wird am Ende seines Lebens nicht erlöst, sondern seiner Hoffart und seines Stolzes wegen in die Hölle verdammt. Seine Umgebung weiß davon aber nichts, sondern nimmt an, er käme in die ewige Seligkeit des Himmels, weil er doch der hochverehrte Lehrer war. Auf diesem Kontrast beruht die Wirkung des Stückes. Die Schüler preisen Cenodoxus wegen der gläubigen Zuversicht, er sei erlöst, selig. Der Tote selbst richtet sich vom Lager auf und stöhnt die Klage über seine Verdammnis heraus: Ich bin durch Gottes Gericht auf ewig verdammt. Einer der Schüler in diesem Stück ist so erschüttert, daß er den Kartäuserorden gründet: Bruno von Köln.

In einem zeitgenössischen Bericht über die berühmte Münchener Aufführung von 1609 heißt es: ›Wiewohl dieses Stück die Lachmuskeln der Zuschauer in Bewegung versetzte, daß die Stühle in Gefahr gerieten, so machte es doch auf die Zuschauer einen so heilsamen Eindruck, daß man vierzehn derselben, hochgestellte Persönlichkeiten am bayrischen Hofe, an den folgenden Tagen sich in die Einsamkeit zurückziehen sah, um Exerzitien zu machen und ihr Leben zu ändern; hundert Predigten hätten keinen solchen Erfolg gehabt. Ja, bei den Schlußszenen, in denen Cenodoxus vor seinem ewigen Richter erscheint, zitterten die meisten Zuschauer an ihren Gliedern, als ob sie selber da gerichtet würden.‹[7]

In der Münchener Zeit entstehen auch der ›Adrian‹, ›Belisar‹, ›Macarius‹ und ›Josephus‹. Von 1615 bis 1626 ist Bidermann in Dillingen. Bedeutsam für diese Jahre sind eine Sammlung von Volksliedern und seine Bücher über Wunder. Nach seiner Berufung nach Rom (1622) hört seine schriftstellerische Tätigkeit weitgehend auf. Er beschränkt sich darauf, seine früheren Werke zu sammeln und herauszugeben. Bidermann stirbt 1639 in Rom.

Bidermanns Dramen werden zu seiner Zeit so häufig aufgeführt wie von sonst keines Dramatikers Werke aus dem Jesuitenorden. Mit ihm erreicht das frühbarocke Jesuitentheater den Höhepunkt. Die schulmäßigen Theaterstücke, die die Rhetorik der Schüler vervollkommnen sollten, waren überwunden. Der Zweck des Dramas war jetzt nicht mehr in erster Linie, Bildung zu verbreiten, sondern Herzen zu erschüttern: Das Theatererlebnis sollte den Glauben stärken, die Zweifler verunsichern und sie zu einer Glaubenshaltung zurückführen. Alles auf der Bühne geschah zur größeren Ehre Gottes.

Die für die Zeit modernsten Mittel der Bühnentechnik und der Regie wurden eingesetzt: Theatermaschinen, die farbigsten Bilder, große Prachtentfaltung, eine Vielzahl von Darstellern. Das Geschehen auf der Bühne umspannte Erde, Himmel und Hölle. Der menschliche Geist und Verstand wurden angesprochen, gleichermaßen aber auch die Sinne und die Emotionen. Wichtig für das Barocktheater Bidermanns und seiner Zeit war, daß das gestaltete Schicksal realistisch war. Menschliche Schuld und menschliches Versagen erklärten sich aber nicht psychologisch. Der Mensch war eingebunden und umfaßt von dem größeren Kampf zwischen Gott und Satan. Der Mensch war in seiner Entscheidung frei, aber letztendlich doch nicht selbstbestimmend. Er war Teil der Ordnung in der Welt, die von der Spannung des ›Oben‹ und ›Unten‹ gekennzeichnet war. Bidermann hat mit seinen Dramen genau den Nerv seiner Zeit getroffen.

Bidermanns ›Cenodoxus‹ ist eines der wenigen Stücke des Jesuitentheaters, die auch bei einer heutigen Aufführung Wirkung zeigen. 1958 etwa wurde die Tragödie durch das Bayerische Staatsschauspiel zur 800-Jahr-Feier der Stadt München aufgeführt. Im gleichen Jahr fand sich der ›Cenodoxus‹ auch im Programm der Bad Hersfelder Festspiele. 1958 führte die Münchener Jugendbühne ebenfalls ein Stück von Bidermann auf: die Tragödie ›Philemon‹. Das Stück wurde 1618 in Konstanz uraufgeführt. Die Handlung spielt um das Jahr 310 in der Zeit der Christenverfolgung. Das Komische am Verlauf ist, daß die alten Götter als bajuwarisch-schwäbische Rabauken zurückkehren, aber trotzdem ihren Tribut fordern. Dieser Aufführung lag eine Übersetzung ins Deutsche von Franziskanern zugrunde, die Bernt von Heiseler bearbeitete.[8]

12. Jeremias Drexel

Jeremias Drexel wird 1581 in Augsburg als Sohn protestantischer Eltern geboren. Er wechselt früh zum katholischen Glauben. Während seiner Schulzeit ist Jakob Bidermann sein Mitschüler. 1598 wird er Jesuit. Während er in Augsburg Humanität unterrichtet, dichtet er einige Dialoge. Von 1607 bis 1610 studiert er Theologie in Ingolstadt. Seit 1610 ist er in München, wo er bis zu seinem Tode im Jahr 1638 als Hofprediger tätig ist. Sein historisches Stück ›Julian Apostata‹ (1608)

trägt ›zur Herausbildung eines konfessionellen Zusammengehörigkeitsgefühls, ja eines konfessionellen Massenbewußtseins bei‹⁹. Dieser und ähnliche geschichtliche Stoffe entsprechen so ganz den gegenreformatorischen Absichten des Autors, zumal im ›Julian Apostata‹ in eindringlicher Form vor dem Abfall von der katholischen Kirche gewarnt wird, indem dieser Verrat von Gott bestraft wird ohne Hoffnung auf Vergebung. Entsprechend ernst hebt Drexel den ›moralischen Zeigefinger‹ und vermittelt so eindeutig und unverrückbar kirchliche Lehrauffassung. Kennzeichnend für diesen Autor ist: er schreibt in einem lebendigen, volkstümlichen Stil. Seine eigentliche schriftstellerische Produktion liegt aber in zahlreichen asketischen Schriften, die vielfach gedruckt wurden[10].

13. Gebhard Razenrieder

Gebhard Razenrieder wird 1583 in Razenried (Schwaben) geboren. 1603 tritt er in den Jesuitenorden ein. Er baut als Rektor in Eichstätt das neue Kolleg. 1631 wird er Beichtvater des Herzogs Albrecht in München. In Ingolstadt ist er Regens am Konvikt und von 1637 bis 1641 Rektor in Augsburg. 1652 stirbt er in Mantua, wo er zuletzt Beichtvater einer Erzherzogin war. Aufführungen von Theaterstücken sind für 1609 (in Augsburg) und 1618 (in Neuburg) bekannt.

14. Kaspar Lechner

Kaspar Lechner, 1584 in Reichenhall geboren, ist seit 1600 Jesuit und lehrt die Grammatik und Humanität in Ingolstadt und Prag, dann auch Philosophie und Theologie in Ingolstadt. Er stirbt 1634 in Prag. Lechner ist ein Gelegenheitsdichter, der unterhalten und belehren will. Bekannt sind Aufführungen in Augsburg in den Jahren 1608 und 1609. 1608 ist es der ›Ephraem‹, der von Lechner in Augsburg auf die Bühne kommt. Dieses Kirchenvater-Thema (ähnlich über Augustinus) wird noch oft auf den Jesuitenbühnen gezeigt.

15. Johannes Niess

Johannes Niess, 1584 in Holzheim (Bayern) geboren, tritt 1604 in den Jesuiten-Orden ein. Er ist ein Schüler Pontans und Schoensleders. Seine Handbücher ›Alphabetum Christi‹ und ›Alpabetum Diaboli‹ verarbeitet er zu Dialogen, die beispielsweise in Eichstätt zur Aufführung gelangen. Er stirbt 1634 in Hall.

16. Georg Stengl

Georg Stengl, 1585 in Augsburg geboren, wird 1601 Jesuit. Er ist Lehrer der Humanität in Freiburg, der Philosophie in Dillingen, der Theologie in Ingolstadt. In Dillingen ist er Rektor und stirbt in Inglostadt 1651. Bekannt ist er in damaliger

Zeit als Verfasser vieler Gedichte. Bekannt sind aber auch mehrere Theateraufführungen, so 1608 in Pruntrut, 1613 in Luzern und 1617 in Dillingen. Er greift einen vor allem in Bayern populären Stoff auf: Das Leben Heinrichs II. (Herzog von Bayern und später römisch-deutscher Kaiser). 1613 wird dieses Stück mit dem Titel ›Comoedi von dem Leben dess H. Heinrichen / Hertzogen in Bayern / und römischen Keysers: Auch der H. Kunegunde, Sifridi Pfaltzgrafen am Rhein Tochter, dess H. Heinrichen Ehegemahl‹ in Ingolstadt aufgeführt, das nach neuester Forschung Georg Stengl zugeschrieben wird[11]. Stengl ist von den Erlebnissen der furchtbaren Verwüstungen Oberbayerns im Dreißigjährigen Krieg erschüttert[12].

17. Christian Baumann

Christian Baumann, 1587 in Wolmenting (bei Konstanz) geboren, wird 1607 Ordensmitglied und lehrt in Freiburg, Dillingen und Ingolstadt. Hier stirbt er 1635 (wahrscheinlich an der Pest). 1620 wird von ihm bei der Einweihung der Kirche in Eichstätt das Stück ›Angelus Custos‹ aufgeführt. Von Baumann stammt auch ein Stück über ›Johannes Guarinus‹ (ein Thema, das häufiger aufgegriffen wird), das 1627 zur Aufführung gelangt. In ihm wird die Abhängigkeit des Menschen vom Teufel gezeigt. Die Betrachtung der Hölle und der Aktivitäten des Teufels gehört zu den geistlichen Übungen des Ignatius von Loyola und findet hier und in anderen Stücken ähnlicher Thematik Zugang zur Bühne[13].

18. Andreas Brunner

Andreas Brunner, 1589 in Hall (Tirol) geboren, tritt 1605 in den Jesuitenorden ein. Von 1607 bis 1608 weilt er in München, wo er Bidermanns Theatererfolge erlebt. Von 1608 bis 1618 ist er Schüler und Lehrer in Ingolstadt. Möglicherweise hat er hier 1617 den ›Cenodoxus‹ von Bidermann aufgeführt. Er schreibt einen ›Henricus Imperator‹ (1618), der ein erfolgreiches Bühnenstück wird. ›Henricus Imperator‹ (gemeint ist Kaiser Heinrich II.) ist der Typ einer Heiligendarstellung, der den Lebensgeschichten biblischer Gestalten verwandt ist. Einzelne Episoden aus dem Leben des Heiligen werden vorgestellt, sie bringen ihn schließlich in seiner Besonderheit und Heiligkeit dem Zuschauer als Vorbild nahe. Aus Anlaß der Heirat des Kurfürsten Max und der Erzherzogin Maria Anna im Jahre 1635 wird in München Brunners Trauerspiel ›Nabuchodonosor‹ aufgeführt, das das Thema Fürstenstolz und Fürstensturz aufgreift. 1644 erscheinen in Innsbruck die deutschen Passionsdialoge ›Bauernspil‹, die ein Ergebnis der kriegerischen Notzeiten sind. Brunner stirbt 1650 in Innsbruck.

19. Georg Spaiser

Georg Spaiser wird 1594 in Füssen (Allgäu) geboren und 1610 Mitglied des Jesuitenordens. Er ist Lehrer der Rhetorik und seit 1631 fast durchgehend Oberer in Hall, Regensburg und München. 1660 stirbt er. Ein Titel ›Triumphus Eruditionis Contra Soloesismum et Barbarismum‹ (München 1619) ist von ihm bekannt.

20. Georg Bernhardt

Georg Bernhardt lebt von 1595 bis 1660. Eindrucksvoll vom Thema her und vor allem in der Bühneninszenierung sind Theaterstücke, die das Wirken von Schutzengeln und Teufeln thematisieren. Auf Bernhardt geht ein ›Jovian‹ aus dem Jahre 1623 zurück. Es ist ein Spiel, in dem der Schutzengel den mächtigen Kaiser Jovian erzieht, indem der Engel zeitweise die Gestalt des Kaisers annimmt. Das Stück von Bernhardt lebt aus einem Kontrast, der in anderen ›Jovian‹-Stücken so nicht vorkommt: Turbilo, der Teufel, versucht nämlich seinerseits, den Kaiser auf seine Seite zu ziehen. Letztendlich zwingt der Engel den stolzen Jovian zu einem Leben in Einfachheit, Bescheidenheit und Demut. 1621 wird in Ingolstadt ein ›Theophilus‹-Drama von Bernhardt aufgeführt. Die Teufelsthematik findet hier oder im ›Tundalus Redivivus‹ (1622 in Ingolstadt) ihren Ausdruck. Der Bezug zu Dantes Höllenvision in der ›Commedia divina‹ ist offenkundig. Bei G. Bernhardt wird eine grausige Höllenlandschaft vorgestellt, die den Zuschauer — ähnlich wie den fluchenden, lästernden und gottlosen Kriegsmann aus dem ›Tundalus Redivivus‹ — zur Umkehr bringen soll. Auch die Geistlichen Exerzitien des Ignatius sind der Hintergrund für diese Anschauungsweise (Geistliche Exerzitien: 1 Woche, 4. Tag: ›Stelle dir vor, du sähst über dir den Himmel in seiner ganzen Glorie und unter dir den gähnenden Abgrund der Hölle. An diesen beiden Orten ist ein Platz für dich bestimmt; in dem Himmel, wenn du Gott über alles lieben, und in der Hölle, wenn du in deinen Sünden verharren wirst.‹[14] Das Nachdenken über die Hölle zeigt in aller Deutlichkeit die Macht des Bösen und die Verstricktheit des Menschen in dessen Machenschaften. Einsicht, Reue und Umkehr sind das Ziel der Betrachtung und folglich auch der szenischen Darstellung.

21. Jakob Irsing

Jakob Irsing wird 1596 in Markdorf (wie J. Gretser) geboren. Seit 1615 ist er Mitglied des Jesuitenordens. Er studiert in Ingolstadt und lehrt Humanität und Rhetorik in Hall, dann die Philosophie und Theologie. Er stirbt 1669 in Augsburg. Für Ingolstadt werden aus den Jahren 1622 und 1625 Aufführungen überliefert. Es handelt sich dabei um die Bekehrungsgeschichte eines Soldaten. Auch in Hall (Tirol) dürfte Irsing sich um 1634 als Dramatiker betätigt haben[15].

22. Thomas Clagius (Klage)

Thomas Klage, 1597 im Kreis Allenstein geboren, ist seit 1618 Jesuit. Ab 1636 ist er Oberer in Rössel (Königsberg) und in Braunschweig. In Rössel ist er 1664 gestorben. Hier hat er 1634 die dialogisierte Erzählung geschrieben: ›Cursus gloriae mortalis, Dramatica Poesi expressus sive Jason Fabula‹. Der Stoff behandelt den Mythos von Jason, der das Goldene Vlies gewinnen will.

23. Joseph Baumann

Joseph Baumann, 1603 in Rhainens (Bayern) geboren, ist seit 1619 Jesuit. Er unterrichtet Grammatik, Humanität und Rhetorik. Außerdem ist er 26 Jahre lang Prediger. 1670 ist er in Dillingen gestorben. Aus dem Jahre 1627 ist ein Stück von ihm überliefert mit dem umfangreichen, aber zeitüblichen Titel: ›Cultus imaginum vindicatus et miraculo confirmatus. Das ist Tragiko Comoediae von S. Joanne Damasceno, welchem Beschützung der Bilder seine rechte Hand durch Käyser Leonis Isaurici dess Bilderstürmers List abgehawen durch ein Sonders Wunderzeichen aber von der ubergebenedeyten Jungfrawen Maria wider angehefft und geheilet worden.‹ Eine doppelte Thematik wird in diesem und anderen Johannes-Damaszenus-Dramen vorgestellt: Die Verehrung der Mutter Gottes und eine Auseinandersetzung um Bilderverehrung.

24. Jakob Balde

Jakob Balde ist in der Literaturgeschichte eigentlich durch seine lateinische Lyrik bekannt. Häufig wird die Wertung Herders zitiert: ›Er ist ein Dichter Deutschlands auch für unsere und vielleicht für zukünftige Zeiten.‹[16] Die lyrischen Dichtungen Baldes erscheinen ab 1643. Balde wird 1604 in Ensisheim (Elsaß) geboren. Er steht zunächst unter dem Einfluß des Münchener Rektors und Theaterdichters Jakob Keller. 1627 versucht sich Balde selbst als Theaterdichter. In lebendigen Bildern stellt er mit seinen Schülern die Nichtigkeit und die Gefahren der irdischen Liebe dar. Baldes einziges erhaltenes und gedrucktes Drama ist der ›Jephthias‹. Es handelt sich um ein Iphigenienmotiv: Die Opferung der Tochter durch den siegreich heimkehrenden Vater. Balde kann auf zahlreiche Vorlagen zurückgreifen, wie dieses Thema auch nach ihm noch häufiger neu auf der Jesuitenbühne dargestellt wird. ›Jephthias‹ wird 1637 in Ingolstadt aufgeführt. Balde stirbt 1668 in Neuburg an der Donau.

25. Johannes Paullinus

Johannes Paullinus wird 1594 in Neuburg a. D. geboren. Seit 1628 ist er Jesuit. Er übt das Amt des Predigers in Trient aus. 1671 stirbt er in München. Paullinus ist der erste bekannte und bedeutende Komponist von Singspielen und Oratorien. Seine Werke sind Beispiele dafür, wie sich das Ordenstheater neuen Strömungen und neuen Geschmacksrichtungen öffnet, obwohl die Jesuitenbühne die Wendung zur Oper in ihrer weltlichen Form insgesamt nicht mitmacht. 1643 wird die ›Philothea‹, das erste geistliche Musikdrama, in München aufgeführt. Ein halbes Jahr später folgt der ›Theophilus seu charitas hominis in Deum‹, ebenfalls in München. Den Erfolg der ›Philothea‹ sieht man daran, daß das Drama 1643 siebenmal in München aufgeführt wird, im Jahr 1646 dreimal und 1650 in Freiburg und der Schweiz. Beide Oratorien enthalten viele Stellen aus dem Hohenlied des Alten Testaments, den Evangelien, dem 1. Korintherbrief. Für den Zuschauer ist es wahrscheinlich ein besonderes Erlebnis, die bekannten und vertrauten Texte in musikalisch-feierlicher Form neu zu erfahren.[17]

26. Jakob Masen

Nachdem die bisher erwähnten Jesuitendramatiker bis auf den Kölner Brillmacher fast alle aus dem süddeutschen Raum, aus Österreich und der Schweiz kommen, sehen wir in Jakob Masen wieder einen Rheinländer wie Friedrich Spee und möglicherweise seinen Schüler[18]. Masen wird 1606 in Dalen bei Jülich geboren. Er geht bei den Kölner Jesuiten in die Schule. Hier spielt er in dem großen Stephanusdrama, das 1627 in der Jesuitenkirche aufgeführt wurde, mit. 1629 tritt er in den Jesuitenorden ein. Dann ist er 14 Jahre lang am Kölner Kolleg tätig. 1647 ist er in Münster, 1652 in Aachen. Sein Aufenthalt in Düsseldorf dauert von 1654 bis 1657. 1681 stirbt er in Köln.

22 Werke sind von Masen gedruckt worden. Davon sind fünf der Literatur und Poesie gewidmet. Wichtig für die Entwicklung des Jesuitentheaters ist seine Dramentheorie, die er innerhalb seines Werkes ›Palaestra Eloquentiae Ligatae‹ (Erscheinungsjahr: 1654) behandelt. ›Es ist so bemerkenswert wie geschickt und praktisch, daß er, ohne etwa die Antike zu ignorieren, nicht so sehr aus der Tradition der neulateinischen Dramatik theoretisiert, sondern aus seiner eigenen Zeit heraus.‹[19] Seine Theaterstücke sind entsprechend klar gebaut, sie sind Beispiele für seinen theoretischen Ansatz. In Konsequenz ließ er seine Dramen als Exempla der dramatischen Dichtkunst innerhalb seines theoretischen Werkes abdrucken.

In Köln lassen sich unschwer Stücke von Masen aus dem Jahre 1647 nachweisen[20]. Einmal handelt es sich um einen Redestreit zwischen Neptun und Bacchus und dann um ein Stück, das den Geiz thematisiert. Möglicherweise handelt es sich hierbei um sein bekanntes Drama ›Ollaria‹. 1647 läßt Masen in seiner Klasse auch einen Dialog aufführen, der von einem reichen Vater handelt, der ein strittiges Testament aufsetzt. 1642 wird in Köln das Stück ›Ratio pacis in Germania constituenda‹ aufgeführt. Wahrscheinlich ist auch hier Masen der Autor. Dieses Stück handelt von den Bemühungen um Frieden, ein im Dreißigjährigen Krieg hochaktuelles Thema, dem sich die Jesuiten von Köln und anderswo immer wieder verpflichtet fühlten.

Mit Jakob Masen erreichen wir ›den Höhepunkt der humanistischen poetischen und rhetorischen Methode am Tricoronatum (in Köln) und in der deutschen Jesuitenschule überhaupt‹[21]. Trotz der Wirrnisse im Dreißigjährigen Krieg erreicht die Bildung, die Köln in diesen Jahren vermittelt, eine große Bedeutung, an der Masen durch seine Lehrtätigkeit und vor allem durch seine Bücher über Literatur und Poesie einen entscheidenden Anteil hat.

27. Georg Lang

Georg Lang, 1605 in Abach (bei Regensburg) geboren, wird 1624 Jesuit. 1671 stirbt er in Feldkirch. Von ihm sind mehrere Titel überliefert, deren Aufführungen aber alle in die Zeit nach 1635 (Todesjahr Spees) fallen.

28. Maximilian Lerchenfeld

Maximilian Lerchenfeld, 1606 in München geboren, wird 1622 Jesuit. 1682 stirbt er in Neuburg. Aus Amberg (1628, 1629, 1630) sind Aufführungen seiner Stücke überliefert. 1628: Die Marter des Christenknaben Caelius. 1629: ›Prodigus − Der Sieg der Wahrheit über die Lüge‹. 1630: ›Johannes Calybita‹.

29. Christoph Ott

Christoph Ott, 1612 in Freiburg/Br. geboren, tritt 1631 in den Orden ein und unterrichtet Grammatik, Rhetorik und Philosophie. 22 Jahre lang ist er Prediger. 1684 stirbt er in Hall.

30. Nikolaus von Avancini

Nikolaus von Avancini geht mit seiner schriftstellerischen Aktivität deutlich über die Spee-Zeit hinaus. Er hat 27 Dramen geschrieben und damit − ähnlich wie Bidermann − diese Gattung geformt.

Seine Theaterstücke zeigen aber auch, wie sich das Jesuitentheater mit viel Aufwand ausbauen läßt. Das betrifft die Stoffauswahl wie die Ausstattung. So sind etwa seine Festspiele für den Kaiserlichen Hof in Wien höchst glanzvoll und von hohem Anspruch. Zur Krönung Ferdinand IV. zum König von Ungarn läßt er die vier Erdteile dem Herrscher huldigen. Für die Wagen braucht er Pferde, Elefanten, Kamele. Auch setzt er eine Vielzahl an musikalischen Hilfsmitteln ein. Zur Hochzeit Kaiser Leopolds 1673 dauert das Spiel in Graz zwei Tage. Damit drohen die Dramen auszuufern, indem Elemente eingesetzt werden, die nicht mehr theatergemäß sind.

Zu seinen Lebensdaten: Nikolaus von Avancini wird 1611 in Brez bei Trient geboren. Die schulische Ausbildung erhält er bei den Jesuiten in Graz. 1627 beginnt er
das Noviziat. Er studiert in Graz Philosophie (1630-33). Er unterrichtet in Trient,
in Agram und in Laibach an dem jeweiligen Jesuitengymnasium (1633-37). Dann
studiert er in Wien Theologie (1636-40). Hier wird er Professor für Rhetorik und
Philosophie. Seit 1646 ist er Theologieprofessor in Wien, dann Rektor in Passau
(1665-66), in Wien und Graz, österreichischer Provinzial und Visitator von Böhmen. Schließlich wird er 1682 Assistent des Jesuitengenerals in Rom. Hier stirbt
er 1686.[22]

31. Adam Schirmbeck

Adam Schirmbeck wird 1613 in Pfaffenhofen (Bayern) geboren. 1628 tritt er in
den Jesuitenorden ein. Er ist lange Jahre Lehrer und Studienpräfekt. Er stirbt
1683 in München. Schirmbeck verfaßt eine Reihe von asketischen Schriften.
Überliefert ist die Aufführung seines Theaterstückes ›Hercules Atlanti suffectus
oder Juvenis Aegyptius crucis osor‹ im Jahre 1651 in München.

32. Heinrich Henrich

Heinrich Henrich ist Schweizer. Er wird 1614 in Egeri geboren. 1631 tritt er in den
Jesuitenorden ein. Er lehrt Rhetorik, Philosophie und Theologie in Ingolstadt,
ist Rektor in Freiburg/Schweiz und lehrt Theologie und Kirchenrecht in Dillingen. Hier stirbt er 1682 als Universitätskanzler. Als Beispiele für sein dramatisches Schaffen seien genannt: 1640: ›Elias Thesbitis − Prophet und Eiferer Gottes‹. Er dramatisiert hierbei den Ignatius-Stoff aus Anlaß der Jahrhundertfeier
des Jesuitenordens (in Ingolstadt). Ebenfalls in Ingolstadt 1644 kommt die Tragödie ›Cordubaeus‹ zur Aufführung. Weil die Hauptperson dem Feind nur dem
Schein nach verziehen hat, wird sie von der Erde verschluckt. Als Komponist
wird Georg Leitner genannt. 1652 wird in München ›Ferdinandina oder die Mexi-
kanische Insel‹ aufgeführt. Wegen des großen Erfolgs wird die Aufführung dreimal wiederholt. Es handelt sich dabei um die Bekehrung der von Kolumbus ent-
deckten Insel Cuba Ferdinandaea.

III. Friedrich Spee und das Jesuitentheater

In den Überlegungen zum Jesuitentheater und in den kurzen biographischen Anmerkungen zu den Ordensdramatikern ist Spee nicht vorgekommen bis auf die
Ausnahme, daß er möglicherweise Lehrer von Jakob Masen war. Es ist aber anzunehmen, daß er regen Kontakt zum Theaterleben seines Ordens gepflegt hat.
In den Orten, in denen er sich aus unterschiedlichen Gründen aufhielt, wurde zu
den bekannten Anlässen Theater gespielt, wie es Tradition an den Jesuitenkolle-

gien und -schulen war. Genaueres ist aber in der Regel nicht überliefert bis auf Köln, wo er wahrscheinlich die große Theateraufführung im Jahre 1627 miterlebte.[1] Aufführungen aus Köln sind auch aus anderen Jahren bekannt[2], in denen Spee hier wohnte.

Der Leiter des Tricoronatums in diesen Jahren, Pater Adam Kasen, war ein bedeutender Pädagoge und Seelsorger, der eine große Begeisterung für das Schultheater entwickelte. 1627 bot sich ihm für eine außergewöhnliche Theateraufführung ein besonderer Raum an, nämlich die im Rohbau fertiggestellte Jesuitenkirche Sankt Mariae Himmelfahrt. Aufgeführt wurde ein Theaterstück um den heiligen Stephan, den ersten König der Ungarn. Der Überlieferung nach war es eine Aufführung mit großem Aufwand an mitspielenden Personen, Kulissen, Requisiten und Aufbauten für Bühne und Zuschauerraum, um die Geschichte dieses heiligen Königs, der sein Volk zum Christentum führte und seine Feinde unter Anrufung der Mutter Gottes besiegte, den Zuschauern nahezubringen. Denn dieser Heilige war wegen seines Glaubenseinsatzes und seiner Lebenshaltung ein hervorragendes Vorbild gerade für die Schüler[3].

Die beeindruckende Aufführung wird auch auf Spee gewirkt haben. Ob er sich darangesetzt hat, selbst Theaterstücke zu schreiben, wissen wir nicht. Möglicherweise liegen aber in Archiven noch Manuskripte, die auf ihn als Urheber zurückgehen.[4] Mit Sicherheit kann man feststellen, daß er die Methoden des Theaters als Hilfe bei der Seelsorge erkannte und schätzte, weil er sie selbst in seinen Schriften angewandt hat. Die Absicht des Jesuitentheaters, Herz und Verstand anzusprechen, war auch sein Grundanliegen.

Spee versuchte etwa im ›Güldenen Tugend-Buch‹ methodisch auf sehr unterschiedliche Weise zu den drei göttlichen Tugenden Glaube, Hoffnung und Liebe hinzuführen, das Interesse des Lesers/Zuhörers zu wecken und seine Phantasie anzuregen. Neben der theoretischen Argumentation und Belehrung führte er zur besseren Erklärung und Veranschaulichung Gleichnisse, Allegorien, Bilder, Geschichten, szenische Darstellungen und eine große Zahl von Liedern ein; Elemente, die allesamt aus der Arbeit des Jesuitentheaters bekannt waren. Nicht zuletzt ist die dialogische Form, die den meisten Übungen des ›Güldenen Tugend-Buches‹ zugrunde liegt, ein deutlicher Hinweis auf die methodische Gemeinsamkeit zwischen Spee und den Ordensdramatikern. In den Liedern des ›Güldenen Tugend-Buches‹ und der ›Trutz-Nachtigall‹ illustrierte er die Glaubenswahrheiten mit großer Anschaulichkeit und wählte auch hier oft den Dialog als Form für die inhaltliche Aussage.[5] Somit ließe sich unschwer aus vielen Texten des ›Güldenen Tugend-Buches‹ und der ›Trutz-Nachtigall‹ ein katechetisches Spiel entwickeln. Daß es sich bei diesen Überlegungen nicht um reine Spekulation handelt, ›geht aus einer im Historischen Archiv der Stadt Köln erhaltenen Sammelhandschrift hervor, in der 26 Katechismusspiele aufgezeichnet sind‹, in denen sich ›viele Übernahmen aus den Dichtungen Spees‹ finden lassen.[6] Es ist nicht auszuschließen, daß ›einige Kapitel des ›Güldenen Tugend-Buches‹ zuerst als Katechismus-Dramen entstanden‹ sind. Ähnliches gilt für eine Reihe von Liedern aus der ›Trutz-Nachtigall‹, die ›ursprünglich als Chor- und Dialoglieder‹ konzipiert waren[7].

Spee wollte Gedächtnis, Phantasie, Verstand, Willen und Gefühl ansprechen und so eine Antwort über den Glauben ermöglichen. Gerade diese Absicht verfolgten auch die Jesuitendramatiker: Glaubenswahrheiten darstellen und die Menschen auf diese Weise zum Glauben führen.

Anmerkungen zum 1. Teil

1 Die Jesuitenkirche St. Mariae Himmelfahrt in Köln, Dokumentation und Beiträge zum Abschluß ihrer Wiederherstellung 1980, Düsseldorf 1982
2 Wilhelm Schlombs: Die Kirche St. Mariae Himmelfahrt und die Stationen ihres Wiederaufbaus, a. a. O. S. 38 ff
3 a. a. O. S. 40
4 In den letzten Jahren ist in Hall (Tirol) der barocke Theatersaal der Jesuitenschule restauriert worden. Er wird heute noch als Festsaal und Schulaula benutzt. Vgl. auch ›Stadtbuch Hall in Tirol‹ hrsg. von der Stadtgemeinde Hall in Tirol, Innsbruck 1981
5 Hans Knudsen: Deutsche Theatergeschichte, Stuttgart 1959, S. 125
6 a. a. O. S. 126
7 Hubert Dopf S. J.: Musik und Kirchenlied in der Pastoral der Jesuiten, in: Michael Sievernich S. J. und Günter Switek S. J. (Hrsg.): Ignatianisch – Eigenart und Methode der Gesellschaft Jesu, Freiburg, Basel, Wien 1990, S. 380
8 Pius Rast/Hermann Bauer: Die Stiftskirche St. Gallen, St. Gallen 1967

Anmerkungen zum 2. Teil.

* Die Angaben zu den einzelnen Dramatikern des Jesuitenordens nennen in der Regel nur wenige Daten, damit eine zeitliche Einordnung möglich ist. Die literarischen Hinweise verstehen sich als Beispiele für das jeweilige Schaffen und sind keinesfalls vollständig. Weitere Zuordnungen von Dramen zu konkreten Namen sind möglich und werden in der Forschung immer wieder versucht.

1 Josef Kuckhoff: Die Geschichte des Gymnasiums Tricoronatum, Köln 1931, S. 171 ff.
2 a. a. O. S. 396.
3 Knudsen, ebd. 127.
4 Johannes B. Müller S. J.: Das Jesuitendrama in den Ländern deutscher Zunge, Zweiter Band, Augsburg 1930, S. 11.
5 a. a. O. S. 128.
6 Elida Maria Szarota: Das Jesuitendrama im deutschen Sprachgebiet, Eine Periochen-Edition, München 1979, S. 38.
7 zitiert nach: Dr. Franz Rappmannsberger ›Bidermann und das frühbarocke Jesuitentheater – ›Cenodoxus‹ im Münchner Staatsschauspiel‹, Theaterankündigung (ohne nähere Angabe) 1958.
8 a. a. O.
9 Szarota, a. a. O. S. 61.
10 Jesuiten in Passau (Schule und Bibliothek 1612-1773), Passau 1987, S. 324, siehe auch Karl-Jürgen Miesen: Friedrich Spee – Priester, Dichter, Hexen-Anwalt, Düsseldorf 1987, S. 233. Miesen weist darauf hin, daß Drexel schon zu Lebzeiten ›als Heiliger galt‹, sich aber in der Hexenfrage ›ganz als Kind seiner Zeit‹ erwies und ›selbst die

unsinnigsten Fabeln‹ glaubte.

11 Szarota, a. a. O. S. 36; siehe auch Fidel
    Rädle ›Das Jesuitendrama im Dienst
    der Gegenreformation‹ in ›Studien zum
    bayrischen Jesuitendrama‹ (Manuskript
    1975).
12 Jesuiten in Passau, a. a. O. S. 325.
13 Szarota, a. a. O. S. 120.
14 Die geistlichen Exerzitien des heiligen
    Ignatius, dargestellt von Jakob Brucker
    S. J., Freiburg 1921, S. 98.
15 Walter Senn: Spiele in Alt-Hall, in:
    Stadtbuch Hall in Tirol, hrsg. von der
    Stadtgemeinde Hall in Tirol. Schriftlei-
    tung und Redaktion Univ. Prof. DDDr.
    Nikolaus Grass und Hofrat Dr. Hans
    Hochenegg, Innsbruck 1981.
16 J. G. Herder übertrug eine Reihe von
    Baldes Gedichten. Hier zitiert nach
    Müller, a. a. O. S. 29.
17 Szarota, a. a. O. S. 47 ff
18 Karl-Jürgen Miesen: Friedrich Spee –
    Priester, Dichter, Hexen-Anwalt,
    Düsseldorf 1987, S. 232 f.
19 Knudsen, a. a. O. S. 127
20 Kuckhoff, a. a. O. S. 449 f.
21 Kuckhoff, a. a. O. S. 452.
22 Jesuiten in Passau, ebd. S. 350 ff.

Anmerkungen zum 3. Teil

1 Vgl. Miesen, a. a. O. S. 160.
2 Vgl. Müller, a. a. O. S. 58 ff.
3 Vgl. Kuckhoff, a. a. O. S. 338 f.
4 Anton Arens: Friedrich Spee – Ein
   Pädagoge von hohem Rang, in: Sonderdruck aus ›Contemplata aliis tradere‹.
   Gedenkband für Gerhard Kiefer (hrsg.
   v. H. Fox und H. Mercker), Landau
   1987, S. 22, vgl. auch Miesen, a. a. O.
   S. 161.
5 Vgl. Hans Müskens: Glaube – Hoffnung – Liebe. Die Lieder des Güldenen
   Tugendbuches von Friedrich Spee
   (Manuskript), Bonn 1970, S. 17 ff.
6 Arens, a. a. O. S. 22.
7 Friedrich Spee: Güldenes Tugend-
   Buch, herausgegeben von Theo G. M.

van Oorschot, Nachwort des Herausgebers, S. 715, München 1968.

Literatur

1. Jesuitentheater und Jesuitendramatiker

Kurt Adel:
    Das Wiener Jesuitentheater und die eu-
    ropäische Barockdramatik, Wien 1960.
Willi Flemming:
    Das Ordensdrama, in: Deutsche Litera-
    tur. Sammlung literarischer Kunst- und
    Kulturdenkmäler in Entwicklungsrei-
    hen, (Reihe Barock/Barockdrama),
    Leipzig 1930.
Johannes Müller:
    Das Jesuitendrama in den Ländern
    deutscher Zunge vom Anfang (1555) bis
    zum Hochbarock (1665), Band I und II,
    Augsburg 1930.
Elida Maria Szarota:
    Das Jesuitendrama im deutschen
    Sprachgebiet, Eine Periochen-Edition
    (Texte und Kommentare), München
    1779, (hier auch Hinweise auf weiterfüh-
    rende Literatur).

2. Barockliteratur (allgemein)

Wilhelm Emrich:
    Deutsche Literatur der Barockzeit, Kö-
    nigstein/Ts. 1981, (mit sehr hilfreicher
    Auswahlbibliographie).
Paul Hankamer:
    Deutsche Gegenreformation und deut-
    scher Barock, Stuttgart ³1964.
Paul Hankamer:
    Deutsche Literaturgeschichte, Bonn
    1930.
Richard Newald:
    Die deutsche Literatur vom Späthuma-
    nismus bis zur Empfindsamkeit (1570-
    1750) in: de Boor-Newald: Geschichte
    der deutschen Literatur von den An-
    fängen bis zur Gegenwart, Bd. 5,
    München (6) 1967.

Gisbert Kranz:
Europas christliche Literatur von 1500
bis heute, München, Paderborn, Wien
1968.
Marian Szyrocki:
Die deutsche Literatur des Barock,
Reinbek bei Hamburg 1968.

3. Textsammlungen

Willi Fleming (Hrsg.):
Das Ordensdrama, in: Deutsche Litera-
tur – Sammlung literarischer Kunst-
und Kulturdenkmäler in Entwicklungs-
reihen, Reihe Barock/Barockdrama
(Band 2), Leipzig 1930.
Edgar Hederer (Hrsg.):
Deutsche Dichtung des Barock, Mün-
chen o. J.
Albrecht Schöne (Hrsg.):
Das Zeitalter des Barock (Texte und
Zeugnisse), in: Die deutsche Literatur
(hrsg. von Walther Killiy u. a.) Band
III, München 1963.

Barock (zeitgeschichtlich/kulturhistorisch)

Pierre Chaunu:
Europäische Kultur im Zeitalter des
Barocks, München/Zürich 1968.
Eduard Hegel:
Das Erzbistum Köln zwischen Barock
und Aufklärung, in: Geschichte des
Erzbistums Köln (hrsg. von E. Hegel) –
Band IV, Köln 1979.
Gerhard Kapner:
Barocker Heiligenkult in Wien und
seine Träger, Wien 1968.
Heinrich Lutz:
Das Ringen um die deutsche Einheit
und kirchliche Erneuerung (1490-1648),
Frankfurt/M. 1987.
Rolf Helmut Foerster:
Die Welt des Barock, München 1970
Gustav Schnürer:
Katholische Kirche und Kultur in der
Barockzeit, Paderborn/Wien/Zürich
1937.

Andreas Veit:
Volksfrommes Brauchtum im deutschen
Mittelalter, Freiburg 1936.
Welt im Umbruch:
Augsburg zwischen Renaissance und
Barock, Band I und II (Ausstellungska-
talog), Augsburg 1980.
Hermann Tüchle:
Reformation und Gegenreformation,
in: Geschichte der Kirche (herausgege-
ben von L. J. Rogier u. a.) – Band III,
Einsiedeln/Zürich/Köln 1965.

5. Jesuiten

Backer-Sommervogel:
Bibliothèque de la Compagnie de Jésus,
Première Partie: Bibliographie par les
Pères Augustines, Aloys de Backer, Se-
conde Partie: Histoire par le Père Au-
guste Carayon, Nouvelle Edition par
Carlos Sommervogel S. J., 11 Bände,
Bruxelles-Paris und Paris 1890-1932, 12.
Band (Supplément), Louvain 1960.
Bernhard Duhr S. J.:
Geschichte der Jesuiten in den Ländern
deutscher Zunge, 4 Bände, Freiburg
1907 ff.
Bernhard Duhr S. J.:
Jesuiten-Fabeln, Ein Beitrag zur Cultur-
geschichte, Freiburg 1891.
Peter Faber:
Memoriale – Das geistliche Tagebuch
der ersten Jesuiten in Deutschland.
Nach den Manuskripten übersetzt und
eingeleitet von Peter Henrici, Einsie-
deln/Trier 1989.
René Fülöp-Miller:
Macht und Geheimnis der Jesuiten –
Kulturhistorische Monographie, Leip-
zig/Zürich 1929.
Ignatius von Loyola:
Die geistlichen Exerzitien, dargestellt
von Jakob Brucker S. J., Freiburg 1921.
Ludwig Koch S. J.:
Jesuitenlexikon – Die Gesellschaft Jesu
einst und jetzt, Paderborn 1934.
Peter Lippert S. J.:
Zur Psychologie des Jesuitenordens

175

(Studie), Kempten/München 1912.

Klaus Mertes S. J./Georg Schmidt S. J.:
Der Jesuitenorden heute, Mainz 1990.

Michael Sievernich S. J./Günter Switek
S. J. (Hrsg):
Ignatianisch – Eigenart und Methode
der Gesellschaft Jesu, Freiburg/Basel/
Wien 1990.

terarische Sonderform aus der Zeit der
Gegenreformation. In: Daphnis. Zeitschrift für Mittlere Deutsche Literatur
8, 1979.

Andreas Schüller:
Kirchenkatechismusspiele der Kölner
Jesuiten. In: Bonner Zeitschrift für
Theologie und Seelsorge 7, 1930.

6. Katechismusspiele in Köln

Theo G. M. van Oorschot:
Die Kölner Katechismusspiele. Eine li-

Friedrich Spees Naturmystik

Anja Meinke

> Every natural fact is an emanation,
> and that from which it emanates
> is an emanation also, and from
> every emanation is a new emanation.
> Ralph W. Emerson

Vereinzelt hat die Forschung für Spees Naturauffaussung den Einfluß der Emanationslehre festgestellt.[1] Der Emanatismus ist eine Sonderform der pantheistischen Welterklärung, der die Welt durch ein Ausfließen aus der göttlichen Substanz in absteigenden Stufen hervorgehen läßt. Im Gegensatz zur Effulguration (Hervorglänzen) ist das Ausfließende bei der Emanation von gleicher Art, wie das, woraus es emaniert. Gott und Natur stehen in enger wesensmäßiger Abhängigkeit zueinander. In dem um Ganzheit in der Erkenntnis bemühten Barockzeitalter bedingen sich Gotteserfahrung und Naturauffassung.

Der Zerfall des scholastischen Zeitalters im 15./16. Jahrhundert führte zu einer Erneuerung neuplatonischen Gedankenguts. Hatte noch die Hochscholastik sich erfolgreich gegen einen neuplatonischen Aristotelismus gewehrt, siegte der Humanismus, die ›Epoche der Antischolastik‹, ›mit dem Überwinden der neuplatonischen Emanationslehren‹[2]. Das naturfeindliche Mittelalter wurde durch die neuzeitliche Begeisterung für induktive Naturbetrachtung abgelöst. ›Nicht scholastischer Scharfsinn, sondern Induktion aus der Erfahrung kann zur Erkenntnis verhelfen.‹[3] Als Erfahrungserkenntnis vorgestellt, emanzipiert sich die mystische Theologie von der Scholastik. Auch die Philosophie, einschließlich der Naturphilosophie, befreit sich von der mittelalterlichen Auffassung, wonach sie nur Ancilla theologiae, die Dienstmagd der Theologie, war. Die Naturmystik des frühen 17. Jahrhunderts versucht mittels Emanationen den Schöpfer in der Schöpfung zu begreifen. ›Ist aber ein Etwas von ihm in seiner Schöpfung, dann ist Er auch in der Schöpfung.‹[4]

In der gesamten Literatur zu Spees Naturlyrik bleibt das die Laudes-Gruppe, das heißt die Gedichte 20-29 der ›Trutz-Nachtigall‹, abschließende Preislied der Heiligen Dreifaltigkeit (TN 29) unberücksichtigt. Spees Abhängigkeit von Thomas von Aquins ›Gott der Dreieinige‹ (Summa theologiae I, I 27-43) in der Trinitätstheologie ist belegbar. Der Vers ›Mitt Schrifft mans kan bescheinen‹ (TN 29, 30) kann ein Indiz für Sth I, I 27-43 als ›Quelle‹ für TN 29 sein. Der hier unternommene Nachweis eines emanatistischen Pantheismus aus der Synthese von scholastischer Überlieferung und wiedererstarkendem Neuplatonismus (Neo-Neuplatonismus) für die Natur-/Schöpfungsvorstellung Spees ist bisher noch nicht angestellt worden.

Trinitarische Abstammung und perichoretische Gemeinschaft.
Die Dualität des Vatergottes

1. Ursprungslosigkeit

In der Religionsgeschichte ist es eine unbezweifelte Glaubenswahrheit, daß Gott als Schöpfer die Ursache allen Naturgeschehens ist. Die mit dem Kausalitätsprinzip (Ursache-Wirkung) verschwisterte Aussage ›aus nichts wird nichts‹ (ex nihilo nihil fit) rückt die Frage nach dem Verhältnis des Schöpfergottes zu seiner Schöpfung in den Mittelpunkt des Interesses. Die Ableitung des Wortes Natur, wonach ›(g)natura die stets fortwirkende Thätigkeit des Erzeugens und Hervorbringens ist‹[5] und die biblisch-überlieferte Begriffsbestimmung der Schöpfung als ›immerwährende(s) Handeln Gottes‹, als ›präsentisches Tun‹[6] bevorzugen entgegen dem einmaligen Schöpfungsakt (creatio ex nihilo), die Auffassung von der Weltentstehung gemäß der ›creatio continua‹, der fortlaufenden Schöpfung. Diese in ihrem Sein zu erhalten, ist dabei die Aufgabe des ewigen Schöpfergottes.

Thomas ordnet der Existenz Gottes notwendig die Kategorie der Ewigkeit zu. Um die Steigerung der Ursachen, ›welche die Ursache ihrer Notwendigkeit von anderswoher haben (hier: die der Naturdinge), nicht ins Unendliche fortgehen zu lassen, ... muß man ein erstes Notwendiges annehmen. Und dies ist Gott, da Er erste Ursache ist, wie dargelegt. Also ist Gott ewig, weil alles Notwendige an sich ewig ist.‹[7] Im Verspaar ›Der Vatter sich von Ewigkeit/Notwendiglich betrachtet‹ (TN 29, 103/104) nimmt das Verb Bezug auf einen ausgeprägten Sinn für die konkrete Wirklichkeit, da Gott als in unmittelbarer Beziehung zur äußeren Wirklichkeit stehend gedacht wird. Schon für Thomas ist Gott ›im Hinblick auf das Sein eines jeden Gegenstandes ... der Schöpfer und Erhalter von allem‹.[8] In der dreimaligen Wiederholung von ›nie‹, verbunden mit den negativ konnotierten Verben ›sterbe‹, verderbe‹ und ›manglet‹ (TN 25, 44/46/49) −

> Wer gibt der Erden lebens krafft
> Daß nie von alter sterbe?
> Wer träncket sie mitt WolckenSafft,
> Daß nie von Hitz verderbe?
> Wer nehret Wild, vnd Zahmes vieh?
> Wer sorget ihnn die Speisen?
> Daß endlich doch noch manglet nie,
> Wie deutlich steht zu weisen? −

äußerte sich eine (positive) Erweiterung des Zeitgedankens. Gottes Wirken in der Natur − er ›nehret‹ (TN 25, 47; 26, 40: 28, 227), ›sorget‹ (TN 25, 48), ›speiset‹ (TN 26, 60/64) und ›gibt‹ (TN 26, 66/70) − definiert diese als unvergängliche Seinsweise. Die Existenz Gottes ist die Garantie für eine ewig erhaltene Natur (conservatio).

*Ludwig-Maria Beck-Gauting: Zeichnung nach dem Original-Titel
der Straßburger Handschrift*

Bei der Dreieinigkeit sind die Ursprungsbeziehungen das unterscheidende Kriterium zur Bezeichnung der Person: ›Die Person des Vaters nun kann nicht dadurch erkannt werden, daß sie von einem anderen ist, sondern dadurch, daß sie von keinem ist. Und von dieser Seite erhält sie als Kennmal die Ursprungslosigkeit.‹ (Sth q 32 a 3; vgl. Sth q 40 a 20) Gleich zu wertende Speesche Äußerungen sind etwa: ›Der Vatter, Gott vnd alles ist / Allein ist er von Keinem‹ (TN 29, 39/40) und ›Der Vatter kam auß Niemand zwar / Dich laß noch bas bescheiden‹ (TN 29, 47/48). Die innertrinitarische, schöpferische Tätigkeit ist im Vorstellungsbereich des Zeugens und Gebärens angesiedelt, die Ausdrücke Ursprungslosigkeit (innascibilitas) und ›ungezeugt‹ (Sth q 33 a 4) bedeuten vom Wort her das Gleiche.

In Fragen nach dem Ursprung und dem Werden der Dinge ist infolge der Abhängigkeit alles Geschaffenen von dem schöpferischen, ursprungslosen Gott die Vorstellung der fortgesetzten Schöpfung denkbar: ›Thomas behauptet, daß man nicht beweisen kann, daß die Welt einen zeitlichen Anfang oder keinen hat, weder im Bereich der Erfahrung aus Zeit, Raum oder Bewegung, noch im Bereich der Physik und der Metaphysik aus Ursache-Wirkung, Materie-Form, Möglichkeit-Wirklichkeit, noch im Bereich der Theologie aus dem Wesen Gottes oder seinem Handeln, seinem Wissen oder Wollen, seiner Güte oder seinem Glück, seiner Ewigkeit oder Unendlichkeit.‹[9]

2. Ursprungsgrund

Die wesenhafte Einheit der Trinität, statt einer Verdreifachung des Wesens Gottes (Tritheismus), wird bewahrt, indem die innertrinitarischen Hervorgänge als ein ewig während er Akt gedacht werden. ›Wie Sohn, vnd Geist, ihr alle stund / Seid Ewiglich entsprossen‹ (TN 29, 101/102). Im Bild der Zeitmessung durch die Uhr (›stund‹) ist ein zyklisch-naturhaftes Geschichtsverständnis impliziert. Die bereits für das 15. Jahrhundert belegte heutige Bedeutung von Sproß (›entsprossen‹) als Pflanzentrieb weist für die Bearbeitung geistlicher Stoffe die Verwendung naturaler Bilder nach. Die Varianten zu ›entsprossen‹ (auch TN 29, 52), ›entflossen‹ (TN 29, 54) und ›ergossen‹ (TN 29, 248) nehmen ›aus der fließenden Bildwelt platonischer und neuplatonischer Ursprünge‹ schöpfend, Bezug auf die ›fließenden Grenzen zwischen ungeschaffener Gotteswelt und geschaffener Schöpfungswelt.‹[10] Der rationalen Scholastik verpflichtet, spricht Thomas bezüglich der Welterklärung neutraler vom Hervorgang: ›Da also der Vater derjenige ist, von dem ein anderer hervorgeht, folgt, daß der Vater Ursprungsgrund ist.‹ (Sth q 33 a 1)

Jüngere Lehnübertragungen für das kirchenlateinische ›trinitas‹ sind Dreifaltigkeit und Dreieinigkeit. Die Entzweiung der Einheit wird in der Dreizahl als kleinste Vielheit überwunden. Der Terminus Dreifaltigkeit bezeichnet durch Weiterbildung des ursprünglichen Suffixes -falt und dessen semantischen Gehalts eher die dreifache, personenhafte Unterscheidung (distinctio personarum). Der

Ausdruck Dreieinigkeit betont die wesenhafte Unteilbarkeit (›vnzerspaltet‹ TN 29, 138/156), verstärkt durch das Bild der kreisförmigen Krone, ein Zeichen für uneingeschänktes Herrschertum (vgl. TN 29, 85/86):

> Gelobet die Dreyfältigkeit,
> Dreyfältig in Personen:
> Gelobet die DreyEinigkeit,
> DreyEinig in der Cronen.
> (TN 29, 267-270)

Der Begriffsrealismus des Aquinaten – die Wesenheit als Was, die Person als Wer (Sth q 32 a 2) zu bezeichnen – findet seinen unmittelbaren Eingang in die Dichtung Spees:

> Bist nur Was er, vnd er Was du
> Gar fest ichs also meine.
> Doch du nitt bist Wer eben er,
> Auch er Wer du mitt nichten:
> (TN 29, 65-68)

> Dasselbig, Was der Vatter ist,
> Was auch der Sohn imgleichen,
> (TN 29, 79/80)

> Was du dan bist, Sohn, Vatter ist,
> Das Wesen aller Beyden:
> (TN 29, 87/88)

Aus der Definition des Vatergottes als Ursprungsgrund folgt notwendig die Frage nach der Art des Entstehens des Sohnes und des Heiligen Geistes. Gott Vater besteht als Wirkungsursache und höchste Art ›ohne Bewegung und Veränderung einfach im influxus und in der emanatio.‹[11] Die ewige Schöpfung kann nicht als denkwidrig bewiesen werden.

Johanneische Logosmystik. Das verstandhafte Emanieren des Sohnes

Das Charakteristische der Emanation ist die Erhaltung des ursprünglichen Wesens: ›Nichts von dem, was in den Bereich des Verstandes gehört, wird im Göttlichen personhaft ausgesagt, mit der einzigen Ausnahme des Wortes. Nur das Wort nämlich bezeichnet etwas, was von einem anderen ausfließt (ab alio emanans).‹ (Sth q 34 a 1 ad 2) Die Personalität des Sohnes ist durch den Eigennamen ›Wort‹ gekennzeichnet, ›es bezeichnet nämlich einen gewissen Ausfluß des Verstandes (emanationem intellectus). Die Person nun, die im Göttlichen auf Grund eines Ausflusses des Verstandes hervorgeht, wird Sohn genannt.‹ (Sth q 34 a 2)

Weisheit/Verstand, Licht und Wasser sind Gott und die Schöpfung einende Begriffe. Der wesensgleiche Gottessohn ist Abglanz von Gottvaters Herrlichkeit:

> Ein Stern, von eben seinem Stern,
> Die Sonn, von seiner Sonnen,
> Der wahre Kern, von seinem Kern,
> Der Brunn, von seinem Brunnen:
> Der Schein, von eben seinem Schein,
> Der Straal, von seinem Straalen,
> Die Weißheit, von der Weißheit sein,
> kan besser dirs nitt mahlen.
>
> (TN 29,143-150)

Unter Hervorhebung der wesenhaften Einheit wird die von Thomas geforderte, auch namentlich erkennbare, personenhafte Verschiedenheit (Sth q 39 a 5) – Spee verweist in den Handschriften bei Vers 149 auf diese Thomas-Stelle – nur unzureichend eingelöst. Indem Gott Vater und Sohn in gleicher Weise überwiegend mit kosmisch-naturhaften Erscheinungen symbolhaft identifiziert werden, wird eine dialektische Konfrontation von Gott und Natur von vornherein ausgeschlossen. Das vergleichende Begriffsarsenal (Stern, Sonne, Brunnen, Schein, Strahl) entstammt dem emanatistischen Vorstellungsbereich. Da die weitestgehende Anonymität des neuplatonischen Gedankenguts die Unterscheidung einzelner Autoren erschwert, muß hier die Bestimmung dessen, was dem emanatistischen Vorstellungsbereich angehört, ausreichen.

Das Emanieren des Sohnes ist bei Thomas der ›geistige Plan‹ (Sth q 32 a 1 ad 1), der ›mitt verstand erachtet‹ (TN 29,106) worden ist. Die Herrschersymbole Zepter (TN 29,157) und Krone (TN 29,209) lassen sich besonders gut auf die Person des Sohnes übertragen; er ist Weisheit ›von der Weisheit, die der Vater ist‹ (Sth q 39 a 7 ad 2). Die der wesensgleichen Trinität zugedachte Gewalt ist verbalisiert noch in ›verwaltet‹ (TN 29,158) erkennbar.

In Abweichung zum heutigen verengten Sprachgebrauch bezeichnet der Ausdruck ›Herz‹ in biblischer Überlieferung auch den geistigen Mittelpunkt, den Sitz des Verstandes, der Weisheit: ›ein Herz zum Denken‹ (Sir 17,6). Die dem Verb ›concipere‹ entsprechenden Substantive ›conceptio‹ oder ›conceptus‹ benennen gleichermaßen die ›Empfängnis‹ und das ›Erfassen‹, ›Denken‹, ›Verstehen‹. Thomas vergleicht den Ausgang des Sohnes vom Vater, die Logos-Emanation, mit einem inneren Hervorgang, ›wie das Wort vom Herzen ausgeht und in ihm bleibt‹. (Sth q 42 a 5 ad 2) Der Sohn ist das ›Wort des Herzens(,) etwas, was im Sprechenden verbleibt, jedoch mit einer Beziehung zu dem Wirklichen, das im Wort ausgesprochen oder geliebt ist‹. (Sth 37 a 1 ad 2) Die Speeschen Definitionen ›Das HertzenWort, vnd HertzConcept‹ (TN 29,132) und ›Ein Red, von seinem Mund gezihlt/Ein Hertz, von seinem Hertzen‹ (TN 29,139/140) kennzeichnen unter Einbezug der älteren Bedeutung von ›Herz‹ die stilistisch betonte Hervorbringung des Sohnes mittels des Verstandes.[12]

Der eigentliche Sinn des lateinisch-italienischen Concettobegriffs, einer scheinbar scharfsinnigen, logisch aber oft nicht auflösbaren Metapher, ist für das 17. Jahrhundert noch nicht nachzuweisen.[13]

Die Grundgegebenheit der Schöpfung, die Zeit, ist für die Emanation des Logos im Hinblick auf die ewige Schöpfung eine zentrale Kategorie:

> Der schön Concept auch selber ist,
> Vnendlich gleich formiret.
> (TN 29,129/130)

> Sein helles Wort, hell abgedruckt
> Er Ewiglich thut lesen.
> Er Ewig in beschawlichkeit
> Ob seinem Pracht erstarret,
> Drumb folgends auch in Ewigkeit
> das HertzenWort verharret.
> (TN 29,161-166)

Sowohl die Genesis als auch die Schöpfung durch das Wort verwenden das Zeitadverb ›Im Anfang‹. ›Was schon 'im Anfang' existierte, hat einen Vorrang vor aller Schöpfung ... aber der Logos wurde überhaupt nicht geschaffen, sondern 'er war', d.h. er existierte schon damals, zeitlos-ewig. Es ist eine reale, personale Präexistenz.‹[14] Die Imperfekt-Form realisiert die Möglichkeit dieses Deutungsbezugs. ›Hier ist auch zu bedenken, daß es heißt 'Das Wort war', was der Zeitform nach ein prätertiales Imperfekt ist; diese (Zeitform) scheint hauptsächlich zur Bezeichnung des Ewigen verwendet zu werden, wenn wir das Charakteristische (natura) der Zeit und dessen, was in der Zeit ist, betrachten: Was zukünftig ist, ist noch nicht in der Wirklichkeit (actus); das Gegenwärtige aber ist wirklich, und deshalb wird das aktuell (actu) Gegenwärtige nicht als Gewesenes bezeichnet. Das prätertiale Perfekt bezeichnet etwas, das existiert hat, als ein bereits beendetes Sein und etwas nicht mehr Vorhandenes. Aber das prätertiale Imperfekt bezeichnet etwas Gewesenes, das noch nicht abgeschlossen ist, also etwas noch nicht Vergangenes, sondern bis jetzt Währendes. Deshalb sagt Johannes bezeichnenderweise überall dort, wo er etwas Ewiges zum Ausdruck bringt, 'war' (erat); wo er aber etwas Zeitliches zur Sprache bringt, sagt er 'ist gewesen' (fuit) ...‹[15]

Gegen die Ansätze einer Natürlichen Theologie.
Der Ausfluß des Heiligen Geistes aus Liebe

Der Denkansatz der Naturtheologie (theologia naturalis) schöpft aus der reinen Vernunft (auch theologia rationalis). Auf dem Weg apriorischer Vernunftschlüsse sollen die Existenz und Eigenschaften Gottes ermittelt werden. Das von Thomas im Sinne einer analogia fidei, als ein exklusives Glaubensmysterium, vorausgesetzte Trinitätsgeheimnis bestätigt der Vers ›Verstand gibt hie verlohren‹ (TN 29,58), der sich gegen die Möglichkeit der Gotteserkenntnis aus der Natur mit der menschlichen Vernunft richtet: ›Wers anders meinet fehlet Fehrr/Der Glaub es muß entrichten‹ (TN 29,76/79) und ›Der Glaub vns nicht betreuget‹ (TN 29,126).

Die Emanation des Sohnes war gekennzeichnet durch ein Übermaß an Verstand. Demnach besagt seine Personalität im wesentlichen Geistigkeit. Die gemeinsame Hauchung (communis spiratio) des Heiligen Geistes von Vater und Sohn (filioque) beinhaltet die Schöpfungsmittlerschaft Christi: ›Denn daß der Heilige Geist dem Vater gleich ist, hat Er vom Sohne.‹ (Sth q 39 a 8) Durch Christus ist der Geist Gottes in der Welt gegenwärtig. Zu ihrer Vollendung gelangt sie durch Emanation des Heiligen Geistes: ›Und deshalb heißt es, daß alles verbunden ist wegen des Heiligen Geistes; denn sobald wir den Heiligen Geist denken, ist das gefunden, auf Grund dessen Vater und Sohn verbunden heißen können.‹ (Sth q 39 a 8)

Um die Gott Vater und Sohn einende Liebe (vgl. Sth q 36 a 4 ad 1; und Sth q 37 a 1 ad 3) bildhaft zu veranschaulichen, verwendet Thomas die funktionstüchtige Allegorie: ›Wie es also vom Baume heißt, er blühe durch die Blüten, so heißt es vom Vater, Er spreche durch das WORT bzw. den Sohn sich und die Geschöpfe aus. Und so heißt es von Vater und Sohn, sie seien sich und uns zugeneigt durch den Heiligen Geist oder die hervorgehende LIEBE.‹ (Sth q 37 a 2)

Spee benutzt zur Bezeichnung des leidenschaftlichen Seufzens der beiden Verliebten die rhetorische Figur der Suspiratio, eine aus der Musiktheorie des 17. Jahrhunderts entlehnte Benennung für eine textbezogene Pause. Das Vorspiel erinnert an mittelhochdeutsche Minne − ›Ein hoch, vnd hoch gespannte Lieb‹ (TN 29,182) − im Sinne von ›dû bist mîn, ich bin dîn‹: ›O Sohn du mein: Du Vatter mein‹ (TN 29,211) und ›Vnd ich dan dein: Vnd ich bin dein.‹ (TN 29,213). In dieser Beziehungsmystik äußert sich unter Wahrung der personhaften Verschiedenheit die gegenseitige Selbsthingabe (nicht -aufgabe; vgl. TN 29,189), die ihren höchsten Ausdruck im gegenseitigen Besitz findet und als ›geistliche Hochzeit‹ bezeichnet werden kann.

Die Suspiratio, eine immer gehäuft auftretende Wiederholungsfigur[16], kennzeichnet − wie auch die Pause − nie die endgültige Beendigung. Sie unterbricht die Tätigkeiten ›lieben‹ (TN 29,196), ›sich zu jemandem hinkehren‹ (TN 29,198) und ›umfassen‹ (TN 29,210), um in der Bewegung hin zur Vereinigung mit unverminderter Leistung zu gipfeln. Dieser Interpretation zufolge ist der Heilige Geist ›Der Seufftzer ihrer Beyden‹ (TN 29,216), die Voll-endung.

Im biblischen Zusammenhang der Geistverleihung (inspiratio) ruft der Apostel Paulus die Menschen zum Mitwirken auf. Das im Sohn erwirkte Heil ist durch zuversichtlichen Glauben zu erlangen: ›Denn wir wissen, daß bis zur Stunde die gesamte Schöpfung mit in Seufzen und Wehen liegt; doch nicht nur sie, sondern auch wir selbst, die wir die Erstlingsgabe des Geistes besitzen, ja wir selbst seufzen in uns im Warten auf die Kindschaft, auf die Erlösung unseres Leibes.‹ (Röm 8,22 f.)

In der neuplatonisch ausgerichteten Mystik kann schon der Mensch auf Erden kraft seiner Teilhabe am Göttlichen (capacitas dei) in den innertrinitarischen Lebensprozeß miteinbezogen werden. Die dreimaligen Seufzer auf das Lob der Trinität korrespondieren mit dem Seufzen in Gott, das den Namen Heiliger Geist trägt und ermöglichen die direkte Anrede mit der Bitte um mystische Erhebung:

> Ach führe mich in hohem lauff,
> Begleite mich in Lufften:
> Erhebe mir von Erden auff
> Die schwäre Füß, vnd Hufften.
> (TN 29,95-98)

Jene bis zur mystischen Selbstvergottung im Barock gesteigerte Teilhabe am göttlichen Sein kann durch 1 Mos 1,26 genährt worden sein: ›Dann sprach Gott: 'Lasset uns Menschen machen nach unserem Abbild, uns ähnlich; sie sollen herrschen über des Meeres Fische, über die Vögel des Himmels, über das Vieh, über alle Landtiere und über alle Kriechtiere am Boden!'‹ Der strenge Ein-Gott-Glaube des priesterlichen Ursprungs von 1 Mos 1 schließt eine Vielgötter-Interpretation des Personalpronomens ›uns‹ aus. Die Urbildlichkeit der wesenseinen Trinität bezüglich der Schöpfung (›nach unserem Abbild‹) wurzelt im gemeinsamen Schöpfungshandeln.

Pneumatologische Naturauffassung. Die Weltimmanenz Gottes im Geist

In Konfrontation zum Christentum, das grundsätzlich Schöpfer und Schöpfung trennt, trägt der Spee mit Jacob Böhme (1575-1624), der zeitlich vor und neben Spee schreibt, verbindende Gedanke von der Existenz der Schöpfung im Geist pantheistische Züge. Ist etwa in der Rad-Allegorie Böhmes die Funktion des Heiligen Geistes als ›Werckmeister in dem Rade Gottes, und formet und bildet alles in dem ganzen Gott‹[17] noch auf innertrinitarische Beziehungen beschränkt, durchdringt der Heilige Geist im nachfolgenden nunmehr als Schöpfergeist belebend und beseelend die Welt. Diesen Bedeutungszuwachs gegenüber mittelalterlichen Auffassungen, die begrenzt auf die Dreieinigkeit einen Ausfluß göttlichen Wesens annahmen, muß man sich in der frühneuzeitlichen trinitarischen Spekulation als Fortsetzung der letzten der vier innertrinitarischen Relationen, paternitas, filiatio, spiratio und processio, in die Natur vorstellen. Nicht außerhalb der Trinität, sondern dem Wortsinn von ›processio‹ entsprechend als ein ›Vorwärtsschreiten‹, ›Fortdauern‹ und ›Weitergehen‹, durchzieht die schaffende Kraft des göttlichen Geistes die Natur und wird in ihr wirksam: ›Das ist nun die Goettliche Kraft, der alle Kreaturen unterworfen sind: Denn alles, was da lebet und schwebet, das ist in Gott, und Gott selber ist alles; und alles, was gebildet ist, das ist aus Ihm gebildet, es sey gleich als Liebe und Zorn.‹[18]

Nach der Symbolforschung kann es sich bei der Rad-Allegorie indirekt auch um ein Dreifaltigkeitssymbol handeln, bei dem die wesenhafte Einheit der durch ein Dreieck symbolisierten Gottheit mittels um die Ecken miteinander verschlungener Kreise hervorgehoben wird. Schon in der Trinität die dynamische und gestaltende Kraft versetzt der Geist Gottes das Trinitätsdreieck in eine rotierende Bewegung, die eine harmonische Kreisform beschreibt und die Wohnungnahme der Gottheit vom Erdenkreis veranschaulicht. Dabei wohnt der Schöpfergeist seiner Schöpfung nicht unbeweglich verharrend ein, sondern, sie durchströmend, verleiht er ihren einzelnen Teilen Leben und Bewegung.

Gerade der mechanisch nicht mögliche Nachbau des ›Rades‹ verdeutlicht symbolhaft die Naturauffassung Böhmes von einer lebendigen, gottdurchwalteten Ganzheit: ›Auch so siehest du, wie die Natur nicht koenne von den Kraeften Gottes unterschieden werden; sondern es ist alles ein Leib. Die Gottheit, das ist, die heilige Kraft des Herzens Gottes, wird in der Natur geboren; auch so entstehet oder gehet der H. Geist aus dem Herzen des Lichts durch alle Kraefte des Vaters immer aus, und figuriret alles, und bildet alles.‹[19]

Zwischen Verweis auf die Autorität des Thomas und dem Einfluß neuplatonischer Emanationslehren bewegt sich Spees Preislied auf die Heilige Dreifaltigkeit, TN 29. Für die hier interessierende Thematik sind an charakteristischen Stellen sprachliche Parallelen, die über ein innertrinitarisches Wirken der drei göttlichen Personen nach Art der Emanation hinausdeuten, auffällig. Explizit als Gegenstand außermenschlichen Seins aufgefaßt −

> Wer mag nun ie geboren sein,
> So reich von scharpffen Sinnen,
> Der auch das mindest pfläntzelein,
> Nur schlechtlich dörfft beginnen?
> Die warheit sag ich rund, vnd platt,
> Dem wurd all Sinn zerrinnen,
> Wer nur auch dächt ein eintzigs Blatt
> Auß Menschenkunst erspinnen.
> O Gott ich sing von hertzen mein,
> Gelobet muß der Schöpfer sein.
> (TN 22,104-113) −

verlegt die aus göttlichem Ursprung hervorgehende Natur ihren Fortbestand nicht in einen außerweltlichen Gott, sondern in sich selbst als erzeugende, mit schöpferischer Geisteskraft beseelte Natur. Spee definiert − gemäß der Auffassung des Naturbegriffs im 17. Jahrhundert – die Natur als natura naturans, als schaffende Natur, im Gegensatz zur geschaffenen Natur, zur natura naturata. Die Natur wird als unabhängig vom Menschen handelnd aufgefaßt.

Die liebende Dankbarkeit, mit der der Autor im Kehrvers ›O Gott ich sing von hertzen mein/Gelobet muß der Schöpfer sein‹ der Schöpfung begegnet, hat ihr Analogon in dem aus Liebe zwischen Gott Vater und Sohn entstandenen ›süsse(n) Geist‹ (TN 29,217), der als geistiges Sein in die Natur ›abwindet‹ (vgl. TN 29,215; auch: ›süsser Wind‹ TN 29,239) und dort selbsttätig wirkt. ›Der Geist kommt der Schöpfung zu Hilfe, indem er dem in ihr steckenden Lob wie Leid angemessenen Ausdruck verschafft; der Geist erscheint geradezu als Sprachrohr der Schöpfung ... Der Schöpfergeist erweist sich als der Geist der Schöpfung.‹[20] Vergleichbar mit der innertrinitarischen Emanation des Sohnes als ›Das Hertzen Wort, vnd HertzConcept‹ (TN 29,123), ›das Bild/Ein Gott, von Gott gestaltet‹ (TN 29,135/136) und ›von ihm recht abgebildet‹ (TN 29,141), wird die Schöpfung als Portrait, als Selbstbildnis und originalgetreue Kopie Gottes aufgefaßt: ›Wo nahmet ihr das Muster her/Davon ihr euch copeyet‹ (TN 29,98/99), ›Welchs ihr habt conterfeyet‹ (TN 22,101) und ›Die stoltze Bäum in wälden wild/O nur auß erd geschnitzte Bild‹ (TN 22,134/136). Nach pantheistischen Vorstellungen besteht kein Grund, die Natur wirklichkeitsfremd darzustellen, da sie selbst doch schon als Abbild Gottes aufgefaßt wird. Die sich unmittelbar anschließenden ›scharpffen Sinne‹ (TN 22,105) können auf den intellektualen Wortsinn von ›Herz‹ Bezug nehmen. Neben ihren bewundernswerten quantitativen Ausmaßen zählt die göttlich gewirkte Ordnung zu den Qualitäten der Natur. Im Vorstellungsbereich von der Lesbarkeit der Welt (liber naturae) stehen die beiden Verspaare ›Sein helles Wort, hell abgedruckt/Er Ewiglich thut lesen‹ (TN 29,161/162) und ›Vnd doch wer euch (die Naturdinge) geht lesen/Ja schöners nichts begert‹ (TN 21,60/61) in korrespondierendem Verhältnis: im Sohn ›liest‹ der Vater sein ewiges Wesen, in der Schöpfung der Mensch den Schöpfer. Die Weltimmanenz Gottes im Geist kennzeichnet in den Laudes den Verzicht auf Sichtbarmachung des Heiligen Geistes durch ein eigenständiges Symbol, etwa die biblisch überlieferte Taube (z.B. Mk 1,10; Joh 1,32). In Anlehnung an die Geistverleihung der Apostelgeschichte 2,3 f. – ›Es erschienen ihnen Zungen wie von Feuer, die sich verteilten und einzeln herabsenkten auf einen jeden von ihnen; und alle wurden erfüllt vom Heiligen Geist ...‹ – bleibt die symbolische Geistdarstellung konsequenterweise nur auf den nichtirdischen, den himmlischen Bereich beschränkt; als geistiges Sein durchzieht Gott die Natur und ist in ihr wirksam:

> Nun lobet Gott von Himmel ab
> Ihr Gottes Edelknaben,
> Euch Er den geist, vnd wesen gab,
> O wol der schönen gaben!
> Euch Er mitt lauter Frewdenflamm,

Mit lüsten thät vmbgeben;
Für frewden groß ihr allesamm
Ohn vnterlaß thut beben.
(TN 24,4-11)

Als selbständige belebte Welt des Kosmos ist Natur für Spee nicht denkbar. Ihre Eigenwirkkraft verdankt sie erst der Einwohnung der ewig schaffenden göttlichen Substanz.

Anmerkungen

1 Zuletzt Hans-Georg Kemper: Deutsche Lyrik der frühen Neuzeit 3. Barock-Mystik. Tübingen 1988, 178
2 Joseph Bernhart: Die philosophische Mystik des Mittelalters von ihren antiken Ursprüngen bis zur Renaissance. (Sonderausg., unveränd., reprograf. Nachdr. der Ausg. München 1922) Darmstadt 1980, 233
3 Wolfgang Stammler: Von der Mystik zum Barock 1400-1600, Stuttgart 1927, 422
4 Will-Erich Peuckert: Die zweite Mystik. In: DVjS 32, 1958, 291
5 Alfons Budde: Über das Wort Natur. Eine historisch-kritische Studie. In: Vierteljahresschrift für wissenschaftliche Pädagogik 42, 1966, 43
6 Wolfgang Beinert: Christus und der Kosmos. Perspektiven zu einer Theologie der Schöpfung. Freiburg/Basel/Wien 1974, 18
7 Horst Seidl: Thomas von Aquin. Die Gottesbeweise in der ›Summe gegen die Heiden‹ und der ›Summe der Theologie‹. Text mit Übers., Einl. und Komm.; lat./dt. Hamburg 1986, 37
8 Thomas von Aquin: Der Prolog des Johannes-Evangeliums. Übers., Einf. und Erl. von Wolf-Ulrich Klünker. Hrsg. vom Friedrich-von-Hardenberg-Inst., Heidelberg, in Zusammenarbeit mit der Freien Hochsch. f. Geisteswiss., Goetheanum. Stuttgart 1986, 97
9 Anton Antweiler: Die Anfangslosigkeit der Welt nach Thomas von Aquin und Kant. Trier 1961, 107 f.
10 Kurt Ruh: Die trinitarische Spekulation in deutscher Mystik und Scholastik. In: Zf. f. dt. Philologie 72, 1953, 50
11 Johannes G. Deninger: Platonische Elemente in Thomas von Aquins Opusculum De ente et essentia. In: Parusia. Studien zur Philosophie und zur Problemgeschichte des Platonismus. Fg. für J. Hirschberger. Hrsg. von Kurt Flasch. Frankfurt a.M. 1965, 391
12 Die Bedeutung von ›Verstand‹ und ›Wille‹ für den Gemütsbegriff im 17. Jhdt. weist Joachim Dyck: Ticht-Kunst. Deutsche Barock-Poetik und rhetorische Tradition. Bad Homburg v.d.H./ Berlin/Zürich ²1969, 176 ff., nach.
13 Manfred Windfuhr: Die barocke Bildlichkeit und ihre Kritiker. Stilhaltungen in der deutschen Literatur des 17. und 18. Jhdts. Stuttgart 1966 (Germanistische Abhandlungen 15), 269
14 Rudolf Schnackenburg: Das Johannesevangelium 1. Teil. Einl. und Komm. zu Kapitel 1-4. Freiburg/BaselWien 1965, 209
15 Thomas von Aquin: Der Prolog des Johannes-Evangeliums 29 f.
16 Hermann Rauhe: Dichtung und Musik im weltlichen Vokalwerk Johann Hermann Scheins. Stilistische und kompositionstechnische Untersuchungen zum Wort-Ton-Verhältnis im Lichte der rhetorisch ausgerichteten Sprach- und Mu-

siktheorie des 17. Jhdts. Diss. Hamburg 1960, 248. Hinweis bei Margarete Gentner: Das Verhältnis von Theologie und Ästhetik in Spees ›Trutznachtigall‹. Diss. Tübingen 1965, 8

17 Jacob Böhme: Aurora oder Morgenröte im Aufgang (1612). Sämtl. Schriften. Faksimile-Neudr. der Ausg. von 1730. Bd. 1. Hrsg. von August Faust/Will-Erich Peuckert. Stuttgart 1955-61, 179

18 Ebd. 185

19 Ebd. 346

20 Christian Schütz: Einführung in die Pneumatologie. Darmstadt 1985, 30

Weltlicher und geistlicher ›Hertzenbrand‹ in Friedrich Spees ›Trutz-Nachtigal‹

Herbert Anton

In die Literaturgeschichte ist Friedrich Spees ›Trutz-Nachtigal‹ (1649) mit Eichendorff eingegangen, der ihren Dichter innig ›die verborgenen Stimmen der Natur‹ belauschen und verstehen läßt, ›wie die Ströme und Wälder und Bächlein emsig zu Gottes Lobe rauschen, und die Vögel von Ihm singen, und die geheimnißvolle Sommernacht von Ihm träumt; als ob der Finger Gottes leise über die unsichtbaren Saiten der Schöpfung glitte‹[1].

Eichendorff denkt historisch und fühlt sich wahlverwandt. So überrascht nicht, daß Friedrich Spee in einer frühen Phase seiner Wirkungsgeschichte − im Namen und Sinne Eichendorffs − als Naturlyriker angesehen und seine ›Trutz-Nachtigal‹ wie Lyrik der Goethezeit gelesen wurde: ›Keiner von denen, die der Dichtung Spees näher traten, konnte es wohl verkennen und übersehen, daß wir hier plötzlich inmitten all der Naturferne und Naturfremdheit von Renaissance- und Barockkultur Kunstgebilde vor uns haben, die dem tagtäglichen, lebendigen, greifbaren Naturleben und Naturdingen für Inhalt und Form aufs stärkste verpflichtet sind, Dichtungen, die Himmel und Erde, Laub und Gras, Sonne und Mond, den Menschen und das grüne Frühlingswürmchen mit fast romantischer Naturtrunkenheit und ganymedischer Hingebung umfassen‹[2].

Das Paradigma solcher Spee-Interpretationen heißt − mit Dilthey − ›Erlebnis und Dichtung‹[3], und ›den richtigen Standpunkt für die Wertung der Speeschen Naturdarstellung wie seiner Dichtung überhaupt‹ bezeichnen Goethes Geniedenken und Dichtungsverständnis[4]. Das gereicht Friedrich Spee durchaus zur Ehre, zumal die allegorische Struktur seiner Lyrik und ihre ›Sinnlichkeit‹[5] erkannt werden. Aber die Botschaft der ›verborgenen Stimmen der Natur‹ (Eichendorff) bleibt unverständlich, und die ›tiefste und schönste Bedeutung‹ von Spees ›Minnesang‹[6] tritt nicht in Erscheinung. Zur ›Erweckung‹ bedurfte es ganz neuer Einsichten in Mystik und Magie, Emblematik und Allegorese sowie der Erinnerung an die Entgegensetzung von ›Geist und Buchstabe‹ und an ›Metamorphosen der Liebe‹ im Widerstreit von Antike und Christentum:

> ›Gleich früh sich wan entzündet
> Der silberweisse tag,
> Vnd klar die Sonn verkündet
> Was Nachts verborgen lag,
> Die Lieb in meinem hertzen
> Ein Flämmlein stecket an,
> Das brinnt gleich einer kertzen,
> So niemand leschen kan.

Erstdruck-Titel der ›Trutz-Nachtigal‹, Köln 1649 (Kat.-Nr. 144)

Das Flämmlein das ich meine,
Jst JESV süsser Nam:
Es zehret Marck, vnd Beine,
Frist ein gar wundersam.
O süssigkeit in schmertzen!
O schmertz in süssigkeit!
Ach bleibe noch im hertzen,
Noch bleib in Ewigkeit‹[7].

Es besteht kein Zweifel: ›Spees Urerlebnis − wir können es nicht oft und eindringlich genug wiederholen − war und blieb seine glühende Gottesliebe, sein ewig waches Gottesbewußtsein, aus dem das Vertrauen auf seine Gnade hervorwächst, deren Gefäß er sich weiß‹[8]. Demzufolge dürfen die ›Straalen voller hitz‹, die ›Lieb vnd Hertzenbrand‹ entzünden[9], mit jenem ›Strahl‹ in Verbindung gebracht werden, der im ›Corpus Areopagiticum‹, das abendländische Mystik begründet, ›von jenseits der geschaffenen Welt kommt‹ und ›alle Bereiche aller einzelnen Erkenntnisse und Möglichkeiten‹ in sich versammelt: ›Der Strahl aus dem Jenseits enthält alle Erkenntnisse über das Sein und Nichtsein der Dinge, begreift alle Kräfte von Wesen und Nichtwesen in sich ein, seine Macht ist nicht zu fassen, ist auch noch über jene Geister erhaben, die über allen Himmeln sind, und thront jenseits des Alls‹[10]. Dem Glauben erschließen sich in Jesus, der ›die äußerste Niedrigkeit des menschlichen Zustandes auf sich genommen und dadurch die ganze Menschheit zu sich emporgehoben hat‹, kraft heiliger Analogien ›Symbole zur Erkenntnis des Göttlichen‹, und ›wir können uns von diesen Symbolen dann Stufe für Stufe zur einfachen Wahrheit erheben, zur höheren Einheit geistigen Schauens‹[11]. Dabei vermag die Seele ›in dem blitzenden Moment eines zitternden Erblickens‹ die ›ewige Weisheit‹ voller Sehnsucht ›leise in einem vollen Schlag des Herzens zu streifen‹[12] oder − ›Ich komme zu meiner Geliebten wie ein Tauregen auf die Blume‹ (Mechthild von Magdeburg) − sich Gott hinzugeben: ›Ei denn, Herr, liebe mich heftig und liebe mich oft und lange! Denn je öfter du mich liebst, um so reiner werde ich; je heftiger du mich liebst, um so schöner werde ich; je länger du mich liebst, um so heiliger werde ich hier auf Erden‹. Und Gott antwortet der Seele: ›Daß ich dich häufig liebe, dazu nötigt mich meine Natur, denn ich selbst bin die Liebe. Daß ich dich heftig liebe, das kommt von meinem Verlangen; denn ich sehne mich, daß man mich innig wiederliebe. Daß ich dich lange liebe, das kommt von meiner Ewigkeit, da ich ohne Ende bin‹[13].

›Liebe‹ ist für Dionysios Areopagita der ›vorzüglichste aller Namen der Urgottheit‹[14], der ›Eros‹ und ›Agape‹ bedeutet: ›Was wollen aber die Theologen damit sagen, wenn sie Gott bald aktive Liebesleidenschaft nennen, Eros, oder aktive Liebesfürsorge, Agape, bald Gegenstand der Liebessehnsucht, Eraston, und bald Agapeton, das würdige Ziel der Liebesverehrung? Gott ist in dem einen Falle als der Urheber gepriesen, als Hervorbringer und Erzeuger der liebenden

Leidenschaft – im andern Fall als ihr Ziel‹[15]. Als ›Eros ekstatikos‹ führt – wie Dionysios Areopagita den ›großen Paulus‹ im ›Banne der göttlichen Liebe‹ und ihrer ›ekstatischen Kraft‹ bezeugen läßt – ›die göttliche Liebe auch zur Entrückung‹ und ›duldet nicht, daß der Liebende bei sich selbst bleibe: er tritt gleichsam aus sich heraus und gehört nur noch dem Ziel seiner Liebe‹[16].

Ein – schon zur Zeit der Entstehung des ›Corpus Areopagiticum‹ (um 500) – theologisch anerkanntes Schema des Vollzugs dieser ›Entrückung‹ und seiner Deutung bildet ›Das Hohelied‹, das Salomon zugeschrieben und darum – der Weltlichkeit der verherrlichten Liebesleidenschaft ungeachtet – kanonisiert wurde. Seine ›mystische Interpretation‹ geht auf Origenes zurück, der – im Rahmen der ›Lehre vom mehrfachen Schriftsinn‹ – das Liebesgeschehen des ›Hohenliedes‹ in doppelter Hinsicht deutete: als ›Mysterium der Liebe zwischen Christus und der Kirche‹ und als ›Brautschaft von Logos und Seele‹[17]. Diese war der ›sensus mysticus‹, durch den Gott die liebende Seele in ›freudvoller Schau‹ mit ›liebendem Gruß‹ zu sich rief:

> ›Ei denn, freudvolle Schau!
> Ei denn, liebevoller Gruß!
> Ei denn, innige Umarmung!
> Herr, dein Wunder hat mich verwundet,
> deine Gnade hat mich erdrückt!
> O du hoher Fels,
> du bist so gut durchritzt:
> in dir vermag niemand zu wohnen
> als nur Taube und Nachtigall‹[18].

Bei Origenes steht die Seele noch nicht ›gleichberechtigt‹ und ›vertauschbar‹ neben der Kirche[19]. Sie bleibt ›ecclesiastica anima‹, und ›wenn in der Seele die Liebe zum Wort Gottes aufbricht, wird sie selber Sängerin des Hochzeitsliedes von der Vereinigung der Kirche mit Christus durch das Wort‹[20]. Mit dem ›sensus mysticus‹ der Auslegung des ›Hohenliedes‹ waren allerdings alle Voraussetzungen für die Emanzipation der liebenden Vereinigung der Seele mit Gott gegeben, und sie vollzog sich epochemachend bei Bernhard von Clairvaux, in dessen ›Sermones‹ die Braut des ›Hohenliedes‹ – in Distanz zu den Sakramenten – ›kaum noch als Kirche, sondern vor allem als Seele des Menschen verstanden und damit statt nach dem Weltheilsgeschehen nach der Bestimmung und dem Heil der Seele gefragt wird‹[21]. Mechthild von Magdeburg löst sich auch noch aus dieser allegorischen Bindung, denn ›es geht bei ihr nicht mehr, wie bei Bernhard von Clairvaux, um eine affektiv auf die eigene Persönlichkeit bezogene allegorische Erklärung des Liebesgeschehens im Bezugsrahmen des ›Hohenliedes‹, sondern – unter Vernachlässigung dieses theoretischen Aspekts – um die direkte Konfrontation des Geschöpfes mit seinem Schöpfer‹[22]. Das gilt – wenngleich unter ganz anderen historischen Bedingungen und ohne Preisgabe allegorischer Hermeneutik – auch für die ›Gespons Jesu‹ der ›Trutz-Nachtigal‹ und für die Unmittelbarkeit ihrer Liebe:

> ›Auff grüner Heyd, vnd Matten
> Bey krausem Lorberbaum,
> Jch spreitet mich in Schatten,
> Sanck ab in süssen traum:
> Bald wider ich erwachet,
> Mein JESVM fande da,
> so lieb- vnd freundlich lachet,
> Zu mir tratt aller nah.
>
> Er gleich zu mir that zihlen
> Mitt reinem augenblitz:
> Auff mich mitt hauffen fielen
> Die Straalen voller hitz:
> Die pfeil da kamen loffen
> Von seinen äuglein thewr,
> So mir das Hertz getroffen,
> Mitt bittersüssem fewr.
>
> Von seinen gläserbogen
> Zu mir mitt süssem schein
> Die süsse Flämlein flogen,
> Auß beyden Fensterlein.
> O wee! wan ich der stunden,
> Wan ich der zeit gedenck,
> Auß frisch genetzter Wunden
> Jch hertz, vnd Wangen tränck‹[23].

Das Erscheinungsbild der ›Gespons Jesu‹ ist – literaturgeschichtlich gesehen – idealtypisch konturiert, ihre Empfindungen und Affekte verdanken sich traditionellen Motiven europäischer Liebeslyrik, und die Landschaft ihres inneren und äußeren Erlebens ist durch literarische Muster geprägt. Aber auch ihr ›Sponsus‹ – ›O Liebster mein auff Erden!/O JESU schöner Hirt‹[24] – hat eine bedeutende Ahnenreihe in Dichtung und Mythologie, und das Wechselspiel von Liebe und Gegenliebe läßt sich – als literarisches Phänomen – zu Platon und zu den provenzalischen Trobadors, zu Ovid und zum ›dolce stil novo‹ oder zur Minnelyrik und zu Petrarcas ›Canzoniere‹ zurückverfolgen. Dem allen ist die Spee-Forschung umsichtig nachgegangen, um – mit dem ›Hohenlied‹ – beiläufig an die antike Göttergeschichte vom ›Raub der Proserpina‹ zu erinnern, die Spee aus

Ovids ›Metamorphosen‹ kannte, die berichten: Auf Geheiß der Venus schießt Amor dem Pluto einen seiner verhängnisvollen Pfeile ins Herz. Der verliebte Gott der Unterwelt raubt Proserpina, Ceres' Tochter, während sie unbekümmert Blumen pflückt. Pluto bringt die klagende Jungfrau in die Unterwelt. Ceres irrt suchend umher und läßt in Kummer und Zorn als Göttin der Fruchtbarkeit die Erde verdorren. Da greift Jupiter ein. Falls Proserpina in der Unterwelt keine Speise zu sich genommen, darf sie zur Mutter zurückkehren. Aber Jupiters Entscheidung kommt zu spät. Denn Proserpina hat ihr Fasten gebrochen und sieben Kerne eines Granatapfels gekostet. Daraufhin beschließt Jupiter, daß Proserpina als doppelgesichtige Göttin zweier Reiche sowohl in der Unterwelt als auch bei der Mutter und den übrigen Göttern im Olymp weilen soll[25].

In mittelalterlicher Allegorese, welche die Rezeption der ›Metamorphosen‹ bis weit ins 17. Jahrhundert beeinflußte, trat Pluto — wie ein zwischen 1291 und 1328 entstandener ›Ovide moralisé‹ vor Augen geführt — als dämonisierter ›Teufel‹ in den Mittelpunkt des allegorischen Geschehens, um — in Gestalt der Proserpina — die menschliche ›Seele‹ zu rauben und ewiger Verdammnis anheimzugeben. Aber wie in der antiken Göttergeschichte und ihren Mysterien bleibt Proserpina als ›verlorene Seele‹ nicht unerlöst. Jupiter-Christus entmachtet den Teufel, und Ceres nimmt — als ›Sainte Yglise‹ — die gerettete ›anima christiana‹ in ihre Obhut:

> ›Ceres denote Sainte Yglise,
> Qui les ames cree et reforme,
> Et lor done nouvelle forme,
> Et paist bonement, sans envie,
> Dou pain de pardurable vie‹[26].

Im Lichte solcher Allegorese kann Friedrich Spee als ›Apostel der deutschen Gegenreformation‹[27] angesehen werden, der — ›Quant dyable veult ravir l'ame/ Pour porter en l'infernal flame‹[28] — Seelen rettet, indem er sie einer ›sichtbaren Kirche‹ zuführt, die der ›Ovide moralisé‹ mit Ceres gleichsetzt. Als ›poetischer Text‹ ist Spees ›Trutz-Nachtigal‹ allerdings — im Sinne der hermeneutisch begründbaren ›Freiheit eines Christenmenschen‹ (Luther) — ein autonomer Text und keiner Instanz — vor allem keiner ›sichtbaren Kirche‹ — untertan, denn das ›Medium Poesie‹ kennt nur ›Gläubige einer unsichtbaren Kirche‹[29]. Damit tritt der ›Apostel der Gegenreformation‹ hinter den ›Lyriker der Barock-Mystik‹ zurück, und der ›sensus mysticus‹ seiner ›geistlichen Liebeslyrik‹ läßt ihre situationsbedingte Intention — als gegenreformatorischen ›Buchstabensinn‹ — in Vergessenheit geraten. Das bestätigen die allegorische Struktur der ›Trutz-Nachtigal‹ und ihr metaphorischer Synkretismus, der Cupido und Christus vereint und die ›Seele‹ als Inbegriff menschlicher Existenz eine existentielle ›Sprache des Herzens‹ verstehen lehrt:

›Die alten Fabelwesen sind nicht mehr,
das reizende Geschlecht ist ausgewandert;
Doch eine Sprache braucht das Herz‹[30].

Als metaphysisch begründete Lehre vom Menschen und seiner Stellung im Kosmos erscheint Anthropologie jeglicher Art problematisch. Als Hermeneutik elementarer Strukturen des Daseinsvollzugs gibt sie Aufschluß über das Selbstverständnis und Ewigkeitsverlangen ›der herrlichen Fremdlinge/Mit den sinnvollen Augen/Dem schwebenden Gange/Und dem tönenden Munde‹[31] und macht einsichtig, daß ›geistlicher Hertzenbrand‹ seine Liebe in Texten gedeutet findet, deren ›sensus historicus‹ sich − wie im ›Hohenlied‹ − auf durch und durch weltliche Leidenschaft bezieht und eine irdische Geliebte − ›Deine Augen sind wie Taubenaugen, deine Lippen sind wie eine scharlachfarbene Schnur, deine Wangen sind wie der Ritz am Granatapfel, deine zwei Brüste sind wie zwei junge Rehzwillinge, die unter den Rosen weiden‹ − verherrlicht, die begehrt und begehrt wird: ›Mein Freund ist mein, und nach mir steht sein Verlangen‹[32].

Menschlichem Liebesverlangen kommt − in welchem Sinne auch immer − ein zeitübergreifendes Ewigkeitsmoment zu, und dieses erhebt − ›Süße Liebeslaune/Salomo und die Braune‹ − Liebespaare vergangener Zeiten und Welten zu ›Musterbildern‹[33] und das ›Buch der Liebe‹ zum ›wunderlichsten Buch der Bücher‹[34]. Spee liest es um des Heils der menschlichen ›Seele‹ willen, welche die Kirchenväter − im Widerstreit mit antiker Philosophie − als ›Selbst‹ des Menschen begriffen haben, das Erlösung finden oder verlorengehen kann[35]. Die dichterische Gestaltung dieses Schicksals ist zeitgebunden und geht auch auf Vorbilder zurück: auf den spanischen Mystiker Johannes vom Kreuz (1542−1591), auf Spees flämischen Ordensbruder Hermann Hugo (1588−1629) und auf Conrad Vetter (1548−1622)[36]. Unmittelbarer Einfluß von Johannes vom Kreuz ist umstritten, wenngleich die ›bräutliche Liebe der Seele zu Christus‹ auf Affinitäten verweist[37]. Deutlich zeigen sich demgegenüber Einwirkungen des emblematischen Erbauungsbuches ›Pia desideria‹ (1624) von Hermann Hugo, das der allegorischen Bildlichkeit der ›Trutz-Nachtigal‹ und der Titelzeichnung ihrer Straßburger Handschrift zugrunde liegt[38], während Conrad Vetters ›Paradeißvogel‹ (1613) als eine Art ›Sprachquelle‹ angesehen werden kann und Friedrich Spee Bonaventuras ›Philomela‹ nahebringt, in der − darum wohl auch der ursprüngliche Name ›Creutznachtigall‹[39] − die ›Sängerin des Waldes‹ zum erstenmal als ›Verkünderin eines geistlichen Arguments‹ hervortrat[40]. Ausschlaggebend für den Kunstcharakter der ›Trutz-Nachtigal‹ ist allerdings Spees Fähigkeit, vollendet zu ›petrarkisieren‹ und − darauf deutet schon der Titel der wegweisenden Untersuchung von E. Jacobsen hin[41] − ›weltlichen‹ in ›geistlichen Hertzenbrand‹ zu verwandeln. Poetische Normen hatte Opitz gesetzt, der sich im ›Buch von der deutschen Poeterey‹ (1624) auf Ronsards ›Art de bien Petrarquiser‹ berief und Petrarca epochemachend ins Deutsche übertrug:

>Ist Liebe lauter nichts/wie daß sie mich entzündet?
Ist sie dann gleichwol was/wem ist jhr Thun bewust?
Ist sie auch gut vnd recht/wie bringt sie böse Lust?
Ist sie nicht gut/wie daß man Frewd' auß jhr empfindet?
Lieb' ich ohn allen Zwang/wie kan ich schmertzen tragen?
Muß ich es thun/was hilfft's daß ich solch Trawren führ'?
Heb' ich es vngern an/wer dann befihlt es mir?
Thue ich es aber gern'/vmb was hab' ich zu klagen?
Ich wancke wie das Graß so von den kühlen Winden
Vmb Vesperzeit bald hin geneiget wird/bald her:
Ich walle wie ein Schiff das durch das wilde Meer
Von Wellen vmb gejagt nicht kan zu Rande finden.
Ich weiß nicht was ich wil/ich wil nicht was ich weiß:
Im Sommer ist mir kalt/im Winter ist mir heiß‹[42].

Nun ist freilich — wie Jacobsen nachdrücklich betont — literarische Tradition für Spee — über bewußte Rezeption und kunstfertige Ausgestaltung hinaus — immer auch ›lebendige und innerlich erlebte Wirklichkeit‹, und aus ihr ›spricht das dramatische Ich des Verfassers, die Sponsa, welche trotz subjektiver Züge eine objektive, didaktisch bestimmte Existenz besitzt‹[43]. Das verändert den Sinn von Spees ›Art de bien Petrarquiser‹ und gibt traditioneller ›Schmerzliebe‹ ganz neue Bedeutung.

Für Petrarca sind ›Liebe und Dichten als höchste Seinsweisen aus gemeinsamem Ursprung abzuleiten‹, und Dichten stellt einen ›Akt der Liebe‹ dar[44], dessen Struktur davon unberührt bleibt, ob Liebesleid beklagt oder Liebeserfüllung besungen wird. Petrarca klagt und überläßt sich einer ›Schmerzliebe‹, die keine Heilung sucht:

> ›Ich weinte und ich sang: so wird es bleiben,
> Und Tag wie Nacht verströme ich den Schmerz
> Der Seele mit den Augen, mit dem Lied‹[45].

Auch Spee führt Liebe und Dichten auf einen gemeinsamen Ursprung zurück, und es ist ein und derselbe ›süsse Pfeil‹, der den ›Hertzenbrand‹ entzündet und Dichten bewirkt, wie der ›Eingang des Büchleins‹ ausdrücklich betont:

> ›Trutz-Nachtigal mans nennet,
> Jst wund von süssem Pfeil:
> Jn Lieb es lieblich brennet,
> Wird nie der wunden heil.
> Gelt, Pomp, vnd Pracht auff Erden,
> Lust, Frewden es verspott,

Vnd achtets für beschwerden,
Sucht nur den schönen Gott‹[46].

Aber die ›Liebe‹, die in Spees ›Trutz-Nachtigal‹ den ›Hertzenbrand‹ entzündet
und Dichten bewirkt, ist − in reformatorischem und gegenreformatorischem
Verständnis − ein ›Mysterium‹, denn: ›Was sind nu die mysteria gottis? Nichts
ander, denn Christus selbs, das ist: der glawbe und Euangelium von Christo‹[47].
Sie stellen Friedrich Spee als Dichter − ›Vnd ist die Meinung des Auctors darauff
gangen, daß auch Gott in Teutscher Spraach seine Sänger vnd Poeten hette‹[48] −
vor eine Aufgabe, die für Theologen der Gegenwart − im Gefolge von Reformation und Gegenreformation − zu einer Existenzfrage geworden ist: ›Wie verantwortlich von Gott zu reden sei‹[49]. Spee beantwortet diese Frage im Rahmen
›Poetischer Theologie‹, indem er als Dichter ›uneigentlich‹ sagt, was er als Theologe ›eigentlich‹ meint und den hermeneutischen Sinn von ›Allegorese‹ verändert.

Abendländische Dichtung, Philosophie und Theologie kennen ›Allegorese‹
seit der Antike als poetische und rhetorische Technik bildhafter Versinnlichung
oder Verfahrensweise der Textauslegung, die − in der hermeneutischen Spannung von ›Geist und Buchstabe‹ − verborgenen Sinn sucht oder stiftet, wie zum
Beispiel Philos ›allegorischer Kommentar‹ der ›Genesis‹ und dessen Wirkungsgeschichte vor Augen führt[50]. Sie prägen auch das mittelalterliche Allegoriever-
ständnis und einen allegorischen ›ordo legendi‹, dem es − ›Omnis mundi crea-
tura/Quasi liber et pictura/Nobis est et speculum‹ (Alanus von Lille) − ›um die
Enthüllung des bei der Schöpfung der Kreatur versiegelten Sinns der Sprache
Gottes geht‹[51]. In diesem Verständnis von ›Natura loquitur‹ läßt Eichendorff
Spee die ›verborgenen Stimmen der Natur belauschen und verstehen‹, wenngleich er dessen Ablösung von mittelalterlicher Lektüre des ›Buches der Natur‹
verkennt.

Spees ›Trutz-Nachtigal‹ leitet − ›O Mensch ermeß im hertzen dein,/Wie wun-
der muß der Schöpffer sein!‹ − zur ›Erkandnuß vnd Liebe des Schöpffers auß den
Geschöpffen‹ an[52], und das ›Zueinander von Theologie und Ästhetik‹ kann
durchaus als ›ein Zueinander von süßlieblichem Amor Dei und kosmischer Wort-
Musik‹ aufgefaßt werden[53]. Aber eine − nach scholastischer Hermeneutik −
›Summe geistiger Sinnmöglichkeiten‹[54] wird nicht mehr erschlossen, und der ehe-
mals ›geistige Sinn des Wortes‹ erweist sich als ›geistlich‹: als Sprachereignis des
Glaubens. Sein Kerygma eröffnet ›mystagogische Dimensionen der Allegorese‹,
die von den Kirchenvätern sakramental gesehen wurden[55] und für Himmel und
Erde in Rangordnungen zu denken erlaubten[56]. Initiation und Mystagogie im
›Medium Poesie‹ kennt nur noch existentielle ›Sacramenta fidei‹, und ihre ›Mystik‹ ist ›Mystik des Wortes‹, die im heilsgeschichtlichen Paradox der Mensch-
werdung und Auferstehung Christi ihren paradoxalen Wirklichkeitsgrund hat,
der − damit erübrigen sich auch ›mehrfache Schriftsinne‹ − nicht mehr ›alle-

gorisch‹ interpretiert, sondern nur noch ›buchstäblich‹ geglaubt werden kann:
›Das Flämmlein, das ich meine,/Ist Jesu süsser Nam‹[57].

Demzufolge intendiert Spees ›Trutz-Nachtigal‹ keinerlei spekulative Gotteserkenntnis und kein Erleben einer ›Unio mystica‹, in der das ›Selbst‹ des Menschen sich in Gott verliert. Sein ›Selbst‹ wird dem Menschen geschenkt, damit er
›coram deo‹ existiere. Das gibt Aufschluß über den ›Trutz‹ der ›Nachtigall‹ Friedrich Spees und die Zusammengehörigkeit von Botschaft und Textstruktur.

In mystischen Traditionen versinnbildlicht die Nachtigall als ›Seelenvogel‹
den − ›Wan die Seel sich müd geflogen,/Auff, vnd ab in falscher Welt‹[58] − Aufstieg zu Gott, um zugleich − Dialektik aller ›Unio mystica‹ − den Abgrund zwischen Gott und Welt, Ewigkeit und Zeit zu enthüllen, so daß ›der Leib, der in der
Vergängnis west, die Seele beschwert, und die irdische Behausung den vielerwä-
genden Geist drückt‹[59]. Das entspricht gnostischem Denken und verweist auf
gnostische Motive der geistlichen Dichtung des 17. Jahrhunderts. Der Botschaft
der ›Trutz-Nachtigal‹ sind sie fremd. Ihr ›Erlöser‹ steigt nicht aus einem Reich
des Lichtes herab, um das gefallene ›Selbst‹ des Menschen, das als ›Pneuma‹ göttlichen Ursprungs ist und von kosmischen Mächten mit Tod und Zerstörung bedroht wird, in seine überweltliche Lichtheimat zurückzuführen[60]. Der ›Erlöser‹
der ›Trutz-Nachtigal‹ ruft − wie ein irdischer Bräutigam seine irdische Braut −
die ›Sponsa‹ im ›Hier und Jetzt‹ zu sich, und letztlich erklingt nur ein ›eintzig liedelein‹[61], das er selbst beglaubigt:

> ›Höret, höret, so die strassen
> Wandert alle Menschenkind;
> Höret, höret, ohne massen
> Mich die Liebe kräfftig brinnt:
> Schawet, zehlet meine Wunden,
> Meine Striemen Rosenroot:
> Jch von Flammen vberwunden,
> Lesch mich ab in kaltem Tod.
> Jch mir selber thu den schaden,
> Trage selber alle schuld:
> Selber Jch mich hab beladen
> Wil mich geben in gedult.
> Jch von lauter Lieb gezogen,
> Ließ den Scepter, Thron vnd Cron,
> Zu der Erden thät mich wogen,
> Wurde meiner Mutter Sohn.
> Mir ich selbest hab zu klagen
> Meine Schmertzen, meine Pein:
> Mir nur wollets helffen tragen,
> O geliebte Menschen mein.

Höret, höret mein begeren,
Höret meine letzte bitt,
Jhr mich deren wolt gewehren,
Noch versagens nimmer nitt.
Weil die Liebe mich getrieben
Also weit in disen Stand,
Jhr hinwider mich zu lieben
Wöllet fassen in verstand.
Meine Liebe, meine Flammen,
Vnd Begierden vngehewr
Messet ab, an disem Stammen,
Disem Creutz, vnd Marter theur.
Jhr an disem Balcken findet
Meiner Flammen rechte Maaß,
Da die Liebe mich noch bindet
Auch mitt eysen hafften bas‹[62].

Die absolute Verbindlichkeit dieser Zusage erklärt den ›Trutz‹ der ›Nachtigall‹ Spees und ihre kerygmatische Unbekümmertheit. Als Titel bringt ›Trutz-Nachtigal‹ − ›weil das Büchlein trutz allen Nachtigalen süß, und lieblich singet, vnd zwar auff recht Poetisch‹[63] − ein poetisches Programm zum Ausdruck. Als Bekenntnisformel, die ihre Entsprechung in ›Creutznachtigall‹ findet, bezeugt der Name Glaubenszuversicht, die sich nicht um Konfession und Konzile, um theologische Systeme und kirchliche Dogmatiken kümmert und trotzdem weiß:

›All mein frewd verborgen
In Jesv seyten ligt,
Da find ich heut, vnd morgen
Noch manches rein Gedicht‹[64].

Als Sprachkunstwerk ist dieses ›rein Gedicht‹ ausschließlich weltliche Rede von Gott. Sie ermangelt der Teilhabe am göttlichen Sein, erlaubt aber − ›Das Flämmlein das ich meine‹ − in Analogien zu denken und ›auff recht Poetisch‹ zu sagen, was Glauben heißt, während ›Gott‹ ein ›Nichtname‹ bleibt[65].

Anmerkungen

1 Eichendorff: ›Geschichte der poetischen Literatur Deutschlands‹, Paderborn 1987 (Nachdruck der Ausgabe von 1857), S. 203.

2 I. Märtens: ›Die Darstellung der Natur in den Dichtungen Friedrichs von Spee‹, in: Euphorion XXVI (1925), S. 565.

3 W. Dilthey: ›Das Erlebnis und die Dichtung‹, Göttingen 1970(35).

4 I. Märtens: a. a. O. S. 592.

5 I. Märtens: a. a. O. S. 590. Vgl. dazu und zu dem Folgenden H.-G. Kemper, ›Deutsche Lyrik der frühen Neuzeit‹, Bd. III, ›Barock-Mystik‹, Tübingen 1988, S. 159ff.

6 Eichendorff: a. a. O. S. 203.

7 Spee: ›Anders Liebgesang der gespons Jesv‹ (Strophe 1/4), ›Trvtz-Nachtigal‹, hrsg. von Theo G. M. van Oorschot, Stuttgart 1985, S. 16. Vgl. dazu und zu dem Folgenden E. Jacobsen, ›Die Metamorphosen der Liebe und Friedrich Spees Trutznachtigall‹, Kopenhagen 1954.

8 E. Rosenfeld: ›Neue Studien zur Lyrik von Friedrich von Spee‹, Mailand 1963, S. 117.

9 Spee: ›Die gespons Jesv sucht, und findet Ihn auff dem Creutzweeg‹, ›Trvtz-Nachtigal, S. 50f.

10 D. Areopagita: ›Die Namen Gottes‹, Schriften übersetzt von W. Tritsch, Bd. II, München 1956, S. 33.

11 D. Areopagita: a. a. O. S. 32f.

12 Augustin: ›Bekenntnisse‹, München 1966(3), S. 347 und 465.

13 M. von Magdeburg: ›Das fließende Licht der Gottheit‹, hrsg. von P. Gall Morel, Darmstadt 1963 (Nachdruck der Ausgabe von 1869), I/13 und I/24. Übertragen von L. Gnädinger, ›Deutsche Mystik‹, Zürich 1989, S. 61 und 63.

14 D. Areopagita: a. a. O. S. 32.

15 D. Areopagita: a. a. O. S. 74.

16 D. Areopagita: a. a. O. S. 73f.

17 F. Ohly: ›Hohelied-Studien‹, Wiesbaden 1958, S. 17ff.

18 M. von Magdeburg: a. a. O. I/14. L. Gnädinger, a. a. O. S. 61.

19 F. Ohly: a. a. O. S. 21.

20 F. Ohly: a. a. O. S. 22.

21 F. Ohly: a. a. O. S. 154.

22 De Boor-Newald: ›Geschichte der deutschen Literatur‹, Bd. III/2, ›Die deutsche Literatur des späten Mittelalters‹, hrsg. von I. Glier, München 1987, S. 250 (A. M. Haas).

23 Spee: ›Die gespons Jesv sucht, und findet ihn auff dem Creutzweeg‹, ›Trvtz-Nachtigal‹, S. 50.

24 ›Die gespons Jesv sucht ihren geliebten, vnd find ihn im garten, alda er gefangen wird‹, ›Trvtz-Nachtigal‹, S. 46.

25 Ovid: ›Metamorphosen‹, Buch V, Vers 341ff.

26 ›Ovide moralisé. Poème du commencement du quatorzième siècle‹, hrsg. von C. de Boer, Bd. II, Amsterdam 1920, S. 254, Vers 3041ff.

27 E. Rosenfeld: a. a. O. S. 73.

28 ›Ovide moralisé‹, a. a. O. S. 253, Vers 3014f.

29 Goethe: ›Über den Wert einiger deutscher Dichter‹.

30 Schiller: ›Wallenstein. Die Piccolomini‹, III/4.

31 Novalis: ›Hymnen an die Nacht‹, Vers 24ff.

32 ›Das Hohelied Salomos‹, 4. und 7. Kapitel in der Übersetzung von Luther. Vgl. dazu ›Das Hohelied Salomos. Nachdichtung und Übersetzungen aus sieben Jahrhunderten‹, hrsg. von H. Timm, Frankfurt 1982.

33 Goethe: ›Westöstlicher Divan‹, ›Musterbilder‹.

34 Goethe: ›Westöstlicher Divan‹, ›Lesebuch‹.

35 A. Warkotsch: ›Antike Philosophie im Urteil der Kirchenväter. Texte und Übersetzungen‹, Paderborn 1973.

36 E. Rosenfeld: a. a. O. S. 67ff.

37 E. Rosenfeld: a. a. O. S. 71.

38 E. Jacobsen: a. a. O. S. 12ff. und ›Trvtz-Nachtigal‹, S. 343ff.

39 E. Rosenfeld: a. a. O. S. 78.
40 E. Rosenfeld: a. a. O. S. 78. Vgl. dazu
   E. Jacobsen, a. a. O. S. 14ff.
41 Anmerkung 7. Zu ›Apprendre l'art de
   bien Petrarquiser‹ (Ronsard) vgl. Opitz,
   ›Buch von der Deutschen Poeterey‹,
   hrsg. von C. Sommer, Stuttgart 1970,
   S. 36 (›Wie Petrarcha buhlerische reden
   brauchen‹).
42 Opitz: ›Francisci Petrarchae‹,
   ›Gedichte‹, hrsg. von J.-D. Müller,
   Stuttgart 1985, S. 173 (Petrarca: ›S'amor
   non è, che dunque è quel ch'io sento‹).
   Vgl. dazu und zu dem Folgenden
   H. Pyritz, ›Paul Flemings Liebeslyrik.
   Zur Geschichte des Petrarkismus‹, Göttingen 1963 und H. Friedrich, ›Epochen
   der italienischen Lyrik‹, Frankfurt 1964.
43 E. Jacobsen: a. a. O. S. 168.
44 H. Friedrich: a. a. O. S. 221.
45 Petrarca: ›Fu forse un tempo dolce cosa
   amore‹, Schlußverse übertragen von
   H. Friedrich, a. a. O. S. 277.
46 Spee: ›Eingang zu disem Büchlein
   Trvtz-Nachtigal genandt‹, ›Trvtz-Nachtigal‹, S. 12.
47 Luther: ›Adventspostille 1522‹,
   ›Werke‹, Bd. X/1/2, Weimar 1925,
   S. 126.
48 Spee: ›Ettliche Merckpünctlein für den
   Leser‹, ›Trvtz-Nachtigal‹, S. 5.
49 F. Buri: ›Wie können wir heute noch
   verantwortlich von Gott reden?‹,
   Tübingen 1967.
50 L. Goppelt: ›Typos. Die typologische
   Deutung des Alten Testaments im
   Neuen‹, Darmstadt 1969 (Nachdruck
   der Ausgabe Gütersloh 1939).
51 F. Ohly: ›Vom geistigen Sinn des
   Wortes im Mittelalter‹, Darmstadt 1966,

S. 10. Vgl. dazu und zu dem Folgenden
   G. Ebeling, ›Evangelische Evangelien-
   auslegung‹, Darmstadt 1969 (Nachdruck
   der Ausgabe München 1942), S. 91ff.
52 Spee: ›Trvtz-Nachtigal‹, S. 104ff.
53 M. Gentner: ›Das Verhältnis von
   Theologie und Ästhetik in Spees Trutz-
   nachtigall‹, Tübingen 1965, S. 207.
54 F. Ohly: a. a. O. S. 7.
55 Ch. Jacob: ›Arkandisziplin, Allegorese,
   Mystagogie. Ein neuer Zugang zur
   Theologie des Ambrosius von Mailand‹,
   Frankfurt 1990, S. 276ff.
56 D. Areopagita: ›Die Hierachien der
   Engel und der Kirche‹, Schriften,
   a. a. O. Bd. I, S. 97ff.
57 Spee: ›Anders Liebgesang der gespons
   Jesv‹, ›Trvtz-Nachtigal‹, S. 17.
58 Spee: ›Hirtengesang, vber das Creutz,
   vnd Aufferstehung Christi‹, ›Trvtz-
   Nachtigal‹, S. 278.
59 Augustin: a. a. O. S. 345. Vgl. dazu
   ›Buch der Weisheit‹, IX/5.
60 H. Jonas: ›Gnosis und spätantiker
   Geist. Die mythologische Gnosis‹, Göttingen 1988(4).
61 Spee: ›Die Gesponß Jesv erweckt die
   vögelein zum Lob Gottes‹, ›Trvtz-Nachtigal‹, S. 297.
62 Spee: ›Ein Trawriges Gespräch so Christus an dem Creutz führet‹, ›Trvtz-
   Nachtigal‹, S. 237.
63 Spee: ›Ettliche Merckpünctlein für den
   Leser‹, ›Trvtz-Nachtigal‹, S. 5.
64 Spee: ›Eine Christliche Seel muntert
   sich auff im abgang ihrer trawrigkeit‹,
   ›Trvtz-Nachtigal‹, S. 93.
65 D. Areopagita: ›Die Namen Gottes‹,
   a. a. O. S. 28.

Die Bedeutung des poetischen Ich in der Lyrik Friedrich Spees

Wilhelm Gössmann

Wenn ich an das eigene lyrische Schreiben denke, gibt es zwei Schwierigkeiten, die — vordergründig betrachtet — zuerst einmal Leichtigkeit simulieren. Beides drängt beim unkontrollierten Schreibprozeß zu einem rein traditionellen Gebrauch. Gemeint sind das poetische oder lyrische Ich, das normalerweise den Gedichtzusammenhang organisiert, und die Verwendung von Bildern und Metaphern.

Bei meiner Lektüre der Gedichte Spees, seinen Kirchenliedern und den artistischen Texten in der ›Trutz-Nachtigal‹, faszinieren mich immer wieder die Ich-Aussagen, die Bedeutung und die angewandten Strategien des poetischen Ich.

Prinzipiell gehört zu jedem Gedicht das so oder so wirksam werdende Autor-Ich. Dieses hat sich in den einzelnen Epochen gewandelt, sogar ganz entscheidend nach Spee in der Erlebnislyrik. Auch hat es sich in den verschiedenen Gattungen der Lyrik anders ausgeprägt und artikuliert. Bei kaum einem anderen Dichter zur Zeit Spees findet man so viele Variationen und poetische Verfahrensweisen in Bezug auf das lyrische Ich wie bei Spee. Es gibt die Ich-Aussage, die gleichzusetzen ist mit dem metaphysischen Ernst der Person, und solche, die bis hin zum Spielerischen, fast sogar zu einem verspielten Umgang führen. Formen der Identifikation und Partizipation wechseln ab mit künstlerisch anspruchsvollen Rollen.

Die Intensität und Vielfalt des poetischen Ich erklärt sich, wenigstens zum Teil, aus der geistigen Tradition, in der Spee steht. Zunächst wäre ganz allgemein der christliche Personalismus zu nennen: Das personale Verständnis Gottes wirkte auf das Personverständnis des Menschen. Literarisch fand dies eine feste Fundierung in den ›Confessiones‹ und den ›Soliloquien‹ des heiligen Augustinus. Der hier vollzogene Akt des Bekennens setzt Ich-Erkenntnis voraus unter Einbeziehung der eigenen Lebenssituation, der Wahrnehmung der Welt als Schöpfung sowie der Kommunikation mit den Mitmenschen. Augustinus, der bei seinen Betrachtungen selbst auf die Bibel zurückgreift, insbesondere auf die Sprache der Psalmen, hat die personale Denkweise nicht nur in der Philosophie und Theologie verankert, sondern auch in der nachfolgenden Literatur und Dichtung, vor allem der geistlichen: das menschliche individuelle Ich als authentischer Konzentrationspunkt der religiösen Erfahrung.

Weiterhin wäre die Mystik zu nennen, die im abendländischen Raum aufs engste mit dem augustinischen Personalismus zusammenhängt. Hier geschah eine vielfach zur Lyrik übergehende sprachliche Artikulation. Innere Zustände und Erfahrungen wurden in persönlicher Weise ausgedrückt. Nicht so sehr ist auf die frühe Mystik des Christentums und die des Mittelalters zurückzuverweisen als vielmehr auf die neuzeitlichen Formen der Mystik etwa eines Johannes vom Kreuz. Man hat sie zur Unterscheidung von den vorhergehenden Perioden auch als eine psychologisch orientierte Mystik bezeichnet. Neuzeitliche Subjektivität äußert sich hier.

Als dritte Wurzel für den so eigenwilligen Gebrauch des poetischen Ich bei Spee kommen die Ignatianischen Exerzitien in Frage, die jedoch nicht literarisch angelegt sind, sondern spirituell: Das Ich des Übenden wird ungemein angestrengt, hebt sich bewußt heraus. Bei Friedrich Spee, Mitglied des Jesuitenordens, bildete diese Form der Exerzitien die Grundlage seines religiösen Lebens, dürfte aber in seiner Dichtung zu einer poetischen Ich-Sublimation geführt haben. Für bestimmte Variationsmuster des poetischen Ich ist selbstverständlich auch noch die Tradition der lateinischen Lyrik verantwortlich, die bis in die Zeit Spees reicht.[1]

Versuchen wir einige Funktionen des poetischen Ich bei Spee näher zu kennzeichnen.

Ein persönliches, aber nicht biographisches Ich

Bei der heutigen Aneignung der lyrischen Texte Spees, nicht zuletzt von Theologen, wird das Ich in den Gedichten Spees meist viel zu biographisch gesehen. Person und lyrisches Werk gehen dabei unproblematisch ineinander über. Man übersieht den literaturgeschichtlichen Abstand, überträgt Leseerfahrungen von nachfolgenden Epochen auf die frühbarocken Texte. Allerdings verführen einige Gedichte Spees dazu. Beispielhaft sei die Rezeption Spees in der Romantik genannt, die zwischen Volkslied und den artistischen Texten Spees nicht zu unterscheiden verstand.[2]

Ein persönliches Ich ist noch keineswegs ein biographisches. Das persönliche Ich Spees ist vor allem in den ersten Gedichten der ›Trutz-Nachtigal‹, den sogenannten ›Gespons-Liedern‹, die in der Tradition der Liebeslyrik stehen, zu finden. Dennoch sind diese Gedichte keine Verdeutlichung von biographischen Erfahrungen, nicht Biographie, sondern religiös stimuliertes Seelenleben. Das persönliche lyrische Ich bekommt hier typische Grundzüge, wenn auch der individuelle Ton so bestimmend ist, daß die Person Spees darin eingeht.

Um deutlich zu machen, was dagegen unter einem poetisch-biographischen Ich zu verstehen ist, sei auf die Sprache Christian Günthers verwiesen, in der zum erstenmal am Ende der Barockzeit ein neuzeitliches biographisches Sprechen aufbricht. Das eigene Leben und die sich daraus ergebenden Probleme werden unumwunden ausgesprochen:

> Was fang ich an, wo soll ich hin?
> Wo ist mein Trost? Wo ist mein Retter?
> Kein Mensch, kein Himmel, keine Götter

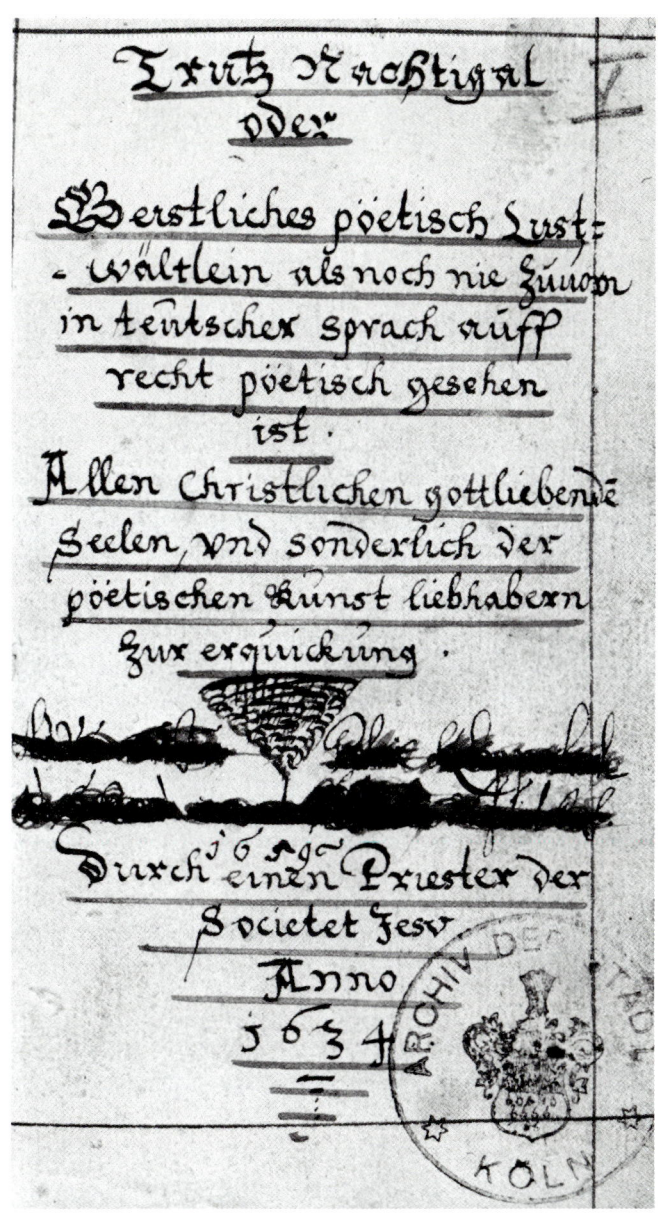

Kölner Abschrift der ›Trutz-Nachtigal‹ (Kat.-Nr. 143)

Erfreun den unvergnügten Sinn.
O daß ich doch geboren bin!
Ach Gott, mein Gott, erbarme sich!
Was Gott? Was mein? Und was Erbarmen?
Die Schickung peitscht die ausgestreckten Armen,
Und über mich,
Und über mich allein
Kommt weder Tau noch Sonnenschein.
Ach, Jesu, sage selbst, weil ich nicht fähig bin,
Die Beichte meiner Reu; ich weiß nicht mehr, wohin,
Und sinke dir allein vor Ohnmacht in die Armen.

Die Sprache Christian Günthers steht uns viel näher, was jedoch keine Wertung ausdrücken darf. Bei Spee wird eine vorgegebene christliche Vorstellungswelt innerlich angeeignet. Man darf nicht überlesen, welche Erschütterungen sich auch bei ihm in seiner Seele abspielen:

Ade zu tausend jahren,
O Welt zu guter Nacht:
Ade laß Mich nur fahren,
Ich längst hab Dich veracht.
In JESU lieb ich lebe,
Sags rund von hertzen grund
In lauter lust ich schwebe,
Wie sehr ich bin verwund.[3]

Das persönliche lyrische Ich steht in den ›Gespons-Liedern‹ im Du-Dialog der Jesus-Minne. Hierbei ist nicht, wenn man es so sagen darf, der Personbezug zu Jesus primär, sondern die Verinnerlichung dieser Liebe im Ich, im Grund des Herzens. Wie in der Liebeslyrik das Liebesleid die Aussage intensiviert hat, so auch hier bei Spee in der geistlichen Minne das Wissen darum, daß zu dieser Jesus-Minne Kreuz und Tod und daher auch Schmerz gehören, wodurch die Seele verwundet wird und auf Heilung und Genesung zu hoffen bereit ist. Also kein inneres Bestätigungsritual, zumindest nicht vordergründig.

Das persönliche Ich wird dadurch zum lyrischen Ich, daß es in Reimen, in poetisch geformter Sprache von sich und über sich spricht und dabei gleichzeitig religiöse Vorstellungen einbezieht und von sich aus neu deutet. Den persönlichen Ton behält das lyrische Ich in allen Gedichten Spees. Hier zeigt sich der gleichbleibende Grundtenor.

Die Nachtigall als Metapher für das poetische Ich

Schon der Titel ›Trutz-Nachtigal‹ und der erste lyrische Text legen diesen Zusammenhang nahe. Artistisch durchgespielt ist die metaphorische Kongruenz von poetischem Ich und Nachtigall in dem zweiten ›Echo-Lied‹. Ein Zweifaches wird für das poetische Ich an dieser Metaphorik faßbar. Nennen wir das Zweite als Erstes: Es ist die künstlerische Fähigkeit des Singens, weshalb zur Nachtigall noch andere Vogelstimmen hinzukommen. Singen ist in vieler Hinsicht bei Spee identisch mit Loben, also dem Lob Gottes. Singen bedeutet Stimme der Schöpfungsdinge sein, in denen das Loben intentional angelegt ist. Die singende Stimme hat aber auch einen Wert in sich selbst. Sie ist Klang und Widerhall, melodisch bis an die Grenze der Sagbarkeit.

> Nur klinglets aller orten
> Von Gott, und Gottes Sohn;
> Und nur zum Himmelpforten
> Verweisets allen ton:
> Von Bäum- zum Bäumen springet,
> Durchstreichet Berg, und Thal,
> In Feld- und Wälden singet,
> Weiß keiner Noten Zahl.[4]

Nennen wir nun das Erste. Es ist eine christliche Allegorie:

> Trutz-Nachtigal mans nennet,
> Ist wund von süssem Pfeil:
> In Lieb es lieblich brennet,
> Wird nie der wunden heil.
> Gelt, Pomp, und Pracht auff Erden,
> Lust, Frewden es verspott,
> Und achtets für beschwerden,
> Sucht nur den schönen Gott.[5]

Die Nachtigall und damit das poetische Ich, das immer auch ein persönliches ist, entbrennt von der Gottesliebe, und zwar so sehr, daß es schmerzt. Ein süßer Pfeil − es ist der Pfeil Cupidos, überliefert aus der antiken Liebesdichtung − hat diesen Zustand hervorgerufen. Das barocke Thema der Weltverachtung spielt in die zitierte Strophe mit hinein. An die Stelle der verlockenden Schönheiten der Welt ist Gott getreten, der sogar als schöner Gott bezeichnet wird. Dadurch bleibt das Schöne als künstlerisches Prinzip erhalten.

Der innige Ton der Gedichte der ›Trutz-Nachtigal‹ steht im Einklang mit der Metapher Nachtigall für das poetische Ich. Das Spielerische, nahezu verspielt Artistische gewinnt hierdurch seine Legitimation.

Das artistische Ich

Überall nimmt das poetische Ich in den Gedichten Spees artistische Züge an. Es formt nicht nur den Text in seinen Bildern, Wiederholungen und seelischen Gestimmtheiten, es versteht sich selbst artistisch, fast seiltänzerisch. Die Gedichte der ›Trutz-Nachtigal‹ sind Kunstgebilde, ein ästhetisches Spiel an der Grenze der Spielerei, und sie lassen doch den Ernst verantwortlichen lyrischen Sprechens in der Gesamtheit eines Gedichtes – vielleicht in einzelnen Strophen – nie vermissen. Exemplarisch können für diese Vorgehensweise die beiden ›Echo-Lieder‹ stehen.

Im ersten dieser beiden Lieder wird die Situation vor einem Wald, wie sie schon die mittelalterliche Minnelyrik kennt, simuliert, ein Natureingang mit Naturbildern, kein romantisches Landschaftsbild, nur eine künstlerisch aufschlußreiche Situation. Das Ich spielt mit dem Echo, das die Worte, aus Übermut, sicherlich aus einem religiösen Übermut gerufen, wiederholt und zurückklingen läßt. Zuerst läßt sich das Ich täuschen, verwechselt Wirklichkeit und Trug. Sobald es jedoch merkt, daß es die eigene Stimme, die eigenen Worte sind, hört es nicht auf zu rufen und zu dichten, sondern spielt erst recht darauflos: ein narzißhaftes Ich verspürt die Lust, mit sich selbst zu spielen, um im Spiel Möglichkeiten der poetischen Existenz im Grenzbereich auszuloten.

> Ich sprach Hieher, Hieher gar hel,
> Vermeint zu Mir solls kommen:
> Da sprachs Hieher Hieher gar schnell,
> Doch niemands hab vernommen.
> Ich dacht bey Mir:
> Er rüffet Dir,
> Mich ließ nach Ihm entführen;
> Tratt auff die bein,
> Zum wald hinein;
> Da kond ich niemand spüren.
>
> . . .
>
> In disem Wald, bey disem Thall
> Gar offt ich wil spatziren,
> Und mich mitt Dir, O Widerschall,
> Gar freundlich verlustiren.
> O süsser Schall!
> O weisser Ball!
> Mitt dir wil vilmahl spielen;
> Biß zu dem grab
> Nitt laß ich ab,
> Wan schon all himmel fielen.[6]

208

Das zweite ›Echo-Lied‹ stellt einen Wettstreit der Nachtigall mit ihrem eigenen Echo dar, eine Art Sängerkrieg. Im ständig gesteigerten Anspruch singt sich die Nachtigall dabei zu Tode. In den letzten Strophen geschieht ein Verwandlungsprozeß, der das narzißhafte Spiel auf eine andere Ebene hebt. Das poetische Ich, wofür die Nachtigall metaphorisch steht, will sie nachahmen: Liebestod, Kunsttod. Erst so ist die Vereinigung mit dem Geliebten, in der Sprache Spees, mit dem ›Gespons Jesu‹ möglich. Indem das eigene künstlerische Ich die Liebesschmerzen durchleidet und letztlich verstummt, kommt es zur Vereinigung mit dem Geliebten: die poetische Selbstbespiegelung als Weg zur Selbsterkenntnis. Das poetische Ich trifft den Dichter Friedrich Spee in seiner eigenen Authentizität. Sein poetisch-geistliches Spiel endet in der religiösen Existenz. Das Verhältnis von Kunst und Mystik, eine nach der Kunst, aber auch erst durch die Kunst ermöglichte mystische Erfahrung, kommt so zu einer abschließenden Vollendung:

> Adè dan fahlbe Nachtigal,
> Von fahlbem tod entferbet:
> Weil du nun ligst in grünem thal,
> Sag, wer dein Stimmlein erbet?
> Könds ie nitt sein,
> Es wurde mein?
> O Gott könd ichs erwerben!
> Wolts brauchen stät,
> So früh, so spät,
> Biß auch im sang thät sterben.[7]

Die lyrische Form des ›Echo-Lieds‹, die schon eine lange Tradition vor Spee besaß, behält in den beiden Liedern den artifiziellen Charakter, hat sich aber noch weiter sublimiert.[8]

Das poetische Ich als Konzentration, Vertiefung und Verwandlung

In der Lyrik Spees ist das poetische Ich auch in den vielen Strophen gestalterisch wirksam, wo es nicht in einer seiner grammatischen Formen direkt auftritt (ich, mir, mein). Dies zeigt sich insbesondere bei zwei Aussageweisen: beim darstellenden Erzählen und beim auffordernden Sprechen. Hiervon ist ein Großteil der Lyrik Spees bestimmt. Kennzeichnend ist aber nun, daß eine solche lyrische Ausdrucksweise, die stärker im Objektiven verbleibt, an wichtigen Stellen durchbrochen wird, beziehungsweise subjektiv verinnerlicht wird von einem unmittelbaren lyrischen Ich. Die einfachste Form ist hierbei die Bestätigung. Dadurch bleibt die Darstellung nicht bloß poetische Behauptung, sondern wird gewissermaßen autorisiert:

Thu auff, thu auff, mirs glaub furwar,
Gott last mitt ihm nitt schertzen.[9]

Auff, auff, Gott wil gelobet sein,
Du blawes Feld, und Wasen:
Euch Himmel ich dort oben mein,
Ihr Zelt von Glas geblasen.[10]

Bey stiller Nacht
Zur ersten Wacht
Ein Stimm sich gund zu klagen.
Ich nahm in acht,
Was die dan sagt:
That hinn mitt augen schlagen.[11]

Beim letzten Zitat leistet das Ich noch um vieles mehr als individuelle Bestätigung. Der Umschlag in die Ich-Perspektive schafft erst die lyrische Betroffenheit. Die Korrespondenz zwischen den beiden Ebenen, der darstellenden oder
auffordernden und der vom Ich gesteuerten Konzentration und Vertiefung lassen innerhalb einer Strophe oder im Strophenablauf des gesamtes Gedichts eine
eigenartige Spannung entstehen.

Lobt GOTT / ihr süsse schwetzerlein /
Ihr Nachtigalen kleine /
Ihr lufft- und wolcken-Sängerlein /
Für ihn bestelt alleine /
Mit euch zun besten liedelein
Ich harpff und Laut vereine.[12]

Das poetische Ich vertritt innerhalb der Welt, der Natur und der Naturdinge, die
menschliche Instanz, läßt das Innermenschliche darin aufklingen: Der Dichter
wird zum Vermittler. Die Anwesenheit des Menschen und seiner Stimme weist
im Weltganzen auf die Personalität des biblischen Schöpfergottes hin. Aber man
darf die ästhetischen Funktionen bei einer solchen theologischen Weiterführung
nicht übersehen.

In einmaliger Weise ist dies in dem so bekannten poetischen Weihnachtsge-
dicht passiert: Zunächst die Darstellung der kalten Winternacht in der ersten
Strophe, dann in der zweiten Strophe die Aufforderung an den ›schnöden‹ Wind,
mit seinem kalten Sausen aufzuhören. So weit, so gut. In der dritten Strophe
schaltet sich, etwas profan ausgedrückt, die schöpferische Kraft des poetischen
Ich ein. Es wird von ihm die Imagination geweckt, Josef könne dem Futter von
Ochs und Esel Rosen beimischen. So müßte ihr Atem gegenüber dem kalten
Wind nicht nur warm, sondern auch süß sein.

Mitt dir nun muß ich kosen,
Mitt dir, o Joseph mein,
Das Futter misch mitt Rosen
Dem Ochs, und Eselein.
Mach deinen frommen Thieren
So lieblichs mischgemüß,
Bald, bald, ohn zeit verlieren,
Mach ihnn den Athem süß.[13]

In der letzten Strophe verschwindet dann wieder das Ich zugunsten eines in sich ruhenden Bildes, das die Imagination in erstaunlicher Weise als Realität vorträgt:

Drauff blaset her, ihr beyden,
Mitt süssem Rosen Wind;
Ochs, Esel wol bescheiden,
Und warmets nacket Kind.
Ach blaset her, und hauchet,
Aha, aha, aha.
Fort, fort, euch waidlich brauchet
Aha, aha, aha.[14]

Das Rollen-Ich

In den verschiedenen Eklogen, den Hirtengesängen, setzt Spee in vielfältiger Abwandlung ein Rollen-Ich ein. Zum Abschluß meiner Überlegungen soll nur kurz auf diese poetische Arbeitsweise hingewiesen werden. Einmal geht hier das Ich ganz in die Rolle ein, wird zum Ausdruck für die Sichtweise der betreffenden Hirtenrolle. So vor allem in den Texten der Hirtengeschichte als Weihnachtsgeschichte. Auch hier verbirgt sich, selbstverständlich im Rollen-Ich, das poetische Autor-Ich, kann sich sogar verselbständigen: in der Rolle etwas sagen, was man direkt so nicht sagen mag.

Spee selbst hilft durch Vorbemerkungen zum Verständnis seiner Eklogen: ›Eine Ecloga oder Hirtengesang vom Blutschweiß Christi in dem garten, darin der Mon als ein SternenHirt Poetisch eingeführet wird, so Christum unter der person eines Hirten, Daphnis genandt beklaget. zumercken ist das hinfürter durch den Hirten Daphnis alweg Christus verstanden werde.‹[15] Unter der Person des Hirten Daphnis meldet sich aber nicht nur Christus zu Wort, auch das poetische Autor-Ich versichert Teilnahme und Anteilnahme. Eine solche geistliche Schäfer-Dichtung mit ihren literarischen Traditionen und Vorformen bedarf einer eigenen Interpretation, deren Relevanz mir aber nur historisch eingeht.

Das poetische Ich in den Gedichten Spees ist nicht nur der lyrische strategische Punkt, von dem aus der Autor die Gedichte konzipiert und meist durch viele Strophen abgewandelt hat. Es ist auch der Zugang, das sich öffnende Tor für den Leser. Hierdurch erleichtern sich die Lektüre und das Verständnis. Wenn der unmittelbare Zugang auch erst aufgrund von literaturgeschichtlichen Kenntnissen möglich wird, so führt doch das einübende Lesen notgedrungen über ein rein historisches Interesse hinaus. Man braucht nicht bei einem zurückliegenden geistesgeschichtlichen Zustand stehen zu bleiben. Durch alles historisch Gewordene hindurch gibt es bei Spee die persönliche Betroffenheit und Bereicherung, eine poetische Sprengung der Verhaftung in der Gegenwart. Die Verquickung von Religion und Literatur ist bei Spee in einmaliger Weise gelungen, weil er vor dem ästhetischen Anspruch nicht ausgewichen ist.

Literarische Beobachtungen, wie sie die ›Trutz-Nachtigal‹ erfordern, sind nicht direkt auf die Kirchenlieder Spees übertragbar. Sie besitzen eine individuelle Geräumigkeit, leben von einem potentiellen Wir, das uns durch die Singefreudigkeit von Generationen bis heute erhalten geblieben ist. Zwischen Kirchenlied und Kunstlied besteht ein wesentlicher Unterschied. Während das Kirchenlied sich in den Ablauf des Kirchenjahres fügt und dem Glauben einer Gemeinde Ausdruck verleiht, haben die Lieder der ›Trutz-Nachtigal‹ dazu beigetragen, die neuzeitliche Subjektivität zu erproben und zu artikulieren. Wie zeitbedingt sie auch zuerst erscheinen mögen, in ihnen schafft sich Kunst ihr eigenes Recht.

Anmerkungen

1 Dieser Beitrag versteht sich als Weiterführung und Spezifizierung meiner Darlegungen über Spee, in: Wilhelm Gössmann, Kulturchristentum. Die Verquickung von Religion und Literatur in der deutschen Geistesgeschichte, Düsseldorf 1990, S. 118−125

2 Vgl. Gerhard Schaub, Die Spee-Rezeption Clemens Brentanos, in: Literaturwissenschaftliches Jahrbuch, hrsg. von H. Kunisch, 1972, S. 151−179; Ders., Friedrich Spee: ›Ein Dichter mehr als mancher Minnesänger‹. Zur Wirkungsgeschichte der Trutznachtigall in der deutschen Romantik, in: Verführung zur Geschichte, Festschrift zum 500. Jahrestag der Eröffnung einer Universität in Trier 1473−1973, hrsg. von

G. Drage, W. Frühwald, F. Pauly, Trier 1973, S. 323−346

3 Friedrich Spee, Trutz-Nachtigal, Kritische Ausgabe nach der Trierer Handschrift, hrsg. von Theo G. M. van Oorschot, Stuttgart (Reclam) 1985, S. 18 (3 Anders Liebgesang der gespons JESU, 7. Strophe)

4 Trutz-Nachtigal, S. 12 f. (1 Eingang zu disem Büchlein Trutz-Nachtigal genandt, 7. Strophe)

5 a.a.O., 6. Strophe

6 Trutz-Nachtigal, S. 20, 24 (4 Ein anders Liebgesang: und ist ein spiel der gespons JESU mitt einer Echo oder widerschal, 5. und 18. Strophe)

7 Trutz-Nachtigal, S. 29 (5 Anders Liebgesang der gespons JESU Darin eine

Nachtigal mitt der Echo, oder Widerschal spielet, 12. Strophe)

8 Vgl. Alois M. Haas, Geistlicher Zeit-
vertreib. Friedrich Spees Echogedichte,
in: Deutsche Barocklyrik. Gedichtinter-
pretationen von Spee bis Haller, hrsg.
von M. Bircher und A. M. Haas, Bern
1973, S. 11−47

9 Trutz-Nachtigal, S. 72 (12 Ermahnung
zur Buß an den Sünder daß er die Burg
seines Hertzens Christo einraume,
3. Strophe)

10 Trutz-Nachtigal, S. 140 (27 Ein anders
Lobgesang, auch auß dergleichen
Wercken Gottes, so ihn immerdar
preisen, 3. Strophe)

11 Trutz-Nachtigal, S. 200 (38 Trawrgesang
von der Noth Christi am Oelberg in dem
Garten, 1. Strophe)

12 Trutz-Nachtigal, S. 296 (52 Die Gesponß JESU erweckt die vögelein zum
Lob GOTTES, 3. Strophe)

13 Trutz-Nachtigal, S. 189 (35 Ein kurtzes
Poetisch Christgesang, vom Ochs, und
Eselein bey der Krippen, 3. Strophe)

14 a.a.o., 4. Strophe

15 Trutz-Nachtigal, S. 203

16 Zur Trutz-Nachtigal Friedrich Spees
gibt das Nachwort von Theo G. M. van
Oorschot in der von ihm herausgegebenen Ausgabe eine kurze, aber grundlegende Einführung.

Die Kölner Frauengemeinschaft St. Ursula als Adressatenkreis des ›Güldenen Tugend-Buches‹ von Friedrich Spee*

Anton Arens

Friedrich Spee hatte für sein schriftstellerisches und poetisches Wirken kein vorgefaßtes Programm. Seine Werke sind als Gelegenheitsschriften eines engagierten Seelsorgers entstanden. Die Kirchenlieder[1] dichtete er im Rahmen der Jugendkatechese, damit die Glaubenslehre nicht nur den Verstand, sondern auch das Herz erreiche: die ›Cautio Criminalis‹[2] wurde aus der Gewissensnot des Hexenbeichtvaters geboren, um die Hexenprozesse und den Hexenwahn zu überwinden; mit der ›Trutz-Nachtigall‹[3] wollte er der deutschen Sprache in der Poesie zu ihrem Recht verhelfen, damit Gott auch ›in Teutscher Spraach seine Sänger und Poeten hätte‹, und zum ›Güldenen Tugend-Buch‹[4] schreibt Spee, er habe es auf Bitten einer Frau geschrieben, um ihr für die tägliche Betrachtung eine Anleitung zu geben.

Um so erstaunlicher ist es, daß alle Werke Spees nach seinem Tode weithin Beachtung gefunden haben. Spees Kirchenlieder ›verbreiteten sich in kürzester Zeit in allen katholischen Gesangbüchern, die im zweiten Viertel des 17. Jahrhunderts und danach (in Deutschland) erschienen sind‹;[5] bis zum Jahre 1700 erlebte die Cautio Criminalis sieben, die Trutz-Nachtigall sechs und das Güldene Tugend-Buch fünf Neuauflagen;[6] alle drei Werke wurden auch in verschiedenen Übersetzungen herausgegeben.

Die höchsten Ruhmesworte wurden eigenartigerweise dem am wenigsten spektakulären Werk, dem Güldenen Tugend-Buch, zuteil. Der protestantische Philosoph Gottfried Wilhelm Leibniz (1646–1716), dem es von Johann Philipp von Schönborn, Fürstbischof von Würzburg und Kurfürst von Mainz, geschenkt worden war, sah bei seinen Bemühungen um die Wiedervereinigung der Konfessionen in der Theologie dieses Werkes eine mögliche gemeinsame Grundlage. Er hat die umfangreiche Vorrede ins Französische übersetzt und sie der Kurfürstin Sophie Charlotte von Preußen und anderen einflußreichen Persönlichkeiten geschenkt.[7] In seinem ›Elogium Patris Friderici Spee‹, einer förmlichen Lobpreisung des Jesuitenpaters, schreibt er (1677): ›Sein deutsches Gülden-Tugend-Kleinod scheint mir ein ganz göttliches Buch zu sein, und ich wünschte es in den Händen aller Christen. Es gibt viele Autoren der Theologie, aber ich weiß nicht, ob je einer ein solches Buch geschrieben hat: . . . Wunderbar ergriffen wurde ich, sooft ich seine Gedanken über die Natur und Wirksamkeit der göttlichen Liebe las. Ich weiß nicht, ob je ein Schriftsteller, der für das Volk geschrieben, diese wichtige Materie so nach ihrem Wert behandelt hat mit Ausnahme dieses Autors‹.[8]

Die Entstehungsgeschichte dieses bedeutenden Werkes ist in vielen Fragen noch ungeklärt. Spee schreibt dazu, ›eine gottliebende meine geistliche Tochter‹

Ursula-Buch des Spee-Zeit- und Ordensgenossen Hermann Crombach

215

habe ihn gebeten und auch die Zustimmung seines Oberen erwirkt, ihr schriftliche Anleitungen zu erarbeiten, wie sie ein Jahr lang die Tugenden des Glaubens, der Hoffnung und der Liebe üben könne. Daraufhin habe er sich bereiterklärt, ihr allwöchentlich auf einem Zettel eine Anleitung zu übergeben, nach der sie in der folgenden Woche täglich ihre Betrachtung halten könne. Er fügt hinzu: ›Wenn das Jahr um sein wird, wirst du der Zettel ziemlich viel haben: und also hast du dann . . . ein guldenes Tugendbuch . . . für dich und für andere‹. (Seite 13f.)

Diese Darstellung ist bisher in verschiedener Hinsicht als Fiktion angesehen worden. Die Spee-Biographin Emmy Rosenfeld[9] möchte zwar nicht ausschließen, daß Spee ›an seine Beichtkinder gelegentlich solche Zettel verteilt‹ habe, aber als Ganzes hält sie ›die anekdotisch anmutende Aufzeichnung‹ eher für eine Legende, die sich vielleicht erst ›in der Ordenstradition nach des Dichters Tode herausgebildet hat‹. − Theo van Oorschot[10] hingegen akzeptiert Spees Ausführungen hinsichtlich der wöchentlich überreichten Zettel, sieht aber eine Fiktion in der Darstellung, Spee habe das Buch in der Tat für eine bestimmte Bittstellerin geschrieben.

Wenn im folgenden versucht wird, die Entstehungsgeschichte des Güldenen Tugend-Buches näherhin zu erhellen, so erscheint es geraten, zunächst die zeitgeschichtlichen Hintergründe und das konkrete Umfeld der in Betracht kommenden Institutionen und Personen eingehend zu untersuchen, um dann Spees eigene Angaben über die Entstehung des Werkes in diesem Kontext zu interpretieren.

Eine apostolische Frauenbewegung der frühen Neuzeit

In Verbindung mit seinen fast vierzigjährigen Forschungen über Mary Ward (1585 − 1645) und die von ihr gegründete Gemeinschaft der ›Englischen Fräulein‹ hat Joseph Grisar[11] festgestellt, daß sich für den Zeitraum von 1550 bis 1650 eine solche Vielzahl von Neugründungen apostolischer Frauengemeinschaften nachweisen läßt, daß ohne Übertreibung von einer Frauenbewegung der frühen Neuzeit gesprochen werden kann.

Grisar hat seine Erkenntnisse, die er durch eingehende Studien vornehmlich in römischen Archiven gewonnen hat, unter dem Titel ›Jesuitinnen‹ veröffentlicht.[12] Dabei beschränkt er sich auf Gemeinschaften, bei denen ›eine bewußte Übernahme ignatianischen Geistesgutes und eine Hinneigung zu den Auffassungen der Gesellschaft Jesu‹ vorherrschend war. [13] Die Frage, ob die Mitglieder einer Gemeinschaft sich ›Jesuitinnen‹ oder ›Jesuitessen‹ nannten oder von anderen ehrenvoll oder auch abwertend so bezeichnet wurden oder ob der Name in diesem Zusammenhang gar nicht auftaucht, stellt für Grisar kein Kriterium dar. Unberücksichtigt bleiben in seinem Beitrag auch ähnliche Stiftungen, die von anderen großen Anregern jener Zeit wie Franziska Frémiot von Chantal und Franz von Sales, Alix le Clerc und Peter Fourier, Louise de Marillac und Vinzenz von

Paul, Peter von Bérulle, Johannes Eudes und anderen ausgegangen sind. Dennoch kann er für den genannten Zeitraum von 100 Jahren nicht weniger als 25 Neugründungen beschreiben, die unabhängig voneinander und in je eigener Ausprägung in Belgien, Deutschland, England, Frankreich, Italien, den Niederlanden, Österreich, Polen, Spanien und der Schweiz entstanden sind. Allein in den sieben Jahren von 1605 bis 1611 waren es in sechs Ländern zwölf solcher Neugründungen, darunter die von Köln, der wir – wie im folgenden zu zeigen sein wird – die Entstehung des Güldenen Tugend-Buches von Friedrich Spee von Langenfeld (1591 – 1635) verdanken.

Grisar betont, eine umfassende Darstellung der Geschichte der ›Jesuitinnen‹ sei derzeit noch nicht möglich, da sie viele noch nicht geleistete Einzeluntersuchungen voraussetze. Er schlägt also gleichsam nur eine Schneise in den Wald dieser Neugründungen, von deren Größenordnung man vielleicht eine Ahnung gewinnen kann, wenn man erfährt, daß sowohl die französischen Ursulinen von 1592 bis 1634 wie auch die von Franziska von Chantal gegründeten Salesianerinnen bis zum Tode der Stifterin im Jahre 1641 je über 80 selbständige Gemeinschaften aufweisen konnten.

Charakteristisch für die von Grisar beschriebenen Gemeinschaften von ›Jesuitinnen‹ sind folgende Elemente:

1. Verbindung eines intensiven religiösen Lebens mit vielfältigen Formen des Apostolates;

2. Ausrichtung des Apostolates vornehmlich auf die Bildung und Erziehung der Frauenjugend;

3. Ablehnung der Klausur, der feierlichen Ordensgelübde, der Verpflichtung zum gemeinsamen Chorgebet und einer verbindlichen Ordenstracht, um die notwendige Bewegungsfreiheit für die apostolischen Dienste zu haben;

4. straffe Organisation und Disziplin der Gemeinschaften.

Aus dieser Übersicht sind unschwer wesentliche Gestaltprinzipien zu erkennen, die Ignatius für die Gesellschaft Jesu vorgesehen und zum Teil unter nicht geringen Schwierigkeiten erkämpft hatte. Die Ausrichtung des Apostolates auf die Erziehung der Jugend war bei ihm sogar so ausgeprägt, daß sie in der Gelübdeformel eigens ihren Ausdruck fand;[14] allerdings war hier vornehmlich an die männliche Jugend gedacht.

Grisar beklagt, daß ›die Geschichte der apostolischen Frauengemeinschaften, die Erforschung der einzelnen Gründungen und ihre Einfügung in die Zeitgeschichte‹ bisher noch kaum in Angriff genommen sei; er macht sich das Urteil des französischen Historikers Jean Calvet zu eigen: ›Die Geschichte dieser Frauenbewegung verdiente eingehende Studien, die selbst für solche eine Offenbarung erbringen würden, die die Geschichte zu kennen glauben‹.[15]

Wir können in diesem Zusammenhang nur die Entwicklung und Bedeutung der Kölner Frauengemeinschaft verfolgen. Es soll jeoch nicht verschwiegen werden, daß viele dieser verheißungsvollen Ansätze durch eine unerleuchtete Reformbewegung, die unbeweglich an der alten kirchlichen Tradition festhielt und nur klausurierte Nonnenklöster als legitim ansah, auf vielfältige Weise verdächtigt, unterdrückt und – wie im Falle von Mary Ward und ihrer Gründung – systematisch zugrundegerichtet worden sind, sofern sie nicht bereit waren, entgegen ihrer ursprünglichen Konzeption die Klausur zu übernehmen.

J. Grisar, der sich sonst der nüchternen Sprache des Historikers bedient, kennzeichnet das Schicksal dieser Frauengemeinschaften mit den bewegten und bewegenden Worten: ›Es ist eine wahre Tragik, daß im 16. und 17. Jahrhundert die apostolischen Fraueninstitute, bei denen sich damals so hoffnungsvolle Kräfte regten und die bereit waren, der bedrängten Kirche Dienste zu leisten, die auch die Priester nicht in gleicher Weise verrichten konnten, von weiten Kreisen des Klerus bis hinauf zu dessen oberster Spitze Verkennung, Mißbilligung und Verfolgung zu erleiden hatten. Es ist kaum zu verstehen, daß man das Gute, das sie zu leisten begonnen hatten, nicht erkannte und auf Grund von Satzungen, die zum guten Teil aus den Ideen einer vergangenen Zeit geschöpft waren, ihre Ausrottung geradezu als religiöse Pflicht ansah‹.[16]

Die ambivalente Einstellung des Jesuitenordens zu den Frauenkongregationen

Es ist vielfältig bezeugt, daß Ignatius zunächst sehr um die Frauenseelsorge bemüht war, schon durch die Exerzitien, die er in seinen Studentenjahren gab,[17] aber auch später in Rom.[18] Dann aber kam es im Verlauf weniger Jahre zu immer größerer Zurückhaltung und schließlich zur grundsätzlichen Abwendung von der Frauenseelsorge. Dabei spielt auch die ›Tragödie‹ um die Spanierin Isabel Roser und um die Gründung eines weiblichen Zweiges des Jesuitenordens eine Rolle, den Ignatius bereits nach zwei Jahren vom Papst wieder aufheben ließ.[19] J. Grisar faßt die Entwicklung so zusammen: ›Da die Führung (der Frauen) viel Zeit in Anspruch nahm und die Bitten um Aufnahme in den Orden und um Leitung durch die Patres sich mehrten, wurde Ignatius diesen Wünschen gegenüber in steigendem Maße zurückhaltend, ja schließlich ganz ablehnend. Im Jahre 1547 erbat er von Papst Paul III., daß sein Orden für alle Zeiten von jeder regelmäßigen Seelsorge in Frauenklöstern und -kongregationen befreit bleiben solle. Paul III. gewährte die Bitte. Was der Heilige damit erlangte, war zunächst nur ein Privileg für den Orden, wurde aber bald zu einem Gesetz desselben, das in den Kongregationen festgelegt wurde und dann in hohem Maße die Haltung der Gesellschaft Jesu gegenüber religiösen Frauenvereinigungen bestimmte‹.[20]

Diese Einstellung des Jesuitenordens mußte bei der Gründung und Begleitung der apostolischen Gemeinschaften, die Grisar unter dem Namen ›Jesuitinnen‹ zusammenfaßt, zu Spannungen führen. Für den deutschen Sprachraum sind wir darüber durch Bernhard Duhr[21] gut unterrichtet. Er erwähnt eine Reihe von Versuchen, neben den vielfältig aufgegliederten Männerkongregationen auch solche für Frauen zuzulassen.

Im Jahre 1644 schrieb General Vitelleschi an den Provinzial der niederrheinischen Ordensprovinz: ›In verschiedenen Kollegien der Provinz sollen, wie ich höre, gewisse Sodalitäten von Jungfrauen oder Frauen (Ursulanae) gegründet worden sein, die ihren Vorstand jährlich erneuern, Präfektinnen, Assistentinnen, Konsultorinnen usw. haben. Das scheint mir doch eine ganz neue Sache zu sein, und ich wundere mich, daß man, ohne mich zu fragen, die Sache so weit hat kommen lassen. An anderen Orten habe ich die Sorge für ähnliche Sodalitäten durchaus verboten. Ew. Hochwürden sollen nicht erlauben, daß Ihre Untergebenen sich darum kümmern. Die großen Nachteile, welche aus einer solchen Leitung hervorgehen, zeigen hinreichend, daß sich für uns solche Dinge nicht passen‹.

An den Mainzer Rektor Nithard Biber schrieb der General 1643: ›Ich stimme durchaus mit dem P. Provinzial überein, daß man von jedem Versuch abstehe, in der Mainzer Jesuitenkirche eine Sodalität von Frauen zu errichten. Was anderswo geschieht, ist mir nicht genau bekannt. Im übrigen bin ich durchaus nicht für dergleichen gefährliche Neuerungen.‹

Als der Trierer Rektor Crapolius 1648 mitgeteilt hatte, daß sich die Frauenkongregation von der Schmerzhaften Mutter allmonatlich in der Jesuitenkirche versammle, um eine Ermahnung anzuhören, sprach General Carrafa selbst darüber eine Mißbilligung aus: ›Ich höre nicht gern, daß der Name einer Sodalität Frauen, die unter unserer Seelsorge stehen, zugelegt wird. Sie können in unserer Kirche zusammenkommen, so oft sie wollen, aber ohne Titel oder Schein einer Kongregation, da die Leitung einer solchen unserem Institut nicht entspricht.‹

Trotz dieser Mahnungen entstanden Frauenkongregationen, die in enger Beziehung zu den Jesuiten, zeitweilig auch unter ihrer formellen Leitung standen. Duhr erwähnt eine solche ›Sodalitas devotarum‹ in Aachen, in der sich 1623 Jungfrauen zusammenschlossen, die unter dem Schutz der Gottesmutter und der heiligen Ursula Enthaltsamkeit gelobten und den Jesuiten bei der religiösen Erziehung der Jugend, besonders der weiblichen, zur Hand gingen. Von Emmerich ist aus dem Jahresbericht 1632 des dortigen Jesuitenkollegs bekannt, daß die ›Kongregation der heiligen Ursula‹ ihr Patronatsfest mit besonderer Feierlichkeit begangen hat.[22]

Duhrs Mitteilungen über die ›Congregatio Ursulana‹ in Köln nehmen sich eigenartig zwielichtig aus. Über ihre Gründung, ihre Organisation und ihr Wirken erfahren wir nichts. Recht ausführlich aber berichtet er über Zwistigkeiten, die ›wegen des Tragens einer Feder auf dem Hut‹ entstanden waren und sogar den Ordensgeneral mehrfach zum Einschreiten veranlaßten. In einem dieser Schreiben, das Duhr in einen negativen Kontext einordnet, wird deutlich, daß die Kölner Ursula-Kongregation sich beim General einer hohen Wertschätzung erfreute und (vermutlich mit den übrigen rheinischen Sodalitäten) im Jesuitenorden eine Sonderstellung einnahm. Am 12. Januar 1647 schrieb General Carrafa nämlich dem Kölner Provinzial Gottfried Otterstedt: ›Im Namen der Jungfrauen- und Witwenkongregation der heiligen Ursula zu Köln bin ich gebeten worden, den Unsrigen in Köln zu verbieten, daß sie das schon seit 40 Jahren mit großer Fruchtbarkeit wirkende Institut nicht in Verwirrung bringen oder etwas in Bezug auf Tracht oder Feder auf dem Hut zu ändern suchen. ... Sie sollen ... den Jungfrauen ihre Freiheit lassen‹.[23]

Dieses Spannungsverhältnis zwischen einer allgemein ablehnenden Einstellung des Jesuitenordens und einem positiven Engagement im Einzelfall hat eine Parallele in der grundsätzlich negativen Haltung des Ordens zur Kirchenmusik und zum Kirchenlied, die aber nicht verhinderte, daß insbesondere die deutschen Jesuiten in der ersten Hälfte des 17. Jahrhunderts durch ihre Liedschöpfungen und Gesangbuchdrucke mehr für den Kirchengesang geleistet haben, als irgendeine andere Institution, allen voran Friedrich Spee.[24]

Die Kölner Devotessengemeinschaft Sankt Ursula

Der Erhellung der Geschichte, Struktur und Wirksamkeit dieser Frauengemeinschaft dienen Quellen und Untersuchungen zu verschiedenen Themen, die hier erstmals zu einem Gesamtbild zusammengefaßt werden. Der erste Traditionsstrang kommt aus dem Bereich der Verehrung der heiligen Ursula, der zweite aus der Geschichte der Jugendkatechese und des Mädchenschulwesens.

1. In seiner Untersuchung ›Ursulabruderschaften in Köln‹ stellt Paul Heusgen[25] fünf sehr unterschiedliche Gemeinschaften vor, die sich unter dem Namen und Patronat der heiligen Ursula gebildet hatten.[26] Zu diesen gehört auch die ›Ehrwürdige und löbliche Gesellschaft Sankt Ursula‹, deren Mitglieder auch ›Devotessen‹ genannt wurden. Auf Initiative einer reichen Witwe namens Ida Dülmans genannt Schnabels schlossen sich im Jahre 1606 Jungfrauen, Witwen und ›weltliche oder Ehefrauen‹, die vorher der allgemeinen Bruderschaft Sankt Ursula angehört hatten, zu einer Vereinigung zusammen.[27] Sie suchten ein intensiveres religiöses Leben und eine apostolische Aufgabe. Ihre Erwartung, bei diesem Vorhaben die Unterstützung der Jesuiten zu finden, stieß zunächst auf prinzipielle Ablehnung. Als aber im Jahre 1608 P. Johannes Copper Rektor des Jesuitenkollegs wurde, nahm er sich dieser Frauengemeinschaft mit Entschiedenheit an, erwirkte 1611 von Papst Paul V. eine Ablaßbulle für sie und 1612 die kirchenrechtliche Anerkennung und die Bestätigung der Regel durch den Erzbischof von Köln.[28]

Die erste Regel umfaßte nur elf kurze Punkte und stellte keine hohen Anforderungen an die Mitglieder. Als apostolische Aufgabe war vornehmlich die Unterstützung der Jesuiten bei der Glaubensunterweisung der Jugend vorgesehen. ›Alle sollen der Kinderlehr in den Catechismis nach Art und Gelegenheit ihres Standes und Amtes behilflich sein.‹[29]

Bereits zwei Jahre nach der Bestätigung dieser Regel wurde eine umfangreichere Regel mit höheren Anforderungen und mit Richtlinien für die Wahl der

Leiterin und des Vorstandes der Gesellschaft erarbeitet,[30] die vermutlich die Grundlage für die Regel der im Jahre 1614 gegründeten Gesellschaft Sankt Ursula von Lüttich gebildet hat.[31] Danach wird die Leiterin alljährlich aufgrund von Wahlvorschlägen mit Stimmenmehrheit von allen Mitgliedern gewählt. Ihr stehen die beiden Frauen als Assistentinnen zur Seite, die bei der Wahl der Leiterin die nächsthöchste Stimmenzahl erzielt haben. Alle Mitglieder wählen jeweils für drei Jahre einen Priester als ihren Direktor, der von zwei weiteren Priestern in seinen Aufgaben unterstützt wird.

Als Nuntius Alfieri in den Jahren 1638/39 von Rom zu Nachforschungen gedrängt wurde, ob es in Köln etwa noch ›Jesuitinnen‹ gäbe, lautete seine Antwort im Hinblick auf die Englischen Fräulein Mary Wards negativ. Er gab aber einen eingehenden Bericht über die Gesellschaft Sankt Ursula nach Rom, dem er die zu dieser Zeit geltende 51-Punkte-Regel der Gesellschaft in lateinischer Übersetzung beifügte. Diese Dokumente wurden von Joseph Grisar im Vatikanischen Archiv entdeckt und ausgewertet. Sie vermitteln uns ein differenziertes Bild der Frauengemeinschaft in den Jahren 1638/39.[32]

Die Gesellschaft Sankt Ursula zählt zu dieser Zeit über 400 Mitglieder. Sie wird von der reichen Witwe Ida Schnabels[33] geleitet, die sie im Jahre 1606 gegründet hatte. Nuntius Alfieri bezeichnet sie als ›Generalessa‹ (=Generaloberin). Die Frauen leben meist in ihren Familien, manche aber auch gemeinsam zu sechs bis zehn Personen in mehreren Häusern der Stadt. Sie legen nur das Gelübde der Keuschheit ab, nicht das Gelübde der Armut und des Gehorsams. Vor der Aufnahme in die Gemeinschaft haben sie eine längere Probezeit (›Noviziat‹) im Hause der Generaloberin zu bestehen. Die Aufnahmefeier findet in der Kirche des Jesuitenkollegs oder im Chor der Kirche Sankt Ursula statt und wird von einem Jesuitenpater geleitet.

Die nach der Regel geforderten geistlichen Übungen schließen sich eng an die in der Gesellschaft Jesu übliche Praxis an:
− täglich Besuch der Messe, Betrachtung, zweimalige Gewissenserforschung, Rosenkranz und geistliche Lesung;[34]
− regelmäßiger (= wöchentlicher) Empfang der Kommunion;
− monatliche Geisteserneuerung (geistlicher Vortrag);
− zweimal im Jahr Erneuerung des Gelübdes der Keuschheit nach abgelegter Generalbeichte;
− jährlich Exerzitien im Oktober.

Neben dem Dienst an Armen und Kranken stellt die Regel als Hauptaufgabe des Apostolates die Schule und den Katechismusunterricht heraus. Die Jesuitessen sollen ›den Schülerinnen mit großer Liebe zugetan sein, sie mit allem Eifer im Schreiben, Nähen und anderen Fächern unterrichten, derentwegen die Mädchen zu ihnen geschickt werden. Vor allem sollen sie dafür sorgen, daß ihre Schülerinnen in der christlichen Sitte und Glaubenslehre unterwiesen werden‹.[35] Für ihre Schularbeit besaßen sie ein Handbuch, das sie eifrig benutzen sollten; Nuntius

Alfieri gibt den Titel in der lateinischen Übersetzung an: ›Institutiones et modus habendi scholas‹; zweifellos aber muß es sich um ein Werk in deutscher Sprache gehandelt haben.

Daß die schulische und katechetische Aufgabe nicht nur in der Regel der Gemeinschaft vorgesehen war, sondern tatsächlich auch wahrgenommen wurde, wird deutlich, wenn Alfieri ausdrücklich nach Rom meldet, daß die Jesuitessen ›ihre ganze Zeit auf den Unterricht der Mädchen verwenden, denen sie das notwendige Wissen beibrächten und die sie die weiblichen Fertigkeiten lehrten‹.[36]

Von der Struktur und Organisation der Frauengemeinschaft erfahren wir, daß die Generaloberin von allen Mitgliedern gewählt wird. Ihr stehen in der Leitung Offizialinnen und Assistentinnen zur Seite. Alle 14 Tage findet eine Leitungskonferenz statt, an der außer den vorgenannten Personen auch die für die Gemeinschaft zuständigen Jesuitenpatres teilnehmen. Zur Zeit des Berichts von Nuntius Alfieri sind es P. Berghes[37] und P. Adam Kasen.[38]

2. Über das vornehmliche Wirken der Devotessen geben auch die Jahresberichte des Kölner Jesuitenkollegs Auskunft, die von Andreas Schüller[39] untersucht worden sind. Er zeigt auf, daß die Jesuiten von 1586 bis 1773 ein weitverzweigtes System von katechetischen Zentren aufgebaut und durchgehalten haben. Diese bestanden in der Regel an den großen Pfarrkirchen, wurden aber nicht von den Pfarrgeistlichen, sondern von den Jesuiten betreut. Die Zahl der Stadtkatechesen umfaßte meist 10 bis 15 Zentren; zuweilen kamen bis zu neun in den Landgemeinden um Köln hinzu. Zu den allsonntäglichen Unterweisungen kamen in den einzelnen Kirchen meist mehrere hundert Kinder zusammen.

Die Patres verstanden es, den katechetischen Stoff vor allem durch Gesänge und kleine katechetische Spiele anziehend zu gestalten. An Weihnachten und Ostern sowie an den Festen des Ignatius und der Ursula leiteten sie die Kinder zu größeren Theateraufführungen an, die bei den Kindern wie bei den Erwachsenen starken Anklang fanden.

In mehr als 150 Jahren haben die Devotessen der Gesellschaft Sankt Ursula dieses extensive und intensive Katechismuswesen entscheidend mitgetragen. In den Jahresberichten erscheint ihre Gemeinschaft oft unter der von dieser Funktion her bestimmten Bezeichnung als ›Katechismus-Sodalität‹. Ihr Name ›Jesuitinnen‹ oder ›Jesuitessen‹ war zunächst ›keineswegs als Ehrentitel gedacht. Er wollte die Abhängigkeit dieser Schuljungfern von den Jesuiten andeuten. Die Jesuiten haben diesen Titel aber später akzeptiert und selbst angewandt‹.[40] Die Devotessen nahmen an allen katechetischen Aktionen teil, widmeten sich aber besonders der Mädchenjugend. Sie gingen in die Handwerksbetriebe und Fabriken, wo Kinder arbeiteten, aber auch in die Wohnungen der Eltern, um die Kinder ›mit aller Freundlichkeit zur Katechese anzulocken‹.[41] Aufgrund von Konfliktfällen, die sich in den Jahresberichten niedergeschlagen haben, erfahren wir, daß sie in der Regel in größeren Gruppen eingesetzt waren: so waren in der Katechese am Kapitol 1636 sechs Devotessen tätig, in der großen Pfarrei Sankt Brigida waren es 1657/58 sogar 14.[42]

Im Jahresbericht von 1625 wird als besonderer Erfolg der Jesuiten vermerkt, daß sie die Einrichtung mehrerer Mädchenschulen erreichen konnten, zu denen bald weitere hinzukommen. Die Führung dieser Schulen nehmen in ihrem Auftrag die Frauen der Gesellschaft Sankt Ursula wahr.

Als zusammenfassende Würdigung des Wirkens dieser Frauen mag eine Eintragung im Jahresbericht von 1742 stehen, die sich wohl primär auf die Lehrerinnen an den Mädchenschulen bezieht, zugleich aber auch die allgemeine Hochschätzung dieser Frauengemeinschaft zum Ausdruck bringen dürfte. ›Die Devotessen wurden einstens (in der ersten Hälfte des 17. Jahrhunderts) durch unseren Eifer in die Schulen eingeführt; sie leiten jetzt noch die Jugend zu deren größtem Nutzen. Wir bemühen uns ständig, sie auch anderswo in der Kölner Diözese einzubürgern‹.[43] Diese Bemühungen sind in erstaunlichem Maße fruchtbar geworden. In der Zeitspanne von 1620 bis 1755 kann Joseph Kuckhoff an 45 Orten außerhalb von Köln Mädchenschulen nachweisen; bei 20 von diesen Schulen wird ausdrücklich erwähnt, daß sie von Devotessen geleitet werden, so etwa in Ahrweiler, Bonn, Düsseldorf, Emmerich, Koblenz, Münstereifel, Zeltingen (an der Mosel) und Zülpich.[44]

Zu den im Bereich des Kurfürstentums Trier liegenden Schulen der Devotessen sind uns nähere Umstände bekannt. So führt der Rat der Stadt Koblenz in einem Schreiben vom 11. Dezember 1663 an Kurfürst Carl Caspar von der Leyen aus, ›daß die weibliche Jugend aus Mangel ehrbarlicher Unterweisung und dazu qualifizierter Personen zeithero zur Lehr, Andacht und Gottesfurcht auch anderer nötiger Handarbeit und christlicher Sitte nit angeführt werden kann‹. Deshalb bittet der Rat den Kurfürsten um die Erlaubnis, ›der Bürgerschaft und den Eltern zum Trost und deren Kindern zum Besten einige geist-gottverlobte Jungfrauen anderwärts herkommen zu lassen‹.[45] Schon am 14. Januar 1664 gibt Carl Caspar seine Zustimmung,[46] und durch Vermittlung des Rektors des Koblenzer Jesuitenkollegs eröffnet Anna Baurs (Buhrs), ›die als erste Schuljungfer Köln verlassen hat‹[47] mit einer Gefährtin die erste Mädchenschule in Koblenz, der alsbald eine zweite folgt. Auch in Koblenz werden diese Lehrerinnen allgemein ›Jesuitessen‹ oder ›Devotessen‹ genannt.[48]

Für Bernkastel ist bezeugt, daß im Jahre 1681 ›zum ersten Mal ein Jesuwitteres in die Stadt aufgenommen; die Mädtger und Töchter sollen bei die Jesuiters, auch zur Erlernung der Handarbeiten, in die Schul gehen‹.[49]

Wann die Devotessen nach Zeltingen gekommen sind, ist nicht belegt. Am 16. September 1748 bestimmt aber eine Stifterin ›ihr Haus sammt den Meubeln und ihre Güter für zwei Gott verlobte Jungfrauen, welche die armen Mädchen von Zeltingen und Rachtig unentgeldlich lesen, schreiben, nähen und stricken lehren, und sie dabei zu guten Sitten anführen und zu einem tugendhaften Wandel leiten‹.[50]

Beziehungen zwischen der Devotessengemeinschaft und Friedrich Spee

1. P. Adam Kasen, den Nuntius Alfieri als einen der für die Gesellschaft Sankt Ursula zuständigen Jesuitenpatres erwähnt,[51] und der neben seiner Aufgabe als Regens (= Leiter) des Gymnasiums Tricoronatum von 1636 bis 1647 die Leitung des Katechismuswesens in Köln wahrnahm,[52] hat wenige Jahre nach dem Tode Spees in die Erläuterungen des Protokollbuches der Kölner Artistenfakultät eine Würdigung Spees eingetragen, aus der die Hochachtung vor seinem jüngeren Mitbruder hervorgeht, in der aber auch ein wichtiger Hinweis auf besondere Kontakte zwischen Spee und der Gesellschaft Sankt Ursula enthalten ist. ›Friedrich Spee war aus edlem Hause, ein hervorragender Kopf . . . Er ist der Verfasser einer schönen Gewissenserforschung für die Generalbeichte, die ihm nachher ein Minoritenpater gestohlen und unter eigenem Namen veröffentlicht hat. Spee hat verschiedene ausgezeichnete, tieffromme deutsche Abhandlungen hinterlassen, die es sehr wohl verdienten, gedruckt zu werden. Sie befinden sich noch in den Händen der gottgeweihten Jungfrauen und haben Betrachtungen über Glaube, Hoffnung und Liebe zum Gegenstand‹.[53]

Es besteht kein Zweifel, daß es sich bei den nach Kasens Urteil druckwürdigen Betrachtungen, die offenbar noch in Einzelabhandlungen vorliegen, um das Manuskript des Werkes handelt, dem Spee den Titel gegeben hat:

GÜLDENES TUGEND-BUCH
das ist, Werck vnd Übung der dreyen Göttlichen Tugenden,
das Glaubens, der Hoffnung vnd der Liebe.
Allen Gott-liebenden, andächtigen, frommen Seelen,
vnd sonderlich den Kloster- vnd Welt-geistlichen Personen
sehr nutzlich zu gebrauchen.[54]

Bei der ihm eigenen sehr direkten Art, mit der Kasen den geistigen Diebstahl des Minoritenpaters anspricht, wäre eine ähnlich kritische Bemerkung zu erwarten, wenn die Handschrift des Güldenen Tugend-Buches sich zu Unrecht in den Händen der Devotessen befunden hätte. Daß dies nicht der Fall ist, läßt auf eine besondere Beziehung zwischen Spee und der Devotessengemeinschaft hinsichtlich dieses Werkes schließen.

Aufgrund der vorstehenden Notiz Kasens und einiger anderer Indizien hat der Kölner Historiker Joseph Kuckhoff in seiner jahrzehntelang verschollenen Friedrich-Spee-Biographie zum ersten Male die These aufgestellt, Spee habe dieses Werk unmittelbar für den Gebrauch der Devotessengemeinschaft geschrieben. ›An wen hatte Spee selbst die Botschaft des Güldenen Tugendbuches gerichtet? Wen wollte er durch sein Buch ansprechen? Die Anrede ist gerichtet an weibliche Personen. Nach einer handschriftlichen Bemerkung, die wohl die älteste noch vorhandene Erwähnung des Tugend-Buches vor dessen Druck darstellt, befand sich eine Handschrift in den Händen gottgeweihter Jungfrauen (virgines devotae) in Köln. Das war also der Leserinnenkreis, den Spee beim Schreiben vor Augen hatte‹.[55]

Theo van Oorschot konnte zunächst eine wichtige Voraussetzung für die Gültigkeit der These Kuckhoffs klären, nämlich Entstehungszeit und -ort des Güldenen Tugend-Buches zwischen November 1627 und November 1628 in Köln.[56] Er hat aber auch die Frage, für wen Spee sein Werk verfaßt haben könnte, weiterverfolgt und kommt zu dem Ergebnis: ›Man kann mit an Gewißheit grenzender Wahrscheinlichkeit behaupten, daß Spee mit dem Ausdruck ‚meine geistliche Tochter' (in der Einleitung) eine Devotesse meint‹.[57]

2. Spees Sorge um die allgemeine Bildung wie um die religiöse Erziehung der Jugend trifft sich in auffallender Weise mit dem Engagement der Devotessen. Während diese mit ihren Kräften versuchen, der Mädchenjugend aus den breiten Schichten des Volkes eine Schulbildung zu vermitteln, fordert Spee der Sache nach 150 Jahre früher, als die offiziellen Bemühungen in dieser Richtung einsetzen, die Volksschule für alle Kinder. ›Es dünket mir gänzlich und ist mir ernst: wenn ich ein Herr der Welt wäre, so dürfte kein einziges Dörflein unter der Sonne gefunden werden, wo ich nicht dafür sorgen wollte, daß die Jugend alsbald zur Ehre Gottes und zu seiner Erkenntnis unterrichtet würde, so daß wo nur 40 Häuser wären, da sollte mir die Schule das 41. sein‹ (Seite 363).

Spee weiß freilich auch, daß die Einführung der Schule vornehmlich nicht eine Frage des Schulhauses und der sachlichen Voraussetzungen, sondern der geeigneten Lehrpersonen ist. Bildungsstätten irgendwelcher Art für Lehrer aber gab es zu jener Zeit nicht. So wirbt er unter den Lesern seines Güldenen Tugend-Buches nachdrücklich, sich für diese Aufgabe zur Verfügung zu stellen. Weil er weiß, daß der Schuldienst allenthalben nicht in hohem Ansehen steht, versucht er zu motivieren, sich diesem ›verächtlichen niederträchtigen Amt‹ wegen seiner großen Bedeutung dennoch zu widmen. ›Ja, empfindest du nicht in dir einen solchen Eifer, daß wenn sonst keine anderen vorhanden wären, du selbst gern alle Jugend, auch die allerärmsten und schlichtesten Kinder zur Ehre Gottes mit aller Liebe und Geduld im ABC und in der christlichen Lehre unterweisen wolltest?‹ (Seite 363)

Ergänzend zu dem oben bereits geschilderten Einsatz der Devotessen in der Schularbeit sei auf Parallelen zu Spees Ausführungen in den Regeln der Gesellschaft Sankt Ursula hingewiesen. So heißt es in der Regel von 1614: ›Da von den Jüngsten ein Anfang zu machen ist, soll die Mehrzahl der Schwestern, welche mit der Gnade zu lehren begabt sind, eine Schule einrichten, in der ohne alle Unkosten der Eltern solche (armen) Töchterlein umsonst gelehrt werden‹.[58] Ähnlich wird in der von Erzbischof und Kurfürst Ferdinand von Köln 1646 bestätigten Regel ausgeführt: ›Weil unter anderen Mitteln des Seeleneifers, besonders der Jugend zu helfen, das beste Mittel ist, Schule zu halten . . , so werden die Jungfrauen und Witwen gewiß am vortrefflichsten ihrem Beruf nachkommen, wenn sie im Schreiben, Lesen und anderen standesgemäßen Künsten sich selbst zuerst wohl üben und diese danach auch anderen in den Schulen samt der Gottesfurcht mitzuteilen verstehen, nach dem Beispiel ihrer Patronin Sankt Ursula . .‹.[59]

3. Ein weiterer Hinweis auf Beziehungen zwischen Spee und der Devotessengemeinschaft ergibt sich im Zusammenhang mit Spees Ursula-Liedern. Die Devotessen hatten sich ja von Anfang an unter das Patronat der Ursula gestellt, die sie wegen ihrer Jungfrauschaft, ihres Glaubensmutes und ihres Vorbildcharakters als Erzieherin verehrten. Während Spee andere heilige Frauen außer der Gottesmutter nur mit je einem Lied bedacht hat, schuf er nicht weniger als fünf Lieder über Ursula. Vier von diesen sind zum ersten Mal im gleichen Jahr 1628 nachgewiesen,[60] in dem Spee sein Güldenes Tugend-Buch verfaßt hat. Sie finden sich in einem Anhang des ›Geistlichen Psalters‹,[61] an dessen Vorbereitung Spee wahrscheinlich noch mitgewirkt hat.[62] Verfolgt man die bei diesen vier Ursula-Liedern angegebenen Melodienhinweise,[63] so zeigt sich, daß die Texte sämtlich auf Melodien älterer Spee-Lieder gedichtet worden sind und deshalb um so eher in recht kurzer Zeit geschaffen werden konnten.

Die Wahl des Motivs von Sankt Ursula, die vergleichsweise große Anzahl der Lieder und das Entstehungs- bzw. Veröffentlichungsjahr deuten darauf hin, daß Spee in einer besonderen Beziehung zur Gesellschaft Sankt Ursula stand und die Lieder für diese Gemeinschaft geschaffen hat.

4. Es wurde bereits erwähnt, daß die Jesuiten an bestimmten Festtagen Theateraufführungen der Katechismuskinder in Szene setzen ließen.[64] Theo van Oorschot vermutet mit Recht, daß Spee verschiedene Kapitel des Güldenen Tugend-Buches zunächst für die Aufführung bei solchen Spielen geschrieben und sie dann später in das Manuskript des Güldenen Tugend-Buches aufgenommen hat. ›Wirken nicht manche Kapitel, etwa I 6, III 5 und vor allem I 10-11, wie regelrechte kleine Katechismusdramen? Zumal sie sich, ohne jede Änderung, leicht aufführen ließen.‹[65]

Dank einer Initiative von P. Adam Kasen sind wir über die Art der Stücke, die bei den erwähnten Gelegenheiten aufgeführt worden sind, gut unterrichtet. Er veranlaßte P. Jakob Kritzradt, die Texte solcher Spiele zu sammeln. In dem uns erhaltenen Handschriftenband von 750 Seiten befinden sich Texte, Liedangaben und Regieanweisungen von 26 Katechismusspielen, die zwischen 1625 und 1645 in Düsseldorf und vor allem in Köln aufgeführt worden sind.[66] Ein großer Teil der Texte erweist sich als recht hausbackene Gebrauchslyrik, so daß Theo van Oorschot die Verfasser schonend als ›in der edlen Kunst der Dichtung nicht allzu gewandt‹ charakterisiert.[67] Zu seiner Überraschung stellt er aber fest, daß sich in diesen Spielen beträchtliche Passagen der ›Trutz-Nachtigall‹ Spees befinden.[68] Mit hoher Wahrscheinlichkeit hat Spee auch manche seiner Lieder zunächst für den Gebrauch bei den Katechismusspielen geschrieben.

Andreas Schüller hat aufgrund der Rollenbezeichnungen in den einzelnen Spielen herausgefunden, daß ›meistens Mädchen auftraten, obwohl dies nach den Bestimmungen des Ordens nicht geschehen sollte; . . . wenigstens sollten die

Mädchen nicht von den Jesuiten selbst gekleidet und eingeübt werden. Das haben wohl die Katechismus-Direktrizen besorgt‹.[69] Diese waren also bei der Vorbereitung und Aufführung der Spiele stark engagiert. Die Eigenart der Sprache mancher Stücke regt zu der Frage an, ob sich unter den Autoren der Stücke neben den Patres des Kollegs nicht auch Devotessen befinden könnten. Eine Anregung, sich im Dichten zu versuchen, könnten sie aus der großen Zahl der Lieder gewonnen haben, die Spee ihnen mit den einzelnen Betrachtungen des Gül-denen Tugend-Buches im Jahre 1628 zum Auswendiglernen und zum Singen übergeben hatte.

Die Entstehung des Güldenen Tugend-Buches nach Spees eigener Darstellung

1. Zu Beginn seiner Einführung in das Werk schreibt Spee, ›eine gottliebende meine geistliche Tochter‹ habe ihn gebeten, ›ihr doch zu Papier zu setzen, wie man sich das ganze Jahr hindurch in den vornehmsten Tugenden nützlich üben könne‹ (Seite 13). Diese ›geistliche Tochter‹ war offenbar ein Beichtkind von ihm, denn in seinen späteren Ausführungen taucht immer wieder der Dialog zwischen ›Beichtvater‹ und ›Tochter‹ (etwa Seite 24 – 32) auf, und auf das Ansinnen der Bittstellerin antwortet er, mit diesem Begehren seien ›unlängst auch etliche andere meine Beichtkinder‹ an ihn herangetreten. Er habe Bedenken gehabt, jemandem seine ›geistlichen Übungen schriftlich zu übergeben‹ und deshalb die Bitte abgeschlagen. Seine Bedenken dürften ihren Grund vor allem darin gehabt haben, daß eine Vorschrift der ›Allgemeinen Regeln‹ es den Jesuiten verbot, jemandem schriftlich ›geistliche Instruktionen oder Meditationen‹ zu geben, es sei denn mit Zustimmung des Oberen.[70] Nun hat die Bittstellerin diese Hürde überwunden. Spee erwähnt gleich zweimal, daß es der Frau gelungen sei, bei seinem Oberen, ›der es auch für gut ansehe, solches von mir zu begehren‹, die Zustimmung zu diesem Vorhaben zu erwirken. Demnach hat Spee das Güldene Tugend-Buch also für diese Bittstellerin geschrieben.

Oorschot nimmt an, daß in dieser Darstellung ›ein Kern von Wahrheit steckt‹, betrachtet sie aber im Ganzen als Fiktion. ›Sollte die Fiktion einer einzigen Adressatin aufrecht erhalten werden, so müßte diese Frau eine Reihe von widerspruchsvollen Einzelheiten in sich vereinen. Sie müßte sowohl ein ‚armes Mägdelein' (Seite 166) gewesen sein als eine Mutter, die ihre Kinder mit sich in die Spitäler führte, damit auch diese sich schon jung in der Wohltätigkeit übten‹. (Seite 352). Er führt mehrere Widersprüchlichkeiten ähnlicher Art an und kommt zu der Erklärung, ›daß Spee manche Teile des Güldenen Tugend-Buches schon früher und für andere Personen verfaßt hatte, ehe er sie auf die Bitte der erwähnten Frau hin zu einem Andachtsbuch zusammenstellte‹.[71] Er scheint übersehen zu haben, daß Spee in der Einleitung dreimal ausdrücklich sagt, daß er der Bittstellerin seine ›geistlichen Übungen‹ nicht gleichsam ›exklusiv‹ zur Verfügung stellen will, sondern daß er auch ›andere‹ im Auge hat. ›Was er (Gott) mir dann eingeben und einsprechen wird, solches will ich alsbald dir und anderen von Herzen gern mitteilen‹ (Seite 13 f.).

Oorschot ist vergeblich der Frage nachgegangen, wer diese Bittstellerin gewesen sein könnte.[72] Aus Andeutungen des Güldenen Tugend-Buches glaubt er jedoch schließen zu können, daß es ›offensichtlich eine einflußreiche Frau war, die sich darauf verstand, bei Spees Oberen ihren Willen durchzusetzen; die über Reichtum verfügte und mit Gefährtinnen (Gespielen)‹[73] zusammenlebte, ›über die sie anscheinend irgendeine Befehlsgewalt ausübte. So wäre es nicht unmöglich, daß sie eine Art Oberin der Devotessen gewesen ist‹.[74]

2. Einen Hinweis auf den näherhin von ihm intendierten Adressatenkreis gibt Spee im Titel des Buches. Wenn er hier die ›Welt-geistlichen Personen‹ nennt, meint er nicht etwa den ›Weltklerus‹ (= Diözesanpriester). Zur Interpretation dieser Bezeichnung sind zwei Stellen des Güldenen Tugend-Buches heranzuziehen, in denen Spee sich an Menschen wendet, die ›einen gewissen geistlichen oder Mittelstand angenommen haben‹ (Seite 493), ›die sich in einem Mittelstand Gott verlobt haben‹ (Seite 494). Mit dieser Umschreibung trifft Spee genau die kirchenrechtliche Situation der von Joseph Grisar untersuchten Frauengemeinschaften, also auch die der Kölner Devotessen. Mit ihrer spezifischen Lebensform wollten sie nicht dem Ordensstand zugerechnet werden, durch ihr intensives religiöses Leben und durch ihr pastorales Wirken jedoch unterschieden sie sich deutlich vom allgemeinen Laienstand. In die theologische Auseinandersetzung, ob es berechtigt sei, hier von einem eigenen Stand zu sprechen, greift später Spees berühmter Schüler Hermann Busenbaum im positiven Sinne ein, wobei er den Mitgliedern der Frauengemeinschaft hohe Anerkennung ausspricht, ›die an etlichen örtern Jesuitessen oder andern Jesuiter Jungfrauen genennet werden‹.[75]

3. Zwei weitere Texte, die den Bearbeitern bisher entgangen zu sein scheinen, geben Auskunft über die von Spee ins Auge gefaßten Leser. Sie finden sich in dem 144 Vorschläge umfassenden ›Register etlicher unterschiedlichen guten Werke‹ (Seite 499 bis 511). Spee schreibt in der Ich-Form der angesprochenen Person: ›34. Wie, wenn ich diesen oder jenen mit mir in meine löbliche Bruderschaft bringen könnte? Ich will es bei nächster Gelegenheit versuchen‹. Die Anregung zielt darauf hin, der eigenen Bruderschaft neue Mitglieder zuzuführen. Wenn Spee hier von der ›löblichen‹ Bruderschaft spricht, so handelt es sich nicht um ein schmückendes Beiwort, vielmehr verwendet er eine Formulierung aus dem offiziellen Titel der Devotessengemeinschaft, der im Jahre 1674 als ›Löbliche Gesellschaft der hl. Jungfrau und Märtyrin Ursula‹ bezeugt ist.[76]

In die gleiche Richtung weist der zweite Text. ›99. Über den Monatsheiligen, den ich in der Sodalität bekommen habe, will ich mit meinem Beichtvater sprechen, er möge mir aus dessen Leben ein oder zwei Punkte nennen, von denen er meint, daß ich ihm (dem Heiligen) nachfolgen könne‹. Das Stichwort vom ›Monatsheiligen‹ bezieht sich auf eine damals in den von den Jesuiten betreuten Kongregationen übliche Gepflogenheit, ›am Anfang eines jeden Monats die Heiligen des betreffenden Monats zu verteilen. Das geschah durch Zettel, die den Namen des Heiligen und eine diesem Heiligen besondere Tugendübung enthielten‹.[77] Diese Praxis besteht auch in der Sodalität, der die von Spee ins Auge gefaßte Person angehört. Für die Devotessengemeinschaft ist sie bereits in der ersten Regel von 1612 ausdrücklich bezeugt.[78]

4. In den methodischen Anweisungen, die Spee seinen Betrachtungen voranstellt, vermittelt er ein Bild seines eigenen Vorhabens wie auch seiner Erwartungen an die Adressaten der Übungen. ›Alle Wochen sollst du zur Beichte kommen am Sonnabend: da will ich dir auf einem Zettel ein Kapitel geschrieben geben, welche Tugend und auf welche Weise du sie in der zukünftigen Woche üben sollst. ... Was ich dir auf dem besagten Zettel schriftlich auftragen werde, das sollst du die ganze Woche hindurch jeden Tag üben, entweder am Vormittag oder am Nachmittag, wann es dir am besten gelegen ist; und dazu an einem bequemen (= angemessenen) Ort: in deinem Kämmerlein, in der Kirche oder sonstwo. ... Und es soll nicht länger dauern als ungefähr ein viertel oder halbes Stündlein. ... Am Samstag, wenn du beichtest, sollst du regelmäßig berichten, wie du dich geübt und ob es gut oder nit gut abgegangen sei‹ (Seite 14).

In nicht wenigen Kapiteln wird dieser Zettel ausdrücklich genannt. Hinzu kommt die Beobachtung, daß über 60 der insgesamt 70 Kapitel wörtlich oder sinngemäß die stereotype Bestimmung enthalten: ›folgende Woche täglich am bestimmten viertel (halben) Stündlein‹. Die nachträgliche Einfügung einer solchen Anweisung erscheint undenkbar. Entgegen Emmy Rosenfelds Interpretation sprechen also gute Gründe dafür, die Entstehung des Güldenen Tugend-Buches aus einzelnen Betrachtungszetteln so anzunehmen, wie Spee sie beschreibt.

Ergebnisse

Aufgrund der vorstehenden Darlegungen lassen sich nun manche Zusammenhänge um die Entstehung des Güldenen Tugend-Buches erhellen, die bisher im Zwielicht der Vermutungen oder im Dunkeln lagen.

1. Alles deutet darauf hin, daß die von Spee in der Einleitung erwähnte ›gottliebende meine geistliche Tochter‹ in der Tat die Gründerin der Gesellschaft Sankt Ursula und die 1638/39 von Nuntius Alfieri als ›Generalessa‹ bezeichnete reiche Witwe Ida Schnabels war. Damit bestätigt sich Theo van Oorschots Vermutung vollauf, die Bittstellerin könne möglicherweise ›eine Art Oberin der Devotessen‹ gewesen sein. Ida Schnabels hatte die Frauengemeinschaft bis zum Kölner Aufenthalt Spees 1627/28 bereits zu hoher Blüte geführt. Das gilt nicht nur für die beachtliche zahlenmäßige Stärke der Gesellschaft von damals etwa 250 Jungfrauen und Witwen, zu denen noch eine größere Gruppe von verheirateten Frauen hinzuzuzählen sein dürfte,[79] es gilt auch für die hohen geistlichen Anforderungen und für den apostolischen

Dienst der Devotessen im Katechismusunterricht und in den Mädchenschulen der Stadt und des Erzbistums Köln.

Wenn Frau Schnabels nun auf den Gedanken kam, Spee für ein Jahr um schriftliche Betrachtungshilfen für ihre Gemeinschaft zu bitten, und wenn sie ihr Ansinnen auch bei seinem Oberen mit solchem Nachdruck vorgetragen hat, daß sie dessen Zustimmung erreichte, so setzt dies voraus, daß sie Spee mit seinen spezifischen Fähigkeiten für diese Aufgabe kennen mußte. Dabei ist zu bedenken, daß Spees in Frage stehender Aufenthalt in Köln ja nur von November 1627 bis November 1628 gedauert hat. Bei der von ihm beschriebenen Entstehungsweise des Güldenen Tugend-Buches aus wöchentlichen Handreichungen ist ein längerer Zeitraum zwischen seiner Ankunft in Köln und der Überreichung der ersten Betrachtungen an die Devotessen auszuschließen. Ob einige Begegnungen im Beichtstuhl und der eine oder andere Vortrag zur monatlichen Geisteserneuerung für Frau Schnabels ausreichten, um Spee hinreichend kennenzulernen, erscheint zweifelhaft. Eine zufriedenstellende Erklärung wäre gegeben, wenn Spee schon in einem früheren Jahr oder aber im Oktober 1627 noch im Rahmen seines Tertiatsjahres die in der Regel der Devotessen jährlich für diesen Monat vorgesehenen Exerzitien[80] gehalten hätte. Bei täglichen Betrachtungsanregungen einen Monat hindurch hätten die Devotessen Spee mit seinen besonderen Fähigkeiten zur spirituellen Anleitung in der Tat gründlich kennenlernen können. So würde sich auch erklären, daß Spee in der Einleitung schreibt, ›auch etliche andere meine Beichtkinder‹ (Seite 13) hätten vor kurzem geistliche Übungen in schriftlicher Form von ihm erbeten. Hier ist an andere Mitglieder der Frauengemeinschaft zu denken, die aufgrund ihrer Begeisterung für Spees Anregungen Frau Schnabels in ihrem Vorhaben bestärkt, vielleicht auch dazu gedrängt haben könnten. Wenn diese These sich auch nicht positiv belegen läßt, so wird man ihr doch eine gewisse Wahrscheinlichkeit nicht absprechen können. Ein solcher Einsatz während des Tertiatsjahres ist durchaus möglich; nach der üblichen Praxis hätte er im Jahresbericht auch keine Erwähnung gefunden.

Frau Schnabels trat also mit ihrem Ansinnen nicht als Privatperson an Spee und seinen Vorgesetzten heran. Sonst hätte sie wahrscheinlich die Zustimmung des Oberen nicht erhalten. Sie setzte sich vielmehr als verantwortliche Leiterin der großen Frauengemeinschaft dafür ein, daß ihre Mitglieder für die in der Regel vorgeschriebene tägliche Betrachtung, die diesen Frauen zuweilen nicht geringe Schwierigkeiten bereitet haben dürfte, eine konkrete Anleitung erfahren sollten.[81] So verdanken wir Frau Schnabels Initiative das Güldene Tugend-Buch.

Hier sei ein kurzer Ausblick auf den weiteren Weg dieser verdienstreichen Frau gestattet. Er erinnert in manchem an das Schicksal von Mary Ward. Nachdem der Durchbruch der Anerkennung ihrer Gesellschaft im Jahre 1611 durch die Ablaßbulle des Papstes erfolgt war, glaubte sie in Unkenntnis kirchenrechtlicher Prinzipien, ihre Gemeinschaft sei päpstlichen Rechts. Die im Jahre 1612 nachfolgende Bestätigung durch den Erzbischof von Köln, mit der auch die Approbation der Regel verbunden war, muß ihr als eine selbstverständliche und wenig bedeutsame Formalität erschienen sein. So verfaßte sie im Laufe der Jahre vier differenziertere und jeweils anspruchsvollere Regeln für ihre Gemeinschaft, ohne um eine Bestätigung nachzusuchen. Als dann im Jahre 1642 ein neuer Generalvikar von Köln auf diesen Sachverhalt hingewiesen wurde und eine juristische Prüfung veranlaßte, wurden nicht nur sämtliche späteren Regeln für nichtig erklärt, auch die Gültigkeit der päpstlichen Ablaßbulle wurde in Frage gestellt, da sie ja die Bestätigung der Gesellschaft durch den zuständigen Bischof vorausgesetzt hatte. Ida Schnabels sah in all den Argumenten, die ihr entgegengehalten wurden, nur juristische Spitzfindigkeiten. Sie hatte ja stets nur das Gute gewollt und konnte nicht einsehen, daß dies alles nun in Frage gestellt werden sollte. So wurde sie mit ihrem damaligen Vorstand im Jahre 1646 am Fest der Enthauptung Johannes des Täufers (!) nach vierzigjähriger Leitung der Gesellschaft bei einer öffentlichen Versammlung in der Kirche Sankt Ursula des Amtes enthoben.[82] Anders als bei Mary Ward aber lebte ihre Gesellschaft fort. Noch im gleichen Jahr gab Erzbischof Ferdinand dieser eine neue, in vielen Punkten weniger anspruchsvolle Regel, die der Gesellschaft für ihr Leben und Wirken bis zur Französischen Revolution als Grundlage dienen sollte.[83]

2. Nach diesem Ausblick auf Ida Schnabels tragisches Ende als Leiterin der Gesellschaft Sankt Ursula kehren wir zu Spees Kölner Jahr 1627/28 zurück, in dem noch niemand eine Ahnung von den künftigen Konflikten haben konnte. Die Frage, wer als Oberer des Kölner Jesuitenkollegs durch seine Zustimmung die Entstehung des Güldenen Tugend-Buches ermöglichte, ist bisher offenbar noch nicht gestellt worden. Es war der aus Coslar bei Jülich stammende P. Goswin Nickel, der wenige Jahre später als Provinzial der niederrheinischen Jesuitenprovinz bei den Auseinandersetzungen um die Cautio Criminalis und um Spees Entlassung oder Verbleib im Orden zu ihm hielt[84] und von 1652 bis 1661 als erster deutscher Ordensgeneral an der Spitze des Jesuitenordens stehen sollte.[85]

Spee war aber hinsichtlich seiner primären Aufgabe in Köln, der philosophischen Vorlesungen am Gymnasium Tricoronatum, dem bereits erwähnten Regens Adam Kasen unterstellt, von dem bekannt war, daß er auch von Seiten des Rektors des Kollegs keine Übergriffe in seinen Kompetenzbereich duldete.[86] So dürfte auch er mit der Frage der Zustimmung zu Spees neuer Aufgabe befaßt worden sein, die diesem › nit wenig Arbeit und Nachsinnen ‹ bereiten würde (Seite 13). Da Kasen aber die katechetische Tätigkeit[87] und deshalb wohl auch die spirituelle Förderung der Devotessen am Herzen lag und er die Begabung und Leistungsfähigkeit Spees von Jugend auf kannte, wird er sich dem Begehren von Frau Schnabels nicht verschlossen, sondern es eher unterstützt haben.

3. Daß es sich bei Spees Güldenem Tugend-Buch um ein Werk ganz eigener Art handelt, wird aus einer Anweisung besonders deutlich. Der Autor erwartet nämlich, daß die Person, die diese Anleitungen gebraucht, nach der Benutzung eines jeden Kapitels jeweils nach einer Woche mit ihm ein Gespräch darüber

führt, ›ob es gut oder nit gut abgangen sei‹ (Seite 14). Die Interpretation dieser utopisch anmutenden Forderung, die deutlich auf die Entstehungssituation verweist, führt in das Umfeld der Ignatianischen Exerzitien.

Nach der allgemein verbreiteten Vorstellung lassen diese sich so beschreiben, daß jemand sich mit einer Gruppe für mehrere Tage aus dem Alltagsleben in einen Raum der Abgeschlossenheit und Stille zurückzieht. Vom Leiter der Exerzitien hört er täglich mehrere Vorträge, die ihn zur Betrachtung des Heilsplanes und Heilswirkens Gottes und seiner eigenen Lebenssituation anregen sollen. Das persönliche Gespräch mit dem Exerzitienleiter ist möglich, spielt aber prinzipiell keine Rolle. Bei dieser Gestalt der Exerzitien handelt es sich um eine sekundäre Spätform.

Ignatius selbst hat zwei Grundformen der Exerzitien praktiziert, die vor allem dadurch charakterisiert sind, daß er dem persönlichen Gespräch zwischen dem Leitenden und dem ›Übenden‹ größte Bedeutung beimißt. Neben den vierwöchigen Einzelexerzitien in völliger Abgeschiedenheit vom Alltag kennt er die ›offenen‹ und die ›leichten‹ Exerzitien, die neben dem Berufs- und Familienleben einhergehen. Andreas Falkner bezeichnet die letzteren sogar als ›die Urform der Exerzitien‹, insofern er zeigen kann, daß Ignatius sie bereits in seinen frühen Studienjahren 1526/27 in Alcalá de Henares erteilt hat.[88]

Die folgende Zusammenstellung der einzelnen Übungen, wie Falkner sie ermittelt hat, ist in unserem Zusammenhang von Bedeutung, einmal, weil sie sich weithin mit den geistlichen Übungen deckt, die nach dem Bericht von Nuntius Alfieri in der Regel der Kölner Devotessengemeinschaft vorgeschrieben sind, zum anderen, weil Spees Anregungen und Anweisungen im Güldenen Tugend-Buch mit den Schwerpunkten der täglichen Betrachtung und der wöchentlichen Aussprache in Beziehung zu der von Falkner beschriebenen ›Urform der Exerzitien‹ stehen könnten. Falkner benennt folgende Übungen:

1) Am Morgen eine halbe Stunde . . . nach der ersten Weise des Betens verwenden (Betrachtung)
2) Die allgemeine (Gewissens-)Erforschung zu Mittag und am Abend.
3) Die besondere Gewissenserforschung zu einem bestimmten Fehler oder einer bestimmten Sünde.
4) Mündliche, häufig wiederkehrende Gebete (Rosenkranz).
5) Wöchentlich beichten und alle 14 Tage oder wöchentlich die Kommunion empfangen.
6) In den inneren Bewegungen der Geister . . . sich richtig verhalten.
7) Eine bestimmte Zeit, etwa einen Monat, dieses fromme Leben führen. (Es blieb dem Exerzitanten überlassen, es über diese Zeit hinaus fortzusetzen.)
8) Während dieser Zeit regelmäßig zu Gesprächen kommen. (Die individuelle Begleitung des Exerzitanten findet sich schon in der Urform der Exerzitien.)

Mit Ausnahme der Punkte 3 und 6, die eher als durchlaufende Prinzipien denn als selbständige Übungen anzusehen sind, findet diese Übersicht eine erstaunliche Entsprechung in den geistlichen Übungen der Devotessenregel.[89] Nachdem frühere Regeln der Gemeinschaft viel weniger detaillierte Forderungen stellten und auch keine jährlichen Exerzitien kannten, legt sich die Erklärung nahe, die Gesellschaft habe nach der Erfahrung der ›Urform der Exerzitien‹ beschlossen, dieses ›fromme Leben‹ nach Punkt 7 der Zusammenstellung nicht auf vier Wochen zu beschränken, sondern es zur dauernden Lebensform zu machen. Bei der besonderen Neigung von Frau Schnabels, neue Regeln zu verfassen, dürfte dies bald seinen Niederschlag in der 51-Punkte-Regel gefunden haben, die uns durch Nuntius Alfieri erhalten ist. – Wie auch immer es zu der genannten Übereinstimmung gekommen sein mag: Spees Handreichungen für die tägliche Betrachtung sowie sein Angebot zur persönlichen Aussprache und zur individuellen Begleitung, die in der wöchentlichen Beichte einen vorgegebenen Rahmen fanden, fügen sich organisch in die geistliche Lebensordnung der Devotessen ein.

4. Mit der Entstehungsweise des Güldenen Tugend-Buches aus den je für eine Woche gedachten Betrachtungseinheiten steht auch ein Spannungsverhältnis im Zusammenhang, auf das vor allem Theo van Oorschot aufmerksam gemacht hat.[90] Sowohl das Gesamtwerk wie auch die einzelnen Kapitel in sich zeigen eine klare und übersichtliche Gliederung. In ihrer Aufeinanderfolge aber scheinen die Kapitel wie hieratische Blöcke unverbunden nebeneinander zu stehen.

Zunächst sei ein Blick auf die theologisch beachtliche Gesamtkonzeption des Güldenen Tugend-Buches getan. Während andere Werke jener Zeit eine Vielzahl von Tugenden beschreiben und zur Übung empfehlen, konzentriert Spee sich auf die biblische Trias von Glaube, Hoffnung und Liebe (1 Kor 13,13). Nach ihnen gliedert er konsequent die drei Bücher seines Werkes.

Das Buch vom Glauben beginnt mit Übungen zum Tridentinischen und zum Apostolischen Glaubensbekenntnis als der formulierten Glaubenswahrheit (fides quae). Darauf folgt eine Auswahl von 70 Lesungen des Alten Testamentes und von 134 Gestalten des Heiligenkalenders, deren Meditation der Glaubenshaltung, der Glaubenstreue und der Glaubensfreude (fides qua) dienen will.

Im Buch von der Hoffnung bemüht Spee sich um die Vertiefung des Gottesbildes, bei dem er vor allem die Züge der Mütterlichkeit Gottes hervorhebt und zum vorbehaltlosen Vertrauen einlädt. Es folgen Betrachtungen über Gottes Hirtenliebe und über das Vaterunser.

Der Schwerpunkt des Werkes wird schließlich im Buch von der Liebe deutlich. Spee bemüht sich vor allem, die Liebe der Freundschaft zum Schöpfer- und Erlösergott zu wecken und zu vertiefen, die besonders im dankbar-frohen Gotteslob und in der tätigen Liebe zum Nächsten ihren Ausdruck findet. Den Höhepunkt des Buches von der Liebe und des ganzen Werkes bildet die Anleitung zum Mitvollzug der als der höchstmöglichen Form des Lobes Gottes verstandenen Meßfeier. Spee rechnet damit, daß jemand in der Messe ›mit den Ohren des Herzens aufzumerken pflegt‹, was ihm ›der Heilige Geist für eine Lektion oder besonderes gutes Werk in den Sinn gibt, (um es am) gleichen Tag zu üben‹. (Seite 499). Deshalb läßt er den Meditationen über die hl. Messe ein 144 Anregungen und Vorschläge enthaltendes ›Register etlicher unterschiedlichen guten Werke‹ folgen (Seite 499 bis 511).

Angesichts dieser eindrucksvollen Gesamtkonzeption wäre es Spee zweifellos ein Leichtes gewesen, in den einzelnen Kapiteln durchlaufend gleichsam einen roten Faden erkennen zu lassen. Wenn er sich aber die Freiheit nimmt, auf eine erkennbare logische Verknüpfung der einzelnen Kapitel untereinander zu verzichten, so vermittelt er in seinen Meditationen den Eindruck des stets Neuen und Überraschenden, zumal seine außergewöhnliche Phantasiebegabung ihn schier unerschöpfliche Abwandlungen der Eröffnung durch Geschichten, Naturbeobachtungen, Parabeln, Allegorien oder szenische Darstellungen finden läßt. Zugleich vermeidet er dadurch beim Adressaten Ermüdung und Überdruß, da dieser sich ja ein Jahr lang intensiv diesen Betrachtungen widmen soll.

Wenn ›der heutige Leser‹ nach Oorschot den Eindruck gewinnt, ›mit immer neuen Motiven überschüttet (zu werden), die zwar stets um die Hauptthemen kreisen, untereinander jedoch kaum zusammenzuhängen scheinen‹[91] so wird deutlich, daß man dem Güldenen Tugend-Buch nur gerecht werden kann, wenn man das von Spee vorangestellte und wiederholt betonte Grundprinzip beachtet, daß es — den Übungsbüchern zur Meditation von Klemens Tilmann vergleichbar[92] — ›ein Buch zum Brauchen und nicht nur zum Lesen ist‹ (Seiten 9; 11; 15).[93]

5. Schließlich bedarf noch die Frage der Überprüfung, ob es als Fiktion zu betrachten ist, daß Spee als Adressatin seines Werkes die in der Einleitung erwähnte Bittstellerin erscheinen läßt und ob sich die sehr unterschiedlichen Lebenssituationen, die er in einzelnen Kapiteln anspricht, nur durch Theo van Oorschots These erklären lassen, ›daß Spee manche Teile des Güldenen Tugend-Buches schon früher und für andere Personen verfaßt hatte, ehe er sie auf die Bitte der erwähnten Frau hin zu einem Andachtsbuch zusammenstellte‹.[94] Dabei soll nicht in Frage gestellt werden, daß Spee ›früher verfaßte Teile‹ — zuweilen auch aus Zeitnot — mit wenigen vorangestellten Worten als Hilfe für die wöchentliche Betrachtung ausgegeben und kleinere geistliche Schriften, die zum Teil auch gesondert im Druck erschienen sind,[95] bei der späteren Zusammenfassung der einzelnen Zettel in das endgültige Manuskript eingefügt hat.

Gegen die These Oorschots aber, Spee habe die Teile des Güldenen Tugend-Buches, die eine andere Lebenssituation als die der Bittstellerin erkennen lassen, ›früher . . . für andere Personen‹ verfaßt, spricht die Tatsache, daß Spee sich offenbar an die Bestimmung hält, ohne ausdrückliche Erlaubnis des Oberen keine geistlichen Anleitungen aus der Hand zu geben. Das ›Genehmigungsverfahren‹ im Falle von Frau Schnabels erweckt nicht den Eindruck, als gehe es hier um eine häufig geübte Praxis; eher dürfte es sich um eine Ausnahmeregelung für diesen zweifellos besonders gelagerten Fall gehandelt haben.

Wie aber lassen sich dann die angeführten ›Widersprüche‹ erklären, daß Spee

das Werk nach seinen eigenen Angaben in der Einleitung für eine bestimmte Bittstellerin schreibt, im Verlauf des Textes aber Personen in ganz anderen Lebenssituationen als Adressaten voraussetzt? Mit Frau Schnabels hat er von Anfang an
die vielen Frauen ihrer Kongregation vor Augen. Deshalb nimmt er nach Art eines Predigers in einzelnen Hinweisen und Anregungen immer wieder Bezug auf
Menschen in dieser oder jener konkreten Situation. Auch wenn jemand sich dabei nicht unmittelbar selbst angesprochen fühlt, kann er aus dieser Darstellungs-
weise Anregungen gewinnen.

So spricht Spee einmal ein ›armes Mägdelein‹ (Seite 166) an, in dem sich viele
dieser Frauen mitgemeint fühlen können; dann die Frau, deren ›Herz sich im
Leibe umdreht‹, wenn sie den nur reden hört, der ›ihren Mann gar jämmerlich er-
mordet hat‹ (Seite 371); die Bewerberin für die Devotessengemeinschaft, die er
vor einem übereilten ewigen Gelübde der Keuschheit warnt und eher zu einem
befristeten Gelübde rät (Seite 508); die ängstliche Frau, der er nahelegt, von seinen Anregungen nur das zu befolgen, was ihr ohne besondere Schwierigkeiten
möglich ist, das andere aber ›stehenzulassen‹ (Seite 484); schließlich die begüter-
ten Frauen, die vielleicht ›dieses oder jenes arme Mädchen zur Heirat aus-
steuern‹ (Seite 302), ›ein armes Kind als Sohn oder Tochter annehmen‹ oder ›einen Vertriebenen oder Fremden, Christus zu Ehren, in ihrem so stattlichen Haus
beherbergen‹ könnten (Seite 501).

Die Beispiele ließen sich vermehren. Sie geben dem Güldenen Tugend-Buch
Leben und Farbe. In ihrer Art lassen sie aber auch erkennen, daß Spee, der Gottes Mütterlichkeit in seinen Betrachtungen über Hoffnung und Vertrauen so sehr
hervorgehoben hat, selbst ein mütterliches Herz hatte. In Verbindung mit einer
zusammenfassenden Würdigung des Güldenen Tugend-Buches hat Theo van
Oorschot dies in der Terminologie des Tiefenpsychologen Carl Gustav Jung zum
Ausdruck gebracht. Er führt aus, Spee habe sein Buch ›wahrscheinlich für Kölner
Devotessen, auf jeden Fall für Frauen geschrieben. Frauen als Zielgruppe eines
umfangreichen geistlichen Buches, das war im frühen 17. Jahrhundert vermutlich
ein echter Ausnahmefall. Ja, geistliche Literatur, explizite für Frauen entworfen
und zudem in der Form eines theologischen Traktats, aus dem ständig Andachts-
übungen erwachsen, die am Ende vieler Kapitel zu poetischen Liedschöpfungen
erblühen, dürfte für Spees Zeiten ein absolutes Novum darstellen. Daß damals in
der Männerkirche eine Ahnung der Notwendigkeit einer kategorialen Seelsorge
für Frauen (und Kinder) aufgekommen ist, vermute ich, aber eine doch schon
weitgehende Einfühlung in die Psyche der Frau, wie sie aus dem Güldenen Tugend-Buch spricht, kann nur von einem Mann stammen, der große Fortschritte in
der Integration seiner Anima gemacht hatte‹.[96]

* Der Beitrag bietet eine an mehreren Stellen erweiterte Fassung des Artikels ›Friedrich Spee und die ›Jesuitinnen‹ von Köln. Zur Entstehungsgeschichte des ›Güldenen Tugend-Buches‹, der in Karl Hillenbrand/Medard Kehl (Hrsg.), Du führst mich hinaus ins Weite, Würzburg 1990, S. 405-436 veröffentlicht wurde.
  Gleichzeitig mit diesem Band erscheint im Johannes Verlag Einsiedeln: Friedrich Spee, Güldenes Tugend-Buch (Sammlung: Christliche Meister 40). Auswahl, Bearbeitung und Einführung von Anton Arens, Freiburg 1991.

1 Vgl. Anton Arens, Friedrich Spee als Dichter im Dienst der Seelsorge. In: Friedrich Spee im Licht der Wissenschaften. Beiträge und Untersuchungen. Hrsg. von Anton Arens (Quellen und Abhandlungen zur mittelrheinischen Kirchengeschichte, Bd. 49), Mainz 1984, S. 95−133).

2 Vgl. Friedrich von Spee, Cautio Criminalis oder Rechtliches Bedenken wegen der Hexenprozesse. Übersetzt von Joachim-Friedrich Ritter, Weimar 1939. Nachdruck München 1982; 5. Aufl. München 1987, bes. S. 93.

3 Friedrich Spee, Trutz-Nachtigall. Hrsg. von Theo G. M. van Oorschot (Friedrich Spee, Sämtliche Schriften. Historisch-kritische Ausgabe in drei Bänden, Bd. 1), Bern 1985, S. 11.

4 Vgl. Friedrich Spee, Güldenes Tugend-Buch. Hrsg. von Theo G. M. van Oorschot (Friedrich Spee, Sämtliche Schriften. Historisch-kritische Ausgabe in drei Bänden, Bd. 2), München 1968, S. 13.
  Zitate aus dem Güldenen Tugend-Buch sind dieser Ausgabe entnommen. Sie sind der heutigen Schreibweise und − soweit es zum leichteren Verständnis geraten schien − auch der heutigen Ausdrucksweise angepaßt. Die Fundstellen werden jeweils nach dem Zitat in Klammern angegeben.

5 Friedrich Spee, Die anonymen geistlichen Lieder vor 1623. Mit einer Einleitung hrsg. von Michael Härting (Philologische Studien und Quellen, Heft 63), Berlin 1979, S. 40.

6 Vgl. Franz Rudolf Reichert, Friedrich Spee − Bibliographie. In: Friedrich Spee im Licht der Wissenschaften (wie Anm. 1), S. 243−281; 244−250.

7 Vgl. Theo G. M. van Oorschot, Friedrich Spees Güldenes Tugend-Buch. II. Literaturhistorische Abhandlung. Nijmegen 1968. S. 130−147.

8 Die Werke von Leibniz gemäß seinem handschriftlichen Nachlasse in der Königlichen Bibliothek zu Hannover. Hrsg. von Onno Klopp, I,8, Hannover 1873, S. 62−65; 63.

9 Emmy Rosenfeld, Friedrich Spee von Langenfeld. Eine Stimme in der Wüste (Quellen und Forschungen zur Sprach- und Kulturgeschichte der germanischen Völker, Neue Folge, Bd. 2), Berlin 1958, S. 117 f.

10 Vgl. Theo van Oorschot (wie Anm. 7), S. 29 f.

11 Zwischen 1927 und 1966 hat Grisar 13 Publikationen über Maria Ward herausgegeben; vgl. Joseph Grisar, Maria Wards Institut vor römischen Kongregationen (Miscellanea Historiae Pontificiae, Vol. XXVII), Rom 1966, S. XXIV.

12 Joseph Grisar, ›Jesuitinnen‹. Ein Beitrag zur Geschichte des weiblichen Ordenswesens von 1550−1650. In: Reformata Reformanda. Festgabe für Hubert Jedin, hrsg. von E. Iserlohn und K. Repgen, II., Münster 1966, S. 70−113. − Als Grisars Beitrag erschien, waren Hubert Jedins Manuskripte zu dem 1967 erschienenen Bd. IV des Handbuchs für Kirchengeschichte: Reformation. Katholische Reform und Gegenreformation, Freiburg−Basel−Wien, offenbar schon fertiggestellt, so daß Grisars Forschungsergebnisse keine gebührende Berücksichtigung mehr finden, sondern

lediglich mit einem knappen Verweis in eine Anmerkung aufgenommen werden konnten (vgl. S. 603, Anm. 18).

13 Ebenda S. 74. Wenn nicht anders angegeben, sind die in diesem Kapitel gebotenen Einzelheiten Grisars Veröffentlichung (wie Anm. 12) entnommen.

14 Vgl. Ignatius von Loyola, Satzungen der Gesellschaft Jesu. Frankfurt 1980 (als Manuskript gedruckt), V,3,3 (Nr. 527).

15 Joseph Grisar (wie Anm. 12), S. 75.

16 Ebenda S. 111.

17 Vgl. Andreas Falkner, Die ›Leichten Exerzitien‹ in der frühen Praxis von Ignatius und Peter Faber. In: Korrespondenz zur Spiritualität der Exerzitien 39, 1989, S. 41−57.

18 Vgl. Hugo Rahner, Ignatius von Loyola. Briefwechsel mit Frauen. Freiburg 1956, S. 11−56.

19 Vgl. ebenda S. 301−339.

20 Joseph Grisar (Wie Anm. 12), S. 70.

21 Vgl. Bernhard Duhr, Geschichte der Jesuiten in den Ländern deutscher Zunge in der ersten Hälfte des 17. Jahrhunderts, II,2. Freiburg 1913. S. 85−89.

22 Ebenda S. 87. Vermutlich ist die um 1630 für Trier bezeugte Jungfrauensodalität der hl. Ursula (Sodalitas virginum devotarum sub S. Ursulae nomine) mit den Gründungen in Aachen, Emmerich und Köln verwandt, es fehlen jedoch nähere Nachrichten. Vgl. Bernhard Schneider, Bruderschaften im Trierer Land. Ihre Geschichte und ihr Gottesdienst zwischen Tridentinum und Säkularisation, Trier 1989, S. 116.

23 Ebenda S. 88. Allerdings gab es auch in Köln Irritierungen, deren Hintergründe und Ergebnisse uns nicht bekannt sind. ›Am 6. Dezember 1642 schrieb der Provinzial der niederdeutschen Provinz, Goswin Nickel, an den General Vitelleschi, daß er den Patres die Leitung der Congregatio Ursulana verboten habe. Dafür lobte ihn Vitelleschi sehr und ermunterte ihn, bei dieser Stellungnahme entschieden zu verharren‹ (ebd. S. 87).

24 Vgl. Anton Arens (wie Anm. 1), S. 122−124.

25 Vgl. Paul Heusgen, Ursulabruderschaften in der Stadt Köln. In: Jahrbuch des Kölnischen Geschichtsvereins 20, 1938, S. 164−175. Vgl. auch: Veronika Hopmann, Die Geschichte der Ursula-Verehrung. In: Joseph Solzbacher / Veronika Hopmann, Die Legende der hl. Ursula. Köln 1964, S. 49−84; Gertrud Wegener, Geschichte des Stiftes St. Ursula in Köln. (Veröffentlichungen des Kölnischen Geschichtsvereins, Bd. 31), Köln 1971, S. 132−135; Frank Günter Zehnder, Sankt Ursula. Legende, Verehrung, Bilderwelt. Köln 1985, S. 73−78; André Schnyder, Die Ursulabruderschaften des Spätmittelalters. Ein Beitrag zur Erforschung der deutschsprachigen religiösen Literatur des 15. Jahrhunderts (Sprache und Dichtung, Bd. 34), Bern und Stuttgart 1986, S. 41−47.

26 Heusgen faßt unter dem Begriff ›Ursulabruderschaften‹ folgende Gemeinschaften zusammen:
1) die Patrizierbruderschaft, der nur Männer angehören konnten, maximal 40;
2) die allgemeine St. Ursulabruderschaft, im Anschluß an die Ursula-Legende auch ›Schifflein der hl. Ursula‹ genannt; sie stand Menschen jeden Standes, Alters und Geschlechts offen und fand eine außerordentlich starke Verbreitung, nicht nur in Köln, sondern z. B. auch im Elsaß, in Sachsen, Oberitalien und Polen;
3) die hier zu besprechende ›Gesellschaft St. Ursula‹;
4) die Priesterbruderschaft von St. Ursula;
5) die Leyendeckerzunft St. Ursula.

27 Vgl. Histori und Jahrgeschichten der Ehrw. und Löblichen Gesellschaft S. Ursula zu Cöllen. Historisches Archiv der Stadt Köln, Geistl. Abt. 222, Bl.6r. Heusgen hat diese Quelle S. 172 Anm. 27 unrichtig angegeben. − Die Vermittlung von Kopien der in Anm. 27−29 angegebenen Dokumente verdanke ich Herrn Dr. Joachim Vennebusch, Köln.

28 Vgl. Oppositio facta a Reverendissimo

Coloniensis Suffraganeo et Vicario contra supplicem libellum Viduae Idae Schnabeliae, et duarum Virginum illius consortium quae se praetendunt esse respective praefectam subpraefectam et procuratricem Sodalitatis Ursulanae Coloniae Anno 1646 mense Septembri: Wie Anm. 27, Bl.24r. – P. Johannes Copper war von 1596–98 Lehrer am Jesuitengymnasium Tricoronatum in Köln und bekleidete danach das Amt des Rektors der Kollegien in Münster, Speyer und Köln, bis er 1616 Provinzial der großen Rheinischen Jesuitenprovinz und nach deren Teilung 1626 erster Provinzial der Oberrheinischen Ordensprovinz wurde. Vgl. Joseph Kuckhoff, Die Geschichte des Gymnasiums Tricoronatum. Ein Querschnitt durch die Geschichte der Jugenderziehung in Köln vom 15. bis 18. jahrhundert (Veröffentlichungen des Rheinischen Museums in Köln, Bd. 1), Köln 1931, S. 300.

29 Kurtzer Unterricht deren Geschichten so sich in der Gesellschaft S. Ursula zugetragen haben vom Jahr 1606: wie Anm. 27, Bl.47r.

30 Vgl. Histori (wie Anm. 27), Bl.7. Eine vollständige Abschrift dieser Regel befindet sich im Historischen Archiv des Erzbistums Köln, Abt. Archiv der Pfarrei St. Ursula, A II 10: Die Copey oder Abschrift deren Reglen, Gesätz vnd Bräuch vnd Gewonheiten welche in der von den Gott verlobten Jungfrauen vnd Witwen zu Cölln angefangene, von Sanct Ursula vnd ihre mitgenossen Erneute Sodalitet Oder Geselschaft angeordnet seyn vnd gehalten werden. Der kalligraphisch gestaltete Großfolioband ist nicht datiert. Da er mehrere jeweils für sieben Jahre ausgestellte päpstliche Ablaßbullen, als letzte die von Papst Urban VIII. vom 13. 4. 1636, enthält, dürfte die Handschrift nicht lange nach 1636 angefertigt worden sein.

31 Vgl. Oppositio (wie Anm. 28), Bl.25r. Die Regel der Lütticher Neugründung erschien unter dem Titel: Regel der Gesellschaft Sanct Ursulae/ Durch Den Hochwürdigen Herren Anthonio Albergat / Bischoff zu Biseles / vnd Apostolischer Legat / krafft ihme gegebener gewalt von Päbstlicher Heiligkeit PAULO dem V. des Namens auffgericht vnd eingesetzt. Cum permissione. Gedruckt zu Coelln / Durch Johan Kinckhes. im Jahr 1615. – Dem in der Diözesanbibliothek des Erzbistums Köln befindlichen Exemplar ist folgendes Werk beigebunden: Von fürnemen gaben vnd gnaden Des Jungfäwlichen Standts/ Auch deren so ausserhalb der Klöster ihre Keuscheit Gott geloben vnd halten. Geschrieben durch den Hochgelehrten Herrn D. Leonem Hubertinum à S. Dionysio, der H. Schrifft Doctorn. Gedruckt zu Cölln. Durch Johan Kinckhes. Im Jahr 1616. – Nach der vorstehend genannten Lütticher Regel S. 34 gehörte der ›Ehrwürdige vnd Geistliche Herr Dionysius‹ dem Kartäuserorden an. – Den Hinweis auf die Lütticher Regel verdanke ich Herrn Domkapitular Prof. Dr. Norbert Trippen, Köln.

32 Zum Folgenden vgl. Joseph Grisar (wie Anm. 12), S. 100–106.

33 Nuntius Alfieri schreibt ›Schabels‹ statt ›Schnabels‹. Es handelt sich aber ohne Zweifel um die gleiche Person. – André Schnyder (wie Anm. 25, S. 45 f.) bezweifelt die Identität der 1606 gegründeten Gesellschaft St. Ursula mit der von Joseph Grisar beschriebenen Frauengemeinschaft. Die Identität wird jedoch nicht nur durch den vielfältig bezeugten katechetischen und schulischen Einsatz der Devotessensodalität belegt, sondern auch durch die Tatsache, daß von Anfang an in den verschiedenen Dokumenten (vgl. Anm. 27–29) wie auch im Bericht von Nuntius Alfieri die Witwe Ida Sch(n)abels als Gründerin und Leiterin erscheint.

34 Als geistliche Lesung wird in dieser Regel empfohlen: Antonius Sucquet S.J., Weg zum Ewigen Leben. Augsburg 1626. Das ursprünglich in lateinischer Sprache erschienene Werk enthielt Ge-

bete vor dem Beichthören sowie vor der Zelebration der Messe und war offenbar zunächst für Priester geschrieben. Die deutsche Fassung war stark gekürzt, vermutlich um die speziell für Priester bestimmten Teile. Ein Exemplar dieser Ausgabe konnte nicht ausfindig gemacht werden.

35 Joseph Grisar (wie Anm. 12), S. 105.

36 Ebenda S. 104.

37 P. Johann Baptist Berges war von 1636 bis 1642 als Katechet an St. Ursula in Köln tätig; vgl. Andreas Schüller, Die Volkskatechese der Jesuiten in der Stadt Köln (1586–1773). In: Annalen des Historischen Vereins für den Niederrhein, Heft 114, 1929, S. 34–86; 84.

38 P. Adam Kasen wurde 1583 in Utrecht geboren und trat 1605 in den Jesuitenorden ein. Über 30 Jahre seines Ordenslebens verbrachte er in Köln. Fast 25 Jahre war er Regens (= Leiter) des Kölner Jesuitengymnasiums Tricoronatum. In seiner Geschichte dieses Gymnasiums schreibt Joseph Kuckhoff (wie Anm. 28, S. 300): ›Unter der Regentschaft Kasens hat das Tricoronatum eine Bedeutung erlangt, wie vorher nur unter (seinem Gründer) Rethius und nachher überhaupt nicht wieder‹. – Im Nekrolog Kasens (Andreas Schüller, wie Anm. 37, S. 67) wird über sein seelsorgerliches Engagement gesagt: ›Es gibt kaum einen einzigen Katechismus (= katechetisches Zentrum) in Köln, den er nicht selbst eingerichtet oder erteilt, gefördert, vermehrt oder unter großer Mühe der Gesellschaft (Jesu) wiedergewonnen hat‹.

39 Vgl. Andreas Schüller (wie Anm. 37).

40 Joseph Kuckhoff, Das Mädchenschulwesen am Rhein im 17. und 18. Jahrhundert. In: Zeitschrift für Geschichte der Erziehung und des Unterrichts 22, 1932, S. 1–35; 5.

41 Vgl. ebenda S. 11 und Andreas Schüller (wie Anm. 37); S. 70.

42 Vgl. Andreas Schüller (wie Anm. 37), S. 68–71.

43 Ebenda S. 80.

44 Vgl. Joseph Kuckhoff (wie Anm. 40); S. 22–27.

45 Vgl. Stadtarchiv Koblenz, Best. 623, Nr. 1642, Bl. 1–3. Vgl. auch Margarete Breuer, aus der Geschichte der Mädchenschulen zu Coblenz. In: Festbuch zur 25. Haupt-Versammlung des Vereins kath. deutscher Lehrerinnen. Coblenz 1910, S. 153–172; 153 f.

46 Vgl. Stadtarchiv Koblenz, Best. 623, Nr. 1642; Bl. 18; vgl. auch Landeshauptarchiv Koblenz, Best. 117, Nr. 594, Bl. 5.

47 Vgl. Andreas Schüller, Die Jesuiten und die Anfänge des Mädchenschulwesens in Koblenz. In: Pastor bonus 38, 1927, S. 39–46; 42 f.

48 Vgl. ebenda S. 42.

49 Vgl. Andreas Schüller (wie Anm. 47), S. 40.

50 Vgl. Nikolaus Lentz, Urkundliche Geschichte der Pfarrei Rachtig, der ehemaligen Mutterkirche von Zeltingen, Erden und Lösenich, mit besonderer Rücksicht auf die frommen Stiftungen derselben. 1836, S. 56 f. Lentz betont in einer Anmerkung: ›Alles laut den Original-Urkunden im hiesigen Archiv‹. Die Vermittlung dieses Werkes verdanke ich Herrn Pfarrer Wolfgang Jacobs, Rachtig-Zeltingen. Die Original-Urkunden scheinen verloren gegangen zu sein.

51 Vgl. Joseph Grisar (wie Anm. 12), S. 102.

52 Vgl. Andreas Schüller (wie Anm. 37), S. 62.

53 Joseph Kuckhoff, Wer war Friedrich Spee, und was bedeutet er uns? In: Leuchtturm 29, 1935/36, S. 150–153; vgl. auch Theo van Oorschot (wie Anm. 7), S. 32 f. mit Anm. 58.

54 Friedrich Spee (wie Anm. 4), S. 9.

55 Joseph Kuckhoff, Friedrich Spee. Die Geschichte seines Lebens nach den Quellen dargestellt. Köln 1936 (Manuskript), S. 101 f.; vgl. dazu Joseph Kuckhoff, Friedrich Spee und seine Zeit. In: Friedrich Spee im Licht der Wissenschaften (wie Anm. 1), S. 15, Anm. 1.

56 Vgl. Theo van Oorschot (wie Anm.

239

7), S. 42−45.

57 Vgl. ebenda S. 40.

58 Regel der Lütticher Neugründung (wie Anm. 30), S. 75 f.

59 Regulen / Statuten / und Satzungen der löblichen Gesellschaft der heiligen Jungfrawaen und Maryrinnen Ursulae. Für andächtige GOTTverlobte Jungfrawen und Wittiben / so selbiger Gesellschaft in S. Ursulae Kirchen binnen der Stadt Cölln einverleibt seind / oder ins künfftig einverleibt werden. Cölln / In Verlegung gemelter Gesellschaft. Anno 1674, S. 19. − Für die Vermittlung einer Kopie dieses Büchleins, das sich im Ursulinenkloster zu Köln befindet, bin ich Sr. Mechtild Mai OSU zu Dank verpflichtet.

60 Vgl. Th. van Oorschot, Verzeichnis der anonymen Lieder von Friedrich Spee. In: Friedrich Spee im Licht der Wissenschaften (wie Anm. 1), S. 73−81. Es handelt sich um die Lieder Nr. 123 und 139 bis 141.

61 Geistlicher Psalter, in welchem die auserlesenste alte und neue Kirchen- und Hausgesäng neben den lieblichsten Psalmen Davids verfasset seindt. Cölln 1638. Ein Exemplar dieses Werkes befindet sich in der Trierer Stadtbibliothek.

62 Vgl. Joseph Kuckhoff, Peter Keyenberg und P. Fulgentius a S. Maria, zwei geistliche Liederdichter des 17. Jahrhunderts in Köln. In: Jahrbuch des Kölnischen Geschichtsvereins 20, 1938, S. 117.

63 Vgl. Geistlicher Psalter (wie Anm. 61), S. 444−447: − O Königin Sanct Ursula = Melodie des Marienliedes: O Königin von edler Art; − Sanct Ursula, ach steh uns bei = O unüberwindlicher Held; − Sanct Ursula ein Schiff regiert = Ignatius, Freund Gottes groß; − Sanct Ursula mit deinem Pfeil = O ihr Freund Gottes allzugleich. Nach F. G. Zehnder (wie Anm. 24), S. 222 f. wird das Lied ›Sanct Ursula ein Schiff regiert‹ noch heute in Köln gesungen. Bis 1975 stand es im offiziellen Gesangbuch der Erzdiözese Köln. In ei-

ner Überarbeitung von Karl Günter Peusquens fand es 1978 Aufnahme in den Ergänzungsband ›Eigenfeste der Erzdiözese Köln‹ zum deutschen Stundenbuch.

64 Siehe oben S. 8.

65 Theo van Oorschot (wie Anm. 7), S. 34.

66 Festaufführungen der Kölner Katechismusschulen 1636−1645: Historisches Archiv der Stadt Köln, Jes.Abt.30. − Entgegen der Angabe im Titel befindet sich darunter ein Spiel, das 1625 in Düsseldorf aufgeführt worden ist. Vgl. Andreas Schüller, Kirchenkatechismusspiele der Kölner Jesuiten (1636−1645). In: Bonner Zeitschrift für Theologie und Seelsorge 7, 1930, S. 226−256. Auch für Aachen, Bonn, Düsseldorf, Emmerich, Hildesheim, Koblenz, Neuss, Osnabrück und Paderborn sind Theateraufführungen dieser Art bezeugt; vgl. Andreas Schüller, Das Theaterspiel in der Jesuitenkatechese im Rheinland und in Westfalen. In: Geschichtliche Landeskunde. Mitteilungen des Instituts für geschichtliche Landeskunde 1, 1929, S. 1−6.

67 Friedrich Spee, Trutz-Nachtigall (wie Anm. 3), S. 542−545; 542 f.

68 Vgl. auch Theo van Oorschot (wie Anm. 7), S. 35 f.

69 Vgl. Andreas Schüller, Das Theaterspiel (wie Anm. 66), S. 2.

70 Vgl. Friedrich Spee, Güldenes Tugendbuch (wie Anm. 4), S. 585.

71 Theo van Oorschot (wie Anm. 7), S. 29 f.

72 Ebenda S. 40.

73 Der Terminus ›Gespielen‹ im Sinne von ›Gefährtinnen‹ geht auf die Schar der Jungfrauen zurück, die St. Ursula nach der Legende begleitet haben; vgl. Geistlicher Psalter (wie Anm. 61), S. 442; vgl. auch Festaufführungen (wie Anm. 66), S. 35.

74 Theo van Oorschot (wie Anm. 7), S. 41.

75 Lilium inter spinas. Lilien unter den Dörneren, das ist: Gott-verlobter Jungfrauen und Witwen Welt-geistlicher Standt. Mit gründlichem Bericht und

Schutzschrift erklärt, Köln 1660, Vorrede. Vgl. Matthäus Bernards, Kölns Beitrag zum Streit um die religiöse Frauenfrage im 17. Jahrhundert. In: Annalen des Hist. Vereins für den Niederrhein, H. 177 (1975), S. 76-91. Den Hinweis auf den Beitrag von Bernards verdanke ich Herrn Dr. Karl-Jürgen Miesen, Düsseldorf. – Hermann Busenbaum (1600-1668) war mit seinem moraltheologischen Handbuch, das in über 200 Auflage erschienen ist, der einflußreichste Moraltheologe des 17. und 18. Jahrhunderts. – Leo Hubertinus a S. Dionysio (wie Anm. 31, Register) führt im letzten Kapitel seines Werkes aus, ›Das dise art vnd weise zuleben/ warhafftig vnnd eigentlich ein Standt seye vnd genennet werden könne‹.

76 Vgl. Paul Heusgen (wie Anm. 25), S. 172, Anm. 27.

77 Bernhard Duhr (wie Anm. 21), S. 98.

78 Vgl. Histori (wie Anm. 27), Bl.4r.

79 Die Liste der Mitglieder der Ursula-Gesellschaft mit den Eintrittsdaten ist mehrfach erhalten. Allerdings sind nur die Jungfrauen (J) und Witwen (W), nicht die Ehefrauen aufgeführt. Vgl. Histori (wie Anm. 27), Bl.1v-3v; Oppositio (wie Anm. 28), Bl.32v-34v. Bis zum Jahre 1627/28 dürften bereits einige der seit 1606 aufgenommenen 258 Frauen verstorben sein.

80 Vgl. oben S. 7 die in der von Nuntius Alfieri überlieferten Regel enthaltene Bestimmung über die jährlichen Exerzitien im Oktober. Nach Ignacio Ipaarraguirre, Historia de los Ejercicios de San Ignacio, Vol. III: Evolución en Europa durante el Siglo XVII, Rom 1973, S. 327−338 sind Exerzitien von Nichtmitgliedern des Jesuitenordens am Mittel- und Niederrhein im 17. Jahrhundert − abgesehen von einigen Weltpriestern − kaum praktiziert worden. Daß sie in der Regel dieser Frauengemeinschaft alljährlich gefordert werden, stellt ein außergewöhnliches Faktum dar, das sich aus den besonders engen Beziehungen zwischen den Jesuiten und den ›Jesuitessen‹ erklären dürfte. – Andreas Falkner, dem ich die Information über das Werk von Ignacio Iparraguirre verdanke, bestätigt die Vermutung, daß es sich bei den jährlichen Exerzitien dieser Frauen, von denen die meisten in ihren Familien Verpflichtungen wahrzunehmen hatten, um ›offene Exerzitien‹ = ›Exerzitien im Alltag‹, gehandelt haben dürfte, ›eine Praxis, die heute wieder an Boden gewinnt‹.

81 Vermutlich hat Spee auch die von Adam Kasen erwähnte ›Gewissenserforschung für die Generalbeichte‹ (siehe oben S. 10) als konkrete Hilfe für die Devotessengemeinschaft verfaßt, da deren Regel ja zweimal im Jahr die Erneuerung der Gelübde ›nach abgelegter Generalbeichte‹ vorschrieb, zu deren sinnvollem Vollzug eine solche Anleitung gewiß als hilfreich empfunden wurde.

82 Zu den geschilderten Vorgängen vgl. Histori (wie Anm. 27), Oppositio (wie Anm. 28) und Kurtzer Bericht (wie Anm. 29). Die Auseinandersetzungen spielten sich nur zwischen der Leitung der Ursula-Gesellschaft und der Kölner Kurie ab. Für eine von André Schnyder (wie Anm. 24, S. 46, Anm. 55) behauptete ›Bekämpfung der Jesuitinnen durch die römische Kurie‹ findet sich in den reichlich fließenden Quellen kein Hinweis.

83 Vgl. Anm. 59. In der ›Vorred‹ werden ausdrücklich die ›Streitigkeiten‹ erwähnt, ›so vor diesem entstanden‹ (S. 5). Es wird auch betont, die Gültigkeit der Ablaßbulle von Papst Paul V. sei zu Recht ›von vielen in Zweifel gezogen worden‹, weil die Geselslchaft beim Erlaß der Bulle ›noch nicht Canonice oder rechtmessig auffgerichtet war‹ (S. 23).

84 Vgl. Bernhard Duhr (wie Anm. 21), S. 761.

85 Vgl. Ludwig Koch, Jesuiten-Lexikon, Löwen 1962, Sp. 1292.

86 Vgl. Joseph Kuckhoff (wie Anm. 38), S. 286.

87 Siehe oben Anm. 38.
88 Vgl. Andreas Falkner (wie Anm. 17), S. 42–45.
89 Siehe oben S. 7.
90 Vgl. Theo van Oorschot (wie Anm. 7), S. 124 f.
91 Ebenda.
92 Vgl. Klemens Tilmann, Übungsbuch zur Meditation. Stoffe, Anleitungen, Weiterführungen. Zürich–Einsiedeln–Köln 1973; ders., Leben aus der Tiefe. Kleine Anleitung zur inneren Versenkung und christlichen Meditation. Zürich–Einsiedeln–Köln, 2. Aufl., 1975.
93 Eine besonders irritierende Eigenart für den heutigen Leser des Güldenen Tugend-Buches besteht darin, daß Spee häufig zum ›Seufzen‹ auffordert. Diese mißverständliche und oft mißverstandene Anregung hat ihm vielfach den Vorwurf der Weichlichkeit und des ›Seufzerlichen Überschwangs‹ eingebracht. Dabei hätte schon die Lektüre einer einzigen Seite der Cautio Criminalis vor einem solchen Fehlurteil warnen müssen. Spee steht mit seiner ›Seufzerlehre‹, in der Tradition des Askese und Mystik der Ost- und Westkirche, die für die Erhebung des Herzens zu Gott das Bild des Seufzens gefunden hat (vgl. E. Vansteenberghe, Art. Aspirations. In: Dictionnaire de Spiritualité I, Paris 1935, Sp. 1017-1025).
In der deutschsprachigen Literatur scheint bisher übersehen worden zu sein, daß das deutsche Wort ›Seufzen‹ in der Frömmigkeitsliteratur überwiegend auf die Übersetzung des lateinischen ›aspiratio‹ = Hauchen, mit einem Hauch aussprechen zurückgeht – also mit Atem, Ausatmen zu tun hat, dem in der heutigen Meditationslehre große Bedeutung beigemessen wird – während es nur in wenigen Fällen die Wiedergabe des lateinischen ›gemitus‹ = Seufzen, Ächzen, Stöhnen darstellt.
Spee verbindet mit dem Wort ›Seufzen‹ mehrere Bedeutungen. Es kann ein geistig gebetetes Wort oder auch ein biblischer Gebetsruf ähnlich dem Jesus-Gebet der Ostkirche (z. B. ›Sohn Gottes, erbarme dich meiner!‹) sein. Der ›Seufzer‹ kann aber auch in einem ganzen Lied bestehen, wie Spee es oft am Ende einer Betrachtung bietet. Mehrere Lieder des Güldenen Tugend-Buches, die unter der Überschrift ›Seufzen der Gespons Jesu‹ stehen, erscheinen in der Trutz-Nachtigall mit dem Titel ›Liebgesang der Gespons Jesu‹. Daraus wird deutlich, daß von dem Begriff ›Seufzen‹ der negative Beigeschmack wegzudenken ist, den das Wort bei uns Heutigen zunächst auslöst.
94 Theo van Oorschot (wie Anm. 7), S. 30.
95 Vgl. ebenda S. 31 f.
96 Theo van Oorschot, Zur geistigen Biographie Spees. In: Friedrich von Spee. Dichter, Theologe und Bekämpfer der Hexenprozesse. Hrsg. von Italo Michele Battafarano, Trient 1988, S. 9–61; 48.

Einübung ins christliche Leben

Günter Dengel

Durch sein ›Güldenes Tugend-Buch‹ᴵ erweist sich Friedrich Spee als engagierter Seelsorger, Lehrer und Meister des geistlichen Lebens. Er will bei der Einübung ins Christentum helfen. Dazu läßt er die christlichen Grundhaltungen des Glaubens, der Hoffnung und der Liebe üben. Sie sind seit Paulus Gegenstände christlicher Unterweisung. Zu ihrer Übung einen Beitrag zu leisten, ist das Anliegen des ›Güldenen Tugend-Buchs‹. ›Üben‹ heißt immer wieder gedankliche und emotionale Bereitschaft zu bestimmten Akten wecken. Die ›Tat‹ muß später folgen – im Lauf des Tages, der Woche, des Jahres, immer wenn die Gelegenheit kommt. ›Üben‹ heißt aber auch, sofort geistliche Akte setzen, etwa Glauben, Vertrauen in Gott, Lob Gottes vollziehen.

Mit dem Anliegen sind besondere Eigenart und Zurichtung der Texte eng verbunden. Aus der Absicht des Übenden, möglichst ernsthaft und nachhaltig die christlichen Grundtugenden zu üben und zu leben, ergeben sich die vielfältigen Methoden des geistlichen Lebens.

Der ganze Mensch soll beteiligt sein; durch leiblich-seelische Akte sollen alle Kräfte der Menschen in Bewegung gebracht werden. Als solche Akte regt Spee immer wieder an:

›Setze dich auff die knie nider‹ (Seite 39); ›Mache das Creutz‹ (Seite 35); ›Bedencke dich‹ (Seite 352). ›Bilde dir für‹ (Seite 353). ›Ich falle nider auff meine Knie und mitt außgestreckten Armen bette ich‹ (Seite 374). ›Werffe dich nider auff die erde‹ (Seite 168). ›Küsse die erde‹ (Seite 375). ›Stehe auf und lasse Gott walten‹ (Seite 375). ›Die schläg deiner Pulßadern ... lautere kräfftige zeichen des lobs Gottes‹ (Seite 439). ›In einer sehr grossen betrübnuß und betrangnuß deß hertzens‹ (Seite 162) ›weine und weine‹ (Seite 164). Und immer wieder: ›Seufftze!‹

Dieses uns fremd erscheinende Seufzen ist bei Spee ein elementarer religiössittlicher Vorgang in verschiedenen Funktionen:

Das Seufzen kann Ausdruck der Freude (›Seufftze auß tiefem hertzen grund und sprich mit freuden: Gelobt sey Gott ...‹ Seite 428 f.) und der Trauer sein (›Weine und seufftze; Seufftz und weine, laß fliessen dein hertz und augen: laß winden und wehen deine seufftzer, laß gehen in lufften deine begierden: zu mir, zu mir solt schreien und klagen, ich werd erhören dein gebett‹ Seite 164. ›Weinet, heulet, seufftzet und klaget ...‹ Seite 523). Die Antworten in den Übungen werden mit Seufzen bestätigt: ›beschließe allezeit die antwort mit einem seufftzer‹ (Seite 514). ›Solches meine ich von hertzen. Seufftzer‹ (Seite 515). Auch das Bedenken wird mit einem Seufzer beendet (Seite 520). Mit Seufzen ›kanst zu Gott dein hertz erheben‹ (Seite 439). Das Verlangen nach Gott wird durch Seufzen zum Ausdruck gebracht: ›nach dir seufftze ich, nach dir verlanget mich‹ (Seite 515). ›Alle tag zu morgens thue einen seufftzer zu Gott und opfere ihm damit dein hertz und alle schläg des hertzens‹ (Seite 447). In der Liebe zweier Menschen, als Exempel der Liebe zwischen der Seele und Christus, spielt das Seufzen eine gewichtige Rolle (Seite 199). Die Sponsa-Lieder (Liebgesang der Gespons Jesu) der ›Trutz-Nachtigal‹ erscheinen als ›Seufftzen der Gesponß Jesu‹ im ›Güldenen Tugend-Buch‹.

Die Bedeutung des menschlichen Seufzens kann man voll ermessen, wenn man weiß, welche Bedeutung das Seufzen in Gott hat: es ist der innergöttliche Vorgang der Liebe zwischen Vater, Sohn und Geist (›Trutz-Nachtigal‹, Seite 29, Str. oder 23 bis 30).

›Die seufftzer sollen gehen gar langsam und tieff, so blaset sich vill betrangnuß allgemach vom hertzen‹ (Seite 168). ›Du wirst spüren, daß das hertz sich erleichtere‹ (Seite 218). Das Atmen ist angesprochen. In langsamem Ausatmen soll die Angst, die eng macht, losgelassen werden.

Theoretische Einführungen bereiten im ›Güldenen Tugend-Buch‹ die Übungen vor; der Verstand soll wissen, worum es geht. Die Einführungen − die ›Fundamente‹ − werden aber auch anschaulich und abwechslungsreich gemacht durch Historien, Parabeln, Allegorien, szenische Darstellungen, Exempel. ›Es thut vill zur auffmercksamkeit, wenn man ieweilen eine veränderung im gebett hat‹ (Seite 48). Auch die Bild-Meditation wird einbezogen. ›Bewürb dich um ein bilderbuch!‹ (Seite 72)

Die Übungen selbst aktivieren in immer neuen Abwandlungen die Bereitschaft zum Tun oder das Tun selbst. Es geht nicht nur um ›bedencken‹ oder Stimmungen.

Oft gehen die Übungen in Gedichte, Lieder oder Hymnen über. Die Lieder können die Übungen auch ganz ersetzen oder mehr ›lust zu diser übung‹ (Seite 433) bewirken. Lieder können auch der geistlichen ›Erquickung‹ (Seite 218) und der ›geistlichen ergetzlichkeit‹ (Seite 220) dienen. Durch Lobgesänge kann man eine ›neigung zu Gott im hertzen verspüren‹ (Seite 311). Ja sogar in Bedrängnis kann man sich ›mit einem traurigen liedlein ergetzen‹ (Seite 170). Lieder sollen ›den geist ermuntern‹ (Seite 181). Der Mensch soll nicht nur singen, sondern ›alle schläg des hertzens‹ sollen ›tag und nacht Gott zu ehren tanzen und springen‹ (Seite 447).

Die Übungen müssen mit Konzentration geschehen. Man soll ›alle tag üben, entweder vormittag oder nachmittag, wans dir am besten gelegen; und dazu an einen bequemen ort, in deinem kämmerlein, oder kirchen, oder sonsten; fürnemlich für einem Crucifix, wan du solches hettest, und solle es nit länger wehren als ungefähr ein viertel oder halbes stündlein. Wiltu aber ein viertel stund vor mittag und wider eins nach mittag dran wogen, stehet es dir frey‹ (Seite 14).

›Setze dich nider auff deine knie in das angesicht Gottes‹ (Seite 35). ›Setze dich irgentwo auff die erde, vor einem creutz‹ (Seite 218). Das Beantworten der

Erstdruck-Titel des ›Güldenen Tugend-Buchs‹ 1649. (Kat.-Nr. 129)

Fragen auf dem Zettel, auf dem je ein Kapitel steht, soll ebenso die Aufmerksamkeit fördern, indem man die eigene Antwort gibt, bevor man die gedruckte liest. Deswegen legt Spee die Übungen ›fragweiß‹ (Seite 15) an. Die dadurch entstehende Dialogform wird vielfach variiert.

Ein Überblick über die Übungen des ›Güldenen Tugend-Buchs‹ in ihrer Gesamtheit zeigt, welche Fülle einzelner Akte aus den Grundakten des Glaubens, der Hoffnung und der Liebe entwickelt wird und wie groß der Einfallsreichtum immer neuer Versuche ist, diese Akte durch immer neue Methoden zu üben. Dabei erschließen sich viele Texte, die auch heute noch nachvollziehbar und bedeutsam sind. In einer Zeit, da überall – besonders im fernen Osten – Anregungen zur Meditation gesucht werden und New Age und charismatische Bewegungen begeisterte Anhänger finden, stellt Friedrich Spee innerhalb der christlichen Tradition – Ignatius von Loyola, Thomas von Kempen und andere – eine eigenständige Form geistlichen Lebens vor, die allzu lange vergessen war und die es verdient, neu angeeignet zu werden – trotz mancher Schwierigkeiten, die im Zeitabstand zur barocken Frömmigkeit liegen.

Diese besondere Form geistlichen Lebens soll nach der bisherigen noch mehr allgemeinen Charakterisierung im Vergleich mit den ›Exerzitien‹[2] des Ignatius von Loyola und der ›Nachfolge Christi‹[3] des Thomas von Kempen verdeutlicht werden. Aus dem Vergleich des ›Güldenen Tugend-Buchs‹ mit der ›Nachfolge Christi‹ und den ›Exerzitien‹, den bekanntesten Büchern geistlichen Lebens in der katholischen Frömmigkeitsgeschichte, ergeben sich Gemeinsamkeiten und Eigentümlichkeiten der verschiedenen Spiritualitäten. Der besondere Stellenwert des ›Güldenen Tugend-Buchs‹ in der Frömmigkeitsgeschichte soll hier deutlich gemacht werden.

1. Mensch – Welt – Gott

Das den drei Büchern Gemeinsame besteht darin, daß sie jeweils ›modern‹ sind. Im Spätmittelalter (Thomas 1379-1471) und in der frühen Neuzeit (Ignatius 1491 bis 1556; Spee 1591-1635) beginnt die Hervorhebung des Einzelnen; das Individuum wird sich seiner selbst bewußt.

Der Sinn des Lebens besteht in der ›Ehre Gottes und der Rettung der Seele‹. Alle drei Autoren wollen den Einzelnen dazu anleiten. Ziel ist die Einigung der Seele mit Gott (›unio mystica‹) im alltäglichen christlichen Leben. Bei Thomas von Kempen und Spee äußert sich der mystische Zug in einer ausdrücklichen Christus-, Kreuzes- und Sakramentsmystik. Bei Ignatius von Loyola kommt der mystische Charakter der ›Exerzitien‹ etwas verhaltener zum Ausdruck (vergleiche ›Betrachtung zur Erlangung der Liebe‹. Ex 230 bis 237). Seine mystischen Erfahrungen sind in ›Der Bericht des Pilgers‹ und in ›Das geistliche Tagebuch‹ ausführlich beschrieben. Die ›Exerzitien‹ gehen auf die mystischen Erfahrungen 1522 in Manresa zurück.

Der Unterschied der drei Bücher zeigt sich darin, in welchem Verhältnis das Selbst und die Welt zu Gott im Heilsvorgang gesehen werden. Je nachdem, ob die Welt als Hindernis auf dem Weg zu Gott gesehen wird oder ob die Welt in das Verhältnis zu Gott miteinbezogen wird, kommt es zu einer Entscheidung: Selbst- und Weltverachtung oder Selbst- und Weltachtung, Weltflucht oder Weltgestaltung.

Die Texte des Thomas von Kempen richten sich gegen eine verweltlichte und reiche Kirche im Spätmittelalter und eine spitzfindige spätscholastische Wissenschaft; Thomas setzt sich für ein vollkommenes Ordensleben ein, für ein ›inneres Leben‹ der ›Brüder und Schwestern vom gemeinsamen Leben‹ und der Christen überhaupt. Seine Texte sind Ausdruck der ›Devotio moderna‹[4]. Daher sind gewisse Einseitigkeiten und Radikalisierungen zu verstehen: Selbstverachtung – Weltflucht – Verneinung der Welt; nur so ist die Vereinigung mit Gott (zumindest der Wunsch danach) möglich.

Die Stärke dieser Lehre (Selbstbesinnung, Selbstfindung, Beitrag zur Selbsterkenntnis- und Confessioliteratur, Rückbesinnung auf die fragwürdige irdische Existenz, Nichtigkeitserfahrung, der Existentialismus der ›Nachfolge Christi‹, aufgebrochen durch das ›göttliche Du‹ zu einem ›dialogischen Personalismus‹[5]), macht auch ihre Gefahr aus. Das eigene Ich und die Welt verflüchtigen sich, verdunsten vor Gott: ›Gott Allein‹. Die Welt wird nur als Hindernis auf dem Weg zu Gott gesehen. Mission, Seelsorge, Apostolat sehen die Vertreter der ›devotio moderna‹ trotz ihrer Erziehungsarbeit nicht als eigentliche Aufgabe. Die Kirche spielt in der ›Nachfolge Christi‹ keine entscheidende Rolle. Selbst beim Altarsakrament, das wohl den ›dialogischen Personalismus‹ stärkt, geht es aber eigentlich nur um die intensive Gemeinschaft des Einzelnen mit Christus. Die Spannung sichtbar-unsichtbar, weltlich-geistlich, äußerlich-innerlich, zeitlich-himmlisch, Mensch-Welt-Gott wird nicht ausgehalten.

Diese Gefahren vermeiden Ignatius von Loyola und Friedrich Spee. Sie wenden sich auch vor dem Hintergrund von Renaissance und Frühbarock im Zeichen eines neuen selbstbewußten Menschenbildes und der Öffnung Europas zur Welt (Erkundung Ostasiens und Entdeckung Amerikas) dem Menschen und der Welt zu. Bei Ignatius weitet sich in den Texten ›Der Ruf des Königs Christus‹ (Ex 91 bis 100) und ›Besinnung über zwei Banner‹ (Ex 136 bis 148) der Blick in die Welt. Christus sendet Apostel aus, ›damit sie seine heilige Lehre durch alle Stände und alle Lebenslagen hindurch ausstreuen‹ (Ex 145), denn sein ›Wille ist es, die gesamte Welt zu unterwerfen‹ (Ex 95).

Spee will Missionar in Indien werden. ›Seelen, Seelen muß ich haben‹ (TrN 19,49). Am 14.4.1618 lehnte der Jesuiten-General in Rom seine Bitte ab mit der Begründung, er werde in Deutschland gebraucht. Die Einheit von Gottes- und Nächstenliebe wird im 3. Teil des ›Güldenen Tugend-Buchs‹ ausführlich in vielen Übungen entfaltet. Bei Spee gehören zärtliche Christusminne und Engagement, Sakramentsmystik und Nächstenliebe zusammen. Das gilt nicht nur für das ›Güldene Tugend-Buch‹, sondern für sein ganzes literarisches Werk: Die ›Trutz-

Nachtigal‹, das ›Güldene Tugend-Buch‹ und die ›Cautio Criminalis‹ müssen als Einheit gesehen werden.

Statt um Weltflucht geht es bei Ignatius und Spee um Weltgestaltung. Vielleicht liegt aber gerade hier die besondere Bedeutung der ›Nachfolge Christi‹ für Ignatius und Spee; hier wird deren Hochschätzung durch die Jesuiten verständlich. Weltgestaltung gelingt nur richtig durch die innere Kraft der Kontemplation und der notwendigen Weltentsagung. ›… mag die 'Imitation Christi' für sich allein die Spannungen von Weltentsagung und Weltaufgabe des Christen nicht durchhalten, dann konnte sie doch als Korrektur für den Menschen der Neuzeit mit seiner Versuchung zum Aktivismus eine große Mission erfüllen. In der Hand eines Heiligen wie des Ignatius von Loyola‹ − und man kann hinzufügen: des Friedrich Spee − ›konnte sie einer aktiven und welterobernden Frömmigkeit Kraft und Tiefe geben.‹[6] Notwendige Weltentsagung und Weltgestaltung bilden bei Ignatius und Spee eine spannungsvolle Einheit. Im Sinne der Weltgestaltung ist für beide auch die Wissenschaft von großer Bedeutung.

Die Kirche ist für sie der selbstverständliche Rahmen, in dem sich das christliche Leben in Innerlichkeit und Engagement abspielt.

Gerade im Blick auf Thomas von Kempen soll zu Spee noch angefügt werden: Friedrich Spee sieht durchaus die Relativität der Welt. Sie ist nicht das Letzte. Die himmlische Welt ist unvergleichlich schöner, nach ihr soll man begehren. Im Vergleich zu ihr stinkt die irdische Welt. Sie kann den Menschen nie endgültig befriedigen. Die Welt darf auch die Seele nicht von der Liebe zu Gott abhalten, die Braut (sponsa) nicht von der Christusminne. In der Gottesliebe ist Spee ähnlich radikal wie Thomas von Kempen. ›Gott allein‹ (Seite 210). ›Christus allein‹ (Seite 202). Wenn die Welt von Christus weglockt, dann hält sich die Braut an den Bräutigam (Seite 204); die Gespons ist so in den Bräutigam verliebt, daß sie der schnöden Welt verdrossen ist (Seite 225). In diesen Zusammenhängen (›Von der Hoffnung: Begierde zu Gott‹) tauchen dann Wörter auf wie: Großschätzung der himmlischen Dinge; Kleinschätzung, Verachtung, Wenigachten, Verschmähen der irdischen Dinge (Seite 179). Es ist der Vanitas-Gedanke; ein für das Barock neben der Weltbejahung typisches Motiv.

Die Eitelkeit der Menschen besteht darin, daß sie auf Erden vergeblich suchen, was sie hier nicht finden können. ›Ade, ade o eitelkeit‹ (Seite 210). Andererseits: Wenn auch die himmlische Welt als die großartigere und begehrenswertere geschildert wird, so wird aber − und darin unterscheidet sich Spee ganz von Thomas − die Schönheit der irdischen Welt (der schöne Mensch, Hochzeiten, Aufzüge, Schauspiele, Paläste, Lustgärten, Gemälde, schöne Musik, lieblicher Geruch … Seite 179 f.) in vielfältiger Weise und ausgiebig zum Vergleich herangezogen (Seite 207). Hier spricht Spee aus eigener Erfahrung: aufgewachsen im höfischen Kaiserswerth, kennt er die Welt in ihrem Glanz.

Wenn Spee schließlich die Schöpfung und ihren Schöpfer ausdrücklich lobt, dann kann er sich nicht genug tun in der Schilderung der großartigen Schöpfungswerke; dann ist er in seinem Element; dann kommt er ins Schwärmen; dann wird er zum Dichter; dann werden seine Phantasie und Einbildungskraft zur Poesie. Das Lob als Zeichen der Liebe zu Gott entfaltet sich breit im 3. Teil des ›Güldenen Tugend-Buchs‹ und steigert sich zum unaufhörlichen und unendlich großen Lob. In diesem Punkt ist Spee emphatischer als Ignatius. Dieser betont wohl immer wieder, daß es Sinn des Lebens sei, Gott zu loben. Das wiederholt geforderte Lob wird aber nicht entfaltet wie bei Spee. Auch bei Thomas von Kempen kommt der Dank an Gott, Gottes Lob und Preis nicht zur vollen und auch inhaltlich breiten Entfaltung — schon deswegen, weil mit dem Danken oft die Sorge verbunden ist, daß man es auch richtig macht. Das Lob der Natur spielt bei Thomas von Kempen kaum eine Rolle.

2. Das Altarsakrament

Bei Thomas von Kempen und Friedrich Spee schließen Betrachtungen zum Altarsakrament die Bücher ab; bei Thomas ist es das 4. Buch der ›Nachfolge Christi‹, bei Spee sind es die Kapitel 27 bis 35 des 3. Teils des ›Güldenen Tugend-Buchs‹. In der ›Trutz-Nachtigal‹ handelt das vorletzte Gedicht vom Sakrament des Altars. Also muß das Altarsakrament für beide der Gipfel der Betrachtung sein. Ignatius weist im letzten Kapitel der ›Exerzitien‹ (›die kirchliche Gesinnung‹) auf das Heilige Sakrament hin.

Die Ausführungen Spees stehen ganz im Zusammenhang der Liebe als Lob Gottes. Es geht um die Frage, wie man ›Gott dem Herrn ein unendlich großes Lob geben könne‹ (GTB III, Kapitel 26). Nach der ausführlichen Begründung, warum unser menschliches Lob das nicht sein könne, wird dargestellt, daß das Meßopfer ›die eigentliche, wahrhafte ... weiß‹ sei, ›dem Allmechtigen ein unendliches lob und freud zu verschaffen‹ (GTB III, Kapitel 27). Nach der Einordnung des Meßopfers in den heilsgeschichtlichen Zusammenhang (›in dem newen Bund, in der völle der Zeiten‹, Seite 474) und nach der Begründung, inwiefern das Meßopfer als Opfer Christi ein ›unendliches hohes werck‹ sei (Seite 475: Christus als Priester und Opfer) und inwiefern es auch für die Menschen (Priester und Laien) ein unendliches Lob Gottes darstellen könne, wird im GTB III, Kapitel 29, ausführlich der Verlauf des Meßopfers geschildert, und zwar in der doppelten Hinsicht, ›was der Priester thue, darnach ... was unterdessen du thun köndest‹ (Seite 485): ›Hier muß man sich zunächst darüber im klaren sein, wie wertvoll eine Anleitung zum Messehören für die damalige Zeit war, als man dem Laien weder ein lateinisches, kommentiertes Missale, noch um der Feier zu folgen, deutsche Andachtsbücher in die Hand gab ...‹[7]

Für Spee ist das Meßopfer ein unendliches Lob Gottes.[8] ›Es ist bewußt, daß Gott ... verehrt werden will; solches solle und müß sein. Zu dem end seind wir erschaffen‹ (Seite 474). Deswegen wird in den Übungen der Liebe von der Eucharistie gehandelt. Der Lobcharakter der Messe (Eucharistie = Dank = Lob) ist um so bedeutsamer, weil man im gegenreformatorischen Klima eher die Charakterisierung der Messe als Sühnopfer erwartet hätte.

Erst im Anschluß an die Meßerklärung wird im GTB III, Kapitel 31 bis 35 die Kommunionfrömmigkeit, die – wie wir gleich sehen werden – bei Thomas von Kempen fast der ausschließliche Gesichtspunkt der Sakramentsbetrachtung ist, behandelt. Jetzt steht auch bei Spee die Gegenwart Jesu im ›unbegreiflichen geheimnis des altares‹ (Seite 517) ganz im Mittelpunkt. Die sakramentale Kommunion führt zur Vereinigung mit Christus.

Die Ausführungen zu verschiedenen ›Weiß zur H. Communion‹ selbst sind von solcher Schönheit, Innigkeit und Tiefe, daß sie in einer Zeit der selbstverständlichen – oft zu verständlichen und leichtfertigen – Vollteilnahme an der gemeinsamen Feier des Herrenmahls wieder mehr und mehr an Bedeutung gewinnen. Die sakramentale Vereinigung mit Christus wird zur mystischen Einheit. Insbesondere GTB III, Kapitel 33, ist ein Höhepunkt mystischer Sakramentsfrömmigkeit. Christus in der Hostie als Sonne, Feuer, Brunnen, Meer und Regen soll den Kommunizierenden erleuchten, verbrennen und verschmelzen, sättigen, in das Meer der Liebe vertiefen und die ausgedörrten Herzen überschwemmen. Von daher ist dann zwischen wirklicher und sogenannter geistlicher Kommunion fast kein Unterschied mehr (GTB III, Kapitel 34).[9]

Diese Sakramentsmystik verbindet Spee in starkem Maße mit Thomas von Kempen. Bei dem steht allerdings noch mehr die Gegenwart Jesu im Sakrament und die Vereinigung mit ihm im Mittelpunkt (4. Buch: ›Vom Sakrament des Altares‹). Im Gegensatz zu Spee, bei dem die Kommunion immerhin noch im Zusammenhang mit der Meßfeier steht, spielt bei Thomas die Messe als Vorgang, als Feier – von einigen Erwähnungen abgesehen – kaum eine Rolle. Alles dreht sich um die Unio des einzelnen Gläubigen mit Christus. Ähnlich wie bei Spee die Hostie als Sonne … wird bei Thomas von Kempen Christus Brunnquelle allen Trostes, hellflammender Glutofen, Feuer, göttliches Flammen-Meer genannt (NChr IV 4, 3-4). Und der Fromme soll, was er im Sakrament empfängt, auch mystisch erfahren oder sollte zumindest die Sehnsucht danach haben. Der Autor will sich in die Reihe jener einordnen, die Zeugen mystischer Erfahrungen waren (NChr IV 17). Immer wieder macht Thomas aber deutlich, daß die sakramentale und mystische Vereinigung ihre Voraussetzungen und Konsequenzen hat.

Der eigentlich unwürdige Mensch (Thomas: ›Wer bin ich?‹, NChr IV 2,1; Spee: ›Wer bin ich?‹, Seite 512) erfährt, daß Christus sich mit ihm vereinigen will. ›Ich dein und du mein‹ (NChr V 8,2). ›Du in mir, ich in dir‹ (NChr IV 13,1). Er muß sich entsprechend vorbereiten und danken, sich mit aller ›Treue in dieser Innigkeit bewahren‹ (NChr IV 12,4). Die Kommunionfrömmigkeit bekommt einen starken asketisch-moralischen Akzent. Selbstverachtung, Selbstopfer, Selbstverleugnung werden gefordert. Die moralische Besserung wird als Ziel der Kommunion genannt; aber immer mehr im Sinne der eigenen

Vervollkommnung. Der andere steht nicht so sehr im Blickpunkt. Nur an wenigen Stellen taucht die soziale Dimension der Kirche und des Sakramentes auf.

Hier unterscheidet sich Spee, der trotz aller individueller Meßfrömmigkeit nicht in reiner Innerlichkeit verharrt, sondern im ›schönen Register unterschiedlicher guter werck‹ (GTB III, Kapitel 30) viele Anregungen gibt, wie der an der Messe Teilnehmende und also auch mit Christus Vereinigte sozial tätig werden kann. Mystik und Tat gehören bei Spee (wie bei Ignatius) zusammen.

3. Die Bedeutung der Heiligen Schrift

Bei Ignatius von Loyola und Friedrich Spee spielt die Heilige Schrift eine große Rolle.

Ignatius läßt das Leben Jesu in aller Breite betrachten. Ausgehend von dem Motto zu Beginn der 2. Woche (›Der Ruf des irdischen Königs dient dazu, das Leben des Ewigen Königs zu betrachten‹) sind die Betrachtungen der 2., 3. und 4. Woche nach den Ereignissen des Lebens Jesu strukturiert. (2. Woche: Geburt Jesu bis Palmsonntag; 3. Woche: die Passion; vom Gang Jesu von Bethanien nach Jerusalem zum letzten Abendmahl bis zur Grablegung; 4. Woche: die Erscheinungen des Auferstandenen und Himmelfahrt).

Friedrich Spee zieht bei den Übungen des Glaubens, der Hoffnung und der Liebe immer wieder die Heilige Schrift heran. Ereignisse aus dem Leben Jesu werden meditiert.[10] Besonders fällt auf, mit welcher Vorliebe er das Alte Testament einbezieht, insbesondere die Psalmen, die vielfach nachgedichtet oder inhaltlich übernommen werden. Wo Spee darauf hinweist, daß eine ›schöne lustige weiß‹ der Übung des Glaubens darin bestehe, ›tagtäglich zu gewöhnlichem viertelstündlein … auß der Bibel alle mahl eine history oder zwo‹ zu lesen, gibt er eine große Übersicht über die ›historien‹ des Alten Testaments (GTB I, Kapitel 9). Die Sponsa-Bildlichkeit kommt vom ›Hohen Lied der Liebe‹, das Vanitas-Motiv vom ›Prediger‹ (›Kohelet‹) 1,2.

Bei Thomas von Kempen wird die Bibel oft zitiert, aber sie wird ›zu einem Buch der Weisheit und der moralischen Maximen …, kommt in bedenkliche Nähe zum scholastischen Traktat.‹[11] Vom Titel der ›Imitatio Christi‹ her würde man erwarten, daß das Leben Jesu eine größere Rolle spielte; aber es geht ihm mehr um das innere Wort des Herrn, das er jetzt zur Seele spricht. ›Ich bin's, spricht der Herr, der von Anfang her die Propheten gelehret hat, und noch bis jetzt höre ich nicht auf, zu allen Menschen zu reden‹ (NChr III 3,3). ›Ich werde die grüne Au der Heiligen Schrift vor deinen Augen ausbreiten‹ (NChr III 51,2). Die Bibel gerät in den Zusammenhang der ›Verinnerlichung‹ der ›Imitatio‹.

4. Die Methoden der geistlichen Übungen

Die unterschiedlichen Methoden im geistlichen Leben gründen in der Besonderheit des jeweiligen Autors, in den Zeitströmungen und in der besonderen Art der Adressaten.

Wie auch sonst bei den sog. Rapiarien im literarischen Umfeld der Devotio moderna handelt es sich in der ›Nachfolge Christi‹ des Thomas von Kempen um eine Sammlung von Merksätzen zur Praxis des geistlichen Lebens. Es liegt keine durchgängige systematische Ordnung der einzelnen Bücher und Kapitel vor. Man kann die ›Nachfolge Christi‹ als geistliches ›Tagebuch einer Seele auf dem Weg zur Vollkommenheit deuten‹.[12] Es sind merksatzartige Berichte geistlicher Erfahrungen. Wegen der auf Innerlichkeit tendierenden Kernsprüche wird auch nicht viel zur Methode geistlichen Lebens gesagt. Auf die Ganzheit leiblich-seelischer Akte wie bei Ignatius und Spee wird kein Wert gelegt. Vor äußeren Übungen der Frömmigkeit wie Wallfahrten und Reliquienkult wird gewarnt. Die ›Nachfolge Christi‹[13] ist geschrieben für Ordensleute, für die ›Brüder und Schwestern vom gemeinsamen Leben‹ und Christen überhaupt. Das bedingt Haltung und Methode des Werks. Das Ordensideal der ›Nachfolge Christi‹ besteht in Armut, Zurückgezogenheit, Selbstbeherrschung, Gebet, Betrachtung und Arbeit. Die christliche Lebensweise der ›Brüder vom gemeinsamen Leben‹ zeichnet sich durch gemeinsames Leben in der Welt, gemeinsamen Lebensunterhalt durch eigene Arbeit, Gebet, geistliche Lesung, Betrachtung und gemeinsame Gewissenserforschung aus. Das Ideal ist ein einfaches Leben[14] in der Nachfolge Jesu und nach dem Vorbild der Urkirche. Das rechte Maß soll dabei eingehalten werden. Jeder soll seine ›persönliche Lebensregel‹[15] finden. Dem Gesagten entsprechen Lebensstil und Methode geistlichen Lebens in der ›Nachfolge Christi‹, soweit von Methode überhaupt die Rede sein kann: ›Wenn du dich nicht immer in dir sammeln kannst, so sammle dich doch hier und da, wenigstens einmal im Tage, am frühen Morgen oder am Abend. Am Morgen erwecke dich zu einem guten Vorsatz; am Abend erforsche deinen Wandel, wie den Tag über deine Gedanken, deine Worte, deine Handlungen beschaffen gewesen sind‹ (NChr I 19,4). Was ›von den Übungen eines frommen Religiosen‹ (NChr I 19) gesagt wird, kann für alle gelten: ›Es taugt nicht jede Übung für alle Menschen. Diese ist jenem, jene diesem angemessen. Auch sind, nach Unterschied der Zeit, einige Übungen anziehender für uns als andere, einige an Festtagen, andere an gemeinen Tagen schmackhafter. Anderer Übungen bedürfen wir in den Stunden der Versuchung, anderer in den Tagen des Friedens und der Ruhe. Andere Gedanken sind uns willkommen, wenn uns ein Herzeleid die Flügel bindet, andere, wenn wir in Freude vor dem Herrn dahinwandeln‹ (NChr I 19,5). Ähnliches liest man auch bei Ignatius und Spee.

Wie bei ihnen ist auch bei Thomas das Gespräch wichtig. ›Fliehe unnötiges Geschwätz‹ (NChr I 10) ... ›Damit soll aber nicht geleugnet werden, daß ein frommes Gespräch das geistige Leben kräftig fördert, besonders, wenn Menschen eines Sinnes und eines Geistes in Gott sich gesellen‹ (NChr I 10,2). Hier könnten die ›Brüder vom gemeinsamen Leben‹ gemeint sein. Die Bücher III und IV der ›Nachfolge Christi‹ sind insgesamt in der Form eines Gespräches zwischen Christus und dem Jünger abgefaßt.

Spee fußt in Anlage und Methodik des ›Güldenen Tugend-Buchs‹ auf den ›Exerzitien‹ des Ignatius von Loyola. Den ›Einstellungen‹ (Vorstellung des geschichtlichen Vorgangs, Zurichtung des Schauplatzes, geistliches Begehren) und der Anwendung im ›Zwiegespräch‹ bei Ignatius entsprechen ›Fundament‹ und ›Übung‹ (oft als ›Antwort‹ auf vorherige ›Fragen‹) bei Spee. Beide zielen dabei auf alle Kräfte des Menschen. Der ganze Mensch soll durch leiblich-seelische Akte beteiligt sein. Beide legen Wert auf die ›Anwendung der 5 Sinne‹ (›Sehen, Hören, Riechen, Schmecken, Tasten‹: Ex 121 bis 125, insbesondere die ›Schau der Einbildung‹: Ex 66); Spee sagt immer wieder: ›Bilde dir für!‹ Verstand und Einbildungskraft sollen den Willensakt ermöglichen. Dem ›Weinen‹ und ›Seufzen‹ bei Spee entsprechen die ›Tränen‹ bei Ignatius. ›Auch die Betonung der Herzensruhe, die Warnung vor aller Übereilung, die bei Spee in den Pausen zum Ausdruck kommen, kehren bei Ignatius häufig wieder.‹[16]

Beide Lehrer des geistlichen Lebens sehen bei der Betrachtung die verschiedensten Körperhaltungen vor: stehen, sitzen, knien, liegen, auf und ab gehen. In der Betonung der Ganzheit des Menschen sind beide auch betont barocke Menschen.

Aber es gibt auch Unterschiede zwischen den beiden Jesuiten[19]. Ignatius bietet mehr ein nüchternes Handbuch mit knappen, aber genauen Gebrauchsanweisungen (betreffend Betrachtungsgegenstand, Zeitangaben, Vorgehensweise bei der Betrachtung) für den Exerzitiengeber und Exerzitanten, aber mehr für den Exerzitiengeber. Spee hingegen wendet kein strenges Schema bei den Übungen an, obwohl eine durchgehende Grundstruktur in vielen Kapiteln besteht: Einführung – Übung. Diese Grundstruktur wird vielfach abgewandelt. Daß Spee im Gegensatz zu den knappen Andeutungen bei Ignatius die Übungen entfaltet, ausmalt, daß er Geschichten, Parabeln, Exempel erzählt und viele Lieder in den Prosatext einstreut, daß er sich nicht genugtun kann im Ausgestalten der Übungen,[17] liegt daran, daß er Dichter ist, der seine Kunst für seine Botschaft[18] einsetzen will, aber auch an seinen Adressaten: den Devotessen in Köln (vergleiche den Aufsatz von Anton Arens in diesem Buch). Weil Spee voraussetzt, daß sich die ›geistliche Tochter‹ die Woche über allein mit den Texten beschäftigt, hat er ihr genug anschaulichen ›Stoff‹ zur Verfügung gestellt. Bei Ignatius werden bei den Übungen nur knappe Anregungen gegeben, damit der Exerzitant noch genügend Raum für die eigene, selbständige Betrachtung und eine lebenswichtige Entscheidung hat; aber der Exerzitienmeister begleitet während der Exerzitien ständig den Exerzitanten und geht auf seine geistlichen Bedürfnisse ein.

1 Friedrich Spee: ›Güldenes Tugend-Buch‹. Historisch-kritische Ausgabe. Herausgegeben von Theo G.M. van Oorschot. München, 1968.

2 Ignatius von Loyola: ›Die Exerzitien‹. Übertragen von Hans Urs von Balthasar. Einsiedeln, 1979⁶.

3 Thomas von Kempen: ›Das Buch von der Nachfolge Christi‹. Aus dem Lateinischen des Thomas von Kempen. Die Übersetzung J.M. Sailers bearbeitet von Walter Kröber. Stuttgart, 1984.

4 Die Devotio moderna (moderne Frömmigkeit) ist eine religiöse Erneuerungsbewegung, die gegen Ende des 14. Jahrhunderts in den Niederlanden entstand, sich im 15. Jahrhundert in vielen europäischen Ländern, vor allem in Deutschland, ausbreitete und seitdem das religiöse Leben stark beeinflußte. Ihr Ziel war eine persönliche innerliche Frömmigkeit in der Nachfolge Jesu und nach dem Vorbild der Urkirche. Ausgangs- und Mittelpunkt der Bewegung war der Kreis um den Bußprediger und Mystiker Gerhard Groote (1340-1384) in Deventer.
Vergleiche Erwin Iserloh: ›Thomas von Kempen und die Devotio moderna‹, Bonn, 1978 und die Artikel zu Groote, Radewijns, Thomas, Devotio moderna, Brüder vom gemeinsamen Leben, Windesheim im ›Lexikon für Theologie und Kirche‹, Freiburg, 1986

5 Joseph Sudbrack: ›Das geistliche Gesicht der vier Bücher von der Nachfolge Christi‹. In: Thomas von Kempen: ›Beiträge zum 500. Todesjahr. 1471-1971‹. Herausgegeben von der Stadt Kempen 1971, Seite 27.

6 Erwin Iserloh: ›Thomas von Kempen und die Devotio Moderna‹. In der Reihe: ›Nachbarn‹, Nr. 21, Bonn, Presse- und Kulturabteilung der Königlich-Niederländischen Botschaft, 1978, Seite 25.

7 Emmy Rosenfeld: ›Friedrich Spee von Langenfeld. Eine Stimme in der Wüste‹. Berlin, 1958, Seite 143.

8 Vergleiche Balthasar Fischer: ›Friedrich Spees Anleitung zu 'andächtiger Beywohnung' der Messe‹. In: Arens, Anton (Herausgeber): ›Friedrich Spee im Licht der Wissenschaften‹. Mainz, 1984, Seite 205 bis 214.

9 Trotz aller Betonung der Vereinigung mit Christus in der Kommunion ist außer der Brautmystik auch die Sakramentsmystik Spees Beispiel für die Spannung von ›Suche und Erfahrung‹ in der Mystik. ›Der Wechsel von 'Suche und Erfahrung' verweist auf eine tendenziell 'antinomische' Struktur der Gottesbeziehung, auf Gottferne oder Gottnähe, Liebe und 'Genuß' einerseits sowie Entbehrung, Fremde und Abwesenheit Gottes andererseits ...‹; Hans-Georg Kemper: ›Deutsche Lyrik der frühen Neuzeit‹. Band 3; Barock-Mystik. Tübingen, 1988, Seite 6.

10 Die Betrachtung des Lebens Jesu in der Abfolge der Ereignisse wirkt in der ›Trutz-Nachtigal‹ im Anschluß an die ›Exerzitien‹ des Ignatius sogar strukturbestimmend. Darauf hat Theo van Oorschot hingewiesen.
Vergleiche TrN, Kritische Ausgabe nach der Trierer Handschrift. Herausgegeben von Theo G.M. van Oorschot. Stuttgart, 1985, Nachwort Seite 354 f.

11 Joseph Sudbrack, a.a.O., Seite 22 f.

12 Erwin Iserloh, a.a.O., Seite 20.

13 Neuerdings wird wieder mehr die Autorschaft des Thomas von Kempen betont. Vergleiche Wendelin Meyer OFM: ›Kritisches Nachwort zur Geschichte des Textes‹. In: Thomas von Kempen: ›Die Nachfolge Christi‹. Kevelaer, 1987.

14 ›Zwei Flügel erheben den Menschen über das Irdische: Einfalt (simplicitas) und Lauterkeit (puritas). Einfalt soll in der Absicht, Lauterkeit in der Neigung sein. Die Einfalt sucht Gott, die Lauterkeit findet ihn. Die Einfalt zielt nach Gott, die Lauterkeit genießt ihn.‹ (NChr II 4,1)

15 Erwin Iserloh, a.a.O., Seite 9.

16 Friedrich Spee: ›Güldenes Tugend-Buch‹. Seite 714.

17 Die heute noch dem gläubigen Volk bekannten Formen von Geboten und Verboten (etwa leibliche und geistliche Werke der Barmherzigkeit; sieben Hauptsünden) und verschiedene Gebetsarten (etwa Rosenkranz, Kreuzesandachten, Verehrung der fünf Wunden) werden breit entfaltet. Die Verehrung des Kreuzes (Seite 402 f) und der fünf Wunden (Seite 405 f.) – Spee ist wohl ihr ›erster, echter Vertreter in deutscher Zunge‹ (Rosenfeld. Friedrich Spee von Langenfeld. Seite 104) – wird literarisch eindrucksvoll in Litaneien gestaltet. Das Vaterunser wird immer wieder meditiert.

18 ›Spee … literarisiert seine Übungen, formt sie häufig zu dramatischen Szenen und … reichert sie mit Liedern an, um die ›Gemütserregungskunst‹ (Novalis) durch poetische Mittel zu steigern. Die Bilder malen Schauplätze und Gegenstände aus, strukturieren und steigern damit den Gang der Phantasie der Übenden vor, und Analoges gilt für die 'Trutz-Nachtigal' und ihre Leser.‹ Hans Georg Kemper. In: ›Barock-Mystik‹, Seite 177 f.

19 Mehr ins Einzelne gehende Untersuchungen im ›Friedrich-Spee-Lesebuch‹, Langwaden 1991. G. Dengel: ›Spee – der Seelsorger‹

Abkürzungen oft zitierter Bücher:

Ex = ›Exerzitien‹, Ignatius von Loyola
Die Ziffern bezeichnen die durchlaufende Numerierung
GTB = ›Güldenes Tugend-Buch‹, Friedrich Spee
Römische Ziffer: Teil I – III
Arabische Ziffer: Kapitel
Die arabischen Ziffern in Klammern – ohne abgekürzten Titel – nennen die Seite im ›Güldenen Tugend-Buch‹.
NChr = ›Nachfolge Christi‹, Thomas von Kempen
Römische Ziffer: Buch I – IV
Arabische Ziffer: Kapitel und Abschnitt
TrN = ›Trutz-Nachtigal oder Geistliches poetisch Lustwaeldlein‹, Friedrich Spee

Katalog

Friedrich Spee von Langenfeld, Ölbild, wahrscheinlich von Bernhard Fuckeradt SJ, Mitte 17. Jahrhundert. Zur Zeit im Friedrich-Spee-Kolleg, Neuss (nicht in der Ausstellung).

Katalogteil

Andrea Bänker-Wegener/Karl-Jürgen Miesen

1

Josef Hansen: Friedrich Spee
Öl auf Leinwand, 81 x 70 cm; 1935. Der Jesuit steht als Dreiviertelfigur in einer Steinlaube vor dem Rhein mit der Silhouette von Kaiserswerth.
Maxschule Düsseldorf

2

Harnisch aus dem Dreißigjährigen Krieg
Eisenblech, Köln, um 1620/30. Diese Dreiviertelrüstung besteht aus Stückpanzer, ganzem Armzeug mit Achselstücken und einem Hinterschulterschild. Am schmalen Vorderschutz hängen die Krebse. Der Helm ist ein Burgunder Visierhelm ohne Kamm, jedoch mit Gräte, geschienter Halsberge, vollständigem Wangen- und Nackenschutz und mit durch vertikale, wellenförmige Öffnungen durchbrochenem Visier. Das Stück hat eiserne Nieten, die Ränder zeigen Linienverzierungen. Ausstellung: Neuss und der Kölner Krieg, Neuss, 29. Juni bis 14. September 1986
Kölnisches Stadtmuseum W 31

3

Pappenheimer Dreiviertelrüstung
Diese 129 cm hohe Eisenblech-Rüstung stammt von 1630/1640. Visierhelm mit Kamm, Sonnenschutz und Kinnreff sowie einer Öse zum Halten eines Federbusches. Harnischkragen mit angeheftetem Spangröls-, Brust- und Rückenharnisch. Beintaschen mit Kniebuckel.
Kölnisches Stadtmuseum W 41

4

Spanisches Reitschwert
Dieses 115 cm lange spanische Reitschwert von 1620/30 hat eine zweischneidige 92 cm lange Klinge mit der Inschrift. Auf der einen Seite: NO ME SAJUES SIN RAZON, auf der anderen Seite: NO ME ENBAINES SIN HOINOI. Oben ein schwerer geschmiedeter Korb mit eiförmigem Knauf, der Eisengriff ist mit Leder umwickelt, die beiden Enden sind mit Messingdraht befestigt.
Kölnisches Stadtmuseum W 480

5

Hellebarden des 30jährigen Kriegs
Die hier vorgestellten Hellebarden sind zwischen 2,00 und 2,50 Meter, ihre Blätter zwischen 20 und 30 cm lang. Sie bestehen aus Holzspeeren und Eisenspitzen.
Kölnisches Stadtmuseum W 762, 1044, 1045, 1047, 1048, 1049

6

Luntenschloßbüchse
Dieses 128 cm lange Gewehr hat einen glatten Lauf mit Visiereinrichtung und ist nach unten gekantet. Bei Betätigung der Abzugstange verschieben sich automatisch Pulverpfanne und -deckel. Die Luntenklemme sieht aus wie ein Hundekopf. Der Kolben ist geschweift, der Ladestock aus Holz.
Kölnisches Stadtmuseum W 144

7

Mit Kimme und Korn
Luntenschloßbüchse mit Pfanne. Während der Betätigung der Abzugstange öffnet sich der Pfannendeckel automatisch. Der gekerbte Kolben ist geschweift. Gesamtlänge 152 cm.
Kölnisches Stadtmuseum W 114

8

Hölzerner Ladestock
Auf der Pulverpfanne dieser Luntenschloßbüchse liegt ein Deckel. Das Rohr ist an der Außenseite unten gekantet. Gesamtlänge 153 cm.
Kölnisches Stadtmuseum W 113

9

Radschloßbüchse
Der Schaft, in den der Ladestock eingesteckt ist, hat die gleiche Länge wie der Lauf. Dieser ist glatt, oben rund und unten achteckig. Gesamtlänge 152 cm
Kölnisches Stadtmuseum W 111

10

Aus Holz und Eisen
Radschloßbüchse, Gewehr aus Holz und Eisen. Gesamtlänge 155 cm
Kölnisches Stadtmuseum W 1037

Josef Hansen: Friedrich Spee (Katalog-Nr. 1)

11

Der Erbfolgestreit
Relatio das ist Eygentlicher und außführlicher bericht / was sich sythero deß jungsten Hertzogen Gülch, Kleve unnd Bergen / ableiben / vonn dem 1609. Biß auff den I. Septembris 1610. Jar / ... zugetragen und verlauffen habe. Alles mit Kupfferstucken für Augen gestelt / Durch Wilhelm Peter Zimmermann in Augspurg. Gedruckt im Jar 1611. -Titelblatt, 17 Seiten Text, beigebundene Landkarte des späten 16. Jahrhunderts (Iulia, Clivia, Montis / Marca, Tabula) und 17 Radierungen. - Aufgeschlagen Tafel 13: Frederik Hendrik von Oranien schlägt den kaiserlichen Obristen Berlo und nimmt ihn gefangen.
Stadtmuseum Düsseldorf

12

Gehenkte im Dreißigjährigen Krieg
Jacques Callot: Les Misères et les Malheurs de la Guerre, Paris 1633. - Abgedruckt in: Gustav Freytag, Bilder aus der deutschen Vergangenheit, IV. Band, Aus dem Jahrhundert des großen Krieges 1600 - 1700, Leipzig, o. J.
Rheinische Privatbibliothek

13

Pfalz am Rhein
(vergleiche Essay-Teil Stefan Sommer: Kaiserswerth zur Spee-Zeit)
Kupferstich von 1625/31 aus Frankfurt von Meisner/Kieser, 9,6 x 14,7 cm; Aufschrift: Alterius secreta animus quae continet alter Numquam scire valet, condita quando manet. Auß allen Menschen ist niemand, Deß andern heimlichr sinn bekandt. Wann er eim nicht wirt revelirt, Wirt nichts gewisses judicirt. - Kaiserswerth wurde 1181 von Kaiser Friedrich Barbarossa zur Stadt erhoben; schon um 700 hatte hier aber der Missionar Suitbertus ein Benediktinerkloster gegründet. Zum Schutz gegenüber den feindlichen Germanenstämmen wurde bald eine Königsburg errichtet. Die älteste urkundliche Erwähnung überhaupt, die das heutige Düsseldorfer Stadtgebiet betrifft, bezieht sich auf Kaiserswerth. 1702 wurden Pfalz und Stadt im Spanischen Erbfolgekrieg gegen Frankreich fast völlig zerstört. Unser Bild zeigt drei Rheinschiffe vor der trutzigen Feste. Im Vordergrund ein Landsknechtsarm mit aufgepflanztem Gewehr.
Stadtmuseum Düsseldorf D 5404

Erzbischof Gebhard Truchseß von Waldburg (Katalog-Nr. 15)

14

Kaiserswerth
Dieses Gipsmodell von 1930 zeigt die Kaiserswerther Pfalz im Zustand des 16. Jahrhunderts. Der Kern der Anlage stammte bekanntlich aus dem 12. Jahrhundert. Die Platte auf dem Tisch ist etwa 70 cm breit und 120 cm lang.
Stadtmuseum Düsseldorf

15

Gebhard Truchseß von Waldburg (1547-1601)
Anonymer Meister, 1579, Öl auf Holz, 33,5 x 25 cm. - Der Kurfürst ist in weltlicher Gewandung dargestellt, hält jedoch die Mitra als Zeichen seiner bischöflichen Würde. Umschrift auf dem Rahmen: Gebhardus dapifer a Waldburg Archiepiscopus Coloniensis Anno Domini 1579. - Gebhard war Erzbischof von Köln von 1577 bis 1583; ein Neffe des einflußreichen Kardinalerzbischofs Otto Truchseß von Waldburg, wurde er 1577 nach dem Verzicht Salentins von Isenburg mit knapper Mehrheit gegenüber Ernst von Bayern zum Erzbischof von Köln gewählt. Am 19. Dezember 1582 jedoch sagte er sich öffentlich von der Kirche los, am 2. Februar 1583 heiratete er das Gerresheimer Stiftsfräulein Agnes von Mansfeld, mit dem er bereits seit 1576 verbunden war. -Vergleiche Katalog Köln-Westfalen 1180-1980, Band II, Seite 40, Nummer 75; Katalog Kurköln - Land unter dem Krummstab, 1985, Seite 195, Nummer 75; Katalog Neuss und der Kölner Krieg, Clemens-Sels-Museum 1986, Seite 11, Nummer 10; Katalog Reformatio, Köln 1965, Seite 79, Nummer 77. - Das Bild stammt aus dem Besitz des rheinischen Genealogen A. Fahne (Düsseldorf)
Kölnisches Stadtmuseum, HM 1927/411

16

Der Truchseß
Stich von 1579, 10 x 13,5 cm, Brustbild, halb nach rechts gewandt, umlaufende Schrift: Gebhardus dapifer a Waldburg Archiepiscopus Coloniensis Anno Domini 1579. - Bemerkung: Das Original von einem altcölnischen Meister... befindet sich in der Gemälde-Sammlung des Friedensrichters und Ritterguts-Besitzers A. Fahne zu Schloß Roland
Kölnisches Stadtmuseum, Katl. 135

17

Gebhard Truchseß von Waldburg
Kupferstich 37,5 x 27 cm, Gebhardus im Medaillon, mit Nerzkragen und Hals-
krause, ohne Kopfbedeckung. Umschrift: Gebhardus Dei gratia archiepiscopus
colonien. princeps elector sacri rom. per ital. Archican. Westph. et Anga. Dux.
Stadtmuseum Düsseldorf D 405

18

Das Stiftsfräulein von Gerresheim
Agnes von Mansfeld, gestochen von Franz Michaelis, 2. Hälfte 18. Jahrhundert,
Schabkunstblatt, Blattgröße 28 mal 21,5 cm, Bildgröße mit Aufschrift 30,0 mal
21,5 cm. - Halbportrait in vornehmer Kleidung mit Halsschmuck und Hals-
krause. Aufschrift: Agnes von Mansfeld, Gemahlin des Kurfürsten Gebhard
Truchses von Kölln. -In kleiner Schreibschrift am linken Bildrand: Das Original
besitzt Dtr. Driever in Münster. - Ausstellung Neuss und der Kölner Krieg, Clemens-Sels-Museum Neuss, 29. Juni bis 14. September 1986
Kölnisches Stadtmuseum, G 7624 a

19

Agnes von Mansfeld
Kupferstich 134 x 77 mm, Bildnis im Oval über Sockel mit Familienwappen (mit
dem Hühnerbein), im Bildnisrahmen eine Umschrift mit dem Titel: Agnese
Mansfeld Truchespiratesa Electrice di Colonia.
Stadtmuseum Düsseldorf 406

20

Nachricht über Peter Spee
Michael von Isselt: De Bello Coloniensi Libri Quatuor. Hoc est, Rerum ab Elec-
tione Gebhardi Truchsesii in archiepiscopum Coloniensem, usque at recupera-
tam ab Ernesto Duce Bavariae eius Successore, Westphaliam, tota Dioecesi ge-
starum, vera & succinta narratio, cui praefixa est historia defectionis et schismatis
Hermanni comitis de Weda ... Auctore Arnoldo Meshovio Lippiensi. Coloniae.
Apud Gerhardum Grevenbruch, Anno MDCXX. 524 Seiten, Octavo. - Aufgeschlagen Seite 216: Erzbischof Gebhard von Truchseß befragt zu Kaiserswerth
seine Hofleute, ob er mit seiner schlechten Meinung über den Papst nicht recht
habe. Alle stimmen ihm zu, bis auf den Kaiserswerther Amtmann Peter Spee,
Friedrichs Vater: Domine Petre quid ais? idemne & tu sentis? respondit vir egre-

gius, quod non. Hem, inquit Gebhardus, stolidus es. Subrigens praefectus tacuit. (›Herr Peter, was sagst du dazu? Meinst nicht auch du das gleiche?‹ - Da antwortete der großartige Mann: ›Nein, das meine ich nicht‹. - ›Ah, sagte Gebhard, du hast aber Mut.‹ Der Amtmann verneigte sich still mit einem höhnisch-verbindlichen Lächeln.) Rheinische Privatbibliothek

21

Der Pflanzenkenner
(vergleiche Essay-Teil Gisela Klinkhammer: Die Flora in Friedrich Spees ›Trutz-Nachtigall‹). - Spees Gedichte atmen Naturverbundenheit. Besonders im Reich der Pflanzen ist der Jesuit zuhause. Das ist nicht nur auf eine gründliche Belehrung im adligen Elternhaus, in dessen Bibliothek das eine oder andere bebilderte Kräuterbuch gestanden haben mag, zurückzuführen, sondern wohl auch auf den kleinen Botanischen Garten, den die Kölner Jesuiten rheinwärts hinter ihrem Kolleg (auf dem Nordbereich des heutigen Hauptbahnhofs) angelegt hatten.
Rittersporn
Hieronymus Bock: Kreuter Buch. Darinn underscheidt Namen unnd Würckung der Kreuter, Stauden, Hecken und Beumen... Durch Hieronymum Bock... beschriben jetzund von newem fleißig übersehen, gebessert u. gemehret, darzu mit... Figuren... gezieret. (Th. 1-3) Straßburg 1560 (Josias Rihel). - Mit 477 Holzschnitten, Quarto. Aufgeschlagen Rittersporn, Seite 231 verso
Universitätsbibliothek Düsseldorf, M III 553

22

Narziß
Pedanii Dioscoridis Anazarbei: De medicinali Materia libri 6, Ioanne Ruellio interprete. Singulis cum stirpium, tum animantium historijs ad naturae aemulationem expressis imaginibus, seu vivis picturis... add. etiam annotationibus sive scholijs brevissimis quidem, quae tamen de medicinali materia omnem controversiam facile tollant. Per Gualtherum Rivium (Walter Hermann Ryff).-Acc. Valerii Cordi (Cordus) Annotationes in Dioscoridis de medica materia libros.- Euricii Cordi Iudicium de herbis & simplicibus medicinae: ac eorum quae apud medicos controvertuntur explicatio. Herbarum Nomenclaturae variarum gentium... Aut. Conrado Gesnero (Gesner). - Franco(furti:) Egenolph (1549). 554 Seiten, 786 kolorierte Holzschnitte. Quarto. -Aufgeschlagen Narziß, Seite 372
Universitätsbibliothek Düsseldorf, ScrGr 261

Agnes von Mansfeld, Stiftsfräulein von Gerresheim (Katalog-Nr. 18)

23

Akeley
Leonhart Fuchs: New Kreuterbuch, in welchem nit allein die gantz histori... des
meysten Theyls der Kreuter so in teutschen unnd andern Landen wachsen ... beschriben. Mit dreyen nützlichen Registern. -Basel: Michael Isengrin 1543. 444
ungezählte Blätter. Nach Leonhart Fuchs, der in Wemding bei Nördlingen geboren wurde, ist die ›Fuchsie‹ benannt. - Aufgeschlagen Akeley, Caput XXXV
Universitätsbibliothek Düsseldorf, Med. III. 184

24

Rose
(H)Ortus Sanitatis. De Herbis et Plantis. De Animalibus et Reptilibus. De Flui-
bus et Volatilibus. De Piscibus et Natatilibus. De Lapidibus et in Terre Venis nas-
centibus. De Vrinis et earum Speciebus. Tabula medicinalis cum Directorio generali per omnes Tractatus. Straßburg 1517, ohne Paginierung. -Aufgeschlagen
Rose, Caput CCCXCVIII
Universitätsbibliothek Düsseldorf, Dv 2142

25

Veilchen
Konrad von Megenberg: Naturbuch von Nutz, eigenschafft, wunderwirckung
und Gebrauch aller Geschöpff, Element und Creaturn, dem Menschen gut zu beschaffen. Nit allein den Ärtzten und Kunstliebern, sondern einem ieden Hausz-
vatter in seinem Hause nützlich und lustig zu haben, zu lesen und zu wissen. −
Frankfurt am Main: Christian Egenolff (1540) VI, 66 Blätter. Mit zahlreichen ko-
lorierten Holzschnitten. Quarto. -Aufgeschlagen Veilchen, Seite LVIII
Universitätsbibliothek Düsseldorf, an M II 73

26

Kreuterbuch
Adam Lonicer: Kreuterbuch, kunstliche Conterfeyunge der Bäume, Stauden,
Hecken,... Sampt... Bericht der... Kunst zu Destillieren. Item von den ... Ge-
thieren der Erden... Deßgleichen von Metallen ... Bißhero von Adamo Loni-
cero... verfertiget. Nunmehr durch Petrum Uffenbachium... corr. u. verb. -
Frankfurt am Main: Vinzenz Steinmeyer 1630, 750 Seiten. - Mit 840 Holzschnit-
ten. Quarto.- Aufgeschlagen Titelblatt
Universitätsbibliothek Düsseldorf M III 336

Graminaeus: Die Fürstliche Hochzeit, Titelbatt (Katalog-Nr. 28)

27

Tulpe
Pietro Andrea Matthioli: Kreutterbuch deß hochgelehrten unnd weltberühmten
Herrn D. Petri Andreae Matthioli, jetzt widerumb mit viel schönen neuwen Figu-
ren, auch nützlichen Artzeneyen, und andern guten Stücken, zum andern mal
auß sonderm Fleiß gemehret und verfertigt durch Ioachimum Camerarium. -
Franckfort am Mayn, Fischer, 1540, Feyerabendt. -480 Blätter, Quarto. -Aufge-
schlagen Tulpe, Blatt 442 verso
Universitätsbibliothek Düsseldorf Dv 3318

28

Die Fürstenhochzeit
(vergleiche Essay-Teil Gerda Kaltwasser: Düsseldorf zur Zeit Friedrich Spees)
Am 16. Juni 1585 begann im kleinen Residenzstädtchen Düsseldorf ein Fest, von
dem ganz Europa sprach: Der mächtige Herzog Wilhelm der Reiche von Jülich-
Cleve-Berg verheiratete seinen Sohn und Thron-Nachfolger Johann Wilhelm
(1562-1597) mit der Markgräfin Jacobe von Baden (1558-1597). Ein im Rheinland
nie gesehener Prunk mit Hochämtern, Aufmärschen, Turnieren, Theateraufführungen, Feuerwerken, Konzerten, Bällen, Banquetten und ähnlichen Darbietungen entfaltete sich in der und um die Stadt. Die Erinnerung an das glanzvolle
Fest wurde in einem wertvollen Buch festgehalten. Verfasser war Theodor Gra-
mináus, ein Hofberichterstatter, wie er im Buche steht; Illustrator war kein gerin-
gerer Stecher als Franz Hogenberg; das Werk erschien 1587 in Köln, bei welchem
Drucker, ist bis heute nicht geklärt. In Frage kommt Ludwig Alectorius mit einer
Type, die er (und vor ihm Soter) wohl auch für die Verleger Quentel und Calenius
benutzt hat. Der Hofschreiber und -lehrer Theodor Graminaeus (eigentlich
Dietrich Grass), der auch Mathematik-Professor in Köln und als Kalender-Re-
former (‹Exhortatio de exequenda calendarii correctione‹, 1583) hervorgetreten
war, ein Mensch also, der zu den aufgeklärten Gebildeten gezählt wurde, war von
einer seltsamen Hexenfurcht (‹Inductio sive directorium: Das ist : Anleitung …
wie ein Richter in Criminal und peinlichen sachen die Zauberer … belangendt,
… zu verfahren‹, 1594) beherrscht; erstaunlich am Düsseldorfer Humanisten-
Hof, wo in diesen Fragen eigentlich das Denken des Hof-Leibarztes Johannes
Wier galt, der zu den rheinischen Vorläufern Friedrich Spees zählt. Daß Peter
Spee von Langenfeld nicht unter den Turnierteilnehmern war, liegt vielleicht weniger daran, daß er Amtmann des Kölner Kurfürsten und somit ›Ausländer‹ war,
sondern eher daran, daß er nicht über acht adelige Vorfahren, vier von Vater-,
vier von Mutterseite, verfügte; seine Mutter, Friedrich Spees Großmutter, war
bürgerlich gewesen. Doch ist anzunehmen, daß der Kaiserswerther Amtmann
als einer der wichtigsten Hofbeamten des Erzbischofs am Fest in der Nach-

barstadt teilgenommen, wohl auch, daß später seine Familie das Erinnerungsbuch des Graminaeus besessen hat. - Das vorliegende Exemplar der ›Fürstenhochzeit‹ ist schwarz-weiß und aufgebunden.
Stadtmuseum Düsseldorf

29

Änderungen

Zwölf kolorierte Probedrucke. - Vor einiger Zeit entdeckte der Düsseldorfer Antiquar Hans Marcus zwölf Kupferstiche zum Werk des Graminaeus, die der Fachwelt bekannt waren, ohne daß sie jemand vor Augen gehabt hätte. Diese Probedrucke weichen von den bekannten Illustrationen in etlichen Teilen entschieden ab. Offenbar hatten sie vor Drucklegung des Werks dem Hof vorgelegen, und die Fürstlichkeiten hatten manches zu retouchieren. - Vergleiche die Ausstellung im Stadtmuseum Düsseldorf ›Hogenbergs Kupferstiche zur Fürstlich Gülischen Hochzeit des Dietrich Graminäus‹, 17. Januar bis 13. Februar 1988
Stadtmuseum Düsseldorf

30

Der Hochzeiter

Herzog Johann Wilhelm, Bildnis des 29jährigen Herzogs in ovalem Rahmen, Anfang des 17. Jahrhunderts, Durchschnitt 15 cm. -Umschrift: Iohanes Guilelmus Dux. Iul. Cliv. et Montium. Com. Marc. z. Ravensb. D Ravenst.
Stadtmuseum Düsseldorf 178

31

Herzogin Jakobe

Bildnis der Badischen Prinzessin in ovalem Rahmen, Anfang des 17. Jahrhunderts, Durchschnitt 16 cm, Umschrift: Jacobe. Marchionissa Badensis Iohannis Gulhelmi. Ducis Iul. Kliv. Z. Mo. Coniunx.
Stadtmuseum Düsseldorf 177

32

Stadtplan Düsseldorf-Neuss

Karte der Gegend zwischen Neuss und Düsseldorf, aquarellierte Federzeichnung, 1613. - Im Vordergrund die Stadt Neuss mit Hafen, am oberen Bildrand Kaiserswerth mit der Festung, auf dem Rhein Kriegsschiffe vor den Toren Düsseldorfs.
Stadtmuseum Düsseldorf

33

Düsseldorfer Jesuiten-Freund
Wolfgang Wilhelm (1578-1653) auf einem Stich von Abraham Hogenberg nach einem Gemälde von Melchior Geldrop, Großfolio. Der Neuburger Prinz kam nach dem Tod seines Vaters Philipp Ludwig 1614 in Düsseldorf an die Macht. Mit ihm bekam die Hauptstadt wieder einen glanzvollen Hof; sein Hauptanliegen war es, den gewaltigen Dreißigjährigen Krieg, der fast seine ganze Regierungszeit erfüllte, von seinem Land fernzuhalten. Zeitlebens bemühte sich Wolfgang Wilhelm um das Blühen der katholischen Kirche. Seine Fürsorge galt ausschließlich deren Angehörigen. Während seiner Regierungszeit kamen die Jesuiten und die Kapuziner, die Coelestinerinnen, die Karmelitessen und die Cellitinnen nach Düsseldorf und gründeten hier Klöster. Erhalten ist in der ursprünglichen Gestalt noch Wolfgang Wilhelms Hofkirche Sankt Andreas, die damalige Jesuitenkirche. Den Söhnen des Ignatius von Loyola übertrug der Fürst auch das untergegangene Gymnasium des evangelisch gewordenen Humanisten Johannes Monheim. Wolfgang Wilhelm hatte zeit seines Lebens ein besonderes persönliches Verhältnis zur katholischen Kirchenkunst.
Stadtmuseum Düsseldorf

34

Wolfgang Wilhelms Brustschild
Ansteckschließe von Henrich Ernst, Düsseldorf, 1650. Silber, teilvergoldet, getrieben, gegossen, graviert, punziert, bunte Steine, Email, 21,5 cm hoch, 18 cm breit, Marken Bz Scheffler 271, Mz Scheffler 334. -Zwei Engel auf kurzen Gesimsstücken stehend, flankieren eine flachgewölbte, ovale Kartusche; darin aus roten Steinen das Monogramm Christi und das Herz mit drei Nägeln auf Rankengrund; über dem Christusmonogramm eine Taube; auf dem Kartuschenrand eingravierte Inschrift: S(erenissimus) P(rinceps) W(olfgangus) W(ilhelmus) C(omes) P(alatinus) R(heni) B(avariae) I(uliae) C(liviae) M(ontium) D(ux) C(omes) V(eldentiae) S(ponhemii) M(arcae) R(avensbergae) D(ominus in) R(avenstein) (Allergnädigster Fürst Wolfgang Wilhelm, Pfalzgraf bei Rhein, in Bayern, Jülich, Kleve und Berg, Herzog, Graf von Veldenz, Sponheim, der Mark, Ravensberg und Moers, Herr in Ravenstein). Darunter im getriebenen Rahmen das Herzogwappen in Email, neben dem Wappen je ein geflügelter Engelskopf. Als Bekrönung Gottvater. Aus den Gesimsen datiert: 16/50. -Ausstellung Frommer Reichtum in Düsseldorf, Kirchenschätze aus zehn Jahrhunderten, 16. September bis 22. Oktober 1978 im Stadtgeschichtlichen Museum Düsseldorf.
St. Andreas Düsseldorf

IN DEO MEA CONSOLATIO

Regna, artes, formæ decus, illustrissime Princeps.
Contribuere tibi, Juno, Minerva, Venus.
Verum humana hæc sunt, maius tibi contigit. illud

Quid vero est? PIETAS verus Amorque Dei
Macte animi Princeps, felicibus auctus habenis
Et belli et pacis munera redde tuis.

ILLVSTRISSIMO PRINCIPI AC DOMINO, D. WOLFGANGO GVLIELMO, D. G
COMITI PALATINO AD RHENVM, DVCI BAVARIAE, IVLIACI, CLIVIAE ET MONTIVM, COMITI
VELDENTII, SPANHAEMI, MARCHIAE, RAVENSPVRGI ET MORSAE. DOMINO IN RAVENSTEIN. DOMINO SVO CLEMENTISSIMO.
HVMILIME DEDICANT MELCHIOR GELDROPIVS IVNIOR ET ABRAHAMVS HOGENBERG.

Geldorp/Hogenberg: Wolfgang Wilhelm (Katalog-Nr. 33)

35

Erzbischof als Weiberheld
(vergleiche Essay-Teil Andrea Bänker-Wegener: Köln zur Zeit Friedrich Spees)
Ernst von Bayern, kolorierter Kupferstich von 1583/84, Köln, Franz Hogenberg,
27,1 x 33,9 cm. - Der Erzbischof, dargestellt im Medaillon mit Halskrause, umgeben von blauem rechteckigen Feld. - Text: Warhafftige und eygentliche contrafactura, des von Gottes Genaden Durchleuchtigen und Hochgebornen Fürsten und Herren / Herren Ernsten Herzogen in Beyern, Pfalzgrauen bey Rein / Bischoffs zu Lüttich / Administr. zu Hildesheim und Fristgen / Auch in nechst verlauffenem 1583. - Ernst (1554-1612) war der erste von fünf Wittelsbacher Prinzen auf dem Kölner Erzstuhl, den er 1583 erstieg. In Bayern war er von Jesuiten erzogen worden, erzeigte sich aber später als dieser Ausbildung unwürdig. Zwar sprach er Lateinisch, Italienisch, Französisch und Deutsch, war auch ein ehrgeiziger Redner. Als Fürst war er sinnenfreudig, trunk- und würfelsüchtig, ein Weiberheld. Mit Gertrud von Plettenberg lebte er wie mit einer Ehefrau zusammen; die Protestanten nutzten selbstverständlich dieses Verhältnis propagandistisch, und die Kölner Kirche atmete auf, als Rom Ernsts Neffen, Ferdinand von Bayern, 1595 zum Koadjutor des Erzbischofs machte. 1612 starb Ernst in den Armen der ›Jungfer Gertrud‹.
Stadtmuseum Düsseldorf D 1231

36

Die ›Seele‹ der Kölner Hexenprozesse
Ferdinand von Bayern, Kupferstich von Wolfgang Kilian, Augsburg, 31,7 x 24,6 cm ohne Rand. Ferdinand (1577-1650), der neue Kurfürst von Köln, Wittelsbacher Prinz wie sein Onkel und Vorgänger, genießt bis heute das Ansehen eines tadellosen Reformbischofs. In der Tat förderte er unermüdlich seine Kirche durch Synoden und Visitationen, durch Gründung eines Kölner Kirchenrats, durch Neuherausgabe von Agenden, Brevier, Missale und durch Unterstützung der Reform-Orden (Jesuiten, Kapuziner). Aber er war ein fürchterlicher Hexenbrenner, die ›Seele der Kölner Hexenprozesse‹ (H. Zwetsloot: Friedrich Spee und die Hexenprozesse…, Trier 1954, Seite 88). Spee hatte allen Grund, ihn zu verachten und zu fürchten.
Stadtmuseum Düsseldorf D 1237

37

Köln als Sacrarium (heilige Stätte)
Titelblatt zu dem berühmten Buch des Kölner Stadthistorikers Aegidius Gelenius (1595-1656): De admiranda, sacra et civili magnitudine Coloniae Claudiae

VNION oder Verbundtsbrieff de[r]
Freyen Reichs Statt Cöllen / durch Bu[r]ger-
meister vnd Raht / sampt gantzer Gemein / vnd Ga[f]-
fel Ampten / daselbst auffgericht /
Anno 1396.

JM Namen der H. Dreyfaltig- W. M[?]
keit / Amen. Wir Burgermeister vnnd
Raht der Statt Cöllen / vnd fort. Wir
die Gemein / alle gemeinlichen / von allen
vnnd jeglichen Ampten vnnd Gaffelge- Namen
sellschafften / Arm vnd Reich / Gesessen der 22.
vnd Wonhafftig binnen der Statt Cöl- Gaffel-
len hernach geschrieben / Als mit Namen / Wir von dem in Cöllen.
Wullen Ampt / als Arßburg vnnd Kriechmart / mit den 1.
Ampten zu vns verbunden / vnnd wir mit jhnen / als mit Namen Tuchschärer / Weißgärber / vnd Tirteyers. Von den
Hermardt / mit den jehnen die zu vns vereydt / vnd ver- 2.
bunden sein / vnnd wir mit jhnen. Von dem Schwartzen- 3.
hause / mit denn Widneren / vnd Leynenfärbern / vnd den
jehnen / die zu vns verbunden / vnd vereydt sein / vnd wir mit
jhnen. Von den Goltschmieden / mit den Goltschlägern / 4.
die zu vns verbunden / vnd vereydt sein / vnd wir mit jhnen.
Von der Windecken / mit den jehnen / die zu vns verbun- 5.
den vnnd vereydt sein / vnd wir mit jhnen. Von den Bont- 6.
wertern / mit den jehnen die zu vns verbunden sein / vnnd
wir mit jhnen. Von dem Himmelreiche / mit den jehnen / 7.
die zu vns verbunden sein / vnnd wir mit jhnen. Von den
Schildern / mit den Ampten die zu vns verbunden sein / 8.
vnd wir mit jhnen / mit Namen Waffensticker / Sadelma-
cher / vnd Glaßwerter. Von dem Arren / mit den jehnen / die 9.
A zu vns

Union- oder Verbundtsbrieff (Katalog-Nr. 38)

Agrippinensis Augustae Ubiorum Urbis. Libri IV. ... Autore Aegidio Gelenio SS. Th.L. ad S. Andreae Canonico, Consiliario Ecclesiastico & Historiographo Archiepiscopali. Coloniae Agrippinae, apud Iodocum Kalcovium Bibliopolam. Anno MDCXLV, 760 Seiten, Quarto
Rheinische Privatbibliothek

38

Verbundbrief von 1396

Am 14. September 1396 schlug die Geburtsstunde der stadtkölnischen Verfassung, die über 400 Jahre in Kraft blieb: der Verbundbrief, der die Klassenunterschiede weitgehend beseitigte. Alle Gewalt in der Stadt sollte von einer in sich geschlossenen Bürgerschaft ausgehen, die sich in den Zünften und Gaffeln verkörperte. Dieser Verbundbrief wurde immer wieder abgeschrieben und später durch den Druck vervielfältigt. Hier ein gedrucktes Exemplar aus der Spee-Zeit: VNION oder Verbundtsbrieff der H. Freyen Reichs Statt Cöllen durch Bürgermeister und Raht sampt gantzer Gemein und Gaffel Ampten daselbst auffgericht Anno 1396. (Druck des frühen 17. Jahrhunderts, wahrscheinlich Köln). Aufgeschlagen Titelblatt.
Rheinische Privatbibliothek

39

Transfixbrief von 1513

in: Statuta Civitatis Coloniensis; Besiegelung des wiedergewonnenen Friedens nach dem Aufstand der Zünfte gegen das Stadtpatriziat, wonach die Freie Reichsstadt Köln, ohne jede Abhängigkeit vom Bischof eine oligarchische Verfassung (Herrschaft der Patrizier) besaß - gewissermaßen, nach dem Verbundbrief, mit dem er nach Inhalt und Geltung ein unteilbares Ganzes bildete, die zweite Vorstufe zur Kölner Demokratie. Schrift mehrerer Hände des 16./17. Jahrhunderts auf Papier, 231 Blätter; aufgeschlagen Blatt 85: Übereinkünfte zwischen dem Bischof und dem Rat der Stadt Köln.
Rheinische Privatbibliothek

40

Jesuiten-Gymnasium

(vergleiche Essay-Teil Teil Dorothea Fellmann: Die Schulform Gymnasium) Tricoronatum, Stich 1836. Bis heute ist es umstritten, ob Spee als Schüler in Köln das Jesuiten-Gymnasium Tricoronatum besucht hat. Es war die jüngste der Köl-

ner Bursen (Vorschulen zur Universität), neben dem Montanum, das Spees Vater Peter besucht hatte, und dem Laurentianum, an dem der ehemalige Kaiserswerther Pfarrer Kaspar Ulenberg Rektor war. Fest steht, daß Friedrich Spee am 9. März 1609 von Dr. Henric. Tectorius, einem Lehrer des Montanums, zum Baccalaureus promoviert wurde, nachdem er fünf Monate vorher mit 34 anderen Schülern des Montanums als Baccalaureandus der Universität Köln zugelassen worden war (Theo G. M. van Oorschot: Die Lebensdaten, in Anton Arens: Friedrich Spee im Licht der Wissenschaften, Mainz 1984, Seite 9). Das muß aber nicht bedeuten, daß Spee regelmäßig das Montanum besucht hätte; die Pestwellen erzwangen oft Schulprüfungen an Ausweich-Bursen.
Kölnisches Stadtmuseum A.I. 3/662

41

Der Neubau
Seinen Neubau bezog das Tricoronatum 1597/98. Wenn Friedrich Spee Schüler dieser Anstalt war, muß er den Umzug mitgemacht haben. Einige Bau-Rechnungen aus dieser Zeit liegen noch vor. Hier Bau-Rechnungen von 1599
Stadtarchiv Köln Univ. 1095 a

42

Baumeister
Architekten- und Zimmermeister-Rechnungen von 1595
Stadtarchiv Köln Univ. 1095

43

Ratio Studiorum
Regelbuch der Jesuiten: Ordinationes Praepositorum Generalium communes toti Societati, Auctoritate V. Congregationis generalis recognite & contracte, Romae in Collegio Societatis Jesu MDXLV. - Sammelband von Regeln der Gesellschaft der Jesu, die auf der fünften Generalkongregation des Ordens beschlossen worden waren, beispielsweise eine ›Ratio examinandi scholares Societatis...‹ a R. P. Claudio Aquaviva, Praeposito Generali tradita mense iunio Anno 1589, Octavo
Diözesan- und Dombibliothek Köln Je 59

44

Die berühmte Studienordnung der Jesuiten
Ratio Studiorum societatis Jesu. Auctoritate Septimae Congregationis Generalis
auctae.- Romae, in collegio romano eiusdem Societatis. Anno Domini
MDCXVI, 169 Seiten Octavo
Diözesan- und Dombibliothek Köln Je 21

45

Ein Schreib-Utensil
Dieser 17,5 cm lange Kölner Gänsefederkiel stammt von 1633 und wurde im Hi-
storischen Archiv der Stadt Köln im Rechnungsbuch Nummer 1097 gefunden.
Vergleiche: Kindheit in Köln KSM 1989, Seite 249, Nummer 17
Kölnisches Stadtmuseum 1986/607

46

Schulgerät aus dem Tricoronatum
Winkelmaß mit Sonnenuhr. Auf einer 25,5 cm hohen und 44,8 cm breiten Holz-
platte befindet sich ein Winkelmaß aus Messing. Vergleiche Katalog: 425 Jahre
Friedrich-Wilhelm-Gymnasium Trier, 1561-1986, Trier 1986, Seite 206
Kölnisches Stadtmuseum L 256

47

Tertiant
Bei diesem Tertianten aus Messing mit einer Sehnenlänge von 51 cm handelt es
sich um einen Vorläufer des Spiegelsextanten. Das Gerät ist flämischer Herkunft
und stammt aus dem 17. Jahrhundert. Die Visiervorrichtung und das Ableselineal fehlen.
Kölnisches Stadtmuseum L 253

48

Säulensonnenuhr
Dieses Stück ist 19,5 cm hoch, aus Messing und Holz gefertigt. Es stammt aus
Deutschland, 1570; der Fuß ist gebrochen.
Kölnisches Stadtmuseum L 212

RATIO
EXAMINANDI
SCHOLARES
SOCIETATIS.

AD DISPICIENDVM
quænam pro cuiuſque talentis
ſtudia quibus conueniant.

A R. P. N. Claudio Aquauiua Præ-
poſito Generali tradita menſe
Iunio anno 1589.

 VM quæſitum eſſet à
nonnullis, quomodo ſta-
tuendum ſit de ijs, qui
ad Scholaſtica Theolo-
giæ, vel Philoſophiæ ſtu-
dia cum delectu appli-
candi ſunt, iuxta ea, quæ
in Cóſtitutionibus præſcribútur; re in Do
A   mino

Ratio Studiorum der Jesuiten (Katalog-Nr. 43)

49

Quadrant
Dieser im Durchmesser 16 cm hohe Quadrant zur Bestimmung der Sonnenhöhe ist arretierbar, seine Wasserwaage ebenfalls. Er kann mit drei Schrauben aufgestellt werden. Zum Anvisieren muß man den Sonnenstrahl auf den Mittelpunkt der Scheibe vom Visierlineal einstellen. Mit Hilfe des Transversalmaßstabs kann man die gewonnenen Daten ablesen. Am Ableselineal dieses Geräts fehlt jedoch die obere Scheibe mit der Bohrung für den Lichtdurchlaß.
Kölnisches Stadtmuseum L 188

50

Torquetum
Bei diesen 45 cm hohen Messinggerät aus dem 17. Jahrhundert handelt es sich um einen Vorläufer des Theoliten; es diente zur Bestimmung der Sonnenhöhe mit Hilfe einer Kanalwaage. Der Horizontalkreis des Instruments ist nach Graden neigbar. Auf dem Horizontal- und dem Vertikalkreis befinden sich Doppelvisiere. Das untere Niet an der Vertikalscheibe allerdings fehlt. Vergleiche Katalog 425 Jahre Frierich-Wilhelm-Gymnasium Trier, 1561-1986, Trier, 1986, Seite 205
Kölnisches Stadtmuseum L 226

51

Teilzirkel
Dieser Messingzirkel aus dem Deutschland des 17. Jahrhunderts ist 18 cm hoch und 6,5 cm breit. Seine beiden schwenkbaren Seitenschenkel können auf dem Mittelschenkel verschoben werden.
Kölnisches Stadtmuseum L 195

52

Das barocke Tricoronatum
Holzmodell des Kölner Jesuiten-Gymnasiums von 1927. - Die Bildhauer P. Bürger und Färber haben dieses Modell im Maßstab 1:50 anläßlich der Jahrtausendausstellung Köln gefertigt. Es ist 80,5 cm lang, 60 cm breit und 33,5 cm hoch. - Das Gebäude wurde 1729 nach einem Entwurf des Bonner Hofbaumeisters Johann Konrad Schlaun erreichtet. Der Gitterabschluß des Vorhofs (1733/37) stammt vom Kölner Schlosser Heinrich Harz. Schon vor dem Vorgängerbau hatte bereits die Mariensäule gestanden, 1696 nach dem Entwurf und unter der

Torquetum (Katalog-Nr. 50)

Leitung des Bruders Thomas Zolschreiber an der Marcellenstraße errichtet. Nach der Übersiedlung des Tricoronatums zum Thürmchenswall mußte der Schlaunsche Bau 1912 dem Neubau der Haupt-Post weichen und wurde abgerissen. Das Gitter war schon Mitte des 19. Jahrhunderts in Godesberg vor der Redoute angebracht worden. 1950 wurde das Modell für die Stadtgeschichtliche Ausstellung restauriert. Vergleiche P. Clemen: Die Kunstdenkmäler der Stadt Köln, II., 3. (Ergänzungsband) Düsseldorf 1937, Seite 390 ff.; Hauskatalog Seite 90, Nummer 497; Katalog: 600 Jahre Kölner Universität - 1388-1988, Historisches Archiv der Stadt Köln, 1988, Seite 81, Nummer 96
Kölnisches Stadtmuseum HM 1926/498

53

Prüfungsordnung
Die Schulentlassungen wurden bei den Jesuiten besonders feierlich begangen. Die Prüfungen waren bis ins Einzelne festgelegt, ebenso die Themen der Gedichte, die für den Anlaß gereimt worden waren und zur Feier aufgesagt wurden. Der vorliegende Sammelband (vergleiche Josef Kuckhoff: Die Geschichte des Tricoronatums, Köln 1931, Seite 404, Anmerkung 40) enthält drei Komplexe: a) Entlassung der Metaphysikschüler. - Fontinalia et dimissio metaphysicorum in gymnasio trium coronarum S.J. Col. b) Ordo promovendi in scholis artium usurpatus actus magistrorum et baccalaureorum gymnasii societatis 1614, 1626. - Formula gratiarum post lectionem de resumptis in schola theologica (von Kasen für den Kollegen Joh. Perlinus Hispanus 1631 verfaßt). - c) Carmina praemiferis acclamata, von 1626 an
Stadtarchiv Köln Univ. 1054

54

Gedichte
Poemata a collegio S.J. Coloniae typo vulgata, 1612-1728. Verzeichnis von gedruckten Gedichten am Tricoronatum aus den verschiedensten Anlässen.
Stadtarchiv Köln Univ. 1056

55

Gymnasialbuch
Liber gymnasii trium coronarum soc. Jes. anno 1647. Reden, Deklamationen, mathematische Aufgaben mit Zeichnungen, polemische, politische und andere Epigramme und Gedichte. - Aufgeschlagen Blatt 59: Epigrammata in obsidionem Syluaeduc sub 1600.
Stadtarchiv Köln Univ. 1061

56

Schulfeiern
Lateinische und deutsche Festaufführungen (Dramen, Tragödien, Komödien, Dialoge), 1627-1645, Handschriften und Drucke
Stadtarchiv Köln Univ. 1057

57

Sammlung Kasen
23 Dramen, Tragödien, Komödien, Tragikomödien, vom Schulleiter zusammengestellt, aus verschiedenen Aufzeichnungen der Theologiestudenten, 1640. Kasen machte bei den ersten beiden Stücken sogar Randbemerkungen über die Qualität der Aufführungen.
Stadtarchiv Köln Univ. 1058

58

Lehrer-Liste
Catalogus magistrorum et doctorum philosophiae e S.J. in facultate artium Col.
1550-1620
Stadtarchiv Köln Univ. 1074

59

Lehrer der Rheinprovinz
Catalogus autorum docendorum provinciae Rhenanae 1626/8, 1634/9.
Stadtarchiv Köln Univ. 1049

60

Beschwerde
Ein paar Jahre bevor Spee als Schüler nach Köln kam, gab es einen Streit zwischen den Fakultäten der Universität und den Bursen der Stadt um die Einführung einer einheitlichen lateinischen Grammatik anstelle der alterprobten Grammatik des Emmanuel Alvarus. Davon kündet die Beschwerde der Kölner Jesuiten von 1596.
Stadtarchiv Köln Univ. 1051

61

Schulbücher
Ausgabenrechung eines Kölner Notars für seinen bei ihm wohnenden Neffen
Everhard Toci aus Essen, Schüler des Tricoronatums von 1610 bis 1615. Original-
rechungen des Buchhändlers über drei Posten
Stadtarchiv Köln Univ. 1132

62

Lateinisch-Deutsches Lexikon
Gradus Ad Parnassum ... Addito Praxis Poeticae ad facilem, & per utilem studio-
sae iuventutis usura conscriptae compendia a Paulo Aler, Societatis Iesu, S. Th.
Doct. & Gymnasii Trium Coronarum Regente Colonia. Editio undecima. Coloniae Agrippinae sumptibus Haered. Petri Pütz & Ioannis Pütz Bibliop. Unter der
fetten Hennen, neben dem Rosenkrantz, 1742. -Lexikon für dichterische Übungen mit einer Menge deutscher Sprichwörter und Redewendungen vom berühmten Tricoronatum-Direktor Pater Paul Aler (1656-1727) verfaßt. Der Schulmann
(J. Kuckhoff: Die Geschichte des Tricoronatums, Köln 1931, Seite 458 ff.)
schrieb auch 13 deutsche und lateinische Dramen.-Aufgeschlagen Seite 690.
Rheinische Privatbibliothek

63

Für niederrheinische Jesuitenschulen
Praelectiones Scholasticae pro Suprema Grammatices Classe faciliore atque
amoeniore methodo adornatae in usum Gymnasiorum Societatis Iesu ad Rhe-
num Inferiorum. Coloniae apud Hilgerum Hamecher & Ludovicum Schorn 1761.
Das Werk bringt eine kurzgefaßte deutsch-lateinische Satzlehre, deutsche Re-
densarten, einen Katalog der deutschen unregelmäßigen Verben (mit Hinweis
auf ein ergänzendes Studium bei anderen Jesuitengelehrten, aber auch bei Boe-
decker, Kramer und Gottsched ›und vielen anderen, so die edle deutsche Sprach
in ihre Vollkommenheit zu sezen sich löblichst bemühet haben‹. Des weiteren
bringt das Werk Beispiele für gute Übersetzung, Stilübungen, Redeübungen, einen römischen Kalender, einen Auszug aus der römischen Verfassung und Geschichte, eine Metrik- und Poetiklehre mit vielen lateinischen Exempeln aus antiken und zeitgenössischen Autoren, zum Beispiel Ovid und Masen. Zum Schluß
ein Kompendium der griechischen Grammatik und arithmetischer Regeln. Angebunden der ›Kleine Katechismus‹ des Petrus Canisius, Coloniae Typis Chri-
stiani Rommerskirchen, In Platea Saxonica, 1760 (siehe Fotokopie). - Aufgeschlagen Seite 117 der Hinweis auf die Jesuiten und Gottsched zu weiterführen-
den Übungen.
Rheinische Privatbibliothek

Præſens	Imperfectum	Participium.
Ich weiche	wich	gewichen
wende	wendete u. wandte	gewendet und gewandt
weiſe	wieſ	gewieſen
werbe	warb	geworben
werfe	warf	geworfen
wiege	wog	gewogen
winde	wand	gewunden
weiß	wuſte	wiſſen, gewuß
will	wollte	gewollt
ziehe	zohe	gezogen
zwinge	zwang	gezwungen.

Ein mehreres von der deutſchen Sprach kan man zu ſeiner Zeit nachſehen bey P. Freyberger S. J. Petro Habendorff, S. J. Bôdecker, Kramer, Gottſched, und vielen anderen, ſo die edle deutſche Sprach in ihre Vollkommenheit zu ſezen ſich löblichſt bemühet haben. Jedoch müſſen viele beſondere Regelen und Ausnahmen nach einer im Land üblichen Ausſprach und Schreib-Art ſo lang abgemeſſen werden, bis die Provinzen, ſo ſich der reinen hochdeutſchen Sprach befleißen, in ihren beſonderen Meinungen und Red-Arten übereinkommen.

G 3   ARTI-

Schlußvignette mit Übungs-Hinweisen (Katalog-Nr. 63)

283

64

Altmeister kölnischer Theologie
(vergleiche Essay-Teil Markus Roentgen: Abgebrochene Vermittlung)
Johannes Gropper, Ölbild, 17./18. Jahrhundert, 100 x 70 cm in geschweiftem Rahmen, Halbfigur. -Der Theologe Johannes Gropper (1503-1559), aus Soest gebürtig, mit seiner ganzen Familie von den Protestanten nach Köln vertrieben, hatte maßgeblichen Anteil am Kölner Provinzialkonzil 1536 (‹Enchiridion›), verteidigte die Kölner Kirche gegen den Reformationsversuch seines Erzbischofs Hermann von Wied und seiner Theologen Melanchthon und Bucer (‹Antididagma›) und verfaßte Schriften, die in ihrem tiefen theologischen Gehalt erst heute recht gewürdigt werden (etwa zur Rechtfertigung des Menschen vor Gott). Seinem Einfluß ist es mit zuzuschreiben, daß die Jesuiten sich in Köln gegen den erbitterten Widerstand der Bevölkerung und der anderen Orden auf Dauer niederlassen konnten. Gropper blieb bei den Kölner Jesuiten in höchstem Ansehen, seine Schriften beflügelten ihre Theologie.
Gymnasial- und Stiftungsfonds Köln

65

Groppers ›Enchiridion‹
Canones Concilii Provinciales Colonienses sub. Rev. in Christo patre ac Domino D. Hermanno, S. Coloniensis ecclesiae Archiepiscopo, sacri Rom. Imp. per Italiam Archicancellario, Principe Electore, Westphaliae et Ang. duce, Legatoque nato, ac Administratore Paderb. celebrati A. d. 1536. Quibus adiectum est Enchiridion Christianae institutionis. 313 nummerierte und 19 unnummerierte Blätter in Klein-Folio. (In Officina Quenteliana) Colon. anno XXXVIII. -Aufgeschlagen: Verso der Kreuzigungs-Holzschnitt von Anton von Worms (Merlo, 327), recto die Vorrede Hermanns von Wied (die Gropper für ihn verfaßt hat) zum ›Enchiridion‹.
Rheinische Privatbibliothek

66

Groppers ›Antididagma‹
Christliche und Catholische gegenberichtung eyns Erwirdigen Dhomcapittels zu Cöllen wider das Buch genannter Reformation, so den Stenden des Ertzstifftes Cölln uff jungstem Landtag zu Bonn vorgehalten und nun under dem Titel eyns Bedenkens im Truck (doch mit allerley zusätzen und veränderungen) uszgangen ist. ... Coloniae excudebat Iaspar Gennepaeus. Anno 1544. -Aufgeschlagen die Titelseite
Rheinische Privatbibliothek

284

Beginn von J. Groppers ›Enchiridion‹ (Katalog-Nr. 65)

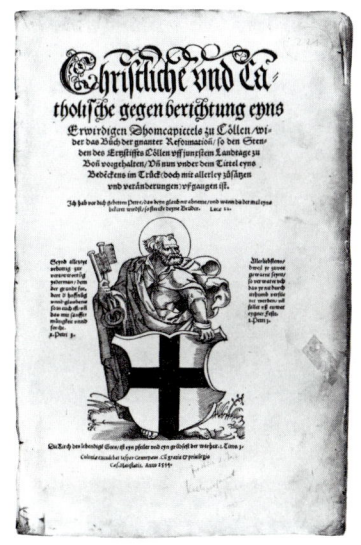
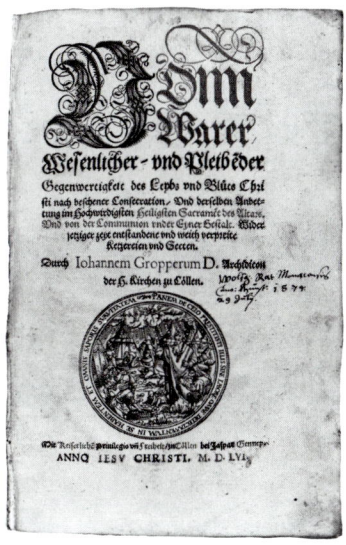

›Antididagma‹ und Fronleichnamstheologie (Katalog-Nrn. 66 und 67)

67

Groppers Fronleichnams-Theologie
Vonn Warer, Wesenlicher und Pleibender Gegenwertigkeit des Leybs und Bluts
Christi nach beschener Consecration, Und derselben Anbettung im Hochwirdig-
sten Heiligsten Sacrament des Altars. Und von der Communion under Eyner Ge-
stalt. Wider jetziger zeyt entstandene und weith verpreite Ketzereien und Secten.
Durch Iohannem Gropperum D. Archidiacon der H. Kirchen zu Cöllen. ... bei
Jaspar Gennep. Anno ... M.D.LVI. -Aufgeschlagen Blatt CCXC verso und
CCXCI recto: Der Dritt Häuptarticell / Das Jesus Christus / Gott unnd Mensch /
in dem Hochwirdigen Heyligen Sacramment des Altars / (als der darin Volnkom-
blich / Wesenlich unnd Leibhafftig ist) von allen Christgläubigen Anzubetten sei.
Rheinische Privatbibliothek

68

Jesuiten in Köln
(vergleiche Essay-Teil Roland Goffard: Die Jesuiten in Köln). - Sammelband be-
treffs Kölner Jesuitenkolleg, Universität und Gymnasium Tricoronatum. Vom
ersten Regenten des Tricoronatum, Johannes Rhetius SJ, bis Adam Kasen SJ gab
es immer wieder Eifersüchteleien zwischen den drei Bursen Kölns. Auf den Seiten 150 ff. werden die Schwierigkeiten zwischen dem Tricoronatum sowie Montanum und Laurentianum dargestellt. Vor allem Spees langjährigen Rektor Kasens
Handschrift erscheint oft ergänzend und korrigierend am unteren Rand und zwischen den Absätzen.
Stadtarchiv Köln Jes. Abt. 8

69

Supplicatio Eucharistica
Sammelband von Dankgedichten auf Altvordere des Ordens (Ignatius, Canisius,
Rhetius), aber auch solche, die ihn in Köln gefördert haben (Johannes Gropper)
bei Gelegenheit des Einzugs in die neue Kirche Mariä Himmelfahrt 1629. Mit allegorischen Drucken und lavierten Tuschen. Es finden sich darin Verweise auf Jakob Masen (Seite 13 oben), die Sankt-Ursula-Sodalität (Seite 50 Mitte), ihre Katechese (Seite 52, Spalte rechts, Zeile 16 von unten). Folio. Aufgeschlagen Seite
69: Preislied auf Kardinal Johannes Gropper.
Stadtarchiv Köln Jes. Abt. 46

70

Generalkatalog der Bibliothek
Der Katalog (1628-1680) führt eine ganze Reihe von Kirchenvätern (Anselm von Canterbury, Beda Venerabilis, Bernhard von Clairvaux, Gregor von Nyssa), des weiteren Theologen der katholischen Reform wie Dionysius Carthusianus, Johannes Ferus, selbstverständlich unter den Bibeln die Übersetzung Ulenbergs und andere Schriften des Spee-Lehrers, viele wichtige, teils Spee zeitgenössische Jesuitenautoren wie Adam Contzen, Cornelius a Lapide, Lessius, Tanner, Laymann, den von den beiden letzteren bekämpften Malleus Maleficarum in mehreren Ausgaben, aber nicht die Cautio Criminalis oder ein anderes Buch von Spee.
Folio.
Stadtarchiv Köln Jes. Abt. 35

71

Miscellanea Saecularia
Die Handschrift (218 Blatt, octavo) in einer zierlichen deutschen Cursive des 17. Jahrhunderts gehörte laut Notiz auf dem Titelblatt dem ›Colleg(ium) S(ocietatis) J(esu) Col(oniensis)‹, also den Kölner Jesuiten. Die Handschrift bringt bibliographische Aufzeichnungen, Auszüge aus Büchern, Anschriften von Personen, zeitgeschichtliche Bemerkungen, geistliche und weltliche Angelegenheiten, Urkunden, Regesten, wirtschaftliche Notizen, allegorische Zeichnungen, Handelskorrespondenz, Zitate aus alten und neueren Schriftstellern, Reisenotizen, Volkskundliches, Rezepte und geistliche Lieder − eine Fundgrube der Kuriositäten.
Stadtarchiv Köln, GB 180

72

Historia Collegii Coloniensis S.J.
Die Geschichte des Kölner Jesuitenkollegs von 1542 bis 1631 (1657). Der hübsch gezeichnete Titel in barocker Manier von 1625 ist eine lavierte Federzeichnung.
Folio
Stadtarchiv Köln Jes. Abt. 7

73

Der erste deutsche Jesuit
Der heilige Petrus Canisius (1521-1597) war der erste ›deutsche‹ Jesuit; er stammte aus Nimwegen, das damals zum Reich gehörte. Mit fünfzehn begann er in Köln zu studieren, und promovierte 1540 zum Doktor der Philosphie. Unter

dem Eindruck der Not der Kölner Kirche wegen des Abfalls von Erzbischof Hermann von Wied und unter dem Einfluß der Kölner Reformtheologen, vornehmlich Groppers, Billicks und Laurentius Surius', entscheidet sich Canisius für den geistlichen Stand und tritt 1543 in die Kölner Gesellschaft Jesu ein. Drei Jahre später wird er zum Priester geweiht, stellt sich rückhaltlos in den Dienst Groppers und vertritt höchst geschickt die Kölner katholische Sache in mehreren diplomatischen Sendungen an Kaiser Karl V. Sein Talent nutzt nun auch Rom und schickt Canisius zu den Brennpunkten des kirchlichen und politischen Lebens im ganzen Reich: Köln, München, Wien, Prag, Innsbruck, Straßburg, Augsburg, Ingolstadt, Regensburg, Freiburg werden die Stationen des rastlosen Lebens. Vor allem im Süden des Reichs, in Bayern und Österreich, errichtet Canisius sogleich aufblühende Jesuiten-Kollegien. Der Titel ›Kirchenlehrer‹, den ihm Papst Pius XI. bei der Heiligsprechung 1925 verlieh, bezieht sich weniger auf das tiefe Denken als auf das Organisationstalent des Niederländers. Auch daß er der Verfasser des bedeutendsten katholischen Katechismus ist, ebenso eines Gebetbuchs für Studenten wie einer riesigen Korrespondenz mit Jesuiten, aber auch mit allen Großen seiner Zeit, die ihn hoch achteten, meist geradezu verehrten, weist ihn als Praktiker aus: Ein Jesuit der ersten Stunde. Ölbild, 17./18.Jahrhundert, 100 x 70 cm in geschweiftem Rahmen
Gymnasial- und Stifungsfonds Köln

74

Canisius-Katechismus der Spee-Zeit
Opus Catechisticum sive summa doctrinae christianae, D.Petri Canisii theologi Societatis Iesu ... editio quarta ... Coloniae apud Arnoldum Quentelium anno MDCVI, 965 Seiten, unpaginierte Indices, Folio. - Aufgeschlagen: Titelseite
Rheinische Privatbibliothek

75

Der Seelsorger
Catechismus Petri Canisii Soc. Jesu Th. - Nach der Cöllnischen Edition Durch Figuren fürgestellet ... Bei J. W. Friessem, Cölln 1679, Octavo. - Aufgeschlagen Seite 56/57: Auf den hübschen Kupfern erscheint Canisius immer wieder als zelebrierender Priester und seelsorgerischer Praktiker
Diözesan- und Dombibliothek Köln Past. 785

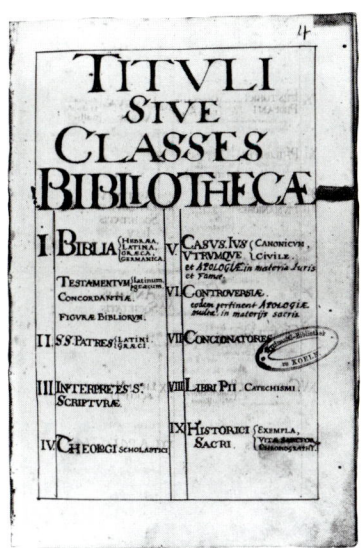

Generalkatalog (Katalog-Nr. 70)

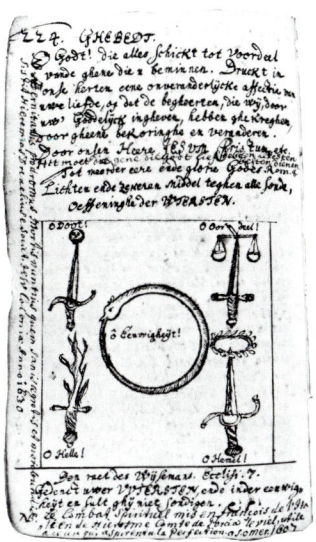

Miscellanea Saecularia (Katalog.Nr. 71)

Historia Collegii (Katalog-Nr. 72)

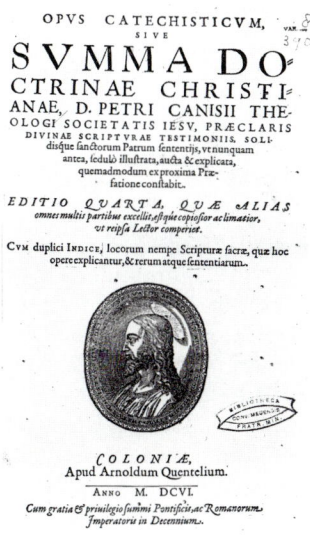

Canisius-Katechismus (Katalog-Nr. 74)

76

Christoph Brower
Ölbild, 17./18. Jahrhundert, 100 mal 70 cm im geschweiften Rahmen; Halbfigur, aufrecht an Schreibtisch sitzend, mit der Rechten Schreibend, daneben das Birett auf der Schreibplatte, im Hintergrund ein Bücherregal. Brower wendet seinen Blick streng auf den Betrachter
Gymnasial- und Stiftungsfonds Köln

77

Liebhaber der Trierer Geschichte
Christoph Brower (1559-1617) aus Arnheim, hatte in Köln studiert, wurde Philosophieprofessor in Trier, sowie Rektor in Fulda, später in Trier. Der Moselstadt und ihrer geschichtlichen Erforschung galt seine ganze Liebe. Die ›Altertümer und Annalen‹ Triers sowie die ›Geschichte des Trierer Erzbistums‹ (Metropolis Ecclesiae Trevericae) zeugen von seinem immensen Fleiß. Beide Werke freilich konnte er nicht vollenden; Spees Schüler Jakob Masen sprang ein Menschenalter später in die Bresche. - Antiquitatum et Annalium Trevirensium Libri XXV Duobus Tomis Compr., Auctoribus RR. PP. Soc. Iesu, P. Christophoro Browero Geldro-Arnheimiensi, et P. Jacobo Masenio Juliaco-Dalensi ... Leodii ex officina typographica Jo. Mathiae Hovii, ad insigne Paradisi Terrestris MDCLXX, zwei Bände, Folio. Erster Band: 626 Seiten, angebunden: Index Historicus, Folio. -Zweiter Band: 566 Seiten und Indices, angebunden: Index Chronologicus Historiae Trevirensis, 43 Seiten, Folio. -Aufgeschlagen die Titelseiten.
Stadtarchiv Köln Bf 16, 1-2

78

Der Jesuiten-Exeget
Ölbild, 17./18. Jahrhundert, 100 x 70 cm in geschweiftem Rahmen; Halbfigur, fast im Halbprofil, leicht über einen Schreibtisch geneigt, in einem Buch lesend und über das Gelesene sinnierend, im Hintergrund ein gerraffter Vorhang. - Cornelius Cornelii a Lapide (1567-1637) stammte wie viele Kölner Jesuiten aus dem belgisch-niederländischen Raum, genau aus Bocholt (bei Lüttich). Er studierte in Köln, später in Löwen, lehrte dort zwanzig Jahre Exegese, ging dann nach Rom. Mit Ausnahme der Psalmen und des ›Job‹ kommentierte Cornelius a Lapide alle Bücher der Bibel und wurde ›der Jesuiten-Exeget‹. Die Werke erschienen in vielen Auflagen (in Antwerpen, Lyon, Venedig, Köln, zuletzt noch Mitte des vorigen Jahrhunderts in Paris). Selbst protestantische Theologen schätzen sie.
Gymnasial- und Stiftungsfonds Köln

Christoph Brower (Katalog-Nr. 76)

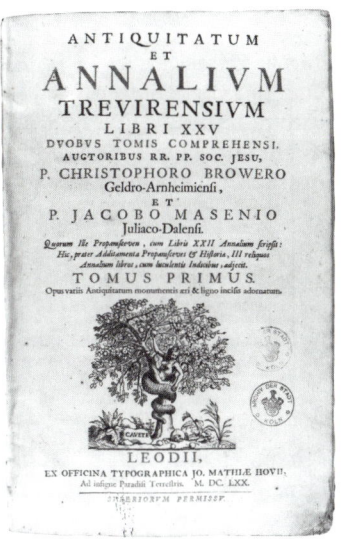

Trierer Annalen (Katalog-Nr. 77)

Salomo (Katalog-Nr. 81)

Daniel (Katalog-Nr. 83)

79

Die Bücher Moses
Commentaria in Pentateuchum Mosis, auctore R. P. Cornelio Cornelii a Lapide,
e Societate Iesu ... Antverpiae apud Martinum Nutium anno MDCXXX, 1062
Seiten mit unpaginiertem Index, Folio
Rheinische Privatbibliothek

80

Sammelband
Commentarius in Iosue, Iudicum, Ruth, IV. libros Regum et II. Paralipomenon.
Auctore R. P. Cornelio Cornelii a Lapide e Societate Iesu ... Antverpiae apud
Ioannem Meursium anno MDCXLII, Tomus I. 359 Seiten; Folio; Tomus II. 400
Seiten mit einem unnummerierten Index; angebunden: Commentarius in Es-
dram, Nehemiam, Tobiam, Ivdith, Esther, et Machabaeos, auctore R. P. Corne-
lio Cornelii a Lapide e Societate Iesu ... Antverpiae apud Ioannem et Iacobum
Meursios anno MDCXLV. 142 Seiten mit einem unpaginierten Index, Folio
Rheinische Privatbibliothek

81

Salomo
Commentaria in Salomonis Proverbia. Auctore R. P. Cornelio Cornelii a Lapide
e Societate Iesu ... Antverpiae apud Ioannem et Iacobum Meursios anno
MDCXLV, 903 Seiten, unpaginierter Index, Folio. - Aufgeschlagen die Titelseite: Kuperstich von Cornelius Galle nach Quell: Der gekrönte Salomo auf bal-
dachinüberhangenem Thron empfängt die Königin von Saba.
Rheinische Privatbibliothek

82

Das Hohelied
Commentarii in Ecclesiasten auctore R. R. Cornelio Cornelii a Lapide e Societate Iesu ... Antverpiae apud Martinum Nutium MDCXXXVIII, 360 Seiten, unpaginierte Indices, Folio; angebunden: Commentarii in Canticum canticorum
auctore R. P. Cornelio Cornelii a Lapide e Societate Iesu ... Antverpiae apud
Martinum Nutium annno MDCAXXXVIII, 376 Seiten mit unpaginierten Indices, Folio; angebunden: Commentarii in librum sapientiae auctore R. P. Cornelio Cornelii a Lapide e Societate Iesu ... Antverpiae apud Martinum Nutium anno
MDCXXXVIII, 336 Seiten mit unpaginierten Indices, Folio
Rheinische Privatbibliothek

83

Vier große Propheten
Commentaria in quatuor prophetas maiores autore R. P. Cornelio Cornelii a Lapide e Socitate Iesu ... Antverpiae apud Martinum Nutium anno MDCXXXIIII,
1414 Seiten, unpaginierter Index, Folio. Aufgeschlagen: Beginn des Buchs Daniel (Seite 1253), links ganzseitige Abbildung von Daniel in der Löwengrube.
Laut Bildunterschrift hat der Verfasser, der seit 1616 in Rom lehrt, das Bild selbst
besorgt, nämlich aus einer alten griechischen Handschrift der Vatikanischen Bibliothek.
Rheinische Privatbibliothek

84

Zwölf kleine Propheten
Commentaria in Duodecim prophetas minores auctore R. P. Cornelio Cornelii a
Lapide e Societate Iesu ... Antverpiae apud Martinum Nutium anno
MDCXXVIII, 848 Seiten, unpaginierter Index, Folio
Rheinische Privatbibliothek

85

Die Evangelien
Commentarius in quatuor Evangelia auctore R. P. Cornelio Cornelii a Lapide e
Societate Iesu ... Tomus I, complectens Commentaria in Matthaeum et Marcum,
Antverpiae apud Ioan. et Iac. Meursios anno MDCXXXXIX, 620 Seiten, unpa-
ginerter Index, Folio; angebunden: Commentarius in Evangelium S. Lucae et S.
Ioannis auctore R. P. Cornelio Cornelii a Lapide e Societate Iesu ... Antverpiae
apud Ioannem & Iacobum Meursios anno MDCXLIX, 557 Seiten, unpaginierter
Index, Folio
Rheinische Privatbibliothek

86

Apostelgeschichte
Commentaria in Acta Apostolorum, Epistolas Canonicas et Apocalypsin auctore R. P. Cornelio Cornelii a Lapide e Societate Iesu ... Antverpiae apud Martinum Nutium MDCXXVIV, 368 Seiten, unpaginierter Index; 570 Seiten, unpaginierter Index; 356 Seiten, unpaginerter Index, Folio
Rheinische Privatbibliothek

87

Die Paulus-Briefe
Commentaria in omnes divi Pauli epistolas auctore R. P. Cornelio Cornelii a Lapide e Societate Iesu … Antverpiae apud Martinum Nutium anno MDCXXXV, 976 Seiten, unpaginierter Index, Folio
Rheinische Privatbibliothek

88

Buch Sirach
Commentaria in Ecclesiasticum auctore Cornelio Cornelii a Lapide e Societate Iesu … Antverpiae apud Ioannem Meursium anno MDCXLIII, 1040 Seiten, unpaginierter Index, Folio
Rheinische Privatbibliothek

89

Spee und Schall als Sodalen
Liber sodalitatis angelicae. - Das Sodalitätenbuch beginnt mit dem Glaubensbekenntnis. Es folgen Schwurformeln und Register von Namen der jungen Sodalen. Spee war im Mai 1604 zum Consiliarius der Sodalitas Angelica (Engelsbruderschaft) in Köln gewählt worden. Im September dieses Jahrs wurde er erster Assistent dieser Sodalität und am 12. Dezember ihr Sekretarius.- Aufgeschlagen Seite 56 verso und Seite 57 recto. Seite 56 verso benennt in Spalte 1, Zeile 7 von unten Spee als Consiliarius für das Jahr 1604; in Spalte 2, Zeile 5 von oben als Assistenten. - Seite 57 recto benennt in Spalte 1, letzte Zeile Adam Schall als Consiliarius (gleichfalls Secretarius); in der Mitte erscheint Schall als Assistent.
Stadtarchiv Köln, Jes. Abt. 53,

90

Adam Schall von Bell
Kupferstich von Wenzel Hollar, 17. Jahrhundert, 33 x 21,5 cm. Adam Schall, Kölner Mitsodale Spees, später berühmter Astronom und China-Missionar, wird von Wenzel Hollar in der Tracht eines chinesischen Mandarins dargestellt. Links auf einem mit geblümter Decke belegten Tisch steht eine Armillarsphäre, auf die er den Zirkel hält. Rechts auf dem Boden ein Globus; an der Hinterwand des Zimmers eine Karte mit den beiden Erdhälften. An ihrem unteren Rand, nur schwach leserlich: P. Adam Schall Germanus, J. Ordinis Mandarinus. - In Adam Schalls Werdegang verwirklichte sich der Traum Friedrich Spees, nämlich die Heidenmission in fernen Ländern.
Kölnisches Stadtmuseum G 9681 a

In mense Septembri renunciati ē
Praefectus
Theodorus Gerlatzem
Assistentes.
Fredericus Spe. Henricus à Lempelfordt
Secretarius. Joannes Mulleminus.
Thesaurarius sunt Praefectus Sacelli
Petrus Nickel.
Consiliarij
Albinus Schlebusch. Henricus Cageberg
Joannes Wilhelmus à Metternich
Joannes Trisiensis
Ludovicus à Culstorff
Joannes Salentinus à Wolffskell.
Gerardus Lutz. Melchior Zittardt
Jacobus Girmholt. Jacobus Han
Adolphus Klaincnbroch. Jodocus à Reck
Die 12 Decembris
Praefectus
Wilhelmus Weis. Marcoduramus à Grā
Assistentes
Fredericus spe. idem Secretarius
Henricus Lempelfordt
Consiliarij
Theodorus Gerlatze. Wilhelmus Euem
Gerardus Salentinus à Wolffskel.
Theodorus Aachen. Leonardus Weisweiler
Joannes Remerus Schall
Jodocus à Reck. Bernardus Lutz
Bertramus à Ponte. Georgius Jm Houe
Wichertus Periscelius. Petrus Nouisiensis.
Praefectus Sacelli
Georgius Jm Houe. eius Coadiutor
Bertramus à Ponte.
Anno 1605 ipso die festo Sanctæ
crucis exhibitum actimenta de S. Angelo
custode in aula, et ante Epilogum Sacra-
æ declaraty Magistratus, in hunc modum.
Nunc enim ver gratia hoc factum
acta sunt gebur adolescentulis, qui durtn
penn ad untm spuntur, Durch dilatei
renunciabo, quorum ductus sequuntur
alij, et quos viro nostra, nostra So-
Dalitati proficij volumus.
Quid itaq Felix faustumq sit, summn
Praefecti imperium, suffragantibus oibus
applaudentibus Angelis Dulatum et
pijs, modesto, et maturo adolescentul.
Wilhelmo Weis Marcodurano
Cui comelio, angeli009 assistent
Wilhelmus Euschem et Wilhelmus Steingen

Secreta omnia creduntur migni
pietate adolescentulo
Joanni Lanskio Coloniensi
In senatum Angelicū allecti sunt
optimæ indolis adolescentuli
Wichertus Periscelius. Henricus Hoernud
Hualdus Herperts. Joannes Straus.
Fredericus Comerus. Remerus Schall.
Joannes Frinck. Leonardus Weisweiler
Petrus Ham. Conradus Ostman
Joannes Mullem. Joannes Ross.
Eodem anno 26 Junij
Praefectus
Joannes Lanckius
Assistentes
Joannes Remerus Schall
Leonardus Weisweiler
Consiliarij
Wilhelmus Weis. Wilhelmus Euschem
Wilhelmus Steingen. Ewaldus Herperts
Fredericus Comeven. Joës Frinck
Georgius Jm Houe. Hubertus Schleiden
Bertramus à Ponte. Conradus Ostman
Petrus Ham. Joannes Mullem
Praefectus Sacelli
Bertramus à Ponte
Circiter Calend. Octob. habitis
nouis comitijs, in officio cōfirmaty ē
Wilhelmus Weis.
Assistentes
Joannes Adamus Schall
Petrus Ham
Secretarius
Joannes Frinck
Consiliarij
Bernardus Lutz. Bernardus Jm Houe
Adolphus Sigismundus à Frentz
Wichertus Periscelius. Conradus Ostmā.
Engilbertus Engilberti. Joës Wabel
Casparus Buruemich. Weimamarus Bomard
Wernerus Walmeradt. Petrus Occo
Nicolaus Caster
Anno 1606 die 19 Febr.
electus et declaratus ē Praefectus
Petrus Ham
Assistentes
Adolphus Sigismundus à Frentz
Wilhelmus Weis
Consiliarij
Adamus Schall. Idem Secretarius

Spee und Schall als Sodalen (Katalog-Nr. 89)

91

Ein Schüler Spees

Pater Jakob Masen SJ (1606-1681), Ölbild, 17./18. Jahrhundert, 100 mal 70 cm, in geschweiftem Rahmen. - Brustbild vor dekorativ gerafftem Vorhang; Masen steht, den Blick nachdenklich auf den Betrachter gerichtet, vor einem Pult, seine Rechte blättert in einem Buch; daneben zwei weitere Bücher. - Masen, aus Rheindahlen bei Mönchengladbach-Rheydt gebürtig, war einer der bedeutendsten Schüler Friedrich Spees. Seine grundlegenden Schriften zur Poetologie (Palaestra eloquentiae ligatae, 1664; Palaestra stili romani und Palaestra oratoria, 1659; Exercitationes oratoriae, 1660) beschäftigen noch heute die Literaturwissenschaft. Darüber hinaus schrieb er Schuldramen, um seine theoretischen Vorstellungen zu belegen. Auch als Historiker hat sich Masen einen Namen gemacht; er setzte die ›Trierer Annalen‹ seines Ordensbruders Christoph Brower SJ fort. Des weiteren war Masen sowohl Kontroverstheologe der Gegenreformation als auch asketischer Schriftsteller in der Nachfolge des Ignatius von Loyola und seines Lehrers Friedrich Spee.

Gymnasial- und Stiftungsfonds Köln

92

Kontroverse mit Carpzov

Jac. Masenij S.I. ›Concionatoris Antiquo-Novi Tomus I. De fine hominis a Deo condito.‹ ... Auctarium Tomi I. ... Nova Praxis orthodoxae fidei ... 270, ... 118 Seiten, 10 unnummerierte Blätter, ... 127 Seiten, 2 unnummerierte Blätter, 3 freie Blätter. Moguntiae, sumptibus Joannis Petri Zubrodt. Anno MDCLXXVIII. - ›Concionatoris Antiquo-Novi Tomus II. Ab orbe condito ad diluvium‹ ... Auctuarium Tomi secundi ... Aurum sapientum 434 Seiten, 3 unnummerierte Blätter, ... 109 Seiten, 6 unnnummerierte Blätter, ... 6 unnummerierte Blätter, 65 Seiten und 2 unnummerierte Seiten. Moguntiae, sumptibus Joannis Petri Zubrodt. Anno MDCLXXVIII, Folio - Der erste Band enthält eine heftige Kontroverse mit dem protestantischen Juristen und Theologen Samuel Benedikt Carpzov (1595-1666), einem kursächsischen Geheimrat und fürchterlichen Menschen, der an mehr als 20000 Todesurteilen, meist in Hexenprozessen, mitwirkte und sich rühmte, die Bibel 53mal ganz durchgelesen zu haben. Die Kontroverse Masens mit Carpzov geht allerdings nicht um Hexenprozesse, sondern um Fragen des wahren Glaubens. - Aufgeschlagen: Titelseite zum zweiten Band; Kupferstich von P. Kilian: Synopse des Baums der Versuchung mit Adam und Eva und des Kreuzesopfers mit Christus und Maria Magdalena; im Mittelpunkt Gottvater über der Weltkugel schwebend, darunter in einer Kartusche die Arche Noah; links unten ein Bild von Kurfürst Johannes Hugo, Erzbischof von Trier; rechts sein Wappen.

Rheinische Privatbibliothek

Masens ›Concionator‹ (Katalog-Nr. 92)

93

Ignatianische Askese
Dux viae ad vitam puram, piam, perfectam, per exercitia spiritualia meditationi simul et lectioni accomodatus : Iuxta normam sacrorum Exercitiorum D. Ignatii de Loyola formatus, a R. P. Iacobo Masenio e Societate Iesu. Coloniae Agrippinae, typis & sumptibus Joannis Wilhelmi Friessem. Anno 1684. Mit zehn Kupferstichen eines ananoymen Künstlers. 572 Seiten, Index, Octavo. - Dieses asketische Werk Jakob Masens erschien erstmals 1651 bei Christophorus Reulandt in Trier, zwei Jahre nach dem Kölner Erstdruck von Spees ›Güldenem Tugend-Buch‹. War den Jesuitenoberen dessen Erfolg unheimlich geworden? Gaben sie Masen den Auftrag, die Askese der Jesuiten wieder ganz auf das Fundament der ›Geistlichen Übungen‹ des Ignatius von Loyola zurückzustellen? - Aufgeschlagen Seite 286: Iaculatoriae aspirationes laudis Dei, et gratiarum actiones, praecipue ad Christum patientem. (Ausgeschleuderte Seufzer des Lobs Gottes und Danksagungen besonders an den leidenden Christus). Der Kuperstich gegenüber zeigt Jesus am Kreuz vor dem Hintergrund Jerusalems; in den Ecken das Passionsgeschehen: Letztes Abendmahl, Christus am Ölberg, Christus vor Pilatus, Kreuzweg.
Rheinische Privatbibliothek

94

Ulenberg-Schüler neben Spee
Arnoldus Meshov (1591-1667) war gleichaltrig mit Spee; er stammte aus Lippstadt wie Ulenberg, kam wohl erst durch diesen nach Köln. Er studierte hier Theologie, wurde später Pfarrer an Sankt Peter in Köln und war der erste Biograph Ulenbergs. Das Buch erschien bei Johannes Kreps, dem Erben der Kölner ›Quentelei‹. Drei Jahre zuvor war im selben Verlag unter Federführung eines weiteren Ulenberg-Schülers, nämlich Heinrich Francken-Sierstorff (1580-1654), die berühmte Ulenberg-Bibel erschienen. Außerdem trat Meshov als Historiker des Schismas durch den abtrünnigen Erzbischof Hermann von Wied hervor (siehe oben Nummer 20). - Ölbild 100 x 70 cm in geschweiftem Rahmen, 17./18. Jahrhundert.
Gymnasial- und Stiftungsfonds Köln

95

Meshovs Ulenberg-Biographie
De vita, moribus, et obitu ... Caspari Ulenbergii ... authore Arnoldo Meshovio,
Lippiensi ... Coloniae Agrippinae apud Joannem Kreps, Anno 1638 ex officina
Quenteliana, 163 Seiten, Octavo
Diözesan- und Dombibliothek Köln Aa 1168

96

Der deutsche Horaz
(vergleiche Essay-Teil Joseph A. Kruse: Jesuiten-Lyrik)
Niemand unter den deutschen Dichtern des Frühbarock macht Spee den hohen
Rang streitig - außer vielleicht ein Mitbruder aus dem Süden: Jakob Balde, der
deutsche Horaz. Freilich dichtete Balde hauptsächlich lateinische Verse und
zählt, zusammen mit dem Polen Matthias Casimir Sarbievius, dem ›polnischen
Horaz‹, zur Spitze der neulateinischen Dichtung überhaupt. Balde (1604-1668)
im elsässischen Ensisheim geboren, fand früh den Weg zum bayerischen Fürsten-
hof. Er beherrschte jede Form der lateinischen Metrik schrieb Oden, Epen und
Dramen. Heute gibt es Bestrebungen, auch seine deutschen Versuche aufzuwer-
ten. Goethe bezeichnete seine lateinischen Gesänge lobend als ›von reichem Gehalt, mit deutschen Gesinnungen ausgesprochen‹, und der protestantische Theologe Herder tat Balde gar in seiner ›Terpsichore‹ (1795) die Ehre der Übersetzung
von vier lyrischen Bändchen an. Spee hingegen nahmen die deutschen Klassiker
nicht zur Kenntnis. Sie überließen seine Entdeckung der Romantik, Brentano
und Eichendorff. Von Balde sind am bekanntesten seine Marienlieder und die
Zeitgedichte: Jacobi Balde e Societate Jesu lyricorum libri IV & epodon lib.
unus. Editio secunda auctior & emendatior. Coloniae Ubiorum apud Jodocum
Kalkovium MDCXLVI; 329 Seiten, Klein-Octavo. - Aufgeschlagen Seite 5 mit
Ode III: Thomae Mori constantia.
Rheinische Privatbibliothek

97

Herders Übersetzung
Baldes-Thomas-Morus-Gedicht aus: Johann Gottfried von Herder's sämmtliche
Werke, 12. Theil, Stuttgart und Tübingen, 1829. Klein-Octavo. - Aufgeschlagen:
Seite 16/19
Rheinische Privatbibliothek

98

Baldes Deutsch
Jacobi Balde e societate Jesu Poemata de vanitate mundi ... Coloniae apud Franciscum Metternich Anno MDCCXVII, 243 Seiten mit unpaginierten Index, Klein-Octavo. -Aufgeschlagen: Seite 39 mit Scena 12 als Beispiel für Baldes deutsche Verskunst. Zu Baldes Haltung und Verhältnis zur deutschen Sprache siehe Rudolf Berger: Jacob Balde - Die deutschen Dichtungen, Bonn 1972; besonders Seite 86 ff.
Rheinische Privatbibliothek

99

Bestseller-Autor
Jeremias Drexel (1581-1638), ein berühmter bayerischer Zeitgenosse und Ordensbruder Spees, galt als der bedeutendste und volkstümlichste aszetische Schriftsteller seiner Zeit. Er war ein kleinwüchsiger, milder Mensch, aber ein fanatischer Anhänger des Hexenwahns (vergleiche Bernhard Duhr SJ: ›Geschichte der Jesuiten in den Ländern deutscher Zunge‹ II, 2, Seite 511). -Drexels zahlreiche Werke in Klein-Octavo bezifferte ein Ordensbruder kurz nach dem Tod des Autors auf insgesamt 170.700, eine fast unglaubliche, aber letztlich doch wohl berechtigte Angabe. Viele Arbeiten Drexels wurden von seinem Ordensbruder Conrad Vetter ins Deutsche übersetzt, der wiederum in seinem ›Paradeißvogel‹ in manchem ein Vorbild für Spees ›Trutz-Nachtigall‹ war (vergleiche Emmy Rosenfeld: Neue Studien zur Lyrik von Friedrich Spee. Milano / Varese 1963, Seite 78 ff.) – Drexels 29 Traktate, denen sich noch das Drama ›Julianus Apostata‹ (Julian der Abtrünnige) und Drexels Kriegstagebuch zugesellte, erschienen nicht nur in München, sondern auch in Antwerpen, Köln und anderswo. Aufgeschlagen ist Drexels Porträt in ›Noe Architectus Archae‹ ... Antverpiae apud viduam Io. Cnobbari, Stich von Johann Sadeler, MDCXXXIIX. -Umstanden von ›Tribunal Christi‹, Coloniae Agrippinae sumptibus Constantin Munch et Sociorum, Anno MDCXXXV, 382 Seiten. - ›Deliciae Gentis Humanae – Christus Jesus nascens‹ ... Antverpiae, Apud Viduam Joannis Cnobbari MDCXXXIX, 390 Seiten. - ›Deliciarum Gentis Humanae ... Christus Jesus moriens‹ ... , Antwerpiae Typis Viduae Joannis Cnobbari MDCXXXIX, 478 Seiten. - ›Rosae Selectissimarum Virtutum‹ ... Antverpiae; pars prima apud Joan. Cnobbarum MDCXXXVI, 378 Seiten; pars secunda apud Joannem Cnobbaert, Anno MDCXXVII, 475 Seiten. - ›Zodiacus Christianus‹ ... Col. Agrippinae Apud Cornel. ab Egmond MDCXXXIIII, 152 Seiten. - ›Aloe‹ ... Typis Vid. Ioann. Cnobbari Typographi, Anverpiae ann 1638, 336 Seiten.- ›Tobias morali doctrina illustratus‹ ... Typis Vid. Ioann. Cnobbari Typographi, Antverp. 1642, 459 Seiten. - ›Eleemosyna‹ ... Typis Vid. Ioann. Cnobbari Typographi, Ant-

R.P. Hieremias Drexelius Auguſtanus Socᵗⁱˢ IESV
Sacerdos, Vixit Añōs 57. Obijt 19. Apr: M.DC.XXXIIX.

Jeremias Drexel (Katalog-Nr.99)

verp. 1641, 401 Seiten. - ›Palaestra Christiana‹ ... Antverpiae, Typis Viduae
Joannis Cnobari, MDCXLIII, 343 Seiten.- ›Iobus‹ ... Antverpiae Apud Vid.
Ioann. Cnobbari, Anno 1655. - ›Rhetorica caelestis‹ ... Antverpiae Apud Ioan.
Cnobbarum, MDCXXXVI, 422 Seiten; alle Klein-Octavo
Rheinische Privatbibliothek

100

Barock-Theater
(vergleiche Essay-Teil Hans Müskens: Frühbarockes Jesuiten-Theater) Festaufführungen der Katechismus-Schulen, 1636 bis 1650. Zu Ehren des heiligen Ignatius von Loyola wurden in Köln wie in allen anderen Jesuitenkollegien kleine
Schauspiele aufgeführt. Auf Veranlassung des Kölner Präfekten Adam Kasen
entstand die Aufzeichnung dieser Spiele. Vergleiche Theo van Oorschot: ›Die
Kölner Katechismus-Spiele‹ ... Daphnis, Zeitschrift für mittlere deutsche Literatur 8/Heft 3/4, Amsterdam 1979, Seite 217 bis 243.
Stadtarchiv Köln Jes. Abt. 30

101

Das Spiel vom heiligen Stephan
Den Schülern des Tricoronatums stand 1627 ein wunderbarer Theaterraum zur
Verfügung: der gerade fertiggestellte Rohbau der Jesuitenkirche Sankt Mariä
Himmelfahrt an der Marzellenstraße, dem Gymnasium gegenüber. Baumeister
war der berühmte Christoph Wamser. 1618 war in seinem Beisein der Grundstein
gelegt worden. Zur Einweihung der Kirche hatte der Rhetorikprofessor Peter
Hauzeur, aus dem niederländischen Limburg gebürtig, das Stück vom heiligen
Stefan zusammengestellt: ›Prodromus Marianus is est D. Stephanus ... Hunga-
rum Rex Primus, qui ob insignem Deiparae Virginis cultum... delectus est ac ductus in orchestram‹ (etwa: Das Stück der Marianischen Kongregation, das ist
Der H. Stephan... Erster König der Ungarn, der unter dem Zeichen der jungfräu-
lichen Gottesgebärerin verehrt wird... ausgewählt und auf die Bühne gebracht...). Gewiß hat Friedrich Spee dieses Stück, zumindest in einer Wiederholung im Jahre 1627 noch gesehen, denn er übernahm am 1. Dezember am Tricoronatum als Lehrer die Metaphysik-Klasse und führte sie in sechs Wochen zum Abschluß. - Aufgeschlagen das Spiel vom heiligen Stephan in: Handschrift von
Festaufführungen im Tricoronatum, Blatt 46 f
Stadtarchiv Köln, Univ. 1055,

PRODROMVS MARIANVS,

Is est,

D. STEPHANVS,

Ex Principe Hungarorum
Rex primus.

QVI

OB INSIGNEM DEIPARÆ
VIRGINIS cultum, vt eidem, in recens à
Societate JESV Coloniæ, honori, & nomini
MARIÆ ASSVMPTÆ exædificata
Basilica, metandi velut hospitÿ
gratia præluderet,

Delectus est, ac ductus in Orcheftram,

A

Nobili & ingenuà iuuentute Gymna-sij noui trium Coronarum So-cietatis IESV.

Anno M. DC. XXVII.

Das Spiel vom heiligen Stephan (Katalog-Nr. 101)

102

Die Übersetzung
Joseph Kuckhoff, der Chronist und Lehrer des Tricoronatums in der ersten Hälfte dieses Jahrhunderts, übersetzte im 300. Todesjahr Spees 1935 dieses Stephans-Schuldrama. Es erschien als Sonderdruck in den Ungarischen Jahrbüchern, Band XX, Heft 3, Berlin 1940. - 62 Seiten, Octavo. - Aufgeschlagen Titelseite
Diözesan- und Dombibliothek DC 3829

103

Avancini
Niccolo Avancini SJ: Poesis Dramatica, partes I, II, IV ... Köln, Johann Wilhelm Friessem; partes I, II 1675, pars IV 1679, Octavo
Universitätsbibliothek Düsseldorf N.Lat. 12

104

Caussin
Nicolas Caussin SJ: Tragoediae sacrae ... Parisiis: Sebastian Chappelet 1630, Octavo
Universitätsbibliothek Düsseldorf N.Lat. 78.

105

Guiniggi
Vicenco Guiniggi: Poesis heroica elegiaca, lyrica, epigrammatica item dramatica, nunc primum in lucem edita. Antwerpen 1637, Duodez
Universitätsbibliothek Düsseldorf N.Lat. 159

106

Malapertius
Caroli Malapertii Poemata ... Coloniae Agr. Gualter 1620, Duodez
Universitätsbibliothek Düsseldorf N.Lat. 190

107

Libenus
Jacobus Libenus: Tragoediae in sacram historiam Iosephi. Accedit duplex panaegyricus. Antwerpen 1639
Universitätsbibliothek Düsseldorf N.Lat. 192

108

Pontanus
Jacobi Pontani Poeticarum Institutionum, libri tres. Eiusdem Tyrocynium poe-
ticum cum supplemento ... Ingolstadii 1600, David Sartorius, Octavo
Universitätsbibliothek Düsseldorf N.Lat. 247

109

Ausgewählte Tragödien
Selectae PP. Soc. Jesu Tragoediae. Antwerpen. Jan Cnobbar 1634, Octavo
Universitätsbibliothek Düsseldorf N.Lat. 296

110

Mit Liebe locken
Jakob Bidermann: Philemon Martyr. Lateinisch-Deutsch. Köln & Olten 1960. -
Aufgeschlagen Seite 200 f. mit dem die gesamte Jesuiten-Dramatik kennzeich-
nenden Engels-Wort: Schrecken will / Ich dich nicht mehr; mit Liebe locken will
ich dich.
Rheinische Privatbibliothek

111

Kaspar Ulenberg
(vergleiche Essay-Teil Karl-Jürgen Miesen: Kaspar Ulenberg - der Lehrer
Friedrich Spees). - Bei diesem Kölner Ölbild (25 mal 20 cm) aus dem 17. Jahrhundert handelt es sich wahrscheinlich um eine Kopie. Es zeigt Spees Lehrer Ulenberg (1549-1617) im Brustbild. Er sitzt am Schreibtisch und wendet sich halb nach
rechts. Den linken Teil des Hintergrunds nimmt ein roter geraffter Vorhang ein,
den rechten eine Ansicht der Stadt Köln. Auf dem Vorhang links das Wappen,
rechts oben eine Inschrift mit Chronostichon DogMata LVtherana noVa et
pVgnantIa fVgI (1572 als Jahreszahl der Abkehr Ulenbergs von den ›Dogmen‹
Luthers). Auf dem Buch, das Ulenberg in Händen hält, steht ›Graves Causae Iu-
stae‹, der Titel seiner ›Schwerwiegenden, gerechten Beweggründe‹ zur Konversion. Ulenberg war Pfarrer in Kaiserswerth, dann in Köln, dort auch Rektor der
Laurentianer-Burse und später der Universität.
Kölnisches Stadtmuseum HM 1930/228

Kaspar Ulenberg

Auf diesem Ölgemälde (58,5 mal 41,5 cm auf Holz in braunem Rahmen mit Gold-leiste, Köln, 17. Jahrhundert) ist Ulenbergs Konterfei halb nach rechts geneigt. Er trägt einen schwarzen Mantel mit Pelzbesatz und eine schmale weiße Hals-krause. Rechts oben sein Wappen, links oben ein Memento mori mit steno-grammartigen Daten seines Lebens: R. D. Casparus Ulenberg, Lippiensis, Theol. Licentiat. Pastor S. Columbae et Regens Gymnasij Lauren. Obijt an. Dm. 1617. die 16 Febr. aetatis suae anno 69 (Der hochwürdige Herr Kaspar Ulenberg aus Lippstadt, der Theologie Lehrbeauftragter, Pfarrer an Sankt Kolumba und Regens des Gymnasiums Laurentianum, starb im Jahr des Herrn 1617 am 16. Fe-bruar, im 69. Jahr seines Lebens). - Das Bild wurde 1979 von H. Schwarz restau-riert.- Vergleiche: Porträtkatalog Nummer 1866; Greven. Die alte Kölner Uni-versität und die Kunst, 1935, Seite 29, Nummer 71.

Kölnisches Stadtmuseum HM 1912/303

Kaspar Ulenberg

Ölbild, 17./18.Jahrhundert, 100 mal 70 cm in geschweiftem Rahmen
Gymnasial- und Stiftungsfonds Köln

Der Universitätsrektor

Kaspar Ulenberg, Ölbild, 17. Jahrhundert, im Ornat des Kölner Universitätsrek-tors.
Diözesan-Museum Köln

Ulenberg-Bibel

Sacra Biblia, Das ist / Die gantze H. Schrifft / Alten und Newen Testaments / Nach der letzten Römischen Sixtiner Edition / auß befehl des Hochwirdigsten / Durch-leuchtigsten Fürsten und Herren / Herren Ferdinanden / Ertzbischoffen zu Cöln und Churfürsten / etc. mit fleiß ubergesetzt / Durch Den Ehrwürdigen und Hoch-gelehrten Herren Casparum Ulenbergium Lippiensem. der H. Schrifft Licentia-ten / Pastorn zu S. Columben in Cöln; auch ubersehen durch Die insonder hierzu verordnete der H. Schrifft Doctorn / in der weitberümpter Universitet daselbst. Gedruckt zu Cöln / in der Quenteleyen / Durch Johannem Kreps. Im Jar M.DC.XXX. -Altes Testament: DLXXVIII (578) Blätter, Neues Testament:

Kaspar Ulenberg (Katalog-Nr. 112)

Ulenberg-Autograph (Katalog-Nr. 116)

CLXIX (169) Blätter, Illustrationen von Tobias Stimmer und Christoph Murer. Aufgeschlagen: ›Die offenbarung des H. Joannis, Das VI. Capitel‹. - In dieser Ulenberg-Bibel besaß der deutsche Katholizismus erstmals eine Bibel, die neben der Luthers bestehen konnte. Sie wurde immer wieder aufgelegt und blieb als ›Mainzer Katholische Bibel‹ bis zum Beginn dieses Jahrhunderts im katholischen Deutschland maßgeblich.
Rheinische Privatbibliothek

116

Ulenberg-Autograph
In: Capitula Bibliae Sacrae (Überschriften zu den Kapiteln der Heiligen Schrift); Handschrift, zwischen 1558 und 1580 entstanden, 1585 aus dem Besitz des Petrus de Steinweg, Kanonicus an Sankt Kunibert zu Köln, in den Besitz des Kaspar Ulenberg übergegangen. Auf der ersten Seite steht von dessen Hand: ›Donum venerabilis doctissimi adque humanissimi viri domini Petri de Steinweg Canonici ad S. Cunibertum. Anno 1585 Kalendis Iulii. / Casparus Ulenbergius Lippiensis‹ (Geschenk des hochwürdigen hochgelehrten gütigen Mannes, Herrn Peter von Steinweg, Kanonikers an Sankt Kunibert. 1. Juli 1585. Caspar Ulenberg aus Lippstadt). - 327 Seiten, Quarto.
Stadtarchiv Köln GB 183

117

Ulenbergs Konversion
Erhebliche und wichtigen Ursachen, warumb die altgleubige catholische Christen bey dem alten wahren Christenthumb bis in ihren Tod bestendiglich verharren ... durch Casparum Ulenbergium. Köln: Gerwin Calenius & Erben Joh. Quentel 1589. 700 Seiten Quarto
Universitätsbibliothek Düsseldorf Syst.Th.III.464

118

Reformatoren-Portraits
Historia de vita, moribus, rebus gestis, studiis ac denique morte praedicantium Lutheranorum, Doct. Martini Lutheri, Phil. Melanchthonis, Matthiae Flacii Illyrici, Georgii Maioris et Andreae Osiandri. Autore Casparo Ulenbergio. Köln, Bernhard Wolter 1622. -Zwei Bände, 656 Seiten und 566 Seiten, Ocvato
Universitätsbibliothek Düsseldorf K.G.413

Ulenberg-Bibel (Katalog-Nr. 115)

119

Der Psalter
Die Psalmen Davids in allerlei Teutsche gesangreimen bracht: Durch Casparum
Ulenbergium Pastorn zu Keiserswerd / und Canonichen S. Switberti daselbs ...
Gedruckt zu Cöln durch Gerwinum Calenium und die Erben Johan Quentels / im
Jahr M. D. LXXXII.
Heinrich-Heine-Institut Düsseldorf

120

Der Psalter - vierstimmig
Die Psalmen Davids, wie die hierbevor in allerlej art Reymen und Melodejen
durch Herrn Casparum Ulenbergium in Truck verfertigt ... mit 4 Stimmen zu ge-
richtet: durch Cunradum Hagium Rinteleum ... musicum. - Düsseldorf 1589:
Bernhard Buyß, Octavo. - Hagius widmete seine vierstimmige Vertonung der
Psalmen ›seinem großgünstigen Herrn und Freund‹ Kaspar Ulenberg.
Universitätsbibliothek Düsseldorf S. A II - Qq 2

121

Sieben Bußpsalmen
In septem psalmos poenitentiales simplex et dilucida paraphrasis... Addita est et
psalmi XC paraphrasis... Per Casparum Ulenbergium Lippiensem... Coloniae,
apud Gervinum Calenium et haeredes Joannis Quentelii, anno MDXCI. ›Und ist
beinah kein ding, das einem büßenden sünder notwendig sein mag, dazu diese
psalmen nicht anweisung thun.‹ (Ulenberg).
Diözesan- und Dombibliothek Köln Aa 1327

122

Der Übersetzer
Kurtze Chronick oder Beschreibung der vornembsten Händel, so sich ... fast in
der gantzen Welt zugetragen ... vom Jar 1500 bis zum Jar 1584 ... Durch Micha-
elem von Isselt ... in Latein beschrieben und nun trewlich verteutscht durch Casparum Ulenbergium ... Cöln: Calenius & Quentel 1589, 512 Blatt, Octavo.
Diese Chronik war vom Kölner Kartäuser Laurentius Surius lateinisch begonnen
und von Michael von Isselt, dem Historiographen des Kölnischen Kriegs, fortgesetzt worden.
Universitätsbibliothek Düsseldorf D. Sp. G. 165

123

Vorläufer des Güldenen Tugend-Buchs
Trostbuch für die krancken und sterbenden. Oder Bericht, wie man die krancken und sterbenden ermanen, trösten, auffrichten, stercken, auch auff allerley fürfallende sachen berichten, und ihnen zum seligen sterben behilfflich sein soll; mit vielen dazu dienlichen andechtigen gebeten; Darinn auch von dem gefehrlichen mangel der Kleinmütigkeit gehandelt wird, mit anzeigung, wie man verhüten möge, das die Kleinmütigen nicht endlich in den Abgrund der Verzweivelung ersincken; Gestellet durch Casparum Ulenbergium Lippiensem, Pastorn und Canonichen zu Sant Cuniberts in Cöln. Gedruckt zu Cöln, durch Arnoldum Quentel, im Jar MDXCVI; 916 Seiten Octavo. -Ulenbergs Trostbuch erlebte alle zehn Jahre bis ins 18. Jahrhundert Neuauflagen; es genoß die gleiche Beliebtheit wie Spees Güldenes Tugend-Buch
Universitätsbibliothek Düsseldorf Pr. Th. 2365 (Rara)

124

Der Kontrovers-Theologe
Antwort auff Joannis Badij vermeinte Warnung und Gegenbericht, von dem Gespräch, das zu Cöln im jar 1590, den 10 und 11 Aprilis, zwischen ihm, und Casparo Ulenbergio gehalten worden. Mit einer angehengten Protestation auff das gifftige Lesterbuch Georgij Nigrini, das er auch wider gemeldten Casp. Ulenbergium nechsthin ausgehen lassen ... Alles zu rettung der warheit gestellet, durch Casparum Ulenbergium ... Gedruckt zu Cöln, durch Gerwinum Calenium, und die Erben Johan Quentels, Anno MDXCII. -Aufgeschlagen: Christliche Erinnerung an die gantze gemeine Burgerschaft der herrlichen weitgerümpten Reichstatt Cöln.
Rheinische Privatbibliothek

125

Streit mit Johann Badius
Summaria descriptio privati cuiusdam colloquii quod hoc anno MDXC.X. et XI. Aprilis habitum est Coloniae inter Casparum Ulenbergium sacerdotem catholicum et Joannem Badium Rodingensem, ministrum Calvinianum ... In lucem edita, per eiundem Casparum Ulenbergium Lippiensem ... Coloniae, apud Gervinum Calenium et haeredes Quentelios. Anno MDXC. 66 Seiten Octavo.
Diözesan- und Dombibliothek Köln Ab 420

126

Die Komtessen von Lülsdorf
Auf seinen Missionswegen wurde Spee im Frühjahr 1628 von Köln aus nach Lülsdorf am Rhein, gegenüber Wesseling, geführt. Hier geriet er mit dem Komman-
danten und seiner Familie, besonders mit den drei Töchtern des Hauses, in Reli-
gionsgespräche. Seine adlige Erscheinung und sein vornehmes, aber bestimmtes
Auftreten muß auf die jungen Damen einigen Eindruck gemacht haben. Kurz:
Sie baten den Pater beim Abschied, ihnen das alles, was er vom katholischen
Glauben gesagt und erklärt hatte, doch auch noch schriftlich mitzuteilen. Spee
kam dem Wunsch nach, und so sind wir im Besitz von zwei köstlichen Missions-
Briefen, die der Pater von Köln aus nach Lülsdorf sandte. Der Spee-Biograph Johann Baptist Diel S. J. bekam eine ›allem Anscheine nach von weiblicher Hand
angefertigte Abschrift‹ in den frühen siebziger Jahren des vorigen Jahrhunderts
vom Bearbeiter des Nachlasses von Gottfried Wilhelm Leibniz (1646-1716),
Onno Klopp, und veröffentlichte sie erstmals in der Jesuiten-Zeitschrift ›Stimmen aus Maria Laach‹ (Band 6, Freiburg 1874, Seite 184 ff.). - Aufgeschlagen:
Beginn des ersten Briefs Spees an die drei Fräulein Schwestern von Stein, Jakobe, Gertrude, Maria Elisabeth. Anno 1628
Rheinische Privatbibliothek

127

Die Sankt-Ursula-Sodalität
(vergleiche Essay-Teil Anton Arens: Die Kölner Frauengemeinschaft St. Ursula . . .; zum selben Thema Matthäus Bernards: Kölns Beitrag zum Streit um die
religiöe Frauenfrage im 17. Jahrhundert in Annalen des Historischen Vereins für
den Niederrhein, Heft 177, Bonn 1975). - Unter Anleitung der Jesuiten hatte sich
in Köln schon früh eine Katechetinnen-Sodalität herangebildet, die sich nach der
Stadtpatronin Sankt Ursula benannte. Überliefert sind Nachrichten über Gründung und Geschichte dieser Katechetinnen-Gesellschaft. Das erste Buch beschreibt den Zeitraum von 1608 bis 1648. Es handelt sich um eine Papierhandschrift in Folio. - Aufgeschlagen: Blatt 8 recto § 16 ›Gesellschaft etlicher frommer
gottverlobten personen‹; dieser Ausdruck erinnert an die Zielgruppe des Güldenen Tugend-Buchs, die Spee als ›andechtige, fromme, doch verstendige Seelen‹
bezeichnet.
Stadtarchiv Köln GA 222

Balthasar ... ... (handwritten)

Antwort auff Joannis

Badij vermeinte Warnung vnd Gegenbericht/ von dem Gespräch/ das zu Cöln im jar 1590/ den 10 vnd 11 Aprilis, zwischen ihm/vnd Casparo Vlenbergio gehalten worden.

Mit einer angehengten Protestation auff das gifftige Lesterbuch Georgij Nigrini, das er auch wider gemeldten Casp. Vlenbergium nechsthin ausgehen lassen.

Darin vnter andern auch diese Fragen disputiert werden:

I. Ob die Caluinisten warhafftig zu der Augsp. Confession gehören?

II. Ob ein Christ mehr zu gleuben schüldig sey/ den die natürliche vernunfft erreichen vnd begreiffen kan?

III. Ob der alten Vätter meinung gewesen/das im H. Sacrament des Altars nur brot vnd wein/vnd nicht der ware leib vnd blut Christi wesentlich zugegen sey?

IIII. Ob in streitigen glaubens sachen ein höher mittel vonnöten sey/ den waren verstand der H.Schrifft zuerkennen/ den Collatio locorum, die gegeneinander haltung der Schrifft?

V. Ob für Lutheri zeiten/die Römische vnd Christliche Kirche/für zwo widerwertige Kirchen/oder nur für eine zuhalten?

Alles zu rettung der warheit gestellet/
Durch
Casparum Vlenbergium Lippiensem, Pastorn vnd Canonichen zu S.Cuniberts in Cöln.

Gedruckt zu Cöln/ durch Gerwinum Calenium/ vnd die Erben Johan Quentels. Anno M. D. XCII.
Mit Röm. Keys. Mayt Gnad vnd Freyheit.

Antwort auff Joannis Badii … (Katalog-Nr. 124)

128

Die maßgebliche Handschrift
(vergleiche Essay-Teil Günther Dengel: Einübung ins christliche Leben). - Von
der für die historisch-kritische Ausgabe maßgeblichen Abschrift des Güldenen
Tugend-Buchs im Heinrich-Heine-Institut weiß man nicht, wie und wann sie nach
Düsseldorf gelangte. Nach Theo van Oorschot stammt sie wahrscheinlich ›aus
den Beständen des Düsseldorfer oder des Essener Jesuitenkollegs‹. Das Manuskript ist eine Abschrift des Originals, um 1640 entstanden und fast ganz von einer
Hand geschrieben. Es besteht aus 334 Blättern und sieben nicht nummerierten
Blättern aus Papier. Das Güldene Tugend-Buch Friedrich Spees ist ein Höhepunkt frühbarocker Aszese-Literatur; in Aufnahme der ›Nachfolge Christi‹ des
Thomas von Kempen und der ›Geistlichen Übungen‹ des Ignatius von Loyola,
wahrscheinlich auch des ›Trostbuchs für die Kranken und Sterbenden‹ von Kaspar Ulenberg, faßt es diese Werke nicht nur genial zusammen, sondern weist
weit darüber hinaus ins Mystische. Zugleich ist das Güldene Tugend-Buch wohl
als Katechese-Anleitung für die Kölner Ursula-Sodalität zu verstehen. Handschrift in Octavo.
Heinrich-Heine-Institut Düsseldorf B 128

129

Güldenes Tugend-Buch
Der erste Druck des Güldenen Tugend-Buchs entstand 1649. Herausgeber war
der Kölner Spee-Schüler und Verleger Wilhelm Friessem. Theo van Oorschot
weist in seiner historisch-kritischen Ausgabe des Werks (München 1968) nach,
daß die Druck-Ausgabe manche entstellende Redaktion seitens der Ordenszen-
sur über sich hat ergehen lassen müssen. - 36 nicht nummerierte Seiten, 774 nummerierte und sechs nicht nummerierte Seiten, Octavo. Aufgeschlagen: Frontispiz
Universitätsbibliothek Düsseldorf D.Lit.272

130

Nachfolger des Güldenen Tugend-Buchs
Christliches Andächtiges Jahr... von Reverendo Patre Ioanne Suffren, Priester
der Societät Iesu in Französischer Sprach beschrieben, Nachmahlen durch R. P.
Melchior Breidenbach auß gemelter Societät verteutscht, vier Bände. Cölln, in
Verlag und Truckerey Wilhelm Friessems... Anno MDCLVIII. - Nach dem über-
ragenden Verkaufserfolg des Güldenen Tugend-Buchs mühte sich Spee-Verle-

GÜLDENES TUGEND-BUCH,

Das ist,

Werck vnd Übung der dreyen Göttlichen Tugen:
den, des Glaubens, der Hoffnung, vnd der Liebe.
Allen Gott-liebenden, andächtigen, frommen Seelen vnd son:
derlich den Kloster- vnd Welt-geistlichen Personen sehr nütz:
lich zu gebrauchen.

Zum Andächtigen Leser,

Von außtheilung dises Buchs.

Weil dises Buch nur für andächtige, fromme, doch verstendi:
ge Seelen, nicht aber für sehr gelehrte vnd hohe gemüter be:
schrieben ist; als wolle dißmitt ein ieder gelehrter vnd scharpf:
sinniger leser, da etwan auch ein solcher vngefahr oder disen
Tractat kommen wurdt, gantz freundlich gebetten sein, er
nicht erfordern wöll, daß auch ihme vnd seines gleichen, so
wol in der Materi, als in der art, vnd manier zureden,
in allen stucken ein genügen geschehe: sondern da etwan die:
ses, oder ienes ihme misfallen mögte, Dasselbig
günstig vbersehen, vnd gedencken, daß es gewißlich andern al:
so gefallt; in maßen ich weiß, vnd erfahren habe.

Was dan nun die abtheilung oder ordnung dises Buchs
betrifft; soll es drey Theil haben, weil es ie auch von den
dreyen göttlichen Tugenden handlen wird, nemlich von dem glau:
ben, Hoffnung, vnd der Liebe gottes.

Güldenes Tugend-Buch, Düsseldorfer Handschrift (Katalog-Nr. 128)

ger Friessem (vergleiche Heinz Fingers Arbeit über ihn in der SPEE-POST 3, März 1991) immer neue asketische Literatur auf den Markt zu werfen. So ließ er auch die Erbauungsbücher des französischen Jesuiten Jean Suffren von dessen Kölner Ordensbruder Melchior Breidenbach übersetzen. - Aufgeschlagen Titelseite des ersten Bands
Rheinische Privatbibliothek

131

Garten der christlichen Seele
Zu der Zeit, als Spee sein Güldenes Tugend-Buch schrieb, kam in Köln das Erbauungsbüchlein ›Paradisus Animae‹ seines Zeitgenossen Jacob Merlo aus Horst (Gelderland) heraus. Diese fromme Schrift des Pfarrers von Maria im Pesch erlebte seit 1630 in Köln ungezählte Auflagen. - Paradisus Animae Christianae … Studio et Opera Jacobi Merlo Horstii Ecclesiae Beatae Mariae Virginis in Pasculo Pastoris. Col. Agrippinae, Sumpt. Ianssonii Waesbergii Anno 1732. Octavo. - Aufgeschlagen Seite 540: Der Tod - tägliche Erfahrung in Pest- und Kriegszeiten
Rheinische Privatbibliothek

132

Nochmals: die Fürstenhochzeit
Das Güldene Tugend-Buch ist nach den drei göttlichen Tugenden in drei Hauptabteilungen eingeteilt: Glaube, Hoffnung und Liebe. Friedrich Spee hat mit wachen Augen auch Heimatgeschichte darin verwoben. Eines der augenfälligsten Beispiele dafür ist die Beschreibung, die er im neunten Kapitel der Abteilung Hoffnung liefert. Der Leser bekommt den Eindruck, Spee beschreibe hier die berühmte Düsseldorfer Fürstenhochzeit von 1585, die der Jülich-Klevisch-Bergische Hofschreiber Theodor Graminaeus in einem von Hogenberg gestochenen Prachtwerk auf die Nachwelt überlieferte. Wenn man Spees begeisterte Schilderung von fürstlichen Festivitäten liest, ist man davon überzeugt, daß der Autor das Werk des Graminaeus gekannt haben muß. ›Du hörest eine kutschen über die gassen kommen, sampt einem Trommeter, und beyhabender schönen Reuterey: da verstehestu, es seyen alle gäst, so zur hochzeit ziehen. … Item du siehest einen mächtigen pracht, auffzug, schawspill, oder dergleichen an einem Furstlichen hoff. Du hörest die Trommelen, pfeiffen und Trommeten. … Item du sihest einen mächtigen fürstlichen Pallast, ein schönes hauß, schönen lustgarten, schöne gemähl, teppich, kleinodien, reichthumb.‹ (GTB Seite 179 ff.) - Spees Worte finden eine genaue Entsprechung in dem Graminaeus-Text, vor allem aber in den Stichen Hogenbergs. Es liegt nahe, daß Spees Eltern an der Düsseldorfer Für-

stenhochzeit teilgenommen haben; gewiß haben sie sich als bleibende Erinnerung das Buch des Graminaeus gekauft; und der Knabe Spee wird oft in diesem
die kindliche Phantasie beflügelnden Werk geblättert haben: ›Hastu aber wol ie
... ein königliche oder käyserliche hochzeit gesehen? Hastu wol ie davon gehöret
oder gelesen, wie prächtig sie ieweilen von mächtigen potentaten der welt gehalten worden seind? Als nemlich, wie will wochen, oder monaten sie tag und nacht
an einem stuck gewehret haben? Was man darzu für stattliche zelten, auß lauter
gewirckter seiden, sammet, golt, und silberstuck ... angeschlagen habe? ... Was
auch für fremde Fürstliche däntz gehalten worden seind; was fur unerhörte
schawspiel und comedien; was für liebliche schone feur- und wasserwerck; dann
auch ritterliche turnier, quintan- und ringelrennen, sampt den manigfältigen in-
ventionen der auffzug, und unaußsprechlichen anderen pomp, herrlichkeit und
frewden, davon auch gantze bücher beschrieben seind.‹ Man kann jeden Satz aus
der ›Fürstenhochzeit‹ illustrieren. (GTB Seite 207) Vorliegende Ausgabe GTB,
Köln 1666.
Universitätsbibliothek Düsseldorf D. Lit. 273

133

Kelch aus der Spee-Zeit
Dieser vergoldete Silberkelch von 1620/30, getrieben, graviert, stammt wahrscheinlich aus Köln; er ist 22,5 cm hoch. Die Marken Bz sind unvollständig, Mz
verschlagen und nicht mehr zu deuten. Der sechspassige zweimal abgestufte Fuß
hat einen profilierten Stehrand; in den Pässen graviert ein Kreuz, flankiert von
zwei halbfigurigen Heiligen in priesterlicher Kleidung (einer davon mit Buch und
Christusmonogramm ist höchstwahrscheinlich Ignatius von Loyola), das Christusmonogramm wird flankiert von je einem knienden Engel; der Vasennodus ist
dekoriert mit geflügelten Engelsköpfen (formal den Kölner Ciborien von W. De-
derichs vergleichbar, Kat. Bonn, Nr. 19,20) Glatte (erneuerte?) Kuppa. - Ausstellung: Frommer Reichtum in Düsseldorf, Kirchenschätze aus zehn Jahrhunderten, 16. September bis 22. Oktober 1978 im Stadtgeschichtlichen Museum
Düsseldorf
St. Andreas Düsseldorf

134

Canisius-Kelch
Henrich Ernst (von I. Büchner, Ms Landeskonservator Rheinland 1958/61 identifiziert) schuf 1658 in Düsseldorf diesen Kelch. Das 24,5 cm hohe vergoldete Sil-
bergerät, getrieben, gegossen, besitzt farbige Steine und eine Fußgalerie. Knauf

und Kruzifix stammen wohl aus dem Anfang des 16. Jahrhunderts. Marken: Bz Scheffler 271, Mz Scheffler 334. -Der achtpassig gestufte Fuß ist mit einem Stehrand versehen; er ist auf der hohen gewölbten Zarge mit stilisierten, breitlappigen, paarweise angeordneten Akantusblättern geschmückt; unter dem Fußrand befindet sich eine stark abgeriebene Inschrift: ›renouatus sumptibus … H… fahr 1658. Theodorus Hamer Scholasticus V…‹; Auf einen der Pässe ist ein gegossener Kruzifix aufgelegt; am Fußansatz in einem offenen achtseitigen Galeriegeschoß, von Engeln gekrönt, stehen acht gegossene Heiligenstatuen. Auf dem achtkantigen von Ornamenten geschmückten Schaft ein breiter flachrunder Nodus mit acht rautenförmig gefaßten farbigen Steinen. Die glatte Kuppa liegt in einem kleinen gitterförmigen Kuppakorb mit gekordeltem Draht und abschließendem Rankenfries. Kruzifix, Figurengalerie und Knauf wurden aus einem Kelch des beginnenden 16. Jahrhunderts wiederverwandt. Der Überlieferung nach benutzte diesen Kelch der heilige Petrus Canisius während seines Düsseldorfer Aufenthalts in der Lambertuskirche. -Ausstellung: Frommer Reichtum in Düsseldorf, Kirchenschätze aus zehn Jahrhunderten, 16. September bis 22. Oktober 1978 im Stadtgeschichtlichen Museum Düsseldorf.
St. Lambertus Düsseldorf

135

Vom Meister mit der Schlange
Dieser 21 cm hohe Düsseldorfer Kelch aus der ersten Hälfte des 17. Jahrhunderts ist aus Silber, vergoldet, getrieben, graviert und punziert. Marken: Bz Scheffler 273, Mz Scheffler 331. -Der Kelch hat einen Achtpaßfuß mit Stehrand und ornamentierter Zarge. Auf den Pässen befinden sich in Blattkränzen das Kreuz mit den Arma Christi, die Monogramme Christi und Mariens sowie das Agnus Dei im Wechsel mit geflügelten Engelsköpfen unter Baldachinen. Die Passionssymbole in den Zungen des wulstigen Knaufs sind zum Teil undeutlich. Die glatte Kuppa hat einen hohen Korb, den geflügelte Engelsköpfe zwischen Schweifwerk zieren; er ist typologisch in gotischer Tradition verwurzelt, lediglich die Dekoration des Fußes und der Kuppa entsprechen der Entstehungszeit. -Ausstellung: Frommer Reichtum in Düsseldorf, Kirchenschätze aus zehn Jahrhunderten, 16. September bis 22. Oktober 1978 im Stadtgeschichtlichen Museum Düsseldorf.
St. Andreas Düsseldorf

136

Strahlenmonstranz der Jesuiten
Dieses Prunkstück, von Henrich Ernst aus Düsseldorf um 1660 geschaffen, besteht aus vergoldetem Silber, das getrieben, gegossen und punziert wurde. Mar-

318

Antwort. Ich hoffe es gantz vertrewlich
vñ stehet mir anders nicht vor/als das ich
da werde eingelassen werden. Seufftzer.

2 Frag.

Da recht mein kind/du magst aber wol
frolocken/ vnnd für frewden jubiliren/
wan du d;eine glückseligkeit bedenckest/ daß
dich GOtt in diese Statt geladen hat zur
hochzeit des Lambs/(b) welche in alle ewigkeit wird wehren.

Dan sage mir/wie sprunge dir das hertz/
wan du jrgentwo zu einer Hochzeit gehen
soltest?wie warestu voller frewden? du kön-
test ja nicht schlaffen vor grossem verlan-
gen/biß der tag herbey kame.

Vnd/o mein Gott/was wird die hochzeit Gottes wol ein ander hochzeit sein/als
alle hochzeiten der menschen? solches must
du ja bekennen?

Antwort. Ich muß freylich. Seufftzer.

3 Frag.

Hastu aber wol je dein lebenlang alhie
auff erden / eine Königl. oder Keyserliche
hochzeit gesehen? hastu wol je darvon gehöret oder gelesen/wie prächtig sie jeweilen
von mächtigen Potentaten der welt gehal-
(b) Apocal. 19.   ten

ten worden seind?als nemblich:wie vil wo-
chen/oder monaten sie tag vnd nacht an
einem stück gewehret haben?was man darzu für statliche zelten/auß lauter gewirck te-
seiden/sammet / gold-vnd silber-stück/ etwan auch in offenem weitem Feld angeschlagen habe?

Wie alle gefäß vnd geschier/ ja auch ruh-
bettlein / tisch-vnd Tafflen auß lauterem
silber / gold vnd mit edelgesteinen versetzt
gewesen seind?

Was für frembde trachten/vnd schaw-
essen auffgetragen worden / von allem ge-
vögel des Luffts / von Fischen des meers/
vnd Gethier der Erden?was köstliches vn-
terschiedliches getränck?

Was außerlesene/schier vnerdenckliche
Music von trompeten/herpaucken/posau-
nen/hörneren / pfeiffen vnnd allerhand
newen frembden seiten-spielen/vnd sonst
vnzahlbaren Instrumenten/sampt den lebendigen stimmen der menschen/der Sänger vnd sängerinnen?

Was auch für frembde Fürstliche däntz
gehalten worden seind; was für vnerhörte
schawspiel vnd comedien;was für liebliche
schöne

Spees Beschreibung einer Fürstenhochzeit (Katalog-Nr. 132)

Kelch (Katalog-Nr. 135)

Monstranz (Katalog-Nr. 136)

ken Bz Scheffler 271, Mz Scheffler 334 (verschlagen). -Die 76 cm hohe Monstranz, wahrscheinlich die älteste im Rheinland, ist beidseitig gearbeitet. Der breite, aus einer Rechteckform entwickelte hochansteigende Fuß ist seitlich mit zwei plastischen Engelsköpfen besetzt und mit stilisiertem Blattfries, Trauben und Ährenbündel dekoriert. Das herzförmige Schaugefäß wird von einem flachgewölbten Fries aus Ranken, Rosetten, applizierten Blümchen und opaken blauen Steinen umgeben; die reich mit geschliffenen Steinen geschmückte Lunula wird von zwei Engelputti auf Wolken gehalten. Unter der Lunula-Öffnung befindet sich ein geflügelter Engelkopf über einer Blattmaske. Der große sternenbesetzte Strahlenkranz mit wechselnd welligen und geraden Zacken ist reich mit Weintrauben und Ährenbündeln dekoriert. Über der Schau-Öffnung ist ein ovales Medaillon mit Gottvater in Wolken beziehungsweise Muttergottes (Rückseite). Die heilige Taube bringt eine stilisierte Krone aus vier Volutenbügeln und trägt gleichzeitig das bekrönende Kreuz. Sechs Medaillen aus der Mitte des 17. Jahrhunderts bis in die 20er Jahre des 18. Jahrhunderts sind angehängt. -Ausstellung: Frommer Reichtum aus Düsseldorf, Kirchenschätze aus zehn Jahrhunderten, 16. September bis 22. Oktober 1978 im Stadtgeschichtlichen Museum Düsseldorf.
St. Lambertus Düsseldorf

137

Schwarze Kapelle
Pluviale, Kasel, zwei Dalmatiken, nach der Mitte des 17. Jahrhunderts. - Pluviale: Cappa 46 cm hoch (mit Fransen), 46 cm breit, Stabbreite 22,5 cm; alte Schließen (deren Ornamente stilistisch den Ornamenten von Henrich Ernst folgen); neuer schwarzer Samt anstelle von schwarzer Rippsseide, die bei den Stäben noch vorhanden ist; reich mit Silber- und Goldlahn in verschiedenen Techniken (Spreng-, Abhefttechnik und Bouillonstickerei) bestickt; dichte gegenläufig stilisierte symmetrische Ranken, die vereinzelt durch Vasen als Mittelmotiv bereichert sind. - Ausstellung: Frommer Reichtum in Düsseldorf, Kirchenschätze aus zehn Jahrhunderten, 16. September bis 22. Oktober 1978, Stadtgeschichtlichen Museum Düsseldorf
St. Andreas Düsseldorf

138

Der Ordensgründer
Der spanische Offizier Ignatius von Loyola (1491-1556) gründete in Paris Mitte der dreißiger Jahre des 16. Jahrhunderts den Jesuitenorden. Sein theologischer Grundgedanke war eine Wende zur Welt, weil in ihr Gott gefunden werden könne. So stellte er einen engen Zusammenhang von Kirche, Geist und Welt her.

Ignatius von Loyola (Katalog-Nr. 138)

Der Orden entwickelte sich zur schärfsten katholischen Waffe gegen die Reformation. In der gesamten zivilisierten Welt strömte ihm die geistige Elite der Jugend zu. Daher nimmt es nicht Wunder, daß sich zu Beginn des 17. Jahrhunderts auch der junge Adlige Friedrich Spee von Langenfeld für die Ideen des 1622 heiliggesprochenen Ordensgründers begeisterte. - Silberfigur des Ignatius, wahrscheinlich aus der Jesuitenwerkstatt Köln, vom Ende des 17. Jahrhunderts. Sie besteht aus getriebenem Silberblech auf Holzkern, die Nimben sind aus vergoldetem Blech. Die Figur ist 90 cm hoch, ohne Marken. Sie zeigt Ignatius in Jesuitentracht in bewegtem Kontrapost. Er richtet den Blick in die Höhe; in der erhobenen Rechten hält er einen Strahlenkranz mit dem Monogramm Christi; die Linke, den Mantelzipfel hochhebend, ist vor die Brust gelegt und unterstreicht die Aufwärtswendung des Hauptes. Der schmale Kopf mit dem ekstatischen Ausdruck ist von einem Strahlenkranz hinterfangen. - Ausstellung: Frommer Reichtum in Düsseldorf, Kirchenschätze aus zehn Jahrhunderten, 16. September bis 22. Oktober 1978, Stadtgeschichtliches Museum Düsseldorf
St. Andreas Düsseldorf

139

Jesuiten-Stammbaum
Das ›Horoscopium catholicum Societ. Iesu.‹ von Athanasius Kircher (1601 bis 1690), dem großen Astronom und Mathematiker des Jesuiten-Ordens zur Spee-Zeit, einem der bedeutendsten Gelehrten des 17. Jahrhunderts überhaupt, mag man heute als eine Spielerei des großen Mannes abtun; aber es spiegelt rührend seinen Stolz und seine Liebe zum Jesuiten-Orden. Kircher sieht den Orden als einen Baum, von dem Zweige und Äste in alle Erdteile reichen, ein bezeichnendes Beispiel für das Selbstverständnis der Jünger des Ignatius von Loyola, welches gewiß Friedrich Spee mit Kircher teilte. Das ›Horoscopium‹ ist enthalten in Athanasius Kircher: Ars magna Lucis et Umbrae, in X Libros digesta. ... Amsterdam, Janssonius van Waesberge, 1671. Folio.
Antiquariat Hans Marcus, Düsseldorf

140

Jesuiten-Meßbuch
Der Silber-Einband der Kölner Jesuiten um 1620 ist getrieben, graviert und ziseliert und trägt das Meisterzeichen HR (wohl Heinrich Rosenberg), 24 x 27 cm. Vorder- und Rückseite sind gleich gestaltet. In der Triumphbogenarchitektur stehen auf der Vorderseite Christus und auf der Rückseite die Gottesmutter. Engel halten über dem Gottessohn das Christusmonogramm, gleichzeitig das Zeichen der Jesuiten, auf der anderen Seite Maria das Marienmonogramm. Auf die Ar-

chitektur sind Kartuschen mit Brustbildern von Heiligen gesetzt. Auf der Vorderseite links neben Christus Ignatius von Loyola, der Gründer des Jesuitenordens, und rechts Franz Xaver, der Weggenosse; im Sockel Aloysius, Achatius und Stanislaus. Auf der Rückseite Maria, begleitet von Katharina und Ursula; im Sockel Caecilia, Monika und Agnes. Der Einband stammt aus der Pfarrei St. Mariä Himmefahrt und ist eine Leihgabe an das Diözesanmuseum. -Vergleiche W. Schulten, Kostbarkeiten in Köln, Köln 1978, Seite 117. - Katalog Kurköln - Land unter dem Krummstab, Kevelaer 1985, Seite 212
Diözesan-Museum Köln

141

Der Apostel Indiens und Japans

Franz Xaver (1506-1552), der Apostel Indiens und Japans, war einer der Jesuiten, die Friedrich Spee am tiefsten verehrte (vergleiche sein schwärmerisches Lied ›Poetisch gesang von dem H. Francisco Xauier der geselschafft IESV, als er in Jappon schiffen wolte‹, TN, Seite 94 f.)). Wahrscheinlich stammt diese Figur aus der Jesuitenwerkstatt Köln, Ende 17. Jahrhundert; sie ist aus Silberblech auf Holzkern getrieben, 92 cm hoch (110,5 cm mit neueren Sockeln), ohne Marken. Der Heilige in Jesuitentracht steht auf einer Grasnarbe und hält in der erhobenen Rechten Buch und Stab, in der Linken ein Kreuz. Der schmale Kopf ist leicht angehoben. Das Erscheinungsbild der Statue ist seit der Restauration von C. A. Beumers 1893 stark verändert, die Sockel, Attribute, Nimben sowie der Mantel wurden erneuert. Wahrscheinlich gehört dieser Xaverius zusammen mit Aloysius von Gonzaga und Franziskus Borgia zu Ignatius von Loyola (siehe oben). - Ausstellung Frommer Reichtum in Düsseldorf, Kirchenschätze aus zehn Jahrhunderten, 16. September bis 22. Oktober 1978, Stadtgeschichtliches Museum Düsseldorf
Sankt Andreas Düsseldorf

142

Wohl- und Wundertaten

Gleich nach Franz Xavers Tod wird, vor allem aus dem italienischen Raum, von Wohl- und Wundertaten des Heiligen berichtet. Solche Berichte mehren sich wie in dem Büchlein ›S. P. Francisci Xaverii indiarum apostoli benefica et miracula ... facta. ... Antverpiae Apud Jacobum Meursium Anno MDCLVIII.‹ 265 Seiten, 2 unpaginierte Seiten, Klein-Octavo. -Aufgeschlagen Kupferstich des Heiligen von Fred. Bouttats
Rheinische Privatbibliothek

Kölner Trutz-Nachtigall
(Vergleiche Essay-Teil 1) Herbert Anton: Weltlicher und geistlicher ›Hertzenbrand‹ in Friedrich Spees ›Trutz-Nachtigal‹; 2) Anja Meinke: Friedrich Spees Naturmystik). - Spees ›Trutz-Nachtigall‹ (TN) ist die Ouvertüre der frühbarocken deutschen Dichtung. Die maßgebliche Handschrift, ein Autograph, liegt in Trier; aber auch Straßburg und Paris besitzen Handschriften. Abschriften liegen in Paris, Münster, Aarau (lateinische Übersetzung) und Köln. Vergleiche Theo G. M. van Oorschot in Friedrich Spee: ›Trutz-Nachtigall‹, historisch-kritische Ausgabe, 1. Band, Bern 1965, Seite 271 ff. -Auf der Kölner Handschrift ist der beschriebene Raum von roten Linien eingeschlossen. Die Überschriften sind rot unterstrichen, die Strophenanfänge durch ebenfalls rote Buchstaben gekennzeichnet. 218 Seiten in Klein-Octavo. - Aufgeschlagen ist die Titelseite.
Stadtarchiv Köln W 359

144

Der Erstdruck von 1649
Wilhelm Friessem, Kölner Verleger und einstiger Schüler Spees, brachte 1649 in seiner Werkstatt die erste Druckausgabe der ›Trutz-Nachtigall‹, zugleich mit der ersten Druckausgabe des ›Güldenen Tugend-Buchs‹, heraus. (Vergleiche van Oorschot aaO. Seite 291 ff.). Einigen Ausgaben gab der Verleger Notenblätter bei. In Friessems Verlagshaus erschienen 1654, 1660, 1664, 1672 und 1683 weitere TN-Ausgaben.. - Diese Ausgabe hat 341 Seiten, 3 nn, Klein-Octavo. - Aufgeschlagen Titelseite
Rheinische Privatbibliothek

‹Bey stiller Nacht …›
Der ›Trawrgesang von der Noth Christi am Oelberg in dem Garten‹ aus der TN gehört zu den ergreifendsten Fastenzeitlieder. Aufgeschlagen Seite 225, links die Noten, rechts der Beginn des ›Trawrgesangs‹
Universitätsbibliothek Düsseldorf 19 D.Lit.271

Titel-Vorbild
Herman Hugos ›Pia Desideria‹, libri III… Antverpiae Apud Henricum Artssens MDCXXXII ist ein emblematisches Meditationsbuch, dessen 29. Kupferstich das Vorbild für das Titelblatt der Straßburger Handschrift und der Druckausgabe

Jesuiten-Meßbuch (Katalog Nr. 140)

(Köln 1649 ff.) war. - Faksimile, 472 Seiten und 4nn, Octavo. - Aufgeschlagen
Seite 270
Rheinische Privatbibliothek

147

Verändertes Emblem

Ähnlich wie die ›Trutz-Nachtigall‹ erlebte auch Hugos ›Pia Desideria‹ zahlreiche
Ausgaben. Die Embleme veränderten sich dabei nur in Nuancen. Als Beispiel
dafür mag gelten eine Kölner Ausgabe von 1741: Coloniae Agrippinae, apud Wilhelm Metternich. - 417 Seiten, Klein-Octavo. - Aufgeschlagen Seite 252
Rheinische Privatbibliothek

148

Kasens Tagebuch

Die Regenten des Tricoronatums führten tagebuchähnliche Aufzeichnungen.
Eines dieser für die Kenntnis innerer Vorgänge an einer Jesuitenschule unverzichtbaren Tagebücher liegt uns heute noch vor, das Tagebuch des Paters Adam
Kasen SJ: Liber consuetudinum scholae Coloniensis S.J. - Papierhandschrift
1611-1637, 571 Blätter, Quarto. - Aufgeschlagen Seite 230 verso: Spee vertritt
1627/28 am Tricoronatum den erkrankten Pater Iberus Feken in der Metaphysik-Klasse.
Stadtarchiv Köln 981

149

Spee lehrt Moral

Schon in Paderborn hatte Spee begonnen, Moraltheologie zu lehren. Als er dort
Lehrverbot bekommen hatte und wieder in Köln weilte, versuchte der ihm vorgesetzte Pater Adam Kasen vergeblich, ihm an der Kölner Universität einen Lehrauftrag zu vermitteln: Spee war nicht in Köln promoviert worden. Dennoch
konnte er von Oktober 1631 an Casus-(Moral-)Vorlesungen für die Theologiestudenten des Ordens am Gymnasium Tricoronatum halten. Einer seiner Schüler
ist dort Hermann Busenbaum gewesen, der Spee am Anfang seiner berühmten
›Moraltheologie‹ ein herzliches Andenken widmet: Medulla Theologiae Moralis... Concinnata a R. P. Hermanno Busenbaum e Societato Iesu... Coloniae
Agrippinae Apud Ioann. Wilh. Friessem Anno MDCLXXX. - Aufgeschlagen
Vorwort (a3): Busenbaum nennt hier die Patres Hermann Nünning und Friedrich
Spee seine Lehrer und sagt, beide hätten eine Moraltheologie verfaßt.
Rheinische Privatbibliothek

326

Kasens Tagebuch (Katalog-Nr. 148)

Eine Moraltheologie
Vor einigen Jahren wurde im Kölner Stadtarchiv die Handschrift einer Moraltheologie aufgefunden, die auf dem pergamentenen Rücken Friedrich Spee als Verfasser auswies. Einige Zeit war die Forschung geneigt, in diesem Buch die Mitschrift jener Moral-Vorlesung Spees zu sehen, die von Busenbaum angesprochen worden war. Eingehende Untersuchungen von H. Weber (Trierer Theologische Zeitschrift 97, 1988, Seite 85-105) haben jedoch gezeigt, daß es sich in Wirklichkeit um die Mitschrift einer moraltheologischen Vorlesung des Paters Johannes Schücking handelt: Theologia Moralis, Handschrift auf Papier um 1635, 266 Blatt, Octavo. - Aufgeschlagen: Titelblatt
Stadtarchiv Köln GB 125

151

Der Hexenwahn
(vergleiche Essay-Teil 1) Gerhard Schormann: Hexenverfolgungen in Köln und am Niederrhein; 2) Jan Christoph Hauschild: Schmiervögel und Schmalzflügel).
Am Beginn des Hexenwahns, einer schrecklichen Erscheinung der Neuzeit, nicht des Mittelalters, steht die Hexenbulle des Papstes Innozenz VIII. ›Summis desiderantes affectibus‹ von 1484, in der das Oberhaupt der Christenheit den Befehl zur Inquisition zauberischer Personen erteilte: ›Summis desiderantes‹… in Heinrich Institoris und Jakob Sprenger: Malleus maleficarum, Nürnberg, Anton Koberger, 1496, CLIII Blätter, Octavo. -Aufgeschlagen: Beginn der Bulle
Universitätsbibliothek Düsseldorf Cult.G. 267 (Ink.)

Der Hexenhammer
Der berüchtigte ›Hexenhammer‹ (Straßburg 1487) ist das scheußliche Machwerk des Dominikaners und Inquisitors Heinrich Krämer, lateinisch genannt Institoris, der den Namen des damals in der Wissenschaft ausgewiesenen Ordensbruders Jakob Sprenger als Verfasser mit angab. Institoris war es auch, der die Hexenbulle veranlaßte, die Papst Innozenz VIII. dann nur noch unterzeichnen mußte. Institoris war schon früh als Inquisitor und gnadenloser Hexenverfolger bei den örtlichen Gerichten, die nach der damaligen Rechtsverfassung ziemlich autark waren, auf große Schwierigkeiten gestoßen. Mit der Hexenbulle verschuf er sich, nachdem zuvor einige Richter etliche von ihm der Hexerei angeklagte Frauen freigesprochen hatten, einen päpstlichen Rückhalt. Die Bulle gab ihm die

Erlaubnis, selbst Richter in solchen Hexenprozessen zu ernennen: Malleus maleficarum per Anthonium Koberger editus. Nürnberg 1494, 137 Seiten, Octavo. Vorbesitzer: Frater Johannes Broichhuisen
Diözesan- und Dombibliothek Köln Ja 80

153

Exorzismus-Gebetbuch
In den ersten Jahrzehnten des Hexenwahns zeichnete sich Köln durch eine liberale Haltung aus. Hier galt die Devise, es sei besser, für Hexen zu beten als sie zu verbrennen. Das geht hervor aus einem Kölnischen Exorzismus-Gebetbuch vom Ende des 15. Jahrhunderts. Es ist von fünf Händen auf Pergament geschrieben und weist den üppigen Buchschmuck mittelalterlicher Stundenbücher auf. Die Schreiber berufen sich oft auf die Dominikaner-Autoritäten in Sachen Exorzismus, Jakob von Hoogstraeten und Arnold von Tongern in Köln sowie auf Jakob Sprenger und Heinrich Institoris in Straßburg, ein Gutteil der berüchtigten ›Dunkelmänner‹, die der Humanismus (Crotus Rubianus, Ulrich von Hutten) mit Hohn und Spott überzog.
Diözesan- und Dombibliothek Köln Hs. 568

154

Das Hexenbüchlein
Der ›Hexenhammer‹ öffnete dem Hexenwahn die Schleusen. Allenthalben schossen Hexenbücher aus den Druckereien - so zwei Jahre nach Ersterscheinen des Institoris-Buchs das ›Hexenbüchlein / das ist / ware Entdeckung und Erklärung / oder Declaration fürnämlicher artickel der Zauberey‹ ... Costentz (Konstanz) Anno domini MCCCCLXXXIX. oder ›Hexen Meysterey deß hochgebornen Fürsten Hertzog Sigmunds von Osterreich mit D. Ulrich Molitoris und herr Cunrad Schatz / weiland Burgermeister zu Costentz / ein schön gesprech von den Onholden / Ob die selben bösen weiber / hagel / reiffen / und ander ongefell / den menschen zuschaden / machen können. Auch sunst ihrem gantzen Hexen handel / waher der kumpt / und was davon zuhalten sey / und zum letsten / das sie auß K. Rechten abzuthun seyen. ...‹ (Konstanz) Anno. MDXLIIII; beide angebunden an: ›Paradoxa Ducenta octoginta / Das ist CCLXXX Underred / und gleichsam Rhäterschafft aus der H. Schrift / so vor allem flaisch ungläublich und unwar sind / doch wider der gantzen welt wahn und achtung / gewiß und war. ...‹ Durch Sebastianum Francken / von Wörd. Bei Hans Varnier in Ulm, 1534. -Aufgeschlagen: Titel der ›Hexen Meysterey‹
Diözesan- und Dombibliothek Köln IV. 1360

155

Hexen in Köln und Trier

Der Kölner Ratsherr Hermann von Weinsberg (1518-1596), dessen Chronik ein farbiges Bild vom Köln des 16. Jahrhunderts gibt, stellt 1589 einen Vergleich zwischen Trierer und Kölner Hexenglauben an und urteilt hellsichtig über die gesellschaftlichen Motive des Hexenwesens: Die Sache mit der Zauberei, schreibt er, gehe über seinen Verstand. Er traue sich deshalb auch kein festes Urteil zu. Aber er höre doch, wie uneinig die Leute darüber seien. Etliche glaubten gar nicht daran, hielten die Zauberei und Hexerei für Phantasie, Träumerei, Tollheit, Dichtung, Verschlagenheit. Etliche Gelehrte und Ungelehrte glaubten daran, nähmen das Fundament (ihres Irrglaubens) aus der Heiligen Schrift, hätten Bücher darüber geschrieben und gedruckt und hielten fest daran. Gott allein werde es wohl am besten wissen. Man könne der alten Weiber und verhaßter Leute nicht schneller quitt werden als auf solche Art und Weise. Ihn nehme es wunder, daß im katholischen, heiligen Stift von Trier und an anderen Orten mehr soviel böse Weiber seien, warum dem Teufel dort die Zauberei eher von Gott gestattet werde als in Köln. Wer habe denn je gehört, daß in Köln ein Zauberer oder eine Zauberin verurteilt oder verbrannt worden sei? Oft habe man etliche durchaus deswegen gefangen, lange sitzen lassen, verhört; aber nie habe man etwas von Bestand (in Sachen Zauberei) vernehmen können. Ob man denn vielleicht in Köln nicht in der Lage sei, die Wahrheit herauszubekommen, wie an anderen Orten? -In dem Jahr, in dem Weinsberg seinen Vergleich anstellte, war in Trier die Hexenschrift des Weihbischofs Peter Binsfeld, Tractatus de Confessionibus Maleficorum et Sagarum (deutsch: Traktat Von Bekantnuß der Zauberer vnnd Hexen) herausgekommen; das Kurstift Trier erlebte eine Welle des Hexenwahns (vergleiche Gunther Franz: Die Hexenverfolgung im Kurfürstentum Trier, in: Friedrich Spee ... Katalog einer Ausstellung der Stadtbibliothek Trier, Seite 41 ff. und siehe den Trierer Teil dieser Ausstellung). - ›Das Buch Weinsberg‹. Vierter Band, bearbeitet von Friedrich Lau. Bonn 1898. -Aufgeschlagen Seite 69
Rheinische Privatbibliothek

156

Agrippa von Nettesheim

Mit Vehemenz gegen die Verteufelung von Menschen wendet sich der aus Köln stammende Humanist Heinrich Cornelius Agrippa von Nettesheim. Er war Arzt, Jurist, Theologe, Okkultist - eine der geheimnisvollsten Persönlichkeiten des 16. Jahrhunderts. Er kennt das Problem von der Wurzel her: die Furcht des Mannes vor der Frau. Wenn man auch in seinem Werk ›Über Adel und Vorrang des weiblichen Geschlechts‹ die Schmeichelei für Margareta von Österreich, die Regentin der Niederlande, der er das köstlich-kuriose Schriftchen widmete, nicht

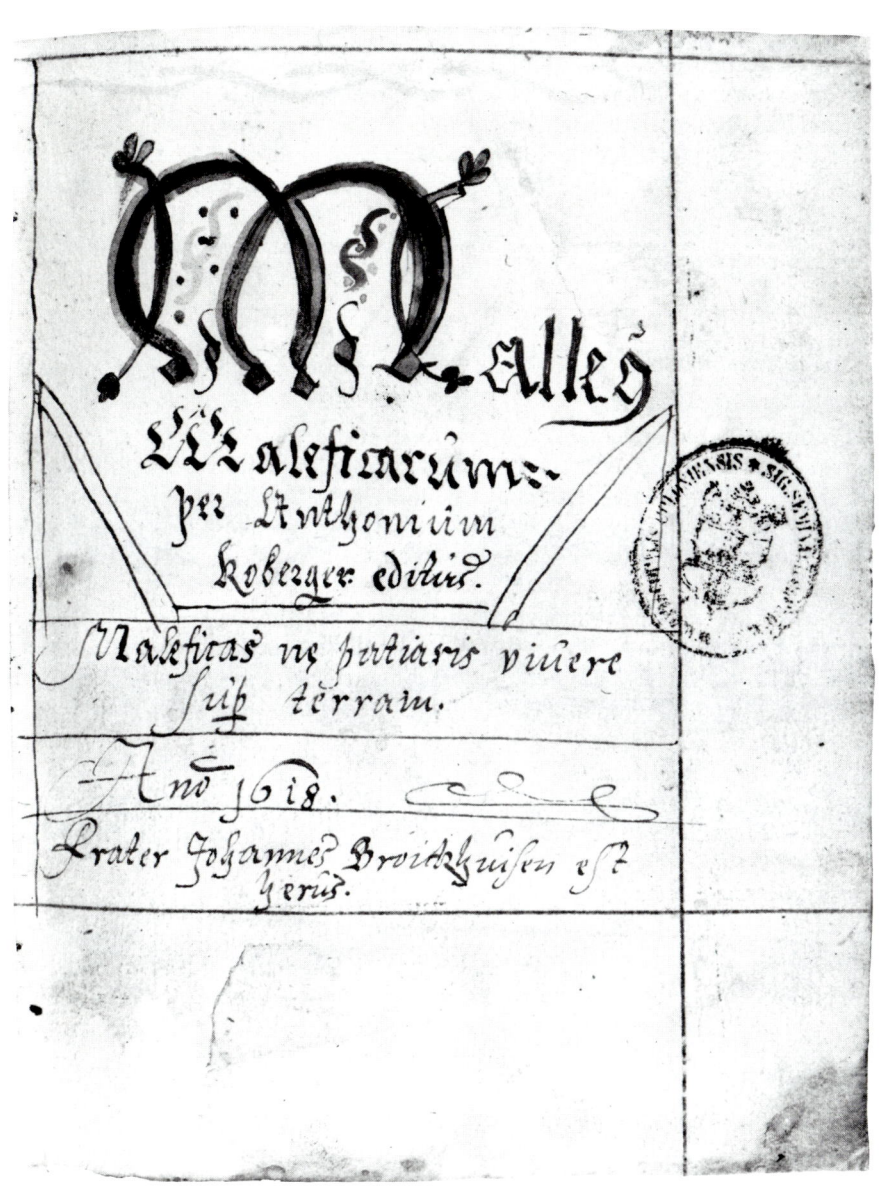

Der Hexenhammer (Katalog-Nr. 152)

übersehen darf, so bleibt doch die Tatsache bestehen, daß er sich in Ostfrankreich oft mit Mönchen anlegte, die darauf auswaren, alte Bäuernweiblein als Hexen zu vernichten. Agrippa berichtet selbst in Briefen davon und behandelt einen konkreten Fall seiner Advokatur in Metz für eine der Unglückseligen in ›De arte inquisitorum oder Von den papistischen Aufsehern in der Religion‹ (in Agrippa von Nettesheim: Die Eitelkeit und Unsicherheit der Wissenschaften und die Verteidigungsschrift, herausgegeben von Fritz Mauthner, zweiter Band, München 1913. -Aufgeschlagen: Seite 141, Fortsetzung (Seite 142) auf Fotokopie
Rheinische Privatbibliothek

157

Johann Wier
Ein unmittelbarer Schüler des Agrippa von Nettesheim in Bonn war der spätere Leibarzt des Herzogs Wilhelm des Reichen von Jülich-Kleve-Berg, Johannes Wier (über seine Zeit bei Agrippa siehe Carl Binz: Doktor Johann Weyer, ein rheinischer Arzt, der erste Bekämpfer des Hexenwahns, Bonn 1885, Seite 13 ff.). Er schrieb über zwanzig Jahre hinweg an dem berühmten Werk: ›De praestigiis Daemonum et incantationibus ac veneficiis‹, Basileae apud Joannem Oporinum MDLXIII. Ab 1566 erschienen deutsche Übersetzungen (‹Von Teuffelsgespenst, Zauberern und Giftbereytern ...‹ Frankfurt a. M. durch Nic. Basseus 1586, 575 Seiten, Folio, Faksimile); aber Johann Wier gab sich nicht zufrieden, bis er 1583 eine neubearbeitete 6. Auflage herausgebracht hatte (804 Seiten, Quarto). - Aufgeschlagen die Titelseiten
Rheinische Privatbibliothek

158

Der Hofleibarzt
Josef Hansen: Johann Wier, Tempera auf Leinwand, 81 x 71 cm, Düsseldorf 1935. Der Hofleibarzt sitzt in einem Sessel und blickt den Betrachter ernst an.
Maxschule Düsseldorf

159

Theodor Graminaeus
Ein anderer Leibarzt desselben Hofes brachte elf Jahre später − Wier war 1586 gestorben − eine ›Inductio sive directorium: Das ist: Anleitung ... wie ein Richter in Criminal und peinlichen sachen die Zauberer belangendt, ... zu verfahren‹, Köln: Heinrich Falckenburg 1594; 157 Seiten, Octavo heraus. Diesem Vertreter des Hexenwahns begegneten wir bereits als Verfasser der Düsseldorfer Fürsten-

Josef Hansen: Hofleibarzt Johannes Wier (Katalog-Nr. 158)

hochzeit. So wechselten beim Hexenthema die Meinungen: quer durch das Reich, durch die Konfessionen, durch Städte, Stände und Orden, quer selbst durch die Familien. - Aufgeschlagen Titelseite
Universitätsbibliothek Düsseldorf St. u. R. G. 473

160

Hexenwahn-Kommentar
Eines der Grundwerke der zahlreichen Hexenwahn-Kommentare, die in keiner großen Stadtpfarrei fehlten, war Martinus Antonius Delrio SJ: Disquisitionum Magicarum libri sex quibus continetur accurata curiosarum artium, et vanarum superstitionum confutatio, utilis Theologis Jurisconsultis Medicis, Philologis ... Lugduni apud Joanem Pillehotte 1608. 553 Seiten, Folio. Delrio ist einer der strengsten Vertreter des Hexenwahns unter den Jesuiten. Aber seinem Werk erwachsen große Gegner, auch schon vor und neben Friedrich Spee. - Dieses Buch stammt aus der Bibliothek Sankt Columba in Köln, wo Kaspar Ulenberg Pfarrer war. - Aufgeschlagen: Titelblatt
Diözesan- und Dombibliothek Köln Ae 264

161

Paul Laymann
Der Tiroler Jesuit Paul Laymann (1575-1635) widmet dem Thema des Hexenwahns in seiner erstmals 1625 in München erschienenen ›Theologia moralis‹ einige Aufmerksamkeit. Es erschienen bis zu Laymanns Tod auch in diesem Punkt immer verbesserte Auflagen, die zeigen, wie leidenschaftlich die Meinungen der Ordens-Theologen ausgetragen worden sein müssen. Laymann veurteilt schließlich den Hexenwahn. R. P. Pauli Laymann e Societate Iesu Theologia Moralis in quinque libros partita. Multo quam antehac auctior. Antverpiae apud Ioannem Meursium prostat Anno MDCXXXIV. - Aufgeschlagen Seite 514 f. (Beginn des Paragraphen De sagis -Über die Hexen)
Rheinische Privatbibliothek

162

Adam Tanner
Für den ›bedeutendsten Theologen unter den deutschen Jesuiten‹ hält der Ordenshistoriker Bernhard Duhr SJ (in Geschichte der Jesuiten in der Ländern deutscher Zunge‹ II, 2, Seite 380) Adam Tanner (1572-1632). Tiroler wie Laymann, lehrte er vorwiegend im süddeutschen Raum (Ingolstadt, Wien). Das Hauptwerk Tanners ist die ›Universa Theologia Scholastica‹ (Ingolstadt, 1626),

die sich eng an die Methode der Thomistischen Theologie anschließt. Ein Auszug daraus ist der ›Tractatus Theologicus de Processu adversus crimina excepta, ac speciatim adversus crimen veneficij‹. Im vorliegenden Sammelband sind verschiedene Werke zu Hexenprozessen vereint.
Diözesan- und Dombibliothek Köln Je 54

163

Der Henot-Prozeß

Am 19. Mai 1627 wurde auf dem Kölner Friedhof Melaten, weit westlich vor den Toren der Stadt auf der Straße nach Aachen, die verwitwete Tochter des gerade im Alter von 92 Jahre gestorbenen Kaiserlichen Postmeisters Jakob Henot als Hexe verbrannt: eine junge, schöne und reiche Frau, die Schwester des hochangesehenen Hartger Henot, eines Stiftsherrn von Sankt Andreas und Kaiserlichen Geheimrats, eine Dame also aus dem Patriziat. Aus diesem Grund sorgte der Fall für ganz besondere Unruhe. Denn erstens hatte man in der Stadt Köln bisher nur sehr wenige ›Hexen‹ verbrannt, und die stammten aus den untersten gesellschaftlichen Schichten. Zweitens hatte Katharina Henot beharrlich bis zum Ende ihre Unschuld beteuert, was bislang noch keine Frau unter der Folter durchgestanden hatte. Nun fühlten sich auch die ›höheren Töchter‹ ihres Lebens nicht mehr sicher. -Aufgeschlagen sechs Prozeßblätter: Der Bericht des Notars, aus dem hervorgeht, daß die Jesuitenpatres Adrian Horn und Hermann Mohr (drittes Blatt, vierte Zeile von unten) die Verurteilte als Beichtväter begleitet haben, sowie Bruchstücke des Abschiedsbriefes der Henot, datiert 16. März 1627.
Gymnasial- und Stiftungsfonds Köln

164

Rechtfertigungen

Noch Jahre nach der Verbrennung der Katharina Henot verfaßten Kölner Rechtswissenschaftler Kommentare der ›Rechtfertigung‹: Commentarius iuridicus ad L. stigmata C. de fabricensibus. Duodecim sectionibus distinctus. Et plurimis iucundis ex sacris et profanis historijs petitis discursibus illustratus... pro veritatis et iustitiae assertione... autore Petro Ostermanno... Coloniae Agrippinae apud Petrum Metternich prope Augustinianos Anno MDCXXIX.- Nicht nur Ostermann, sondern auch die Kölner Schöffen Johannes Romeßwinckel und Walram Blanckenbergh beschäftigten sich mit den Hexenverbrennungen: Defensio probae stigmaticae et magistratuum. II. Processus et forma procedendi par stigmatica contra sagas. III Alia defensio... Köln 1630
Aufgeschlagen Titelseite des Ostermann-Buchs
Diözesan- und Dombibliothek Köln Je 54

165

Zeitgenössische Interpretation
Hajo Edelhausen: ›Cautio criminalis‹, Objekt aus zwei Stelen, die auf einem kleinen rechteckigen Sockel fußen. Die vordere Stele trägt ein kleines rotes hochkantiges Rechteck. Die dahinter angebrachte querrechteckige rote Acrylwand greift die Form der Stelen als Schatten auf. Die Stelen und die Wand stehen für Buchseiten. Die rote Farbe läßt deren Inhalt erkennen: die Flammen des Scheiterhaufens und das Blut der Gemarterten.
Besitz des Künstlers

166

Die Cautio criminalis
Auch Friedrich Spee beschäftigte sich mit diesem Prozeß gegen Katharina Henot. Sein aufsehenerregendstes Werk ist die ›Cautio criminalis‹, die Mahn- und Warnschrift gegen die Willkür bei Hexenprozessen. Sie erschien erstmals 1631 in Rinteln: Cautio criminalis seu de processibus contra sagas liber. ... Auctore incerto theologo orthod. Rinthelii, Typis exscripsit Petrus Lucius Typog. Acad. MDCXXXI; 3 unpaginierte Blätter, 398 Seiten, 1 unpaginiertes Blatt. Angebunden: Theologischer Prozeß, Wie mit Hexen und zauberischen Personen zu verfahren seye. ... Rinteln, Druckts Peter Lucius, der Universität Buchdrucker, 1631; 31 Seiten, 1 unpaginiertes Blatt. (Faksimile des Verlags C. Bösendahl in Rinteln von einem Exemplar der Universitätsbibliothek Marburg. Nr. 487 von 500 nummerierten Exemplaren.)
Rheinische Privatbibliothek

167

Die Kölner Cautio
Die erste Auflage der Cautio criminalis (schätzungsweise 500 Exemplare) war im Nu vergriffen. Obwohl Spee sich nicht als Autor zu erkennen gegeben hatte, war vielen klar, wer der Verfasser war. Der Weihbischof von Osnabrück, Johannes Pelcking, nannte das Werk ›ein pestverseuchtes Buch‹. Und bei der Gesinnung des Kölner Erzbischofs Ferdinand, der ein übler Hexenbrenner war, ging es für Spee um Kopf und Kragen. Dennoch brachte er 1632 eine neue Auflage heraus, wieder ohne Nennung seines Namens. Walther Gose hat im Jahrbuch des Kölnischen Geschichtsvereins 60, Köln 1989, nachgewiesen, daß der Druckort, den die zweite Auflage mit Frankfurt ausweist, falsch sei; vielmehr sei das Buch in Köln erschienen. - Cautio criminalis, seu de processibus contra sagas liber. Ad magistratus germaniae hoc tempore necessarius ... Auctore incerto theologo romano.

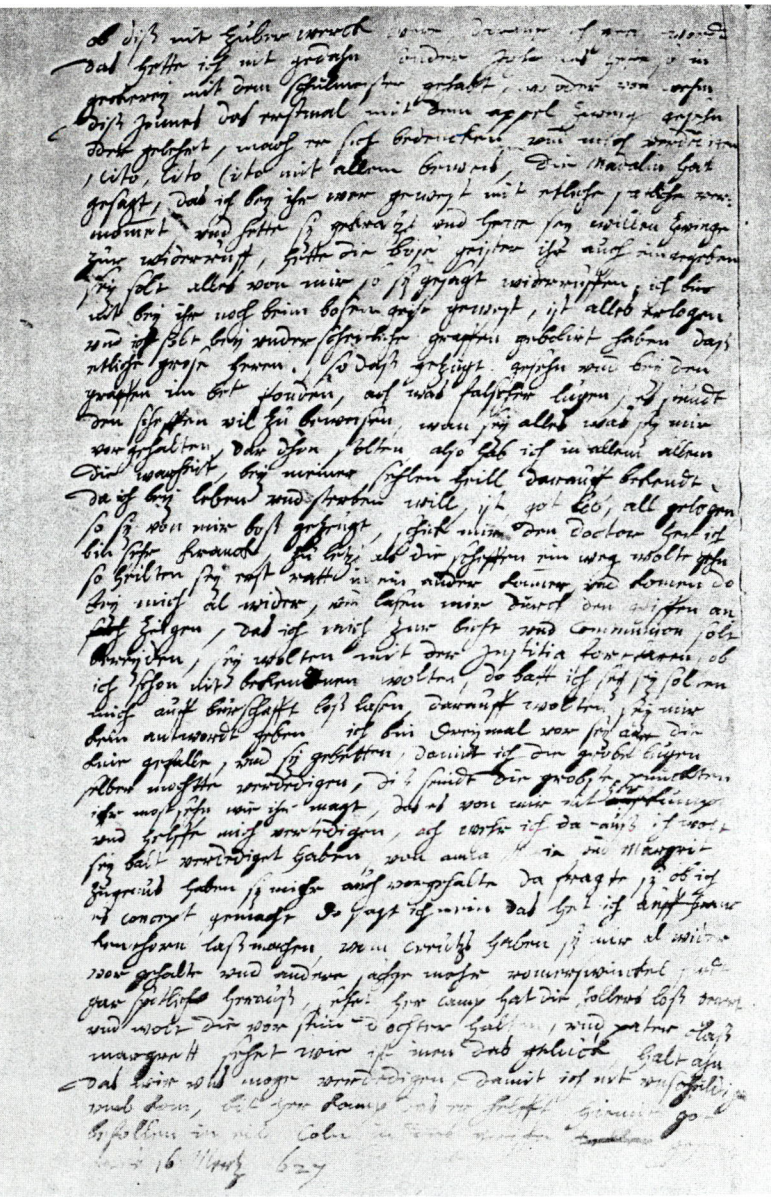

Abschiedsbrief der Katharina Henot (Katalog-Nr. 163)

Editio secunda. Francofurti: Joh. Gronaeus 1632; 8 Blätter, 459 Seiten, Octavo. -
Aufgeschlagen das Titelblatt
Universitätsbibliothek Düsseldorf 19 R.W. 53

168

Die erste deutsche Cautio
Im Jahr der ersten Druckausgaben von ›Trutz-Nachtigall‹ und ›Güldenem Tugend-Buch‹ erschien auch die ersten deutsche Ausgabe der ›Cautio criminalis‹. -
Cautio criminalis seu de processibus contra sagas liber. Das ist, peinl. Warschau-
ung von Anstell: u. Führung deß Processes gegen d. angegebene Zauberer, Hexen u. Unholden ... Durch e. unbenahmpten Römisch: Cath. ... ins Teutsch
trewl. ubers. sampt e. ordentl. Reg. durch H.S.S., Frankfurt am Main, bei Hummen, 1649, 317 Seiten Octavo. -Aufgeschlagen das Titelblatt
Universitätsbibliothek Düsseldorf 19 St.u.R.G. 4553

169

Frühe ausländische Ausgaben
Advis aux criminalistes sur les abus qui se glissent dans les proces de sorselerie ...
Par le P.N.S.I. ... mis en françois par F.B. de Velledor. Lion Prost 1660, 336 Sei-
ten, Octavo. - Waer-borg om geen quaedhals-gerecht te doen. Dat is: een boek
vertoonende hoemen tegen de toovenaers procedeert ... Beschreven door een
Roomsch godt-geleerde ... Amsterdam: Hendriksz & Rieuwertsz 1657, 513 Sei-
ten, Octavo.
Universitätsbibliothek Düsseldorf St.u.R.G. 4498 / 19 RW 147

170

Hexen-Stock
Bettähnliches Möbel, das im Burgturm von Davensberg über dem Verließ aufbewahrt wird. Gefertigt aus schwerem Eichenholz, diente es der Festsetzung Ge-
fangener. Arme und Beine steckte man nach Anheben der zweiteiligen Bohle
durch drei Löcher des Fußendes. Verschließbare eiserne Überwürfe verhinder-
ten ein Hochschieben und Herausziehen der Glieder. So gefesselt, hatte der Gefangene seine Zeit abzusitzen und alle möglichen Quälereien über sich ergehen
zu lassen, wie Kitzeln im Gesicht und der nackten Fußsohlen mittels Gänsefe-
dern, Ablecken der mit Salz eingeriebenen Fußsohlen durch Ziegen (Totlachen).
Als sanitäre Einrichtung ist die runde Aussparung in der Mitte des Stocks anzusehen. Bei milder Strafe befreite man die Arme aus der Umschließung, so daß der
Gefangene sich ausstecken konnte. Diese Liegevorrichtung scheint aber erst

CAUTIO
CRIMINALIS.
SEV
DE PROCESSIBUS CON-
TRA SAGAS LIBER.

Das ist/

Peinliche Warschawung von

Anstell: vnd Führung deß Processes gegen die angegebene Zauberer/Hexen vnd Vnholden:

An die Obrigkeit Teutscher Nation/

So wohl auch

Deroselben Rhäten/Beichtvättern/Commissarien/Inquisitoren,
Richteren/Advocaten, Priestern vnd Predigern/vnd andern
sehr nützlich vnd nötig.

Durch einen vnbenahmpten Römisch: Catholischen an Tag gegeben/
Nunmehr

Dem Gemeinen Vatterland/ vnd männiglich zum besten ins
Teutsch trewlich vbersetzt/sampt einem ordentlichen
Register.

Durch

H. S. S.

◄◦)(◦)►

Franckfurt am Mayn/
Bey Anthoni Hummen.

ANNO M DC XLIX.

Die erste deutsche Cautio (Katalog-Nr. 168)

nach einem Umbau des Stockes hinzugekommen zu sein. Eine Datierung ist noch nicht erfolgt. Dendrochronologische Untersuchungen könnten nähere Auskunft geben.

Burgturm Davensberg

171

Der schwarze Tod

Seit der Antike bis ins vorige Jahrhundert geißelte die Pest die Menschheit. Sie trat in Wellen auf; meist mußte, wer sich angesteckt hatte, sterben. Friedrich Spee erlag einem pestartigen Fieber, das er sich bei der Pflege erkrankter Soldaten zugezogen hatte, am 7. August 1635. Seit Bücher gedruckt wurden, suchten die Menschen, ihre Erfahrungen mit der Pest und ihre Rezepte gegen sie auszutauschen. Die Vervielfältigung der Informationen einer ›Pesthygiene‹ ließ die Krankheit allmählich einkreisen. Aber erst im vorigen Jahrhundert verschwand sie durch die Entdeckung ihrer Erreger. - Johannes Jacobi: Regimen contra pestilentiam - regimen contra epidimiam sive pestes. Köln: Johannes Guldenschaiff um 1490, 4 Blatt, Quarto. - Aufgeschlagen Titelblatt
Universitätsbibliothek Düsseldorf Bibl. Theol. III. B. 43 Ink.

172

Göttliche Hülff

Gewisse unnd erfahren Practick, wie man sich mit Göttlicher hülff vor der Pestilentz hüten und bewaren, unnd so einer damit behafft, wie demselben zu helffen. Gepracticiert u. beschrieben Anno 1551/52 u. nachfolgende Jar. Durch Jacobum Theodorum Tabernomontanum. Heidelberg: Johann Mayer 1564. 381 (vielmehr 281) paginierte, 11 unpaginierte Blätter. - Aufgeschlagen Titelblatt
Universitätsbibliothek Düsseldorf M I. 1215

173

Wahre Ursach

Jan Baptista van Helmont: Tumulus pestis. Das ist: Gründlicher Ursprung der Pest, dero Wesen, Art und Eigenschafft; Nebst Beyfügung der wahren Ursach... durch Joh. Baptistam van Helmont ... beschrieben. Anjetzo ... Übersetzt durch Johann Henr. Seyfried. Sulzbach: Liechtentaler 1681, 375 Seiten. -Aufgeschlagen Titelblatt
Universitätsbibliothek Düsseldorf M IV 397

340

174

Briefe über die Pest
Joannis Manardi … Epistolarum medicinalium libri viginti, denuo nunc ad auto-
graphum haud sine fructu collati, & editi. Eiusdem in Joan. Mesue simplicia &
composita annotationes … Ad. indice latino & graeco. Basel: Michael Isengrin
1549, 12 Blätter, 603 (vielmehr 601) Seiten, Secundo. - Aufgeschlagen Seite 65:
›Praeservatio et curatio contra pestilentiam‹
Universitätsbibliothek Düsseldorf 20 Med. I. 714

175

Die Seuche
Pestbericht von 1780 über das 17. Jahrhundert
Stadtmuseum Düsseldorf

176

Man nehme eine Kröte …
Der mitleidende Samariter / oder Krancken-Tröster … Frankfurt / im Kopenha-
gischen Buchladen zufinden bey Daniel Paulli. Daselbst gedruckt bey Jo. Georg
Drullmann. 1682, 360 Seiten, 6 Blätter Register, Octavo. - Aufgeschlagen Seite
126: ›Man nehme eine Kröte gantz lebendig …‹
Rheinische Privatbibliothek

177

Apothekengläser
Gläsersatz aus dem 17. Jahrhundert
Kölnisches Stadtmuseum RM 1942/135a

178

Mörser
Niederrheinisches Bronzegerät von 1626, 27 cm hoch
Kölnisches Stadtmuseum, RM 1928/1159

179

Lov Godt van al
Bronzemörser mit abgegriffenem Ornament, ein Blatt- und ein Rankenfries,
Henkel abgebrochen (alte Stelle). Inschrift: Lov Godt van al Ao 1643
Stadtmuseum Düsseldorf

180

Mullers Mörser
Bronzebottich von 1695, mit dreireihiger Inschrift: Wilhelm Muller gos mich in
Dusseldorf An 1695 ich gehore Maria Mahrenholt in... Zwei umlaufende Blatt-
friese
Stadtmuseum Düsseldorf

181

Aus Dusseldurp
Bronzegerät mit Henkeln und zwei Rankenfriesen, Inschrift: Catharina v Dus-
seldurp 1654
Stadtmuseum Düsseldorf

182

Engelbert Willmes: Friedrich Spee
Brustbild, halb nach links gewandt. Radierung 7,2 x 6,1 cm, Anfang 19. Jahrhun-
dert
Kölnisches Stadtmuseum G 9838 a

183

Christoph Roesel: Friedrich Spee
Brustbild, halb nach rechts gewandt in einem Oval. Aus Hartzheim: Bibliotheca
Coloniensis, Icones Scriptorum Coloniensium Tabula, Köln 1749, Seite 87-88
Kölnisches Stadtmuseum G 9839 a

184

Bronze
Ursula Klügel: Friedrich Spee. 1989. Halbkörper-Büste aus Bronze, 14,5 cm
hoch. Der Jesuit hält aufgeschlagen die ›Cautio criminalis‹ dem Betrachter zum
Lesen zugewandt.
Besitz der Künstlerin

185

In Öl
Moede Jansen: Friedrich Spee, Brustbild in Öl. 1989. Der Jesuit als geistlicher
Schriftsteller mit Ärmelschonern und ergrautem Kinnbart. Die Linke ist auf zwei
Ordnern mit losen Papieren aufgestützt. Im Hintergrund an der Wand das ver-
größerte Titelblatt der zweiten Ausgabe der ›Cautio criminalis‹.
Friedrich-Spee-Haus Aachen

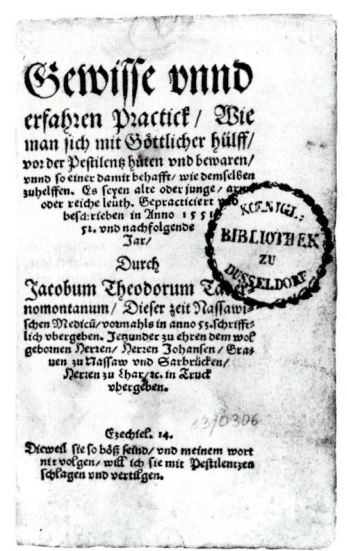

Gewisse … Practick (Katalog-Nr. 172)

Tumulus Pestis (Katalog-Nr. 173)

Ursula Klügels Spee-Büste von 1989 (Katalog-Nr. 184)